岭南中医药文库

岭南中医药文库·产业系列

古今印证 佛药冯了性

——佛山冯了性药业有限公司发展史

主 编 邬威尧

廣東省出版集團
广东科技出版社
·广 州·

图书在版编目（CIP）数据

古今印证 佛药冯了性：佛山冯了性药业有限公司发展史/邬威尧主编. —广州：广东科技出版社，2012.9
（岭南中医药文库. 产业系列）
ISBN 978－7－5359－5653－8

Ⅰ. ①古… Ⅱ. ①邬… Ⅲ. ①制药厂—工厂史—佛山市 Ⅳ. ①F426.7

中国版本图书馆CIP数据核字（2011）第280622号

责任编辑：马霄行
封面设计：丁青云 李 宏
责任校对：陈杰锋 陈 静
责任印制：罗华之
出版发行：广东科技出版社
（广州市环市东路水荫路11号 邮政编码：510075）
E－mail：gdkjzbb@21cn.com
http：//www.gdstp.com.cn
经 销：广东省出版集团图书发行有限公司
排 版：广东同文彩色电脑制作有限公司
印 刷：广州伟龙印刷制版有限公司
（广州市沙太路银利工业大厦1幢 邮政编码：510507）
规 格：889mm×1 194mm 1/32 印张15.125 字数360千
版 次：2012年9月第1版
2012年9月第1次印刷
印 数：1～2 600册
定 价：58.00元

内容提要

佛山——明清时期岭南地区繁华的手工业和商贸中心，曾经人口聚集，百业兴旺。也经历了历代的夷乱战火、天灾人祸。佛山的中成药业伴随着佛山自古代、近代至现代发展的历史长河，走过了明代的始创阶段，清代的全盛时期，清末民初的逐渐衰落，抗战时期的濒于消亡……至新中国成立，中国进入真正的和平发展的黄金时期，佛山的中成药业开始复苏并且迅速发展至今，其历史可谓跌宕起伏、充满传奇。归根到底，佛山中成药业的发展历程，体现了以优良的人文精神和深厚的传统文化为基础的民族医药工业强大的生命力和巨大的历史与现实价值。

本书以纪实志书的体裁，翔实地记载了以“冯了性”字号为代表的佛山中成药老字号的整个历史发展过程，全书分为七章共二十七节，编写素材主要来源于史籍记载、历史资料以及业界前辈的回忆录、相关人员的访谈记录等。每节内容都尽可能地进行几方面的核实、校正，力求做到详尽、真实地记录佛山中成药业整个发展过程，使人们能够永远地记住这段历史，弘扬这种精神，将这个产业继续地发扬光大，造福社会！

《岭南中医药文库》组委会

总顾问　张德江　黄华华

顾　问　林　雄

主　任　钟阳胜

副主任　雷于蓝　姚志彬

委　员（按姓氏笔画排序）

王桂科　朱仲南　刘　昆　刘富才　关则文
杨　健　杨以凯　杨兴锋　杨建初　李兴华
李夏铭　陈　兵　陈元胜　陈俊年　罗伟其
郑广宁　秦　颖　顾作义　黄　斌　黄小玲
黄达全　黄尚立　梁国标　梁耀文　彭　炜

《岭南中医药文库》出版工作委员会

主　　任	陈　兵	黄达全		
副 主 任	崔坚志	应中伟	严奉强	苏北建
项目策划	李希希	邵水生	苏北建	
项目组成员	李希希	吕　健	苏北建	邵水生
	邓　彦	曾永琳	马霄行	丁嘉凌
	郭怡甘	吴丽霞	罗华之	谢志远

《古今印证　佛药冯了性——佛山冯了性药业有限公司发展史》编委会

主　编　邬威尧

副主编　罗仲利　李晓庆　袁旭江

编　委（按姓氏笔画顺序排名）

朱盛山　邬威尧　李晓庆　辛年香

罗仲利　郑炯超　袁旭江　黄元沛

序

岭南，在传统上是指越城、大庾、骑田、都庞、萌渚五岭以南的地区。这个地区的地理和人文环境富有特色，是我国地域文化中的重要分支。广东是岭南地区的核心地域，近代以来社会经济和科技文化发展均走在地区的前列。在这里，传统中医药以独特的作用深得人们信赖，一直呈现生机勃勃的局面。

2006 年以来，广东省委、省政府先后出台了多个促进广东中医药发展的重要文件，提出要将广东从“中医药大省”建设成为“中医药强省”，这无疑为广东中医药的腾飞增添了巨大的推动力。其中，《岭南中医药文库》（以下简称《文库》）的出版就是一项具体的措施。遵《文库》编委会之嘱作序，略述感言如下。

一

从中国文化发源来看，中国文化的主流发源于中原一带。中医药学是从中原传入岭南的。晋代有葛洪、支法存、仰道人等活跃于广东，唐代开始有李暄《岭南脚气论》等以岭南为名的方书，可见医学与岭南挂钩，岭南医学成为中医药学科的一个分支，为时至少已有千多年了。

晋唐时期，岭南的中医学就已经体现出自身的特色，例如在研究当时流行的脚弱病（脚气病、维生素 B_1 缺乏症）方面成果突出。唐代《千金要方》卷七论风毒状第一："论曰，考诸经方往往有脚弱之论，而古人少有此疾，自永嘉南渡，衣缨仕人多有遭者，岭表江东有支法存、仰道人等，并留意经方，偏善斯术，晋朝仕望多获全济，莫不由此二公。"可见岭南医学善于创新。另外，从《千金要方》、《外台秘要》、《肘后备急方》等书中还可见葛洪、支法存等对蛊毒、沙虱热（恙虫病）、疟疾、丝虫、姜片虫等传染病有不少治疗方药，对岭南热带地区传染病的研究成就亦较为突出。这些成就不是由中原带来，而是吸取多地民间医药精华，加以总结得之。

宋代开始，岭南医学界人才辈出。先有陈昭遇，开宝初年至京师为医官。陈昭遇与王怀隐等 3 人历时 11 年编成《太平圣惠方》；又与刘翰、马志等 9 人编成《开宝新详定本草》20 卷。绍兴年间（1137 年），潮阳人刘昉著的《幼幼新书》为岭南儿科学的发展奠定了良好的基础。可见宋代岭南已有国家级的医家出现。元代释继洪撰《岭南卫生方》，其中就收录了不少宋代医家的经验方，标志着具有岭南特色的方药学已初步形成。

明清时期是岭南中医学大发展的年代。明代，有丘濬、盛端明等有名望的医家出现；还有浙江人王纶所著的《明医杂著》，是其在广东布政司任内完成的；一代名医张景岳的《景岳全书》，亦是在粤地一再印行方传世。上述著作对岭南医学的影响很大。清代，对全国有较大影响的医家何梦瑶，被誉为“南海明珠”；儋州罗汝兰著《鼠疫汇编》，丰富了对急性传染病的诊治经验；清末，西洋医学传入我国，岭南首当其冲，出现了朱沛文等主张中西汇通之医家。岭南医学的中医小儿科继续取得突出成就，在清代中期刊行了罗浮山人陈复正的《幼幼集成》后，清末又有程康甫著《儿科秘要》，由博返约，把儿科证候概括为八门（风热、急惊风、慢惊风、慢脾风、脾虚、疳积、燥火、咳嗽）；治法约以六字（平肝、补脾、泻心），举一反三，给人以极大的启发。民国时期儿科名医杨鹤龄继承程氏学说，著《儿科经验述要》。杨氏在育婴堂从 17 岁起独立主诊病婴，每天巡视、处理危重病婴数次，故育婴堂可称儿童医院之雏形。他积累了丰富的治疗危重病儿的经验，后来自己开业，日诊两三百人。西医张公让曾不断观察其诊证，亦深为佩服其医术之精也！

而广东草药在清代至民国时期也得到很好的整理，名作有何克谏的《生草药性备要》、《增补食物本草备考》和萧步丹的《岭南采药录》等，为中药材增加不少岭南草药品种。

上述可见，岭南医学至清代挟其岭南之特色已达相当高的水平。光绪三十二年（1906 年）广州就有医学求益社之成立，相当于今天的医学会，以文会友，每月一次。被评得第一名者，发表论文于报端。上月头名即为下一届论文的主审员，无形中开展学术之竞争。后继者有广州医学卫生社。但岭南医学之发展达到高峰则是在民国时期后，主要是在医学教育培养人才方面成绩突出。民国时期，学校教育开始举办，著名的有广东中医药专门学校与广东光汉中医专门学校，均为岭南中医学界培养了许多人才。虽然民国时期受国民党政府消灭中医的压迫，但岭南医学学术仍然日益繁荣，影响至香港和东南亚一带。中医药为岭南人民健康事业立下了不朽的功勋。

回顾岭南医学发展的脉络，晋代中原移民带来的先进医术与岭南地区医药相结合；宋代以后，长江流域的医药学术带入岭南，又促进岭南医药学的发展，加上自身的成就，岭南医药学成为有浓郁的岭南特色的医药学派。历史同时也表明，医药事业与地区社会经济发展状况紧密相关。当代广东改革开放已先行多年，经济文化各方面都打下了厚实的基础，在有力的政策推动下，聚集人才。可以寄望今后，岭南中医药学必将产生飞跃式的发展，实现中医药强省的目标。

二

研究地方医药学，其实也是为中医药学事业整体作贡献。自 1977 年美国恩格尔教授提出医学模式理论以来，西方医学正在由“生物医学模式”向“生物—心理—社会”医学模式转变。其实我国传统医学一开始就重视心理因素、环境因素，中医药学研究还不能脱离地理环境、社会环境、个人体质、时间因素，故应该因时、因地、因人制宜地去研究疾病预防和治疗。

对于环境与人类社会的关系，古今中外都有过各种讨论。我国伟大的历史学家司马迁，在《史记》中分别论述了 4 个主要经济区域与人的性格和社会风俗的关系。西方的亚里士多德也将地理环境与政治制度相联系，认为地理位置、气候、土壤等影响个别民族特征与社会性质。德国哲学家黑格尔的《历史哲学》也将地理环境看做是精神的舞台，认为是历史的“主要的而且必要的基础”，不同的环境会有不同的历史进程。至于自然科学，虽然研究的是事物普遍的客观规律，但科学也具有社会性的一面，客观规律在实际应用中总是有着对特定时间、地点与人群的针对性，不同地区的客观条件也对科学实践与发展有不同程度的影响。

医学既属于自然科学，又具有很强的社会性。医学技术的基本规律是一致的，但其实际应用必须考虑到个体的特点。中医自古以来就深刻地认识到这一点，注意地理环境、气候与人的体质对疾病和医药的影响，提出了“因时制宜、因地制宜、因人制宜”的原则。唐代《千金要方》指出：“凡用药，皆随土地所宜，江南岭表，其地暑湿，其人肌肤薄脆，腠理开疏，用药轻省，关中河北，土地刚燥，其人皮肤坚硬，腠理闭塞，用药重复。”就是具体的例子。

我国幅员辽阔，由于地理环境的差异和历史上开发的先后，各个地区医学发展水平不一。而每一个地区医学水平的提高，往往也充实了中医药学理论的实际内涵。元代朱丹溪对南方人体质和疾病的认识，就很好地补充了此前以北方经验为主的医疗知识。明清时期江南瘟疫流行，又促使了温病学派的形成。岭南地区的气候、地理环境和疾病谱也有特殊性，药材资源又相当丰富，若加以认真研究，完全有可能产生创新性理论。每一个地区中医药特点的形成，必然是对传统医学理论的继承性与实际运用的创造性相结合的结果。小的突破，至少丰富了中医临床的风格，增加了地方性的应用经验；大的突破，有可能形成新学说，带来整体性的变革。所以，研究地方医药学，其意义同样是相当深远的。

三

现代中医药研究，必须坚持以临床为出发点。近代岭南有许多临床水平出众的名医，饮誉国内外。现代岭南中医药发展应继承这一良好传统，抓好临床学术的传承。建设中医药强省的文件中很重视对名医学术的整理和对基层中医的培训，是十分有远见的。本套《文库》也注重对当代名中医学术经验的整理，这种整理就是学术传承的一种方式，并可为更多临床中医提供参考。

另外，岭南中医药的发展也应加强理论的研究。岭南医学发展历程如果横向比较，有全国影响或有重大突破的中医学理论著作还是不多的。这也许与以前岭南远离北方的传统政治文化中心有关。但在学术交流频繁、信息渠道通畅的今天，要想中医药理论有大的发展，关键还是要加强研究，提高水平，要对临床经验进行凝练和升华，对中医药理论进行务实的思考。近年，我们提出的“五脏相关学说”就在全国引起较大的反响，并被纳入国家“973 计划”中医药理论基础研究专项。在处于思想解放前沿的广东，完全应该迈出更大的步伐，促进中医药理论的现代化。

现代中医药的研究，又完全可以应用最新科学技术。葛洪《肘后备急方》记载的青蒿治疗疟疾，经过多年的不断研究实践，目前已发展成为世界最先进的抗疟新药。中医药治疗艾滋病、SARS，在临床有效的基础上，对其机制的深入研究有助于阐明其科学原理。但这种研究必须坚持中医药学主体性和中医药理论的主导性。

同样，现代中医药的发展也离不开产业的支持。广东中药产业有着非常好的基础，中药的种植和中成药的生产销售成为许多地方的支柱产业之一。正像民国时期创立广东中医药专门学校的前辈所说："中国天然之药产，岁值万万（现在已远不止此数了），民生国课，多给于斯。"产业的发展既带动了地方经济，又为中医药的研究提供了良好的条件。研究中医药产业的发展策略，也是重要的课题。

《文库》囊括了前述各方面。这些学术、临床、科研及产业等的成果和经验得以系统整理出版，是岭南中医药界的盛事。岭南先贤梁启超先生诗云："世纪开新幕，风潮集远洋。"相信《文库》能以海纳百川的气魄，汇集新知，刊布精义，成为21世纪岭南中医药腾飞的基石！是为序。

邓铁涛

2008年4月

前　言

中药产业系列丛书是《岭南中医药文库》板块之一，是广东建设中医药强省的重大文化工程，由广东药学院和广东省食品药品监督管理局负责，组织数百人，充分调研，深入挖掘，精心策划，依据丰富的档案史料编纂而成的一套具有标志性意义，集中反映广东中药产业发展历史和水平的系列丛书。

广东中药产业历史悠久，中成药生产有1 300多年历史。早在东晋时代，海幅禅院制造的金汁水就是岭南中成药的原始产品。明万历元年（1573年），佛山梁仲弘蜡丸馆的创立标志着岭南药业正式诞生。明清时期涌现了前店后作坊形式的药铺，有些发展成为了今天的药厂，其中200年以上历史的药铺如陈李济药铺（1600年）、冯了性药铺（1659年）、黄中璜药铺（1662

年）、保滋堂药铺（1669 年）、敬修堂药铺（1790 年）、采芝林药铺（1806 年）。新中国成立后，逐渐形成了独立的、较为完整的中成药工业体系，特别是改革开放以来，广东中成药工业发展迅猛。2006 年，广东省委、省政府作出“建设中医药强省”的决定，广东中药产业继续保持增长态势，中成药产量近 12 万吨，占全国 13%，名列全国第一，广东已成为名符其实的中药大省。为充分挖掘广东中药产业的企业文化内涵，扩大企业影响力，促进广东中药产业的可持续发展，我们组织编纂了《岭南中医药文库·产业系列》丛书，这对提升广东中医药产业的地位和水平具有现实和深远的意义。

本丛书内容真实可靠、图文并茂，具可读性、趣味性和参考性，既紧扣岭南传统中医药特色，又兼具新兴中药产业的代表性。该系列组织了 11 家广东知名品牌中医药企业：广州中一药业有限公司、广州王老吉药业股份有限公司、广州潘高寿药业股份有限公司、广州白云山和记黄埔中药有限公司、广州陈李济药厂、康美药业股份有限公司、广州敬修堂（药业）股份有限公司、佛山冯了性药业有限公司、广东一方制药有限公司、广州采芝林药业有限公司、佛山德众药业有限公司，每家企业自成书稿 1 部。这些中药企业中，有历经百年、基业常青的中华老字号，也有近年诞生崛起的药业新秀。它们独特的品牌优势、卓越的产品质量、严谨的科研态度、科学的现代管理、不懈的创新精神、准确的市场定位、有效的营销推广、顾客至上的服务理念以及清晰前瞻的发展思路渗透在每本书的字里行间。读者在研读中将得到享受和启迪，掩卷萦思，回味无穷，收益良多。

丛书编写工作量较大，前后历经近 10 次会议交流、讨论和修改，特别是材料收集筛选方面，有些企业发展历史悠久，历史资料有所失散或断层，这些都给编写带来很大难度。由于编写时间紧迫，难免出现错误和不妥之处，欢迎各位同行和广大读者提出宝贵意见和建议。

2010 年 2 月

岭南中医药文库

目录

第一章
企业概况

● 她，左手拿着理性权杖（先进的生产工艺技术加上强烈的产品质量意识），右手拿着感性砝码（丰富的商号涵盖内容加上知名的佛药文化底蕴），凭着执著而单纯的价值观念，从传统中药行列中走出了一条成功之路。作为佛山中成药文化的正宗传承者，也许是她最为纯粹的选择和愿景。本章将作为全书引子，为你娓娓道来“冯了性药业”这家百年老字号的概况。

● 佛山冯了性药业有限公司（简称“冯了性药业”）是于2000年由佛山市制药一厂经资产重组转制而成。公司除继承佛山成药的传统技艺外，更经过几十年的励精图治，使公司发展成为初具规模的现代中成药制药企业。在20世纪90年代，企业两度被列入国家中成药工业国有重点企业50强，并被国家授予“中华老字号”的称号。

第一节　佛山成药　全国领先

——资产、人员、技术装备大阅兵

十几亿人的中国，究竟有多少制药企业？答案可能是无法计算。但如果要问纯中药制药企业有多少家，答案可能马上就有。

维持一家纯中药制药企业本身就不容易，走纯粹的中药制药道路并且发光发热的企业更加不容易。但冯了性药业做到了。作为佛山成药的正宗传承者，冯了性药业的成功突围并不需要多少理由。简单概括一句话：她成熟并且青春着。

走访冯了性药业，首先感受到岭南药王冯了性药业石雕像的艺术魅力，心旷神怡之际，飘洒在古朴、幽静之中的中药味道扑鼻而来。据说，这种中药味在身上洗不掉，似乎成为了公司员工的标志，并潜移默化地成为了冯了性药业这个大家庭的味道。

一、稳步发展的资产规模

冯了性药业为中外合资经营企业，外方为香港一家投资公司，持股占51%，中方为职工持股的有限公司，持股占49%，注册资本为5 727万元；总资产11 125万元，经营资产8 831万元，固定资产原值8 675万元。

下表是2003—2008年冯了性药业工业总产值、销售总额、利润总额、利税总额的完成情况：

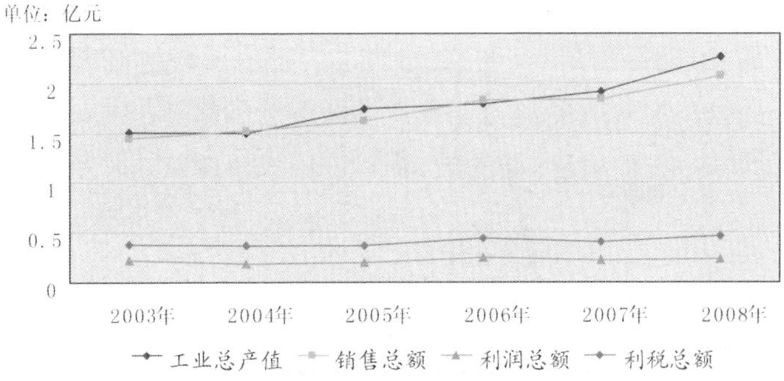

2003—2008 年企业各项经济指标完成情况

2007 年冯了性药业销售总额为 1.839 亿元（含税），利税总额 4 082 万元，实现利润 2 156 万元；上缴税金 2 204 万元（人均 5.02 万元），工业总产值 1.91 亿元（人均 43.93 万元）。

2008 年，公司应对了市场激烈竞争的挑战，克服了各种原辅材料、能源、资金成本上升的困难和化解了因排污减压、迁移等带来的困扰，取得了理想的经营业绩。2008 年公司工业总产值 2.27 亿元，销售总额为 2.069 亿元（含税），与 2007 年相比增加 12.5%，利税总额为 4 696 万元，实现利润 2 376 万元，比 2007 年增加 10%。

二、园林式微景的厂区环境

冯了性药业主厂区位于广东省佛山市禅城区佛罗公路 35 号之一。占地 3.45 万米^2，总建筑面积 4.56 万米^2。整个厂区成“T”字分割，分为生产区、行政区、生活区、辅助区。其中西区为辅助区，有地磅计量，食堂，电房，锅炉房，油库，酒库，污水处理站。东北区为药材前处理区，包括药材仓库楼，前处理、提取车间。东南区为制剂区，成品仓库。

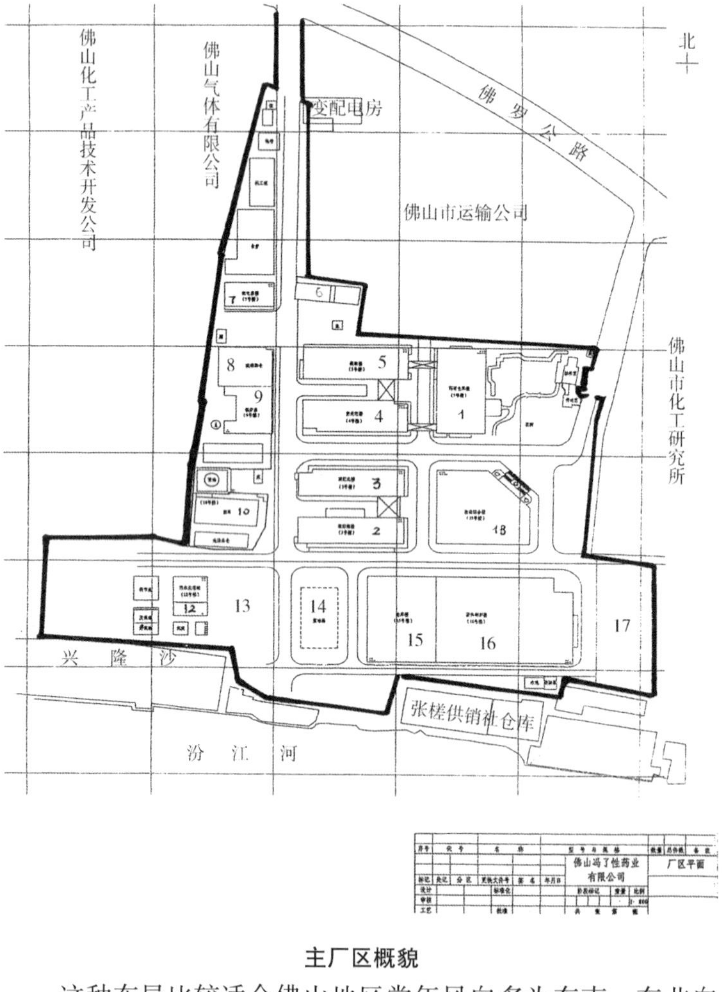

主厂区概貌

这种布局比较适合佛山地区常年风向多为东南、东北向的气候条件。除了主厂区，还有位于庆宁路 43 号的老厂区，现连同其上建筑物业一并租于佛山永安医院使用。厂综合办公楼原规划在进厂路口，后因征地未成，只能建在现址，还留存有部分空地，准备用于扩大生产。厂区内绿化面广，2006年被佛山市授予“园林式”工厂称号。

三、研发为干、生产为面的人员结构

冯了性药业现有员工440人。从学历结构上看：本科及以上学历的员工70人，约占16%；大专学历的员工65人，约占15%；大专以下学历的员工305人，约占69%。

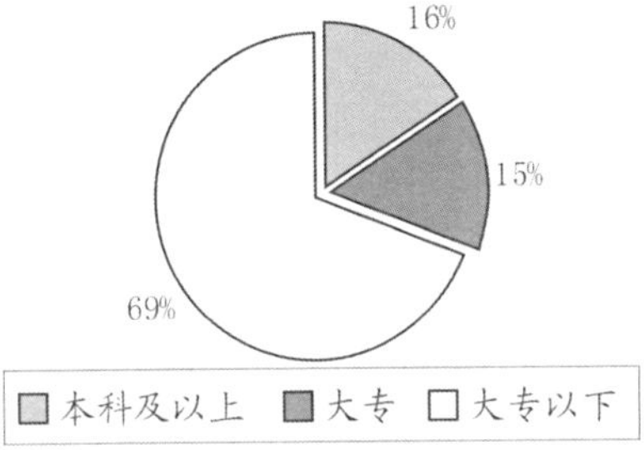

学历结构分析

专业技术人员共96人，其中本科及以上学历员工51人，约占53%；大专学历员工17人，约占18%；大专以下学历员工28人，约占29%。

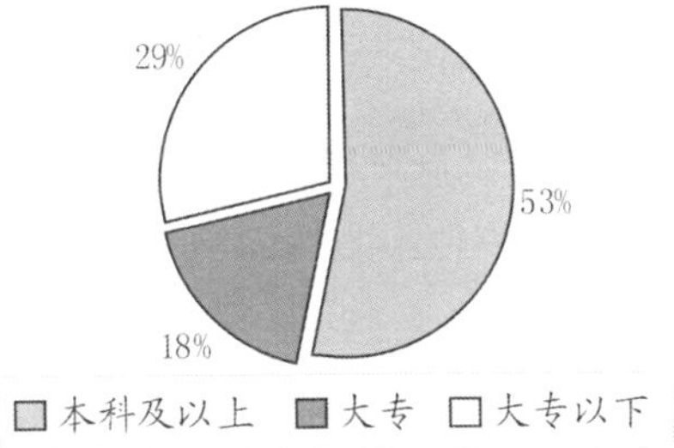

专业技术人员学历结构

职称结构上，高级职称的员工7人，约占2%；中级职称的员工27人，约占6%；初级职称员工51人，约占12%；

其他员工 355 人，约占 80%。

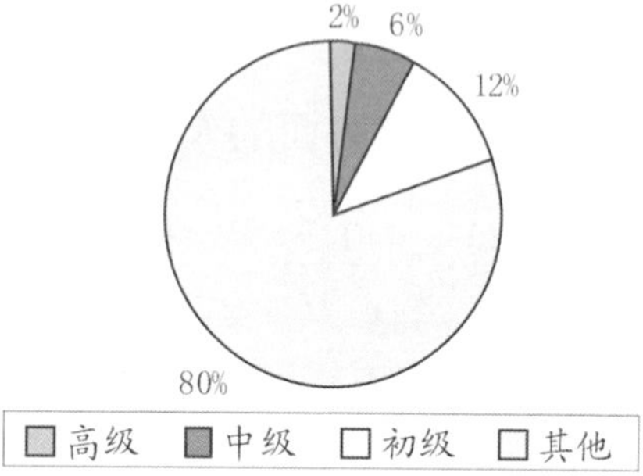

职称结构

专业技术人员 96 人，其中高级职称的员工 7 人，约占 7%；中级职称的员工 20 人，约占 21%；初级职称员工 34 人，约占 35%；其他员工 35 人，约占 37%。

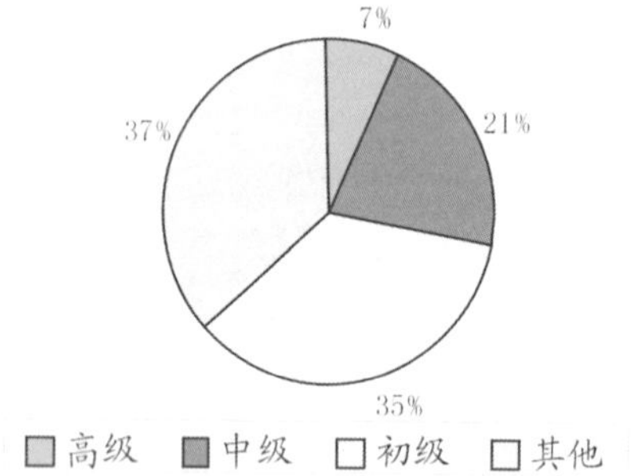

专业技术人员职称结构

年龄结构上，28 岁以下的员工 113 人，约占 26%。28～35 岁的员工 40 人，约占 9%；36～45 岁的员工 131 人，约占 30%；46 岁以上的员工 156 人，约占 35%。

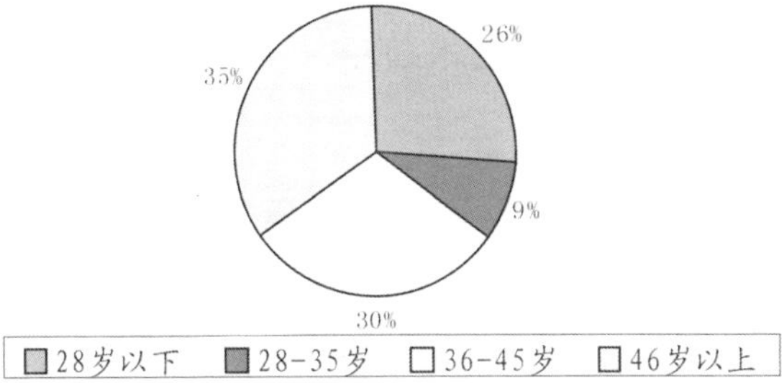

年龄结构分析

人员结构上，操作类工人 232 人，约占 52%；设备动力人员 33 人，约占 8%；市场营销人员 32 人，约占 7%；质量管理人员 40 人，约占 9%；职能管理人员 47 人，约占 11%；技术研发人员 7 人（包括车间工艺员），约占 2%；仓储、后勤人员 49 人，约占 11%。

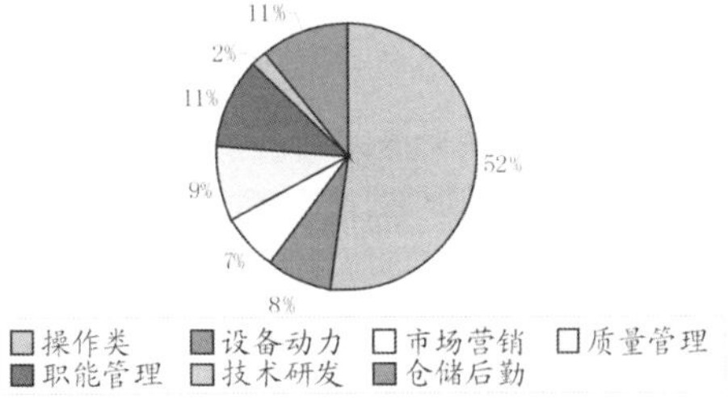

人员结构分析

良好的业绩背后有优秀的员工和优质的管理。公司实行董事会领导的总经理负责制。部门设置有：生产部、品质部、设备工程部、供销经理部、财务部、科研开发部、人力资源部、行政服务部、仓储部、公司办公室、工会。生产部下设两个生产车间：前处理提取、酒酊车间，固体制剂车间。仓储部下设 4 个仓库。公司还成立了中国共产党佛山冯了性药业有限公司委员会，下设 7 个党支部。

四、自主研发的技术装备

由于中成药的生产设备、生产工艺无法通过引进解决，所以各个企业都在技术改造中寻求最先进而又实用的设备，通过自行研发或借鉴来解决生产发展中的问题。这一问题同时落在冯了性药业的头上，如何正确处理传统工艺和现代工艺的关系显得尤为重要。

继承不泥古，创新不离宗。冯了性药业继承了古老佛药组方独特、选料上乘、工艺精湛的优良传统，并运用现代科学技术和设备，不断地创新，使产品质量稳定提高。其中，首创的全自动蜜丸蜡壳封装生产线、药材湿法微波灭菌生产线、中药酒剂卷式膜分离过滤生产线等，均达到国内领先水平；丸剂机械化生产线，片剂、颗粒剂的干式造粒生产设备均属国内先进的中药生产工艺设备。新技术、新设备的采用，既保持了中成药的传统特色和疗效，又提高了中成药生产效率并使之符合现代药品生产的质量要求。古老佛药从此既具有了深厚的传统中医药文化底蕴，又具有了丰富的现代先进科技的内涵。

具体来说，大蜜丸是最传统、最古老的中成药剂型，延用几百年来手工封装的老工艺。包装一颗蜡丸要经过煮蜡、插木球、蘸蜡、冷却、脱模、晾干、入丸、封口、过蜡、剪蒂、盖印等工序。工人劳动强度大，占用场地多，生产周期长，工作效率低，染菌机会多。面对这一难题，在公司领导的全力支持下，公司技术人员通过摸索、实践，利用“离心浇铸法”和“温模压封成型”这套机械动作的封装工艺取得了重大突破，研制成功 600 型封装机。

采用蜡丸制壳封装机后，自动化程度大大提高，一个人操作一台机3分钟内就能完成原来的全部工序，每机每小时可封装600粒丸。原手工封装平均速度是每人每小时160粒丸，机械封装的劳动生产率是其3.7倍。机械封装节省了人力、场地，仅工资及生产费用每年可节约23.5万元（1980年价），节约蜡料40吨，价值8万元（1980年价）。而且卫生标准得到大大提高，每个蜡丸杂菌量从手工制作的1.1万至1.2万个减至10个以下。同时，外观、牢固性、密封性等质量指标都得到很大提高，实现了大蜜丸的机械化生产。

后来在600型封装机的基础上，又研制成功LZ－720型蜡丸封装机，并通过了中国药材公司组织的全国性技术鉴定，得到高度评价。LZ－720型封装机投产后，该机的技术稳定性和可操性得到进一步完善，包装效率在600型机的基础上又提高了20%。获国家经济贸易委员会“金龙奖”，并获颁优秀新产品证书。大蜜丸封装生产线作为冯了性药业独有技术，是冯了性人的骄傲。可以说，冯了性药业带动了中药制药行业的现代化。

长期的坚持，带来了不少突破，冯了性药业有几项生产工艺在全国一直保持领先地位。

（1）大蜜丸车间的机械化生产程度在全国领先，其独特性全国仅此一家。

核心设备分别有：①自己研制的大蜜丸自动制壳封装机，解决了入丸的自动化问题，确保了产品的洁净卫生。②制罩、装丸、入盒连线机械化外包装生产线，大大提高了生产效率，减轻了劳动强度，保证了产品外包装的一致性。③配置的凉丸设备，煮蜡、运蜡设备以及蜡壳配方均由冯了性药业的技术人员设计完成。

（2）独具岭南特色的药酒生产线及膜分离技术用于药酒

过滤，解决了药酒沉淀的老大难问题。

（3）湿式加热——微波灭菌干燥生产线，用于中药材灭菌，既保证了中药材的有效成分在灭菌过程中不至于过多流失，又能在生产中实现连续生产，是目前最具创意的、最实用的中药材灭菌生产线。

技术设备上的领先地位没有使冯了性药业停止追求，他们有计划地制定技术改造项目，争取更多的人才和资金来投入技术研发和产品的二次开发。2008 年，公司中标“中药灭菌产业化关键技术”，广东省政府资助 200 万元支持该项目的研究开发和产业化。

对企业来说，近年来最大的改造工程莫过于 GMP 改造。通过多番努力，2004 年 1 月整厂首次通过 GMP 认证，2009 年 1 月整厂又成功通过 GMP 再认证。回顾两次认证的经过，公司品质部的谭珍部长颇为感慨地告诉笔者，目前公司的生产过程以及车间配置均按照药品 GMP 规范进行。很多员工学历不高，但他们认真对待 GMP 改造，从起初的不习惯到后来的主动学习，错了就改，一路走来。现在上轨道了，他们还不断严格要求自己。GMP 认证，实在离不开他们的努力。

不难发现，冯了性药业重视每一位员工，员工的支持是增强企业凝聚力的巨大力量。

第二节 “识就冯了性，不识就误了命”——详解品牌

一、回望历史，寻找“冯了性”品牌基因

提起“冯了性”，许多老佛山人都会津津乐道：“识就冯

了性，唔识就误了命”（粤语）。对，这就是“冯了性”最深入民心的广告标语，也是解读其品牌的最好途径。

我们且把历史时钟拨回到明朝万历年间。当时，佛山镇流行一种名为“万应药酒”的风湿跌打药酒。此药酒乃冯炳阳先生凭着多年的行医实践，几经研究、试验，创制出来的。初为自用，并赠与街坊乡民，后因疗效确切，前来购药者渐多，药酒渐渐也传出了名声。冯炳阳年老后，将药铺交由儿子冯了性打理。冯了性天资聪颖，生性好学，游历过不少名山古刹，遍访名医高僧，一度削发修行。在修行期间，方丈赐名“了性”。经冯了性的潜心研究和临床观察，“万应药酒”的配方和制作工艺日臻完善，药力明显提高，疗效更为确切。冯了性为感谢佛门高僧的赐教，即把“万应药酒”改名为“冯了性风湿跌打药酒”，将店名正式定为“冯了性药铺”。这便是“冯了性”老字号的来历。

“识就冯了性，唔识就误了命”这句朗朗上口的“广告词”曾在佛山地区广为流传，它所表达的就是冯了性风湿跌打药酒的神奇疗效。这句广告语主要涵盖三层意思：①识找：有病痛要找冯了性，不要看错医生，否则不仅治不了病，还有可能丢了性命；②识辨：购买、使用冯了性风湿跌打药酒要会辨别真伪，用了假药酒，不仅延误治疗的最佳时期，更有可能丧命；③识用：冯了性风湿跌打药酒用20多种药材制成，其中以丁公藤、麻黄为主药，因药力猛烈，饮用时要适量，切勿过饮。此广告词不但正面宣传了冯了性风湿跌打药酒，而且提醒使用者不要滥用和暴饮，体现了高尚的医德和诚信的理念。

当时坊间还流传着一篇《冯了性三字经》：“冯了性，药业精。老字号，耀光荣。妙良方，聚精英。酒丸散，乃救星。

艺高超，显神圣。壮老少，健童婴。除疾病，赐安宁。人长寿，家欢乐。行善举，为百姓。常开拓，好前程。万载功，千秋咏。铸奇勋，永扬名。”这篇《冯了性三字经》起码暗示着三方面的信息：一是冯了性其人因医术高明而得到老百姓的赞赏；二是冯了性风湿跌打药酒因疗效显著而得到老百姓的信任；三是冯了性药铺因乐善好施而得到老百姓的感激。

至道光年间，冯了性药铺实行了医、药一体，发展到鼎盛时期，产品销路日渐广阔，风行全国，以华中、华北、华东，特别是湖南、江西、四川一带最为受用。随着时代的变迁及矿产业、渔业、建筑业的发展，跌打风湿病患者越来越多，冯了性风湿跌打药酒正好解决了生产工人、渔民既想喝酒又想治病、防病的需要。

因粤汉铁路通车，佛山地理位置的优越性逐渐被广州取代。冯氏后人抓住时机，于 1800 年在广州归德门内小街市（即今解放中路一带）开设分店，继之在上海和港澳等地遍设分店，共有 10 余家。产品还远销美洲和东南亚各国。当时仅佛山镇祖铺出口的药酒，每年销售额就达 20 万两白银。

至清末，冯了性风湿跌打药酒的分厂在全国超过 15 家。冯了性药铺除了生产冯了性风湿跌打药酒外，还生产其他跌打药品。随着家族的扩大，一些冯氏后人先后到江西、湖南、河北、江苏、浙江、四川等地自立门户，设厂生产、销售，使用“冯了性风湿跌打药酒”的名称和配方，为当地人解除疾病痛苦，得到老百姓的赞誉。自此，冯了性及其风湿跌打药酒，在中华大地得以扬名，深入民心。

改革开放后，冯了性药酒的生产量逐年增加。1985 年、1990 年两度获国家质量银质奖，1997 年成为首家中药保护品种。从我国编纂的第一版《中华人民共和国药典》（简称

《中国药典》）开始，就以佛山生产的冯了性风湿跌打药酒为标准，并将该品种收载其中。为了褒奖冯了性研制该药的成就，特别用“冯了性”作为该药品的名字。

时至2000年，一直生产正宗冯了性风湿跌打药酒的佛山市制药一厂在企业改制时更名，恢复“冯了性药铺”老字号，定名为“佛山冯了性药业有限公司”，重新注册“冯了性”商标，实现企业名、产品名、商标三位一体。

在品牌建设上，企业坚持“质量第一、造福人群”的办厂宗旨，坚持“制药以诚，精益求精”的经营理念，致力在“老”字上做好文章，树立老字号的金字招牌，在广大老百姓中形成了良好口碑。经过几年的努力，“冯了性”商标还获得了“广东省著名商标”的称号，先后在香港、越南、印度尼西亚、新加坡等地注册了“冯了性”商标，并在国内采取了一系列商标保护及防止侵权的措施。

目前，企业已是一个以冯了性风湿跌打药酒为龙头产品，集酒剂、丸剂、散剂、片剂、颗粒剂、酊剂、软膏剂7大剂型，140多个品种的大型中成药企业。在未来的品牌发展之路上，冯了性药业将会越走越勇，因为他们知道：老祖宗不能丢，老祖宗的精神更加不能丢。

二、佛山老号，延而伸之——佛山中成药文化的正宗传承者

“冯了性”是一位名医，精通医道，行医有术。

“冯了性”也是一家老字号，沉淀着佛山中成药的传统文化。

“冯了性”还是一家全国中药五十强企业，扮演着这个行业不可或缺的角色。

"冯了性"就是佛山中成药文化的正宗传承者。

2000年3月16日，佛山市制药一厂改制，进行资产重组，重新恢复"冯了性"老号，取名"佛山冯了性药业有限公司"。现时的佛山冯了性药业有限公司其前身是由梁仲弘蜡丸馆、冯了性药铺等57家药店铺经公私合营组建而成的。她不但传承了"冯了性"老号的产品及经营理念，而且基本全部继承了佛山药业前辈所发明的知名产品和传统工艺，生产膏、丹、丸、散10多种大剂型，160多个品种，其中冯了性风湿跌打药酒远销海内外。

目前"冯了性"除了延续历史上的冯了性药铺及其主要产品——冯了性风湿跌打药酒之外，由于历史原因，还涵盖了很丰富的内容。主要是公私合营时，把佛山镇的所有尚存的生产成药（包括中成药、西药）的店、堂、铺联合起来，组建成"佛山市联合制药厂"，1960年再由佛山市联合制药厂分出西药部分，组建"佛山制药厂"，原厂只生产中成药。1971年，再把当时的茶剂、膏剂、片剂等品种分出组建"佛山市制药二厂"，原厂更名为"佛山市制药一厂"，把历史上佛山镇所生产的中成药（除去茶剂、膏剂、片剂），全部传承了下来。

三、"冯了性"品牌的四个版本

冯了性药业的历史年限有4种算法：一是从"冯了性"正式的商号起算（1659年）至2008年有349年；二是从冯了性父亲冯炳阳开药铺算起，冯炳阳是1589年出生，早年在家乡开设药铺、挂牌行医，至于哪一年开设药铺无从考证，但据推算是在他35岁时（1604年）才开设的，距今404年；三是以目前"冯了性"所涵盖的佛山最老的药店梁仲弘蜡丸馆算起（1573年），则有435年历史了；四是从公私合营建立佛山联合制药厂算起，则建厂已51周年。冯了性人习惯把企业的建立日期定在1659年，即正式用“冯了性”命名开始。

有意思的是，企业转制时为什么更名为“冯了性”呢？1999年，企业转制的各项相关工作都在紧锣密鼓地进行着，其中一项就是给转制后的企业改名。当时企业组织了一个智囊团，作为企业更名、广告词拟定、商标审定、形象设计、包装系列主旋律图案设计等的顾问。其成员中除了专业人士外，还有老药工、老干部。在讨论企业更名时，出现了两派意见，一派倾向于恢复佛山药业的老字号，以体现传承和历史；一派倾向于另起一个有点霸气的名字。后经过酝酿，大多倾向于恢复老字号。但恢复哪个更合适呢？在佛山老字号中，其产品保留了下来并有生产销售的有几家。其中有当时史料记载最老的药业商号“梁仲弘”，还有“冯了性”、“马百良”、“李众胜堂”等。“梁仲弘”生产并成名的品种有“抱龙丸”，“冯了性”则有“冯了性风湿跌打药酒”，“马百良”有“儿科七厘散”等，“李众胜堂”有“保济丸”等，而且这些品种都是佛山始创。考虑到“马百良”、“李众胜堂”在香港已注册了商号，为避免商标上的冲突，意见很快集中到“梁仲弘”、“冯了性”两家上。最后经过热烈讨论，决定取“冯了性”。理由是：

（1）佛山的史志中记载，梁仲弘蜡丸馆始创于明代，为佛山最老的药业字号。其有著名的“梁仲弘抱龙丸”流行于市。但到了20世纪90年代，抱龙丸的销售额只有100多万元，而同期冯了性风湿跌打药酒的销售额已达到2 800多万元。显然，抱龙丸不可能成为公司的拳头产品，用“梁仲弘”的意义大减。

（2）冯了性药铺的始创年份在明末清初。在新中国成立后佛山仍然存在的中成药老字号中，以“老”计算，“冯了性”仅排在“梁仲弘”之后，位列第二，而其主打产品冯了性风湿跌打药酒的销售额却是所有老产品中最高的，极有可能发展为公司的拳头产品。更重要的是冯了性风湿跌打药酒这个彰显冯了性功劳的药品名，已经收载在《中国药典》中，在制药行业中，“冯了性”已经有了一定的知名度。

（3）商号改为“冯了性”，再将其注册成商标，与冯了性风湿跌打药酒有很好的亲缘关系，形成三位一体，有利于宣传和提高品牌知名度。

当年转制之时，“冯了性”的企业名是药厂负责人和佛山市文化局的有关人员到北京找到相关部门争取回来的。2006 年，冯了性药业被国家授牌“中华老字号”。对他们来说，留住这个老字号除了看重这一金字招牌的品牌效应外，更多的还是想把老字号本身所承载的社会文化价值保留下来，传播下去。

现时，佛山冯了性药业所生产的产品及其传统工艺，不单只是冯了性风湿跌打药酒，而且涵盖了整个佛山镇历史上生产的中成药品种，它所传承和反映的中成药文化，也不只是冯了性药铺一家，而是整个佛山的中成药历史文化。可以说，冯了性药业是佛山中成药文化的正宗传承者。

第三节　佛山始创　正宗经典
——药品家珍个个数

从 20 世纪 70 年代起，冯了性药业就被列入国家重点中药厂，产品通过计划经济下的调拨，销到除西藏外的全国各省、市、自治区。90 年代两度入选国有重点中成药企业 50 强。“文革”前，企业使用“安宁”牌商标，1971 年分厂后，使用“汾江”牌商标。

80 年代，国家进行“国家质量奖”的评选，产品“跌打药精”（后更名为“竭红跌打酊”）、“冯了性风湿跌打药酒”分别于 1984 年和 1985 年获国家质量奖银质奖，并于 1989 年和 1990 年再度获奖。其他知名产品还有佛山始创的保济丸、蛇胆川贝散、儿科七厘散等。

目前，冯了性药业是纯中药的生产企业，现有注册药品批准文号 160 个，生产的剂型有：丸剂、片剂、散剂、颗粒剂、酒剂、酊剂、软膏剂。产品以佛山制药先辈发明的传统老产品为主，主要有冯了性风湿跌打药酒、保济丸、蛇胆川贝散、蛇胆陈皮散、儿科七厘散、佛山人参再造丸、梁财信跌打丸等。无论是剂型或品种，均体现了具有悠久历史的岭南中成药传统特色。

值得骄傲的是，在国家药典和部颁药品标准中，能用人名来命名的药品名称不超过 10 个，冯了性药业就拥有 2 个（冯了性风湿跌打药酒、梁财信跌打丸）。可以说，用“佛山始创，正宗经典”来概括冯了性药业，恰如其分。

一、经典成药，源远流长

（一）抱龙丸

抱龙丸（散），有 400 多年的历史，是佛山中成药的始祖。处方中以陈皮、法半夏燥湿化痰止呕，檀香、砂仁、木香、香附行气止痛，藿香、苏叶、厚朴、薄荷祛风健胃，白芷、白附子、荜茇、川芎、荆芥、独活、天麻、防风、僵蚕祛风止痉，白术、山药、茯苓益气健脾，白芍缓急止痛，天竺黄清热豁痰、定惊止痉，诃子、赤石脂涩肠止泻，朱砂清心镇惊、安神解毒。诸药组合具有祛风、健胃、止痛三效，为治疗小儿风痰吐乳腹泻之良药。

在选料上，以质量上乘为原则。若遇配料不齐或质量低劣，宁可脱销，也不粗制滥造。在原材料加工炮制上，更加注意运用中医中药的传统理论，严格按照工艺制作。如处方中的僵蚕是用姜制，能辟去腥臭气味，增强祛风定惊、治疗抽搐的作用；川芎酒蒸，增强祛风行气作用；半夏即用法半夏，燥湿化痰止呕其效更佳。本药还以蜜糖作赋形剂制成蜜丸剂，蜜糖可起到矫味作用，便于小儿服食，同时具有解毒作用。

抱龙丸还有另一个品种，在处方上进行了改进，成为“琥珀抱龙丸”。以琥珀、胆南星为主药，使之清热豁痰、凉心安神、定惊镇痉；辅以天竺黄、全蝎，增强安神定惊、清热、散风镇痉之效；加上麝香，开窍、通经络，再以雄黄燥湿祛痰。诸药配合便有镇惊除痰、祛风清热的作用。因而对治疗小儿风痰壅盛、高热神昏、惊风抽搐、腹痛、吐奶水泻有较佳的作用。

（二）冯了性风湿跌打药酒

冯了性风湿跌打药酒是以驱风湿药物丁公藤为主，佐以麻黄、桂枝、泽泻、乳香、厚朴、木香、枳壳等药，用纯正白酒浸泡而成，具有祛风逐湿、消瘀止痛的功效。适用于风湿骨痛、手足麻木、腰酸腿痛、跌打撞伤诸症。可口服亦可外擦。该药300多年来，以其功效显著，售价低廉，而得到广大群众信赖，一直盛行不衰。

冯了性风湿跌打药酒多年来均为冯了性药业的名优和拳

头产品，产销量逐年攀升。时至今日，药酒产量从1957的年产40吨增加到现在的年产3 000多吨。

（三）保济丸

保济丸是佛山始创的经典名药之一。主要中药配方为钩藤、菊花、蒺藜、厚朴、木香、苍术、天花粉，有解表、去湿、和中之效，用于腹痛腹泻、噎食嗳酸、恶心呕吐、肠胃不适、消化不良、舟车晕浪、四时感冒和发热头痛。

（四）竭红跌打酊

竭红跌打酊，是冯了性药业独家生产的伤科良药，一向以外销为主。处方主要以血竭、乳香、没药、红花、归尾等组成，具有散瘀消肿、活络止痛的功效，用于刀伤跌打、烫火灼伤、止血止痛、散瘀消肿。对急性单纯性闭合性的软组织挫伤、扭伤等症，其有效率高达97.94%，在外伤早期应用疗效更优，享有“伤科神药”之称。

竭红跌打酊在1981年、1983年、1984年先后获省优、部优产品和国家银质奖。1989年复评继续保持银质奖称号。随着产品的知名度的提高，产量、产值逐年增长。1991年，年产量达74.41万瓶。产品除销售到全国各地外，还出口到东南亚一带，在印度尼西亚、新加坡、马来西亚以及中国的香港、澳门等地声誉尤高。

（五）佛山人参再造丸

佛山人参再造丸，方中用人参、黄芪、当归、川芎、熟地、何首乌益气养血；姜黄、穿山甲、血竭、没药、乳香、两头尖、红花、赤芍、全蝎、松香、大黄活血祛瘀，通络止痛；天麻、僵蚕、地龙平肝熄风；麻黄、肉桂、乌药温经散寒；羌活、白芷、威灵仙、细辛、蕲蛇、防风、白附子祛风去湿，散寒止痛；虎骨、桑寄生、骨碎补、龟板补益肝肾，强筋健骨；冰片、母丁香、安息香、沉香、香附行气止痛；胆南星、天竺黄、朱砂、琥珀、牛黄清热化痰，镇惊安神；因气滞湿阻，故用厚朴、茯苓、白蔻仁、草蔻仁、藿香、白术、川萆薢、青皮健脾燥湿；水牛角、玄参清热凉血，配合活血祛瘀药使离经之血能够机化；葛根解肌发汗，扩张血络；川连清热燥湿，制肉桂之辛热；甘草调和诸药。全方具有舒筋活络、祛风健骨之功效，对于气血亏损、中风瘫痪、四肢麻痹等症有较好疗效。

本品疗效确切，除处方配伍独特是先决条件外，还与其传统炮制、精工制作息息相关。如天麻用姜汤制能增强祛风作用；僵蚕用姜制后，矫去腥臭气，并能增强祛风定惊、缓解抽搐的作用；香附用酒、醋、姜汁和盐四制后通经止痛作用增强；乳香、没药麸炒缓和了其刺激性，使之酥松，易于粉碎；地龙用甘草水泡后能去毒和去腥燥气味；穿山甲醋制后能增强活血镇痛作用；蕲蛇酒炙后能增强祛风除湿、通络止痛作用；川乌用白矾、生姜、醋等制后能增强散寒作用，并减低乌头碱的含量，降低毒性；川芎酒制后能增强祛风和行气作用；胆南星用牛胆汁炮制，能增强除痰作用；熟地黄用酒制后，其药性由寒转温，功能由清变补。同时，熟地黄质厚味浓、滋腻碍脾，酒制可借酒力行散，起到行药势通血脉的作用，使熟地黄滋而不腻；何首乌经黑豆制后，消除了滑肠致泻作用，增强了滋阴补肾、养肝、益血功能。各药根据性质不同，采用传统炮制工艺，使之充分发挥并增强了各自的作用。

1985 年，佛山市制药一厂委托广东省医科院药物研究所作进一步临床药效观察。抽取 10 例脑血管意外患者，服用人参再造丸，每天 2 次，每次 1 丸，疗程 3 个月。结果表明，人参再造丸对症状的改善，记忆力的恢复，握力的增加，平衡及持久站立时间的延长，脑血流量的增加，血管紧张度的良好变化均有明显作用。同时经中山医学院附属第一医院、中山医学院附属第二医院、广东省人民医院54例脑血管意外患者临床验证，总有效率为92.6%。

1979年，本品在佛山市医药行业中，第一个获得“省优质产品”的称号。1984年，复评再获“省优质产品”，1989年重评，继续保持“省优质产品”称号。

（六）蛇胆川贝散

传统中成药蛇胆川贝散，具有南方成药特点，已有100多年的历史。以前原料专用三蛇胆（金环蛇、眼镜蛇、过树榕蛇），故称三蛇胆川贝散，后因原料为稀有保护动物及药品标准的修订，使用现名。本品根据古方中药炮制，服用安全，无副作用，疗效显著。处方组成简单而合理，是选用蛇胆汁及川贝母为原料配制而成。蛇胆汁具有祛风、除痰去湿的作用，川贝母有润肺、止咳化痰作用。长期的临床实践证明，其对肺热咳嗽、痰多有独特的疗效。

经广东省医科院药物研究所门诊部、广东省人民医院、广东省中医院、广州医学院第一附属医院进行的120例临床验证，总有效率为97.5%。其中一位56岁的慢性支气管炎合并感染患者，反复咳嗽10个月，经服用该药6天后，咳嗽即消除。

（七）儿科七厘散

儿科七厘散以牛黄、麝香、全蝎、僵蚕、珍珠、朱砂、琥珀、钩藤、天麻、防风、蝉蜕、白附子、天竺黄、硝石等中药制成，具有清热镇惊、祛风化痰的作用，用于小儿急热惊风、感冒发热、痰涎壅盛等。历史上的七厘散有“儿科圣药”之称。

二、古方正药，经久不衰

除了以上正宗经典的佛药之外，冯了性药业其他知名的中成药还有大活络丸、抗骨增生丸、安宫牛黄丸、万氏牛黄清心丸、乌金丸、宁神丸、六味地黄丸、乌鸡白凤丸、回春散、珍珠末等。下面简单介绍一下。

（一）大活络丸

适用于中风所致之瘫痪、痿痹、拘挛等症。是治疗中风后遗症的上乘药品。本品与治疗风寒湿痹的小活络丸应区别使用。

（二）抗骨增生丸

祖国医学认为：肝肾亏损，气血不调，筋骨失养，瘀血凝聚乃成骨质病变。本品根据中医理论，以补腰健肾、滋养精髓、强壮筋骨、活血利气为准则，标本兼顾，以达到治疗骨质病变之目的。适用于增生性脊椎炎（肥大性胸椎炎、肥大性腰椎炎）、颈椎综合征、骨刺等骨质增生症。

（三）安宫牛黄丸

处方来源：吴鞠通《温病条辨》方。

本品是中医“温病三宝”的首要方药，为古方正药精制而成。其药力雄猛，具有强烈的清热解毒、开窍醒脑、安镇心宫作用。适用于多种热病出现之高热、抽搐、昏迷的抢救治疗。临床验证为乙型脑炎、中毒性脑病、脑脊髓膜炎、败血症等病的有效急救药品。

（四）万氏牛黄清心丸

处方来源：明代万密斋之《痘疹世医心法》方。

本品清心镇惊、泻火解毒。适用于温病热盛、烦躁不安，小儿高热惊厥。功用与安宫牛黄丸略同，但安宫牛黄丸药力较强，着重于解毒开窍方面。本品则偏于清心泻火、安神方面，在用药时可以区别使用。

（五）乌金丸

处方来源：跌打名医李广海验方。

中医认为：气机郁滞，日久致瘀，其瘀成疾，称之为郁伤症也。本品在活血行瘀、行气解郁方面有独到功效。适用于妇女气郁血滞、胸胁刺痛、产后瘀血、面黄肌瘦诸症。孕妇忌服。

（六）宁神丸

处方来源：《广东省药品标准》方。

本品是妇科调经止痛的常用药物。其特点是以补为主，攻补兼施、标本兼顾。主治气血虚弱夹有气滞血瘀。适用于妇女血虚气滞、月经不调及经前经后腹痛腰痛。感冒发热及孕妇忌服。瘀者最适宜使用。

（七）六味地黄丸

处方来源：宋代钱乙《小儿药证直诀》方。

本品是滋阴补肾名药。根据中医“壮水之主，以制阳光”之意，滋补不留邪，降泻不伤正，是滋肾阴、降虚火的上乘方药。适用于肾阴亏损、头晕耳鸣、腰膝酸软、盗汗遗精及消渴。

（八）乌鸡白凤丸

本品是著名的妇科成药，使用血肉有情之品——纯正乌肉竹丝鸡及多种贵重药材精制而成，对妇女气血亏损、身体瘦弱、月经不调有独特疗效。本品具有温而不燥、补而不滞的特点，对气血不足兼有阴虚患者尤其适用。

（九）回春散

本品具有清热、祛风、除痰及醒脑开窍之功，凡有风痰壅盛、痰塞气阻、惊厥抽搐等儿科疾患，服用本品即可风熄惊止，气降痰下，药到病除，故名“回春”，是儿科定惊除痰、祛风止痉的有效方药。

（十）珍珠末

珍珠具有定惊安神、清热坠痰、养阴熄风、明目生肌等功效。本品采用纯正珍珠作为原料经水飞制成，是镇惊清热，滋养生肌的有效方药。适用于惊风、癫痫、心神不安、烦热消渴。外治目生翳障，疮口不敛。

三、老药新编，独树一帜

除上述古方来源的产品外，冯了性药业非常重视新产品研发以及传统产品的二次开发。2008 年，公司研发的 2 个新产品：柴石退热颗粒、蛇胆川贝含片均获“中医药产业科技新优秀项目”奖。以下简单介绍自主研发的几个产品。

（一）白灵片（酊）组合

该药是冯了性药业的前身佛山市制药一厂与广东省药物研究所共同研制成功的专治白癜风病的新药。该药的研究课题被广东省医药联合总公司确认为省重点的科研项目。1986 年 6 月通过省级鉴定，专家们认为本品药方设计既符合中医的理论传统，又有一定的创新性。1986 年 12 月经广东省卫生厅批准投产。1986 年获广东省科技进步三等奖。1988 年获广东省优质产品奖。

根据传统中医“气行则血行，气滞则血瘀，治风先治血，血行风自灭”的理论，以活血化瘀、养血祛风、调和气血等原则治疗白癜风。本品处方中的田七、红花等有活血化瘀、改善微循环和机体免疫功能的作用；黄芪、当归有调和气血、使血能荣肤的作用；当归、防风有养血祛风之效。现代医学认为，皮肤及毛发中的颜色主要来源于其所含的黑色素颗粒，含量愈多，其颜色愈深。黑色素以酪氨酸为主要成分，在表皮基底层及毛囊的黑色素细胞中含有丰富的酪氨酸酶，此酶可催化酪氨酸氧化，最后聚合成黑色素，再与蛋白质结合形成黑色素颗粒。外搽的白灵酊，以光敏感作用较好的三季红、白芷等药物配成，可以从局部到整体改善循环并提高机体免疫功能。

本品由口服的白灵片、外搽的白灵酊组成，是治疗白癜风较理想的药物，具有调和气血、滋养皮肤黑色素细胞、增加光敏作用等功能。本品的最大特色是内服片剂与外搽酊剂结合使用，作用迅速，疗效显著。经临床验证 313 例，有效率为 86.62%。

（二）柴石退热颗粒

柴石退热颗粒是与湖北中医学院附属医院共同研制申报的新药。产品于 1996 年 2 月由广东省初审通过，转报卫生部申请临床研究。卫生部于 1997 年 12 月批准进入临床研究，并根据卫生部修改药品名称的意见，将原名“热必宁颗粒”改为“柴石退热颗粒”。

柴石退热颗粒组方合理，方解清楚，工艺可行。1994 年生产的三批样品经 46 个月的室温留样观察，检查结果符合规定。药效学试验表明，柴石退热颗粒对双球菌致热和大肠杆菌内毒素致热家兔有明显解热降温作用，能明显降低感染肺炎双球菌豚鼠死亡率，对大白鼠血清体外抑菌作用明显增强，能明显增加小白鼠免疫器官的重量。

对柴石退热颗粒的论证结果是，该药对外感风热、表里俱热证（急性上呼吸道感染）具有确切疗效，未见明显不良反应和过敏反应，服用安全，价格低廉，适合在广大城乡推广应用。

（三）蛇胆川贝含片

蛇胆川贝散是由佛山集兰堂药店于清代开始生产的。新中国成立后由卫生厅批准佛山市制药一厂生产、经营。古老的中成药历经百年仍得以生存，其确切的疗效是决定因素。为改变其服用不便、口感欠佳的现状，也为保持原有的止咳效果，企业于2004年研制出蛇胆川贝含片。

本品为内科咳嗽类非处方药药品，清肺、止咳、除痰，用于肺热咳嗽、痰多。

通过对175例临床试验结果分析，蛇胆川贝含片治疗肺热咳嗽（急性气管、支气管炎）的临床疗效优于对照药蛇胆川贝散，能明显改善患者咳嗽、咯痰、胸闷、发热、口渴等主要临床症状。可用于急性气管、支气管炎，且中医辨证属于肺热咳嗽证病人的临床治疗。治疗过程中未发现其对心、肝、肾功能及血液系统有损害，临床应用安全。

第二章 企业发展

● 冯了性药业集结了400多年来佛山制药业的智慧，在漫长的发展之路中依然屹立不倒，其成功秘诀是金漆招牌下的文化资本运作——并非从现代企业起家，可她以独特的东方哲学行为塑造了真正的企业文化。本章以冯了性药业的发展为线，以其关注人心、关注质量和关注技术为面，探索冯了性药业成功发展与前进背后的真相。

● 一波三折：在分分合合之中韬光养晦。

● 发展动力：源自佛药的仁心仁术。

● 创新之处：拥舞变革，技术引领企业。

第一节 追根溯源 寻宗觅祖

冯了性药业继承了佛山药业前辈们所创制的知名产品，

其历史可追溯到400多年前。当时，兴旺的佛山古镇已经孕育出兴旺的佛山中成药业。药店药铺甚至成为佛山古镇独特的人文景观，佛药文化，处处可寻。

一、寻找昔日豆豉巷

现今佛山市禅城区的升平路，在20世纪80年代以前，是佛山市最繁华的商业区。民国前，道路未有拓宽，历史上称为筷子市豆豉巷，当时的豆豉巷人流如鲫，十分繁华。豆豉巷南北走向，北边是西江、北江流经佛山古镇的分支——汾江。河边建有码头，商船、商客络绎不绝，热闹非凡。商铺就在巷两边，一家挨着一家，向南边延伸，街中间用青石板铺垫。店铺越来越多，又成丁字形向东、西方向辟出新的街巷。商家的聚集、交流的增加，使这里成为活跃的商品交易中心。

据史料记载，清乾隆三十二年（1767年），仅在约200米的豆豉巷中就有27家经营药业的店铺，到清中叶道光年间，各药行向腹地扩散，全行业店铺近100家，生产品种有数百个，主要剂型有膏、丹、丸、散、油、茶、酒七种，从业人员1 000多人。据佛山地方志记载，祖铺建于明代的就有“梁仲弘”、“冯了性”等4家，始创于清代的有“刘怡斋”等40家，在民初开业的就有“李广海”等45家。

佛山中成药业能够不断发展壮大，乃是佛山古镇得天独厚的地理和人文环境所使然。

（一）佛山成药的天时、地利、人和

佛山，地处珠江三角洲腹地，水路居广州上游而处西江、北江下游，是水路通达省城的必经之路。地理位置上毗邻港澳，水路交通四通八达。古籍记载：“诸宝货南北互输，以佛山为枢纽，商务益盛。”入清以来，佛山的手工业进入全面发展阶段，以冶铁业为主干，以陶瓷业和纺织业为辅助，带动了金属加工业、造纸业、成药业、颜料业、爆竹业、衣帽业等诸业的发展。其中，佛山成药业早在明代已始创具岭南特色的蜡丸成药生产，素有“岭南成药发祥地”、“广东成药之乡”、“禅城古镇五朵金花”等美称。

简单说来，佛山成药的发展首先离不开佛山古镇的商业环境。当时佛山经济发达，交通方便，人口众多，广大“徒手而求食”的手工业工人和小商贩以及数以千计的客商，由于种种客观条件所限，求医问药费时失事，多有不便，而中成药则以其疗效确切，适用面广，保存携带及服用方便安全等优点，很快就为人们所信任和乐用。其次佛山早期的化学工业发达，佛山药材业也较兴盛，各种名贵药材、香料、进口石蜡、蜂蜜、蜂蜡等货源充足，也为成药业发展提供了有利条件。随着冶铸、五金铁器、纺织、陶瓷等业迅速发展，冶铸和铁器制造业的工人迅速增加，他们要冶、锤、箱、磨和醮水，经常和重器、利器、沸水、烈火接触，偶一不慎，便不是损皮肉就是伤筋骨。另外佛山清代时武术极为兴盛，拳脚刀枪，经常发生跌打类损伤，因而形成了佛山中成药以跌打类成药最为突出的特点。

由于成药制作不但方便，更兼本小利大，经营者自然趋之若鹜，各种验方名药相继出现，并代代相传。佛山成药业在最兴盛的时期厂店近百家，品种上千个，产品行销全国和港澳地区以及新加坡、马来西亚、泰国和美洲等地，名噪海内外。新中国成立前，成药产品已经发展到膏、丹、丸、散、片、酒、油、水、茶等9个剂型。佛药的前辈们在多年的实践中不断改进、不断发展，久而久之自成传统，自有特色。

众所周知，历史上成药的制作和销售，是以商号为单位的，成药行业的存在和发展，无疑与各商号的兴衰有密切关系。就佛山的情况而言，除个别近代后起的大厂家外，成药商号大多集治疗、熟药及成药的制作销售于一身，多是“前铺后厂”或铺、厂、居室三者合一，这种状况延续了数百年。

祖铺老号的创立和发展，是历年来不断存优汰劣的结果。他们的字号及其招牌名药得以沿用，无不以信誉良好、疗效确切为保证。即使是在成药业已经衰落的民国初年，佛山仍有大小60家以上的佛药老号，其中不少是一二百年以上的老字号。这些众多的老字号，是佛山古代成药业兴旺发达的标志，它们不仅在佛山成药史以至商业贸易史上占重要地位，而且在我国成药发展史上亦占有一席之地。

（二）与冯了性药业有渊源的佛药老号

在佛山成药业中，其产品过去在佛山制药一厂生产或至今仍在冯了性药业生产的老号有：梁仲弘、冯了性、梁财信、马百良、李众胜、黄恒庵等几十家。以下选取10家老号作简单介绍。

1. 梁仲弘蜡丸馆

佛山制药业出现较早、持续时间最长的是梁仲弘蜡丸馆。蜡丸馆馆址一直保存至今，已有400多年历史。梁仲弘医者有术，颇具名气，向其求医买药者与日俱增，络绎不绝。后来他将历年来的临床验方总结整理，研制出几种颇有疗效的成药蜡丸在医馆出售，其中就有专治小儿腹痛、吐奶的特效药“抱龙膏”、“抱龙丸”。清初康熙年间，已有“广中抱龙丸为天下所贵”的赞誉（屈大均《广东新语》）。该丸早期包装有两个规格，一是以蚬壳装药膏，外封以蜡，为蚬壳膏；

二是外裹以蜡的大蜜丸。人们把它作为“看门”的药物，凡婴幼儿患上疴呕或急、慢性惊风病症者，一经服用，立即药到病除。由于药效显著，携带使用方便，而享誉四方。不但行销全国各大城市，就连不少偏远之地，尤其是缺医少药的地区，家有婴幼儿者无不贮备，以应急需。为求发展，梁仲弘在闹市早市街（今现福贤路 178 号）兴建新医馆，定名为“梁仲弘蜡丸馆”，以制作销售抱龙丸为主。该馆是佛山镇内最早以本人名字命名的成药店号之一。由于制售的蜡丸疗效确切，在明末清初时已名闻天下。

梁仲弘祖铺旧址

“梁仲弘祖铺”牌匾

梁仲弘蜡丸馆在公私合营时归入佛山中药厂，后归入佛山联合制药厂，1971 年该馆产品由分厂后的佛山市制药一厂承制，2000 年随之转入佛山冯了性药业有限公司，持续生产销售至今。佛山博物馆现尚存有梁氏十七代子孙于清代中叶造的“梁仲弘祖铺”牌匾。祖铺墙体还保有石界碑。

2. 冯了性

冯了性药铺始创于1659年，专营跌打膏药和风湿跌打药酒。药酒由冯了性的父亲冯炳阳创制。该药确切的疗效以及佛山的特殊地理环境，为该店号的发展创造了有利条件。产品销路日渐广阔，风行全国，以华中、华北各省最为受用。此后冯了性分店在广州、上海、浙江、香港等地增设到10多家。现在全国多处生产的冯了性风湿跌打药酒，处方均源于佛山。在祖铺处方的基础上，根据地方气候、用药习惯及资源等作适当加减。该药1956年至1977年收载于广东省地方标准。1977年起载入1977版《中国药典》，名称改为丁公藤风湿药酒。1985年重载，同时被批准恢复原名进行生产及销售。1990年全国中成药品种整顿后，该药复名为冯了性风湿跌打药酒载入药典。

3. 梁财信

祖铺在佛山市郊澜石墟。持续经营近200年，以自制的跌打丸、跌打酒和跌打膏药风行南粤。创始人梁财信，早年随跌打医师潘日舒学艺，为人勤恳、好学，得潘日舒厚爱，尽传以跌打秘诀，临终时遗嘱将所有医书故技、秘传笔记尽传于梁财信。梁财信得其真传后，于清嘉庆十年（1805年）在澜石墟设“保元堂”、“梁财信医馆”行医，其后以跌打验方制成药出售，广受码头工人及石湾陶工的欢迎，此后声名鹊起，以至佛山俗有“梁财信驳骨，鸡脚换鸭脚”之谚。该馆最盛为清末民初梁财信之孙梁贯之主理时，治疗跌打金创远近驰名，医馆得以扩大，成药销量倍增，还通过其同乡香港巨商招雨田，转销美洲、南洋等地。1914年以前，梁氏家族都是整体经营。1914 年梁贯之死后，梁氏家族由集中转为分散，先后在佛山、广州、江门、韶关、大良、容奇、西南以至香港等地分设医馆 10 多间，大多转向出售成药。1938 年，佛山沦陷，店铺工厂全部被日军抢夺霸占。1939 年医馆在佛山皮箱街再度开业，恢复制售药丸。新中国成立后的 1956 年，以邝惠芳之名参与公私合营，归并到佛山中药厂。

梁财信跌打丸至今仍在冯了行药业生产、销售，口碑颇佳。

4. 马百良

“七厘散”始创于清道光年间。创始人马百良，先在佛山朝阳街经营国药店，主营膏、丹、丸、散、茶、油、酒等多类成药，他凭借医药知识和经验，独具匠心，试制出一种治疗小儿惊风祛痰药“百胜散”。因用药分量不宜过重，仅用司马秤称七厘，故后改名为“七厘散”。以其疗效好，成本低的优点与老字号同类成药竞争。初期此药以半卖半送形式发售，历时几年的推销介绍，便逐渐畅销，生产不断扩大，广州和附近村镇药店纷纷进货代销，逐渐发展到广西梧州、容县等一带均有销售。清光绪年间是鼎盛时期，今佛山祖庙大殿内 72 件形态各异、制作精美的青铜兵器仪仗，就是该号于清光绪二十五年（1899 年）耗费巨资所制。当时七厘散已有“儿科圣药”之称。

今佛山所产的七厘散仍沿用马氏处方。至今冯了性药业仍在生产。

马百良祖铺旧址

5. 李众胜

店设祖庙大街18号，旧址现尚存。所制成药有保济丸、胜保油、保和茶等多款，而以保济丸最负盛名。保济丸始创于清光绪二十二年（1896年）。传说当时创始人李兆基在祖庙大街卖凉茶，常给路过此地的一位石湾丰宁寺和尚免费喝茶。和尚见李兆基有济世善心，便送给他一纸药方。李兆基据此方煎制成药茶，并取名普济茶，在街内出售。由于对常见感冒、食滞、腹痛、肠胃不适等，颇有疗效，赢得众口称誉，服饮者日渐增多。为求业务拓展，李兆基将药茶改制成药丸，并取名“保济丸”。因疗效好，价钱便宜，故邻近各县也前来购买，产量逐渐扩大。从此，李兆基不再卖凉茶而专门制售药丸，并改号“李众胜堂”。因铺坐落于来往祖庙必经之路，故购买者日多。日久商号扬名，东南亚及港澳药商，纷纷前来定购。当时，在群众中就有“北有六神丸，南有保济丸”的美称。

目前国内外保济丸仍然保持旺销，香港制造的保济丸商标仍用佛山始创李众胜堂，并印上李兆基头像作为商标并在香港注册。1988 年，佛山制药一厂得到广东省卫生厅的批准，以汾江牌的商标恢复了保济丸的生产销售，时至今日。佛山市制药一厂改制后，由佛山冯了性药业有限公司继续大量生产，成为企业名牌产品。

李众胜祖铺旧址

6. 黄恒庵蜡丸馆

该铺设在佛山市光马路（今禅城区福宁路），始创于明天启年间。始创人黄恒庵，祖籍顺德，后迁居佛山。他精通医理，在佛山设馆行医，通过总结临床经验和对方剂的悉心研究，他先后研制出乌金丸、活络丸、牛黄丸、卫生丸、宁神丸和理中丸等品种，在临床上都有较好的疗效。由于名声远播，逐渐远销至福建、江苏、浙江等地。清末又在广州双门底及香港分别开设分店，生意盛极一时。

蜡丸馆传至民国时期，有赖老管家代理业务，祖业得以保住。抗日战争期间，总代理的广州源昌号被火烧光，庄口失散，生意低落，此时只有香港还有少量生意。日军投降后，该店于1945年12月12日在广州光复路复业，生意渐有起色，业务渐上正轨。1954年该号的名牌产品“乌金丸”改名为“龟鹿八珍丸”。1956年公私合营时，“黄恒庵”的经理由其后代子孙黄尧担任。1964年佛山市卫生局批准恢复乌金丸的生产，1966年由省卫生厅核准后一直生产至今，且产量逐年增加。

黄恒庵祖铺旧址

7. 人保堂

历来设铺于豆豉巷，是清代乾隆三十二年（1767年）豆豉巷27家参药行之一，其字号一直沿袭至新中国成立后。始创年代当在清乾隆三十二年（1767年）前，至今至少240年。该铺主要品种有：活络丸、镇惊丸、苏合丸。其以药正质高、疗效显著而驰名于世。

民国年间，该铺生意比较平稳。但在抗战八年中，业绩一落千丈，工人各散归乡，经营几乎陷于绝境。后经一番苦心挣扎，佛山解放时营业尚属平稳。1953 年，店铺负责人邓荫甫不愿意继续合作经营，将所有股份转让给王姓。直至 1956 年，由王氏参与公私合营，并入当时的佛山中药厂。目前，冯了性药业生产的活络丸仍是历年来销路广、产量大的产品之一。

8. 保滋堂

铺设于佛山豆豉巷（今佛山禅城区升平路）。创始人潘务庵，少年时聪敏好学，立志研究中医诊治，普济于民。他所研制的专治小儿急惊风之“保婴丹”更有药到回春之功效。除大量生产“保婴丹”应市外，还研制出六味地黄丸、归脾丸、十全大补丸、天王补心丹、知柏地黄丸、保和丸等品种。同时又研制出金匮肾气丸、健步虎潜丸、补中益气丸、理中丸、附桂理中丸、乌金丸、妇科八珍丸、礞石滚痰丸等等。咸丰七年（1857 年），除在广州双门底（即北京南路）开店外，在佛山豆豉巷（即升平路 48 号）另设分店。

抗日战争期间，因交通梗阻，运输困难，在香港、澳门增设分店独立生产。1956 年公私合营时加入佛山国药加工场，后转入佛山联合制药厂。

9. 集兰堂

始创人潘集兰，南海河清乡人。铺设于佛山汾宁路，以经营熟药为主，兼营丸散类成药，在佛山颇有名气。所制成药品种较多，主要有三蛇胆陈皮末、三蛇胆川贝末、紫雪丹、回春丹、宁神丸、十全大补丸、天王补心丹、保婴丹、白凤丸等，均以古方正药驰誉岭南。经营至新中国成立后，合营到国药加工场。后产品按剂型划分，蛇胆制品和各类丸剂由佛山市制药一厂生产，成为其主要产品之一。

10. 蛇王满

创始人吴满，南海大沥荔庄村人，年轻时以捕蛇采药为生，清光绪十一年（1885 年），在广州新基正中约设店经营蛇业，以蛇王满为店号，随后又在佛山汾流街（今永安路）开设蛇王满分店，除出售蛇胆给群众治病强身外，还制售一些蛇制品成药，如三蛇胆南星末。清光绪十一年（1885 年）至 1958 年期间，蛇胆制品药分别在佛山、广州、香港、澳门等地生产，该号一直经营到公私合营时期，后并入佛山中药厂。

1956 年佛山中药厂并入当时的佛山联合制药厂至今的几十年内，蛇胆制品的蛇胆川贝散、蛇胆陈皮散以及 2005 年改剂型的蛇胆川贝含片仍常年生产，从未间断过，主因是其疗效确切且保质期长。

蛇王满祖铺旧址

二、变迁与跌宕

近代鸦片战争以来，帝国主义经济侵略的沉重打击以及粤汉铁路的建成，使佛山的国内“四大聚”、岭南交通枢纽和经济中心的地位急转直下；20 世纪 30 年代更受到日本帝国主义侵华战争的严重摧残。至新中国成立前夕，佛山人口仅余 20 多万，昔日岭南手工业生产基地和繁华商业都会已不复旧观。盛极一时的成药业亦随之失去了往日的光彩，成药业一片凋零，以至世人往往对佛山成药业在历史上的规模及其成就缺乏了解和认识。其实，大量的文献记载和史实都表明，佛山成药明清时期在国内外均享有盛名，其繁荣兴旺的景象，是新中国成立前夕所不能比拟的。

民国初年，尚有店号 60 多家，抗日战争爆发后，成药业一落千丈。1946 年，药业店铺共 85 家，其中中药铺 66 户，西药铺 19 户，从业人员不足 200 人。生产剂型虽有膏、丹、丸、散、茶、片、酒、酊等，但品种仅得 80 多个，资金短缺，设备落后，厂房破陋，全行业厂房不足 5 000 米^2，处境十分困难。到新中国成立前夕，全行业剩下厂店 37 家，从业人员 200 左右。新中国成立后又发展到 57 家，直至公私合营。

1950 年，佛山市人民政府根据中央整顿金融，平抑物价，鼓励恢复生产的政策，发出了工商字第一号布告，进行全市各行业组织登记和整顿会籍。各厂、店由佛山市政府工商科重新核发营业执照，以 1949 年 10 月 1 日为存在界限。当时登记的药铺共有 121 户，从业人员 175 人，其中国药业 105 户，成药代售 16 户。全部资金共 451 835 万元（旧人民币，下同），国药业占 372 621 万元，成药代售业占 79 214 万元；流动资金 377 240 万元，国药业占 372 621 万元，成药代售业 4 619 万元。这些生产资料属私有制，按一家一户进行生产经营，使用落后简陋的工具，内部还保持着封建的雇佣关系，体制正处在新旧交替之间，一切未上正轨，生产力极低，一般仅处于维持状态。

1951 年，市政府为加强对工商业的管理，在“稳定物价，活跃市场”的方针、政策指导下，进行了对工商业的调整，对当时私营制药企业实行统购统销。昔日的零星散卖，初步纳入计划管理，佛山成药业进入一个新时期。同年，佛山市中、西医药两公会合并为“佛山市中、西医药联合委员会”。

此时，佛山成药业正处于恢复期间，各家厂店底子尚薄，生产方式落后，仍以手工操作、明火炉灶、人力推磨进行生产。除了马百良、梁家园、源吉林 3 家是较具规模的成药制售厂家外，其余店号仍然是前店后厂的作坊式经营。在资产方面，源吉林佛山祖铺的资产总值只有 1 万元左右，有些店号甚至只有几十元钱的资产。

1953 年春，“五反”运动后，资本家原有的经济、生产、分配三权变成了“任务靠国营公司安排，资金靠国家银行贷款，生产靠工人”的“三依靠”，工人开始参与企业管理。政府通过税收政策来对资方企业加以限制，为全行业纳入社会主义轨道、走公私合营道路创造了有利的条件。

1954 年夏，广州市医药公司派两人来佛山市帮助成立西药门市部，经营西药。佛山市百货公司将原私营佛山药房的升平路铺位接收过来，并接收该店工人 1 名，共有职工 4 人，成立“佛山市百货公司医药门市部”，批销、零售兼营，负责佛山、南海、三水的医院，个体开业医生，药店，药贩等的医药供应。

同年冬，佛山成立中国医药公司广东省粤中医药分公司，原市百货公司医药门市部并入粤中医药分公司（以下简称“粤中公司”）。永安药房（现人民药房）由汾宁路迁往升平路，1楼铺面零售批发，2楼至4楼是仓库。职工共8人，其中3人负责批发，5人负责零售。粤中医药分公司成立后，既管行政，又抓业务。佛山市原来是省药品供应直供点，粤中公司成立后，供应转交粤中公司负责，此外，粤中公司负责江门、南海、肇庆、三水、中山、顺德、东莞、高明、鹤山等地药品调运。由于种种原因，1956年夏秋之间，粤中医药分公司撤销，全部人员和业务移交省药品公司。

同年，因国营公司的建立，全市的医药市场批发业务逐步实行统一管理，原有的私营药房的业务逐步萎缩。为解决出路，把私方合股经营的升平药房、永祥药房、华民药房实行转业，大部分的股份和人员转业到石湾砖瓦厂。由于实行单一的计划经济，产品销路有一定局限，在竞争中，只有那些牌子老、历年畅销的产品才站得稳脚，其他产品只能坐望机会，大多数厂店是做做停停，勉强维持。为求摆脱困境，一些小厂店设法另辟销路，如人和堂的业务向山西等地发展，试图寻回昔日客户，但事与愿违。在经营上，一般企业都是先接订单，再组织生产。此时，原材料开始逐步掌握在国营公司，在计划分配的过程中，往往忽略了小厂小店，因而小厂小店经常因原材料跟不上而造成停工。为适应竞争，一些小厂自发组织联合，如三角唛、福山和松柏堂合并，组成私营“三联药厂”，产品保持原有三家厂的商标，根据客户的具体要求，分别生产不同商标产品，供应市场，参与竞争。

1955年对私营工商业改造初入高潮，此时，私营制药工业产值70%以上纳入了国营公司的统购包销范围。为了指导私营批发商及公用事业私商转业，佛山市政府设置“私营工商业调查办公室”，组织了一次对私营工商业的全面调查，为进行全行业改造作准备。调查结果，医药商业全行业91户，其中熟药组54户，新药组11户，生药组14户，草药茶包组12户。熟药组，资金在3 000元以上的5户，1 000～3 000元的15户，1 000元以下的34户。货源靠生药组供应，也有到四乡收购农产品。滋补品滞销，治疗性药物畅销。小户资金不足，维持困难。货源虽由生药组供应，但基本已由国营医药、药材分公司掌握。新药组，已有3户纳入经销。西药货源已全部由国营公司掌握，成药货源“三角唛止痛散”仍在私商钜记药房手中，全组均有盈利。生药组，大部分货源靠广州国营药材公司供给。土药材较缺，主要因收购价低，药农不愿种植。销售以批发为主，供应市内及四乡的熟药店。草药茶包组，货源靠农民在农闲时采集交售，连续雨天则易缺货，以经营人、畜用的凉茶为主，冬天是淡季。根据调查的结果，有选择性地分类，为下一步公私合营做好准备。

由于制药业还处于分散的作坊式经营，资金厚薄不一，技术参差不齐，工艺各师各法，产品种类繁多，收入分配相距悬殊，从业人员从每厂店一二人或100多人不等，生产经营情况有好有坏，个别小厂因经营不善濒临倒闭，情况十分复杂。医药工业方面组织了工作队制定了《生产改组方案》，提议将全行业进行合理改组，选择出28家厂店，根据其生产经营性质，划分为中成药、西药、药茶三大类生产厂。商业部分，联合66家店铺成立国药商店，其中30家成立“国药加工场”，11家经营西药为主的店铺成立新药商店。到年底，祖铺在佛山的均在佛山参加合营，主厂在广州，分店在佛山的，两地同时参加合营。

第二节　分分合合　三起三落

一、公私合营——“三厂二店”时期（1956—1957 年）

佛山的成药业，尽管饱受战争的摧残，但它毕竟是岭南成药发祥地，抗日胜利后，旧顾主客商纷至沓来，大量成药被抢购一空，甚至一度脱销。从此，佛山成药业又获复苏之机。新中国成立后，党和政府实行扶持政策，进一步促进了成药业的发展。经过几年的努力，到 1956 年参加公私合营的厂店已恢复到 105 家。

1956 年 1 月，佛山市政府宣布对全行业 105 家私营厂店实行公私合营，分别把敬寿阁、黄颂昌、源吉林三厂店合营为源吉林制药厂。马百良、梁财信、梁仲弘、梁家园等 16 家厂店合营为佛山中药厂。将私营三联药厂、陈善性等 9 家厂店合为三联药厂。把集兰堂、保滋堂、冯了性等 66 家厂店合为国药商店（其中，有 30 家厂店组成国药加工场）。将永安药房、钜记药房、中法药房等 11 家西药店铺合并成立新药商店。佛山药业进入“三厂二店”时期。

合营后的源吉林制药厂，主要生产茶剂，厂址设在庆宁路南擎街 1 号，仓库晒场在佛山市东郊隔沙。

佛山中药厂，主要生产膏、丹、丸、散、酒等剂型，厂址设在佛山市升平路 29 号。

三联药厂，主要生产西药。厂址设在升平路松桂里。主要产品有三角唛解热止痛散、黑癣油等。产品远销东北、河南和中南各省。

国药商店合营隶属佛山市药材公司领导，下设有国药加工场。产品是沿袭集兰堂、保滋堂、冯了性等厂店生产的品种。总场地址在汾宁路集兰堂内。产品由市药材公司包销。每月安排生产计划 7 万～10 万元不等，年产值在 100 万元左右。

新药商店实行统一管理，统一盈亏，统一进货，统一调拨，统一牌价的五“统一”管理体制。调整门店后，大安药店迁往石湾经营，汾宁路永安药房并入升平路新药门市部（后改为永安药房，“文化大革命”时期改为人民药房），升平路保安药房迁往福贤路。经过多次调整后，只有人民药房和新民药房两家店专营西药。

自从组建了“三厂二店”后，佛山市历史上生产的膏、丹、丸、散的中成药行业实现了制售分离，逐步成为独立的工业体系，归属佛山市工业局领导，改变了生产关系，解放了生产力。行业的产品仍以沿袭合营前各家厂店的传统中成药为主，三联药厂有少量西药生产。全行业工业总产值在 200 万元左右。

二、实现大联合——佛山市联合制药厂到佛山市人民制药厂时期（1958—1971 年）

公私合营 1 年后，“三厂二店”既取得了一定的管理经验，也为国家创造了一定的经济效益。但要将佛山市医药工业进一步发展壮大，就“三厂二店”的状况看显然后劲不足。当时资金极其有限，且比较分散，正常的生产经营活动尚存在一定困难，更无力考虑生产环境的改善和新产品的开发等。另一方面就是品种较单一，不便于安排生产和收购。

为进一步发展医药行业，经佛山市政府同意，于1957年3月1日将源吉林制药厂、佛山中药厂、三联药厂合并成立佛山市联合制药厂。厂址设在佛山市庆宁路南擎街2号。

刚组建的佛山市联合制药厂，以庆宁路43号三联丝织厂的几间破陋平房作为临时生产场地。厂房布局凌乱，总建筑面积不足5 000米^2，厂区道路窄小，进厂的门口，仅能过一部两轮手推车。机械设备落后而且缺乏，全厂只有设备12台，其中，下棚石磨5台，机磨1台，是当时生产丸剂、散剂的主要粉碎设备。还有1台剪蒂机（大蜜丸专用设备），3台啫盒机，1台切纸机，1台平板印刷机（印刷甘和茶及部分其他产品的包装说明书和制盒的主要设备）。当时，大部分的包装和说明书也都是自己印制。除以上12台主要设备外，还有一些生产中必需的设备，都比较原始简单，如药材的前处理，都是用箩筐、木筢、竹筛、竹篓、木桶、瓦缸、铁锤、刀锯、木棒、簸箕等工具。

大蜜丸的埋丸工序是用舂臼混和。出条分粒工序是用木头做成“搓丸板”。制蜡壳工序是用竹排插木珠数次蘸蜡成型，再剖开蜡壳取出木珠备用。干燥是用直火烧铁炉胆加温焙房。小丸泛丸工序是用簸箕完成。没有升降机和手推车，厂里每天大量原辅料和出厂成品的运送全部是靠人抬、肩扛。装箱辅料不足，就到农村收购禾秆来代用。工厂每天使用的大量的水都是工人用木桶从水井里一桶桶地吊上来经消毒后使用的。工人们除了白天进行繁重工作外，晚上还经常回厂参加义务劳动。当时，药厂女工较多，双职工也不少，有些女工晚上背着小孩参加义务劳动和文化补习。

为改变落后状况，在合并的第一年成立了机修组。当时连车床、刨床等基本的机械设备都没有，只能完成厂内简单的小修小补工作。随着生产的发展，原有设备已无法满足生产的需要，厂克服资金紧缺和当时中成药定型设备少、缺乏技术资料参考等困难，结合生产实际，大胆研制出一批既经济又实用的设备，降低了工人的劳动强度。特别是1963年曾庆良任厂长后，较重视设备研制和购置，推动了联合制药厂生产的机械化。到1966年止，生产机械化程度有了较大的提高，分别自制出上棚传动石磨、蜜丸出条分粒机、小丸泛丸机、筛丸机、小丸包装机、16冲压片机、F-400夹套冷却高速粉碎机组、炒药机、渗漉装置、压茶机、涂布机等一批生产急需的机械设备。

1957年，国药加工场改名为“佛山制药厂”，于1958年1月并入佛山市联合制药厂。佛山制药厂并入佛山市联合制药厂时，带入了一部分产品，其中包括有：抱龙丸、丁蔻理中丸、归脾丸、藿香正气丸、补心丸、知柏地黄丸、六味地黄丸、十全大补丸、保和丸、补肾丸、宁坤丸、人参再造丸、镇惊丸、磁朱丸、益母丸、附桂理中丸、保婴丹、三蛇胆陈皮末、三蛇胆川贝末、保眼丹、金匮肾气丸、宁神丸、补中益气丸、虎潜丸、八宝红灵丹、乌金丸、礞石滚痰丸、龟鹿滋肾丸、乌鸡丸、苏合丸、冯了性风湿跌打药酒等品种。

合营初期，佛山市联合制药厂的产品有中成药、西药，集中了合营前各厂店的剂型品种。各厂的生产制作由于各师各法，自成一派，没有统一的标准和规程，质量得不到保证，生产也难以安排。后统一了制作工艺，制定了产品标准，同一个品种在遵循古方炮制的原则上，改革了原各厂家不合理的部分工序，使生产规范化，质量有保障。由于产品的优质和员工的努力，企业取得了惊人的效益，其中1960年实现利润253万元，1964年实现利润212万元。这两年的利税总额在佛山市企业中均排第一位。

1966年5月“文化大革命”开始，佛山市联合制药厂的正常秩序受到破坏，原来的一些规章制度被废除，新的规章制度又未建立，正常的生产和工作曾一度受到影响。但是，即便是极端困难的形势，在干部工人的努力下，工厂的生产仍然保持了发展的势头。

从1957年到1970年这段时间，几经变化后的佛山联合制药厂各项经济指数发展较快。到1970年底止，设备状况也有较大的变化。从合营初期的12台设备发展到46台，其中36台是工厂结合生产实际而自制的设备。这些设备为减少当时的手工操作起到了积极作用。如粉碎工序，它是中成药厂生产的关键一环。合营初期除1台机磨外，其余都是石磨，生产效率比较低。1960年，因生产的需要新购置了1台镇江机械厂生产的机磨。1964年，自制了2台水磨，2台粉磨。1965年，购置了第1台柴田氏粉碎机。1967年，再购置1台柴田氏粉碎机，使大蜜丸的生产能力从1956年的300万丸提高到4 500万丸。全厂的总生产能力从500吨提高到1 100吨。主要产品品种规格从合营时的60个，增加到约100个。

佛山市联合制药厂的各项经济指标良好，从1958年起，企业即成为佛山市利税大户。本来，佛山中成药应借势尽快加大技术改造步伐，谋求新的发展。但当时，在佛山市政府的指导下，于1960年分出一间专生产西药的佛山制药厂，1964年分出一间合成材料厂，1971年1月分出农药厂。这种被称为“母鸡下蛋”的办法，还被主管经济工作的领导肯定为发展地方工业的捷径。问题是，每下一个蛋，都要带走“母体”大量的养分。每每是下蛋后还未复原，又要下蛋了，造成“产后欠补”。有一组数字很能说明问题：从1957—1970年佛山联合制药厂实现利润总额共达2 063万元，利税总额2 926万元，但固定资产原值到1970年底才仅仅只有59万元。整个厂区没有扩大，厂房还是那些砖瓦结构的低矮房子。可见，联合制药厂新创造的物质财富，绝大部分都上缴或用于“下蛋”了，企业的发展得不到兼顾。当时的在职员工，工资收入平均在每月35元左右，生活十分窘迫。

三、复苏改造——佛山市制药一厂时期（1971—1999年）

1971年，佛山市人民制药厂（即佛山市联合制药厂）发展到一个新的水平，在职员工已达800多人，但是，由于之前不断“母鸡下蛋”，企业的生产条件不能得到很好的改善，以致厂房分散，没形成拳头产品，生产状况仍是在作坊式的场地进行密集的手工操作。当时主管部门为了刺激企业的积极性，适应当时提倡专业化分工的需要，决定将佛山中成药生产按剂型进行分厂。

这次是同一家中药厂分成生产剂型各有侧重的两间中成药厂。制药一厂的固定资产原值31万元，生产剂型为：丸剂、酒剂、散剂、酊剂（佛山市制药二厂为：茶剂、膏剂、片剂），生产场地保留庆宁路43号厂区和卫国路31号的药酒车间，员工400人。这样，佛山市制药一厂基本全部传承了古镇佛山先辈们研制的中成药品种（除甘和茶和少林膏药等药外）的生产工艺和经营理念以及中成药文化，为以后的发展创造了一个历史的优势。

分厂后，立足于各自发展，佛山市制药一厂重新规划和定位，围绕两个重点加快发展速度，一是着重改善工人的劳动强度和生产环境，加速形成机械化生产，进一步完善生产工艺；二是改善公共工程和厂房设施，力求尽快改善工厂面貌。几年的努力，克服了分厂带来的阵痛，重新积蓄了力量，企业各项经济技术指标开始进入良性状态。

在设备改进上，首先于1972年新安装了1台1吨火管锅炉，彻底解决了生产过程的供热问题。随着生产的发展，到1976年又改成4吨“双横汽泡水管”推排燃煤锅炉。为了不断改进生产设备，成立了机修车间，组织起一支60多人的机修技术队伍，在设备开发上取得较大的进展，先后自制的设备有：薄膜蒸发器、喷雾干燥器、车床、刨床、铣床、洗药机、自卸混合机、润药机、圆筒式筛丸机、炒药机、粉碎机、不锈钢离心机、1吨货梯等。日后大出风头的“大蜜丸自动制壳封装机”也是从1974年7月开始接受任务，进行摸索、研究试验的。短短几年，靠自己的力量造了200多套设备。

在厂房改造上，终于迈开了新的步伐。制药厂开始通过争取各方的支持有计划地加以重建和改造。1974年开始动工兴建大蜜丸车间，新建1 415米^2、4层高的钢混结构大楼。接着改建水提车间，1976年开始筹建5层高、框架结构的片剂综合楼，并于1978年投入使用。

党的十一届三中全会以后，佛山市制药一厂在改革开放的大势推动下，发生了翻天覆地的变化。在体制上经历了各个阶段的考验，到2000年从国有独资变成中外合资；在企业面貌上，从固守老城区的十几亩地、处于无法发展的境地到实现整厂搬迁，建成占地60亩的花园式工厂。在新产品开发和技术水平上有了实质性的进步，整个企业30年来实现持续稳定的增长，员工的生活水平同时得到提高。

（一）产品研发并非天方夜谭

1980 年佛山市制药一厂成立“中药研究所”（简称“中研所”），直接由厂部管理。企业对新产品的研发、试制、改剂型等不遗余力，使企业获得了众多的用于治疗药品的生产批准文号。至 2000 年公司转制后，中研所改成“科研开发部”，具体负责全公司的新产品研发和对原有生产工艺的研究改进及摸索高科技的新工艺等工作。

公司从 1984 年开始自行建立了“技术进步奖”的申报、审评、奖励制度，并设立了鉴证审评工作领导小组，每年都组织开展对上年度的科研成果、技术改进成效显著的项目的申报、审评工作，对经过鉴证、审批的科研成果、技术改进项目的具体负责人及参与人员给予物质奖励和精神鼓励。这项制度和具体工作延续至今已有 25 年。技术进步奖从 2007 年开始，除按新增条例评议给予一定的奖励外，还将参加审评的科研成果、技术改进项目的主要内容及成效，刊登在公司内部刊物——《冯了性通讯》上，以推动全公司的创新科研工作稳步深入的开展。

这个时期在新产品、新剂型开发以及技术工艺改进上也有不少进展，其中包括恢复片剂的生产，并通过自我研制和移植，配套了新的品种。新产品的开发有赖于企业的经营模式，领导的重视和支持以及专业技术人才的努力。经过多年的不断努力，除仿制移植一批对常见病、多发病有确切疗效的药品外，企业还自主研发了一些有代表性的新药。其中新药白灵片、外搽白灵酊、柴石退热颗粒和抗骨增生片最具有代表性，研制成功后很快投入生产。

1. 白灵片、外搽白灵酊

白癜风是一种常见的多民族的后天性色素代谢失调皮肤

病，其病因至今未完全清楚，其病情十分顽固，是治疗上的一大难题。虽然中西医治疗药物不断推出，但至今仍没有针对性的特效药。近年来的白癜风发病率有增加趋势，为医药界所普遍重视和关注。

白灵片、外搽白灵酊是与广东省药物研究所共同研制的治疗白癜风的药物，该产品组方原则是针对白癜风的发病特点，运用传统的中医理论，通过内服白灵片以活血化瘀，调和气血，养血祛风，补脾益气；同时在患部使用外搽白灵酊，使皮肤增加光敏作用，加快黑色素的形成。这种使局部与整体结合，达到标本同治的治疗方法，无论是临床阶段还是投产后都取得了满意的效果。这种内服白灵片配合在患处使用外搽白灵酊的治疗方法被载于广东省药品标准中。

产品于 1985 年 6 月经广东省卫生厅和广东省医药联合总公司共同主持鉴定并通过技术鉴定。

2．柴石退热颗粒

柴石退热颗粒是佛山市制药一厂与湖北中医学院附属医院共同研制申报的新药，由柴胡、石膏、黄芩等 10 味中药组成。剂型为颗粒剂，按中药新药三类申报，整个研究开发过程经历十年时间，于 2001 年获得新药证书和生产批准文号。

产品于 1996 年 2 月通过广东省初审，转报卫生部申请临床研究。卫生部于 1997 年 12 月批准进入临床研究，并根据卫生部修改药品名称的意见，将原名“热必宁颗粒”改为“柴石退热颗粒”。

柴石退热颗粒是湖北中医学院附属医院的临床经验方。其组方合理，方解清楚，工艺可行，质量标准能够控制药品质量。1994 年生产的三批样品经 46 个月的室温留样观察，检查结果符合规定。药效学试验表明，柴石退热颗粒对双球菌和大肠杆菌内毒素致热家兔有明显解热降温作用；能明显降低感染肺炎双球菌豚鼠死亡率；对大白鼠血清体外抑菌作用明显增强，能明显增加小白鼠免疫器官的重量。

对柴石退热颗粒的论证是，该药对外感风热表里俱热证（急性上呼吸道感染）具有确切疗效，未见明显不良反应和过敏反应，服用安全，价格低廉，适合在广大城乡推广应用。

3．抗骨增生片

抗骨增生片最早于1980年申请研发，相当于原三类新药。1986年成功获得生产批准文号，相当于原四类新药，并由现冯了性药业有限公司总经理邬威尧担任项目主持人。抗骨增生片的主要功效是补腰肾、强筋骨、活血、止痛。适用于增生性脊椎炎（肥大性胸椎炎、肥大性腰椎炎）、颈椎综合征、骨刺等骨质增生症。经临床验证，治疗增生性脊椎炎、颈椎综合征等300多例，总有效率达96%。

抗骨增生片生产至今，是冯了性药业的名优产品，销售量连续多年排在前列。

（二）技术革新，发明首台蜡壳封装机

1971年成立试制组，根本谈不上什么设备和仪器。当时最先进的就是一台千分之一分析天平，其余的则是普通的崩解仪、培养箱、烘箱、马福炉和一批必需的玻璃仪器。到20世纪80年代才增加了一些如安徽蚌埠净化工作台、万分之一分析天平、显微镜等。经过努力，小至改进一个盛载蜡丸的塑料周转箱把手，大至发明全国第一台蜜丸蜡壳封装机，每个日常改革都伴随着企业多年的发展。

从1984年建立“技术进步奖励”制度后，完整记录技术进步项目共达1 406项（统计至2007年），对传统中成药生产的工艺、技术、设备的进步以及新产品的开发起到了很大的推动作用。企业分厂后到转制前，在技术改造上取得了丰硕成果。其中最具影响力的就是大蜜丸自动制壳机的研制。

中成药的加工机械有其独特的要求，在无法引进和模仿、借鉴外国的制药设备的情况下，只能靠自己的努力。工厂自成立以来，一直是沿用合营前的旧工艺、旧工具。而当时剂型最老、量最大的就是大蜜丸，要发展生产，满足市场的需要，再如此手工制作，势必被社会所淘汰。为求发展，佛山市制药一厂决定自己设计一套既适合本厂工艺、生产要求，又可以实现机械化、自动化的大蜜丸加工工序，以达到增产的目的，同时减轻劳动强度。任务落到了当时一位自学成才，在机械方面颇有造诣的技师——陈浩森同志肩上。

经过反复推敲和改动，此机命名为蜡壳封装机。设计、实施是于1977年7月开始的。

1977年3月，在重庆召开了中成药生产机械化工作会议，会议要求佛山市制药一厂抓紧研究试制蜜丸蜡壳机，争取早日为蜜丸生产机械线配套成龙。会议后，厂里立即行动，充实了技术队伍，组织了专业人员，开展蜜丸蜡壳机的研制工作。有重点地到先进兄弟单位进行调查、参观学习，结合企业20多年的技术革新的经验和教训，作了反复的分析探讨，认为大蜜丸蜡壳封装这种包装方式，在一定时期内还是可取的，其所以多年来未能实现机械化，原因就在于未能改革原来的制作工艺。其中最关键的是“内模浸渍法”制蜡壳工艺，这是一项难以由机械来执行和实现的工艺。因此，寻找一种适于由机械执行的制壳新工艺是研制蜡丸机首先要解决的课题。

在长期酝酿的基础上，1977年7月药厂开始进行了工艺实验研究工作。第一步是新工艺的可行性研究，先行探明

"离心浇铸"和"封口成型"这两项工艺有否实现的可能性。第二步是工艺实验研究，摸清了各项工艺的条件和数据，同时开始酝酿样机的设计方案，经过3个月的实验，终于研究出"离心浇铸蜡壳"和"温模压封成型"这两项新的蜡壳封装工艺，制出了"无缝蜡壳"的样本，这套新工艺在执行动作上比原来工艺简单得多，这就为研制蜡壳封装机铺平了道路。

新工艺和样机的设计方案拟定出来后，厂里组成了蜡壳机研制组，进行样机的设计制造，在省市各级领导和主管部门的关心支持下，研制人员经过日夜奋战，仅用了4个多月的时间就制成了一台样机，经过1个多月的调试和修改，1978年4月，第一台蜜丸蜡壳机工艺试车初步取得成功，这台样机能自动完成制壳、装丸、封口三项作业（原设计有打戳工序，因印头制造不完善未能实际使用），每小时封装蜡丸480个，蜡壳质量良好，封口严密（该机从1978年4月一直进行连续试验生产使用，直到1980年后才淘汰）。1978年4月，佛山市制药一厂把这项工作向广东省石化局作了汇报，并会同省市化工局向化工部医药处作了汇报，医药处领导肯定了这台机的优点和独特之处，同时要求在第一台样机的基础上继续改进，提高生产效率，以利于普遍推广使用。

根据上级的要求，在吸取第一台样机的经验和教训的基础上，佛山市制药一厂决定把第二台样机的生产能力提高到每小时封装蜡丸600个，机械功能上完善打戳机构装置，增加无壳自停装丸机构、成品抓送机构和空壳检剔机构，采用电子控温装置控制水温、蜡温和压封头的温度。为便于进行比较对照，600型样机制造了两台，并于1980年1月完成了工艺试车，其生产能力和产品质量基本达到设计要求，交付了生产车间试生产使用。在试用期间，研制人员通过严密的观察试验，又作了一些改进，例如发现转杯传动机构的摩擦轮因较易磨损而致转杯转速不稳，而且噪音也较大，经过研究，改用了三角皮带传动，取得较好的效果。

1980 年 3 月，广东省制药工业公司对该样机组织了技术鉴定，并定名为 LZ/F600 型蜡丸自动制壳封装机。此后，一厂又陆续制成 8 台同型机并投入生产使用。

LZ/F600 型蜡丸自动封装机

LZ/F600 型蜡丸机运行两年多的经验说明：离心铸壳封装工艺是可行的，这种机型也是可供实用的。通过实践，生产车间也积累了一些操作经验和管理方法，对机器的维修和保养也有了较深的认识，掌握了一定的技术要领；同时也逐步发现了机器的不足之处和弱点。

LZ/F600型蜡丸自动制壳封装机从作业功能上看，有两个部件未达到长期使用的要求：其一是抽蜡泵，其二是粘杯探头。抽蜡泵由于设计不周，容易损坏且拆修不便，因此，操作者弃置不用而宁愿手工舀蜡。粘杯探头由于对转杯安装高度形位公差要求太高而转杯的实际安装形位公差不能满足探头的需要而难以保证配合工作，其工作可靠性又难以保持，因此也逐渐淘汰。机械性能方面，有些部件也存在较多问题，如分丸盘和揭盖机械手这两个机构比较容易出故障，其中分丸盘因为"无壳自停装丸机构"这个构件比较复杂和脆弱，加之相位调校颇为费时，因而易坏难修。揭盖机械手一方面因为拉索容易变长和拉断，另一方面和吸壳头连在一起容易互相干扰，使用上也未能满意。转杯传动机构由于改用皮带传动后又受到原来结构的限制，皮带较易受热影响而断裂，更换皮带也比较麻烦。上述问题的存在，增加了600型机操作者的负担，对操作者的高要求，相应地影响了机器的使用效果。

为提供一种比较可靠和方便的操作的机型以便于全厂使用，在总结600型机的制造、使用、维修的经验和教训的基础上，1981年12月开始设计制造720型样机，考虑到尽量提高单头工作效率，铸壳转杯数从20套增加到24套，同时封装盘也增加了4个留空工位，锁壳卡盘从8套增加到12套，以期生产效率能提高10%～20%。720型机的工艺布局与600型机基本相同，但在机械结构的设计上则作了较多改进。600型未有完善的粘杯探头及其控制系统，在720型机上得到改进，从原来探测转杯底部改为探测转杯内径，工作可靠性大大提高，避免了因安装高度的误差而造成失真。抽蜡泵改进后，装拆比以前方便得多，泵体结构和选用材料均作了改进。分丸盘的“无壳自停装丸机构”采用了杠杆——擒纵机构代替了原来的“挠性栅栓机构”，稳定性和可靠性大为改善，并且配合相位容易调校。该机揭盖机构作了较大变动，机构与吸壳头完全分开，消除了互相间的影响，同时使已揭盖转杯数增加，从而方便了观察和操作。转杯传动的皮带轮与转盘的齿轮对调了位置，皮带装卸方便，并解决了热影响问题，耐用程度大为提高，温度控制的电气线路全部专门设计成印刷线路板，采用调节式控制代替原来的通用电子恒温器，提高了控制精度，并大幅度降低了制造成本和运行费用。720 型机两台在 1982 年 5 月基本完成总装，7 月份进行了工艺试车，8 月份投入了试生产，该机设计能力为时产蜡丸 660 ～ 720 个，马达上有变距皮带轮，可在一定范围内任意调速，使其在气温较高的情况下仍能正常生产。

LZ/F720 蜡丸自动封装机

在这反复又反复的设计、加工、调试、改动的七个年头中，失败的经历更坚定了陈浩森同志的信念：要制作、发明第一代以机械代替人工操作的蜡壳封装机。功夫不负有心人，

1982 年 12 月，第一代蜡壳封装机经由中国药材公司、广东省制药工业公司、上海医药设计院、广州市医药工业局及多个兄弟单位和我市主管部门核准通过鉴定。

发明者陈浩森则被国家医药总局、人事部授予“先进工作者”称号，参加了在北京举办的全国医药系统第二届“双先”先进工作者大会，并在大会上作了“勇于创新，乐于奉献”的发言。

机械封装大蜜丸无疑是为中成药大丸剂型包装开创了先河，但大丸剂型的外包装用蜡，因为其本身遇热软化、遇冷碎裂的特性，不解决蜡壳“夏瘪”、“冬碎”的问题，再好的机械也形同虚设。

长期以来，大蜜丸生产都存在着蜡壳容易破碎的问题。用机械封装的大蜜丸，此问题更为突出。因为机械生产出来的比手工生产的蜡壳脆性更大，其原因是蜡液在熔融的状态下成型后，蜡杯即转入冷却工序，这一急促变化使蜡壳比手工制作要晾干几天后才使用的破碎率更高。特别是在气温低于 20℃时就极易在生产、运输过程中发生脆碎。更有甚者，成品从溜槽约 40 厘米高处跌入周转箱，如此短的距离居然也时有破裂。因而无奈地在每年约 10 月份至第二年的 4 月份停止使用封装机而全部采用手工生产。即使如此，手制蜡壳的低温脆裂情况依然如是，只较机制的稍好。另外，夏天用机械封装出来的成品，往往延至秋冬运出，这样一来，破碎、退货等问题接踵而来。1986 年 1 月至 11 月间，共计有近 15 万丸因破壳返工退货，退还客户的款项近 2 万元。产品不能适应运输要求，失去客户，失去市场。此事直接影响企业的经济效益。

为此，厂里立下封装机抗寒蜡壳的攻关课题。经过近两年时间的努力，在上海化工研究院、上海石油化学研究所、省测试所、化工部合成材料老化研究所等科研单位的配合下，在提供试样、样品测试、性能分析，提供大生产原料等各方面的支持帮助下，终于研制成功了一种封装用的抗寒蜡壳材料，材料于1987年开始投入试产。新材料具有以下优点：

（1）适合厂里蜜丸蜡壳封装机使用，使逐步过渡到全部采用机械代替手工进行蜜丸蜡壳封装成为可能，提高了生产效率，减轻了劳动强度；

（2）新材料具有较好的低温抗冲击性能，经送科研单位进行性能测试，新材料在10℃时能耐受的冲击强度为25.04千克/厘米^2，是旧材料在同温度下的29.1倍，在0℃时能耐受的冲击强度为1.64千克/厘米^2，是旧材料在同等温度下的2.1倍。新材料使产品可适应运输要求，消除每年大量蜜丸产品因蜡壳破碎而返工退货所造成的直接、间接经济损失，产品质量得以提高和保证，也确保了市场占有率，扩大了销售范围。

（3）旧材料由8种成分组成，而新材料只有5种，各种成分均无任何毒性，供货来源稳定，使配方组成更趋规范和合理。

（4）新材料中的多种物料可在蒸汽加热条件下熔化混合，因此为配合新材料的应用制成了一个日产2～3吨蜡壳材料的蒸汽煮蜡锅，实现了全部用蒸汽煮炼，一改过往在使用旧材料时，由于部分物料要在180～190℃高温下加热的弊病，同时一改以前煮蜡离不开柴火铁锅的落后面貌。

使用蜜丸蜡壳封装生产比原来手工生产有如下优点：

（1）提高了劳动生产率。按现有水平，手工蜡壳封装生产效率为160个/小时，只需1人操作，台时产量约相当于4

个手工工人的产量，按生产规模计算，日产 30 万丸需劳动力 235 人，若采用蜡壳封装机生产，需 60 台班，约需劳动力 90 人，对比可节省劳动力 145 人，每年可节省工资费用支出 23. 50 万元。

（2）减少了细菌污染。制蜡壳不用内模，避免了内壁污染；装丸由机械自动进行，避免了人手接触，造就了良好的卫生条件。采用手工制壳，每个蜡壳含杂菌量 24 000 个；应用机器制壳，每个蜡壳含杂菌量小于 10 个，降低了 2 400 倍。

（3）提高了产品质量。机器制成的蜡壳外表光滑无缝，密性和牢固性较以前好。

（4）改善了劳动条件。手工蜡壳封装生产劳动比较紧张，蘸壳、烙壳和过皮几道工序，整天面对蜡锅，工人饱受蜡烟所害。装丸工序长期受红外线辐射，工人视力受到影响，剪蒂工序则容易发生剪伤手指事故。而操控该机，劳动强度和紧张度均比手工操作低，工业伤害程度也大为减轻。

（5）缩短了生产周期。手工制壳通常内含水分，要入库晾干两三天方能使用，而该机从投料到出成品仅为数分钟，按厂里生产规模计算，可省去贮蜡壳仓位 1 200 米^2，载壳竹筛 2 000 只，并省去往来运输劳力。

720 型蜡丸自动制壳封装机是工人和技术人员经过前后五年多的反复实践而研制出来的中成药生产包装机械，是在中国药材公司大力支持以及省、市有关部门的支持和指导下所取得的一项成果。在样机制造、安装完成、转入试车运行各阶段中，中国药材公司与省市有关部门的领导都曾到现场检查工作，参观了样机的生产运行，对样机给予肯定并提出批评指导意见，这是对全厂和负责研制 720 型机的研制人员很大的鼓励和鞭策。

技术革新是新产品开发强而有力的保证。特别是处于竞争激烈的市场经济大环境中，企业要保持稳定、持续的发展，就必须要坚持走科技兴企之路。多年来，企业领导重科技、重人才，招贤纳士，在广招人才、扩展科研队伍的同时，不断地努力做好对他们的培育、选拔工作，并建立长效的激励机制，充分调动科研人员的积极性和创造性。

新产品的研究开发，从工艺研究、质量标准的制定，到小试、中试生产，都需要相应的设施、设备及仪器。企业良好的经营为研发新品种提供了物质上的保障，公司具备齐全的研发、中试所需的仪器、设备和基础设施。研发中心设在公司厂区内，并且有独立的中试制剂车间，可使用面积达1 000 米^2。各类试验设备、仪器共 132 台（套），足以满足并符合开发新产品所需。主要仪器设备有：高效液相色谱仪、薄层扫描仪、紫外可见分光光度计、气相色谱仪、JN100 真空浓缩罐、DXDK－80C 颗粒全自动包装机、高速离心喷雾干燥机、BGB－10C 高效包衣机、YU－16B－C 制丸机、ZP－33 压片机、日产干式造粒机。可以说，现在的技术设备比起企业前身佛山制药一厂时期要先进得多。

（三）设备引进，审时度势

佛山制药一厂是中成药生产企业，生产的都是传统的膏、丸、散之类。片剂生产的历史不长，所使用的除自行设计之外，其余多为国内定型、性能稳定、可供选择较多且价格相对低廉的设备。国外生产的设备绝大多数是为西药剂型服务的，可借鉴或选用的西药设备为数不多。但对于剂型较接近的如酊剂、丸剂或颗粒型等，共同封装的特点十分相似，所以对药酒、片剂、颗粒之类的制药设备有了选择的空间。

1985 年国家优质产品评比中，佛山市制药一厂生产的冯了性风湿跌打药酒获银质奖。但冯了性风湿跌打药酒的整个工艺还是遵古浸渍，其生产从投料到成品包装都极为落后。灌装工序更加是沿袭几百年以来的定量手装，产量低、重复迂回、劳动密度大，不适应社会的发展和新建车间的需要。

1986 年，药厂技术改造项目的药酒车间得到国家经委、国家医药管理局和省市工商银行的大力支持，批准项目中的药酒灌装机由日本涩谷工业株式会社生产，包括选盖、灌装、扎盖的灌装线。

为了产品的升级和增加出口，在药酒灌装方面药厂作了深入调研，反复对比，最终认为北京同仁堂药酒厂引进的机型最有借鉴价值。

有了基本的取向，一厂首先在国内相近行业，如饮料、啤酒等行业中寻找设备。但由于国内同类型产品性能及指标均不能令人满意，可换性差，破碎率偏高，较成熟的机型当时尚未有生产。因此，在这诸多不甚成熟的条件下，一厂选择了进口。

大方向确定后，剩下两个环节：一方面，是选择连线引进还是引进关键部分；另一方面，向哪个国家、哪家公司引进。经内部反复论证，决定只引进灌瓶机和旋盖机。理由是：

（1）可供引进的洗瓶机机型、产能都偏大，对于设计能力为年产 2 000 吨的产量来说，实在没有必要。

（2）药厂已经设计的工艺布置容不下这样的大家伙。

（3）要别人专门设计，费用实在太大，负担不起。

（4）后续的运输带和贴标机在国内可以选购。

（5）以药厂自家技术力量完全有能力将前后衔接起来。

这样的决定，大大缩减了开支。而日本涩谷工业株式会社生产的灌装机，从工艺、技术、厂房以及辅料的配套均适合药厂的要求，其速度适合、质量稳定、小巧灵活、更换品种（规格）调节灵活方便、机械制造质量好；而且售后服务承诺令人放心，备品备件和易损件长期可供，卫生条件好，占地少，有利于日后清洁区的改造。在减轻工人劳动强度和节省劳力方面更胜一筹。

最后，为避免因经验不足而吃亏，药厂委托广东省医药工业公司主管设备引进的专家和领导担任谈判主角（以此时任设备部经理的陈惠琳工程师为首），由于当时广东省医药工业公司很支持药厂的技术改造和引进，所以谈判过程波折不多，只在汇率问题上稍有分歧，但也很快达成协议。正是因为这一步有第三方公正介入，所以得到广东省工商银行和省经委外汇指标管理部门的信任和支持，资金及外汇指标很快得到落实。谈判后不到一年，设备已进厂。1989 年在日方技术人员的现场指导下组装及调试。同年 8 月正式投入使用，两台单机合共耗资 23 万美元，按当时的兑换率（1∶2.8）计，外加手续费及国内运输费等，共用人民币 67 万元。

事后证明，这次引进设备十分成功。除保证了正常的生产安排和产品质量外，生产环境、工人劳动环境都得到根本的改善。设备引进投产后，通过运行试验，技术人员对一些环节还进行了有益的改动，如针对国内玻璃瓶质量的偏差允许值，将灌瓶笔的直径改细；针对备件难置而且价格昂贵的状况，分别将一些部件改为国产；针对以前的电子技术的差距，对一些机械运作应用新技术进行改进，使整个生产线始终处于良性运作的状态。

时至 2005 年，成品的外包装可以说是有了翻天覆地的变化。一改以往繁重、重复、效率低、劳累的人工操作：盖批号、折纸盒、落隔离卡、放说明书、落蜡丸、接口、贴封口纸、入大纸箱等。

现在使用的是，安装在固体制剂车间二层（大蜜丸）外包装之新装的两条由浙江瑞安向阳包装机械厂生产的 DPP-250C 蜜丸泡罩铝塑包装机和上海万申包装机械有限公司生产的 HDZ-60 型多功能自动装盒机。

蜜丸泡罩铝塑包装机可分装药厂生产的包括 3 克、6 克、9 克的大蜜丸。实行铝塑复合密封包装，既可延长保质期，又可达到美化产品的目的，之后装有大蜜丸的泡罩铝塑包装排（每排 10 丸）进入外包装工序。由多功能自动装盒机完成药排进盒导向、纸盒吸拉送盒、说明书折叠吸放、纸盒折插盒舌自锁，最后由推杆推出成品。

在使用新设备方面有质的提高，对落后、劳动强度大的古旧设备逐步予以淘汰和更新，转而采用新设备、新工艺、新技术。其中筛粉工序以往是用震耳欲聋的振动拍柜，分贝数在 100 左右绝不夸张。现在改用二维混合机，既混合均匀、容量大、全封闭，噪音又小；干燥灭菌采用硫化罐湿热蒸汽和多管微波烘干灭菌机连线，既可以连续生产，又确保了药材的内在质量。其余凡有产生粉尘的工序，都安装旋风分离器捕集和水浴沉降，使生产环境得以改善。直至 2009 年，足足 20 多年前引进的设备仍在继续使用，而且配件不再依赖进口。

（四）车间技改，井然有序

1．大蜜丸车间

大蜜丸车间改造是由于药厂发明了大蜜丸自动制壳封装机后，在上级的支持下，于 1979 年正式立项的技术改造项目，目的是树立一个机械化的生产大蜜丸的样板车间，项目预算为 120 万，全部为国家拨款，故简称“百二万”项目。

该工程设计由厂方提出主要工艺要求，由广东省石油化工设计院具体总负责编制。施工设计阶段，全车间的土建、水电、空调、自控设计，全部辅助工艺、设备和有关设计部分的概算及汇总由广东省石油化工设计院承担。主工艺设计由厂方及设计院双方联合设计，其中蜜丸垂直输送机带式运输机、蜡丸装盒机、成品输送带的工艺计算和设备设计由设计院负责，夹套槽式灭菌合蜜机、挤条切粒机、蜜坨输送机、蜜丸冷却干燥器、蜜丸溜槽及蜡丸制壳封装机的选型及设计由厂方负责。根据国家经委、财政部经综〔1979〕130 号文的要求，投资额为 120 万元，土建面积 3 100 米^2。而设计的总概算为 125.45 万元，建筑面积 3 075.54 米^2，占地面积 604.51 米^2。三材耗用数为：钢材 165 吨、水泥 558 吨、木材 225 米^3。改造后生产能力为日产大蜜丸 40 万个。

由于该项目所选用的设备多数未定型，加上设计经验不足，因此施工过程中对原设计曾作了一些更改。主要更改有如下几点：

一是该工程原设计选用 3600 型蜡壳封装机 8 台作为蜜丸封装工序的核心设备。但由于 3600 型机没有研究成功，1981 年经得广东省医药管理局同意，改为安装 600 型蜡壳封装机 40 台，后又因 720 型机通过了全国鉴定，最后改为 720 型机 35 台，600 型机 12 台。

二是原定制丸选用佳木斯的大蜜丸机。但在 1983 年，相关人员了解到该机在分粒时要用酒精润滑，与药厂原定工艺不相同，便改为选用黑龙江中医学院的大蜜丸机。

三是原设计煮蜡设备安装在五楼，蜡液通过管道自流输送到三楼 8 台 3600 型封装机上。但更改为 600 型机后，经过详细分析认为管道输送存在如下一些问题：机台散布面大、管道分支多，布局和保温有困难；石蜡易造成管道腐蚀及沉渣堵塞，对管道的清洁和保养都不容易解决；蜡液在管道内长时间受高温作用容易老化，蜡质会受破坏。因此，决定将蜡铸成块状，直接上机使用。又因铸蜡块需要较多的场地，不宜安排在楼上进行，最后，决定煮蜡工序安排在楼下配蜡和熔铸。原设计的煮蜡设备没有安装。

四是原设计蜜丸冷却和输送采用垂直输送机和皮带运输机散装输送，但皮带输送只能在3600型机受丸较为集中的情况下使用，对于较分散的600型机则难以实施，而且不能实现不同品种同时输送，因此予以取消，改为人工运送。

五是原定二楼安装大蜜丸装盒机，但装盒机没有试制成功，也无法购买而没有安装。

初步概算是按选用3600型蜡壳封装机8台编制的，改用720型机后，机台数量增加，造价增大，资金不足，经得广东省经济贸易委员会批准，同意补助20万元，佛山市经济贸易委员会补助5万元，其余不足部分由地方贷款57.5万元予以解决。

施工及投资执行情况：项目的土建工程由广东省第六建筑公司四工区施工。供电系统由佛山市供电公司安装队施工。供水外线由佛山市自来水公司施工。空调系统工程由佛山市金属结构厂负责施工安装。720型蜡壳封装机由佛山市模具厂负责机械零件制造及部分安装。电气部分及总装配由药厂负责，其他设备、管线以及装修的施工安装亦由药厂组织，市属各单位协助进行。

该项目的定型设备及通用机械均在国内有关厂家直接订购。大部分在1982年前到货，只有大蜜丸制粒机因未通过鉴定而未能及时供应。720型蜡壳封装机于1982年12月通过鉴定后，决定交由佛山市模具厂批量制造35台。

该工程自1980年10月破土动工，至1981年底，主体建筑基本完成，部分公共工程进入安装。1982年底，载客电梯、供水系统、空调系统等项目安装完成。1983年上半年，炼蜜系统、冷冻水泵系统、供电系统、蒸汽系统等项目安装完成。由于蜡壳封装机的加工进度缓慢，整项工程直到1984年底才基本完成。

在通过一段时间反复的调试，除机械本身各工序的模拟动作、协调、电器部分的配合之外，有一重要的因素将决定此机是否成功，就是蜡壳所需蜡的配方，其在很大程度上左右此机的运转和成效。因此研究蜡的配方，要适应市场南北天气温差颇大的需要而同步工作。众多的工艺、技术、设备、布局在逐步完善之后，1985年4月开始进行车间试产，经7个月连续正常运行后提交验收。

由中国药材公司委托广东省制药工业公司于1985年10月26日召开竣工验收会，与会47个单位88名代表审议了竣工验收报告，进行了生产现场考核的讨论。结论是：经审查，佛山市制药一厂大蜜丸车间技术改造项目已完成，项目技术资料及有关文件完备，符合国家医药管理局〔1979〕264号文和省制药工业公司〔1980〕65号文有关规定。同意验收，交付生产使用。

该项目于1985年4月1日正式投产。投产后，各部运转正常，均达到设计能力要求，使大蜜丸生产的关键工序蜡壳封装工序能全部实现机械生产，大大提高了整个车间的机械化程度。蜡壳封装工序，机械封装比手工封装效率高2.57倍。手工蜡壳封装需要劳动力222人，机械封装只需86人。

1990 年实行车间经济责任制后，从原来每人操作一台机改为两人操作三台机。在降低劳动强度和实现文明生产方面已达到比较先进的水平。

大蜜丸自动装盒机连线之后，几百年的手工包装工艺画上完满的句号。整洁代替了以往的杂乱无章。重复乏味的动作，由轻松自如、作业有序的机械去完成。操作者只需调节机器的速度，剔除偶尔出现的小故障，大大减轻了劳动强度，文明生产方面更是向前跨了一大步。以前大蜜丸手工分装需要 23 人，班产是 300 ～ 400 箱（因各种规格有异）。而现在人数减少 5 人，18 人的班产可超过 500 箱。

2. 仓库大楼

楼高 9 层，总标高 46.2 米，框架结构，建筑占地面积 893.75 米^2，建筑面积 5 137.82 米^2，建筑造价 90 万元。1986 年动工，1987 年投入使用。此大楼外形美观，外墙镶嵌马赛克，洁白光亮。并在顶楼耗资 6.5 万元，由上海钟厂承造一座钟面为 4.2 米 ×4.2 米的电动大钟，成为当时佛山最高、最大的钟楼，其造型之宏伟，在省内实属罕见。方圆一千米内均能清晰地见到大钟时针的指点；在正常噪音情况下，两千米内可清楚地听到报时钟声，成为佛山的一景。大楼布局合理，对中药材实行分区、分类、分品种整齐堆放，管理井井有条，并配以湿温感应装置进行自动关窗，使管理更为方便。此仓库的建成，为药厂的仓库管理提供了较为理想的工作环境。从根本上解决了以往仓库分散、贮备条件差的老大难问题。

3. 药材前处理车间

佛山市制药一厂是全国重点中药厂之一，当时国家医药管理局为把药厂办成一间现代化的、能对外开放的样板厂而制定了一个全面改造老企业的总体规划，第一步是由国家、省和地方投资197万元兴建一座具有国内先进水平的大蜜丸机械化和半自动化车间，这一步已经实施。第二步是进行药材前处理技术改造。当时厂的药材前处理与改造后的大蜜丸车间增产后所需药材处理量无法配合，严重影响前后工序配套成龙的生产平衡。故须对药材前处理车间扩大生产的改造。年生药处理量由700吨增加到1 500吨。药粉加工量由324吨增加到550吨。跟大蜜丸机械化车间配套生产后，大蜜丸的年产量由8 000万丸增加至1.2亿丸。车间投产后还可为小丸、散剂、片剂的扩大生产做准备。

当时厂的药材前处理设备简陋、工艺落后，粉尘多污染大，厂房残旧、布局不合理，人流物流无法分开，生产流程敞露和迂回运输造成再次污染机会多，直接影响了产品质量，难为大蜜丸车间提供符合卫生标准的半成品，谈不上符合GMP的要求，更达不到办成标板车间的目的。再一个问题是各工序大部分是手工操作，劳动强度大，生产效率低，特别是药材挑拣、炮制全部用手工操作，使用的都是原始工具，如扁担、竹箩、竹筛，整个生产场所泥尘飞扬，这不但对工人的身体健康有影响，而且对厂房环境与四邻的污染亦很严重。要解决好以上的问题，必须对药材前处理进行技术改造，这样才能真正发挥大蜜丸机械化后的经济效益和社会效益，才能达到配套成龙，均衡生产，最终实现总体改造规划目标。

围绕改造后的车间要有新设备、新技术、新产品、新工艺的各项要求，按照药品生产管理规范进行改造，厂房按生产流程重新做合理的布局，防止和避免半成品及原料在中转运输中交叉污染和逆向流动，有效地降低原生药含菌量，使处理后的药粉质量达到法定标准，为提高产品质量增强竞争能力，为打进国际市场创造物质条件。

改造后的药材前处理大楼，楼高5层，部分6层，框架结构，建筑占地725 $米^2$，建筑面积4 410.41 $米^2$，建筑造价75万元，项目总投资134.4万元。生产能力为年处理生药1 500吨，药粉加工550吨。工程设计、工艺设备部分由厂方负责，土建部分委托广东省石油化工设计院承担。该工程于1983年12月底动工，1985年土建完成，1989年3月投入使用。

工艺路线设计，采用由上到下流程，该楼每层均与仓库大楼分别用天桥连接，并设置有电梯上落。生药通过天桥运送到五楼进行净选，清除杂质和拣除非药用部分等。再根据药材的具体性质和加工要求，运送到四楼，按工艺要求分别进行炮制。经加工炮制后的药料流到三楼干燥。二楼是熟料仓库、配料室和灭菌室等。首层设置5台单机密闭自动落料粉碎机组。经配伍后的药料，通过操作台贮料斗缓缓输送到粉碎机组。在药料粗粉碎后，送至远红外干燥机进行干燥灭菌。为了减少药粉的二次污染，粗粉和细粉都采用不锈钢桶密闭盛装，减少药粉露空机会。

4. 酒酊车间

冯了性风湿跌打药酒于1985年首次在质量评审中获得国家银质奖后，市场需求急增，但无奈当时生产药酒的车间位于市区居民区，厂房狭小，又受城建开路影响，生产发展受到极大限制。必须进行较大规模的技术改造，连同厂房、布局、工艺、设备等一并考虑在内。

酒酊车间的技术改造于1986年开始动工，1988年竣工投产。新车间坐落在新厂区以南，分南、北两座建筑。

药酒北楼，坐北向南，占地面积682.2 $米^2$，建筑面积

2 731.2米^2，楼高4层，部分5层，框架结构。楼体形状长方形，外墙贴马赛克，内墙抹混合灰砂浆、刷灰水，地面水磨石米，国标钢窗，建筑造价50万元。车间内部布局，正门位于东北角，安装了1台2吨广州电梯，直通四楼。车间的东、西边分别设有楼梯。首层，中间走道，南北两边间房。南边分隔四间，第一间安装有2米^{3}跌打药精浸渍罐11台，第二间安装有2米^{3}的渗漉罐2台，第三间是安装有2.5米^{3}的白灵酊浸渍罐7台，第四间是洗瓶室。北边是包装间和车间办公室。二楼全部用作药酒分装包装。安装了两条生产线，一条是耗资17万美元引进的日本班产1万瓶药酒的自动灌装机，另一条是自制的药酒分装线。三楼是跌打药精分装包装车间、化验室。四楼原来是仓库，1991年改作乌鸡白凤口服液生产车间。

药酒南楼，坐向与北楼相同，内外建筑与北楼基本相同，占地面积682.2米^2，建筑面积2 731.2米^2，楼高4层，部分5层，建筑造价54万元。车间布局，四楼为熟料仓。三楼为贮酒间，安装有10台10米^{3}的贮酒罐，5台2米^{3}的跌打药精贮罐。在西北角安装有1台3米^{3}的多功能提取罐，药料从四楼投料口处投放到多功能提取罐内蒸煮后再投放入浸渍罐浸渍。二楼是浸渍罐的投料口。首层安装20台18米^{3}的浸渍罐。西北角同样安装1台3米^{3}的多功能提取罐作回收药酒用。药渣从地面用斗车接收运送到2楼回收药酒液。

药酒车间改造项目总投资为320万元，其中建筑费用104万元，设备及安装费用216万元。资金来源，305万元为技改贷款，15万元为自筹资金。

酒酊车间主要产品是冯了性风湿跌打药酒和跌打药精（酊剂）。改造前是在卫国路33号药酒车间生产，地处闹市。

车间占地面积仅1 200米^2，为砖木结构平房。1985年扩宽卫国路时被征用门前120多米^2，面积更小。原旧药酒车间的设备简陋，药酒浸渍采用水泥地池，共有13座，场地相当紧迫。投料虽已采用吊机，但出渣还是以人工为主。工人要深入池中，一箩一箩地清出药渣。当时，年产800吨药酒劳动强度相当大。同时，池中的酒味对于一般不喝酒的工人来说非常难受。其次，工艺上不尽合理，以常温静态浸渍，往往因气温变化而影响浸渍周期，影响产量。另又因没法安装锅炉，故对白酒回收以及扩大生产都带来很大的困难。跌打药精生产采用6米^{3}的不锈钢浸渍罐4台，生产设备稍为先进，但因场地所限，无法扩产。

为设计好该项目，厂方遍访了各地药酒厂，吸收兄弟厂的先进经验，并对各种新工艺进行了探讨分析，认为冯了性药酒的工艺虽采用传统的常温静态浸渍法，工艺古老且生产效率较低，但比起用其他新生产工艺，对产品质量更有保证。因此，厂方决定以此作为核心工艺，并在流程装备上大胆创新，既保留传统特点，又力求具有先进性，建成一个高效、低耗、省工、文明且运作灵活的车间。

改造后药酒生产线主要技术优点如下：

（1）原来蒸药采用流通蒸汽加热，吊篮装药出料，能耗大，体力劳动繁重。改造后，采用多能罐密闭加压蒸药，真空除湿，输送机卸料出渣，这一改革既大大提高了效率、降低了药料温度，又省力节能。

（2）白酒回收由原来的吊篮装料卸料改用多能罐蒸馏快速排渣，节省了蒸汽能源，缩短了加热时间，回收率提高了10%。

（3）原来采用砖池群静态浸渍，出渣费力耗时。改造后，采用 18 米^3 不锈钢浸渍罐 20 台，12 米^3 贮槽 10 台，循环升温系统 4 组，静置过滤系统 2 组等设备，浸渍生产全过程实现管道化，浸渍罐排渣用输送机随意送出，操作灵便。

循环升温系统在浸渍过程中可以使酒液作外循环并控制适当的浸渍温度以加快药物的溶出度，缩短浸渍周期，保证了药物含量。

（4）过去药酒包装组用手工操作，技改时引进了日本的灌装机和防盗盖轧盖机，为了节省外汇，配套了国产贴标机，并根据现场状况和特定的功能需要，自行设计制造了洗瓶机生产线，彻底改变了过去的落后状况，提高了产品的包装和外观质量。自造的洗瓶生产线结构精简紧凑，能同时完成隔楼层垂直输送，运行稳定，破瓶损耗仅为原来的 1/3。

酊剂生产线原来设备简陋，浸渍周期长，产品质量不稳定。改造后的技术主要优点如下：

（1）原来跌打药精用大池静态浸渍，药料粘连结团，影响药物溶出度，人工翻料十分费工。新生产线自行设计制造了 9 台 2 米^3 密封搅拌浸渍罐，1990 年投产时再增加 2 台。再配上 2 套密封式渗漉罐组，实现了管道化和机械化生产，彻底改变了过去的落后面貌，节省了劳力和体力消耗。

（2）由于采用了动态浸渍，生产周期成倍缩短；又由于对药料实行合理的分类处理，产品质量得到稳定和提高。独特的惰性气体保护系统，使搅拌浸渍罐和渗漉罐能与大气隔绝，既解决了 75 度酒精投料的生产安全问题，又降低了酒精酒度损耗，提高了回收率。

5．提取车间

提取车间的产品大部分为中间产品，原料以中草药为主，产品包括：中药干浸膏、浸膏粉、浓浸膏、颗粒剂等，产品可进一步交由制剂车间加工成片剂、蜜丸、小丸、胶囊、冲剂、软膏、口服液或糖浆剂。车间按三班制生产，年处理生药1 500吨，其中水提处理生药1 250吨，酒提处理生药210吨，渗漉处理生药40吨。

根据现行产品工艺方法和待开发产品的生产方法，提取工艺按过程可分三种：水提、酒提、渗漉。按产品可分为五类：浓浸膏、干浸膏、干浸膏粉、干颗粒、芳香油。

药材从仓库大楼经天桥或由货梯运来四楼药材中转贮存间，经称量、配料，进行切碎筛选，再经过水洗，然后投入3 米^3 提取罐内煎煮。一般煎煮分两次进行，煎出液经粗滤器自流入贮罐，再自流入离心机用布袋过滤，清液自流进入贮罐备用。用泵把清液抽上二楼贮罐，三楼上的浓缩罐通过真空吸料，把清液进行真空浓缩，浓缩液自流入下面的贮罐。浓液再经真空浓缩锅浓缩成稠膏备用。根据需要可通过真空干燥箱干燥成干浸膏送出，也可通过喷雾干燥器做成干浸膏粉，亦可以加入填充料在制粒机上直接制成干颗粒。对于含挥发油的药材，由3 米^3 多能提取罐进行芳香油的煎提。对于需要酒沉的浓缩，用小槽车运往酒沉间用泵抽入酒沉罐，再由溶剂活塞泵抽入酒精混匀，经沉淀后，清液自动流入地下贮罐，沉淀后送往离心机进行过滤取清液，然后用泵把清液抽送到3 米^3 酒罐进行收酒，药液用小槽车运回，再入真空浓缩锅浓缩成稠膏。

药材由四楼投入3 米^3 回流提取罐内进行回流提取，酒提液经过滤器直接放入3 米^3 收酒罐内回收酒精，酒提完毕的药材可进一步进行水提或回收残余酒精，酒提液收酒后与水提液合并或单独进行真空浓缩，然后用真空浓缩锅浓缩成稠膏备用。酒精从酒仓用槽车运到放入车间的地下小贮池，用溶剂活塞泵抽送至回流提取罐。回收后的酒精仍自动流入地下小贮池备复用。

药材经前处理车间碎成粗粉送来四楼，经称量，装入400升渗漉罐内。酒精由酒仓用槽车运来放入车间地下小贮池，用溶剂活塞泵抽送至高位酒罐上，再自流入渗漉罐，浸泡后慢慢滴出并自流入漉液贮罐。贮罐收集完毕后自流入3米^{3}收酒罐进行收酒，药液照用小槽车运往真空浓缩锅进一步浓缩成稠膏，回收的酒精仍自流入地下小贮池备复用。

提取车间的厂房为一栋长43.2米，宽15米的四层楼房。分酒提区域、水提区域、干燥区域，并有区间与前处理生产间相连。四层平面设有渗漉区，药材中转贮存间和前处理间、洗药投料区。三层平面设有酒提间、煎煮区、浓缩区和一步制粒间。二层平面是收酒间、提取罐排渣巷道。首层平面是酒精中转贮存间和酒沉过滤工作间。另还有酒提用酒的中转间和真空收酒间。

提取车间的"三废"处理及环保措施：

废水：提取车间使用的物料一般不是有毒物质。废水主要是洗药材和清洗锅罐放出的，而比较大量的废水是真空泵的冷却水，酒精车间的废水主要是洗玻璃瓶的水，几乎不含有机物，两车间废水可汇入锅炉房污水再汇入总体污水处理站处理后排放。

废气：提取车间基本无有害气体发生，只有微量乙醇蒸汽排出，因此着重从工艺设备密封上解决。药酒车间的酒气浓度大且通风不良时，可能会导致建筑物表面发霉变黑，解决办法是尽量把浸酒罐密闭，并在投料区和沉淀过滤区适当装设抽风机以降低酒气浓度，室内墙壁贴白瓷片以利清扫。

废渣：两车间的废渣大部分是植物类药材废渣，平均每天产生废渣约6～7吨。其中药酒废渣约1～1.2吨，可直接掺入煤中作锅炉燃料烧掉。提取废渣中有部分亦能直接作燃料，但有部分则要干燥后才能交给近郊农户分散晒干作燃料和肥料。部分药渣经发酵处理后，用作盆花栽植。

提取车间噪声较大的机器是空气压缩机和多级离心水泵，空压机专门有机房加以封闭，喷雾干燥机和一步制粒机的风机亦已考虑另辟房间加以封闭，噪声应对操作人员没有大的影响。药酒车间噪声较大的是破碎机和料筛机的集尘系统。破碎机、料筛机用隔音室封闭，集尘系统则装置在楼顶面上，无需人员操作，所有高压鼓风机出口均装消声器。

提取车间的切药筛药机和药酒车间的破碎料筛粉尘较多，均装设有集尘系统，其余设备基本无多大粉尘发生。所有蒸药、提取、浓缩设备均非敞开式生产，提取罐和蒸药罐都设有导管和烟道，使蒸汽在天面上排放。

6. 固体制剂车间

固体汤剂（纯浸膏颗粒剂）是日本将汤剂汉药经提炼、超精过滤、连续喷雾干燥所制成的能保持药性、疗效好、含量高、服量少而方便的固体冲服汤剂。它有别于并优于我国现存的大蜜丸、小丸、丹散等传统之古老剂型，是制药领域中的突破，也为制药行业开创了先河。

药厂常年以生产治疗药为主，其社会效益是不可忽视的。传统的、古旧的剂型已跟不上形势的发展，亦潜伏着日渐被淘汰的危机，尤其是大蜜丸之类的问题更为突出。在改革中，佛山市制药一厂做过市场调研、学术探讨和各类座谈会，在经过反复筛选、比较后，认为浸膏剂的前景是乐观的。为了赶超国外先进水平，药厂设想引进了日本浸膏剂技术。在引进日本汉方制药生产设备（包括提取、过滤、干燥、分装、包装所需的各种机械设备，粗算估价为 190 万美元）的同时，积极引进汉方制剂工艺技术、技术指标和管理经验，以便系统地吸取日本的经验，从而进一步提高中成药生产技术水平和管理水平。以科学的手段，先进的技术、设备、检测手段，展现一种疗效好、科技新、经济效益好的新剂型指日可待。药厂初步设想与日本涩谷工业株式会社和日本江滋贸易株式会社接触。

药厂从 1988 年开始收集资料，1989 年正式提出立项要求，1991 年获国家批准立项，但在引进设备和国内品种审批等诸多环节上没能获得有效解决，最终改为建设固体制剂车间。

中药固体汤剂生产车间技术改造，第一方案总投资为 1 473 万元（其中需要外汇 150 万美元，以 1∶7 汇率折算为人民币 1 050 万元。此 150 万美元是用以引进所有固体汤剂生产过程的技术、设备），资金来源中贷款 1 308 万元，自筹 165 万元。第二方案是以消化吸收为主，引进为辅。除一些主要关键的设备引进外，其余是以消化吸收国产设备作为主导，总投资为 917 万元（其中用汇 50 万美元）。贷款额为 825 万元，自筹 92 万元。药厂倾向以第二方案实施。除以上两个方案外，外商独立投资，或合作合资、补偿贸易等方式的多渠道合作也不排除。

方案确定后，1989 年初上报主管中国药材公司。1990 年被国家中医药管理局的项目建议书和可行性报告报国家医药管理局，选入中药行业“八五”技改专项规划项目。1991 年由广东省经济贸易委员会、广东省医药管理局下文准予立项。这段时间厂方组成专责小组进行论证，与上海医药设计院进行可行性报告的编写。1991 年 6 月，由广东省医药总公司组织对项目可行性报告作论证。得到国家中医药管理局下达该项目的批复后，一方面与广州中技南方进出口公司衔接外汇指标的下达和落实，另一方面与佛山市工商银行信贷科作项目的评估及经济效益的分析。由国家中医药管理局、广东省医药管理局、广州中技南方进出口公司与厂方等派员前往日本作工艺、设备等技术考察。

紧接着是专项贷款的办理，进口设备的选型、选购，将样品寄往日本作实质性的试验。在此期间，厂方与香港三角洲（佛山）发展有限公司合作，以促进此项工作进展。

1992 年完成征地和三通一平。年底由国家中医药管理局、上海医药设计院、广州中技南方进出口公司、日本兆华（株）、日本日坂、三国中川制药（株）、佛山市制药一厂的有关人员对项目作技术交流和探讨。通过座谈和样品的试制，厂方提出如下组线：组方药材润药加切碎→动态提取→回流冷凝→液渣分离（弃渣）→药液粗滤→药液精滤→浓缩液→干浸膏→干颗粒→成品分包装。组线要求高度自动化生产，除药材的投料、更换干浸膏接收桶和收集芳香液三项操作用人工处理外，其余均无人工操作，生产过程全通过微型计算机集中控制，中央控制室可通过用已编完的控制程序进行操控，同时亦能随机调整控制参数，以满足不同品种的工艺要求。

此“中药干浸膏粉提取自动化生产线联线引进计划”提出后，经过与上海东方工程咨询公司的商谈，要求日本做小样试验的结果反馈。日本方面认为：此组线不可行，既花钱也不体现先进。送去日本的样品经实验无法实现连续生产，大致原因是干燥收得率低。从浓缩液的投入、浸膏收率和干品收率的数据看，浓缩过程损耗达 30%，真空干燥过程又损耗35%，以小实验的手段和实际以后的生产作理论，从各个指标的反应看，此方案不可取。而在国内同时进行的新产品的工艺路线，也因切粒后投料是否可提高收率或减少配方投料量而在权威评委中引发争议，剂型改革也因此无从下手，全部要从试制新产品开始，为新产品开发带来极大的阴影和阻力。

这样的结论促使佛山市制药一厂作更进一步的探讨，改整线引进为单机引进。1993年4月，药厂将此设想如实向国家中医药管理局领导汇报，在得到充分的肯定后，与上海医药设计院商谈新方案。上海设计院派人来厂作扩产设计事宜。确定引进日本产F－3012造粒机一台，西班牙产S－130D颗粒包装机两台。1994年项目结转，调整方案后的专项贷款（工商行部分），由原来的2 950万元增至3 220万元。建筑面积也因要整厂迁建而由8 000米^{2}增至11 200米^2。

技术上的调整得到多方的认可，而资金来源却因当时整个社会和企业的三角债居高不下而受到严重影响。专项贷款指标银行要求即贷即还，更使企业在维持日常生产方面举步维艰，难以抽出资金投入此项目。在此停停打打的年份里，项目被迫暂缓下来，此时已接近1996年底。到了1997年，GMP改造已提到议事日程。为了能通过GMP认证和整厂搬迁，申请将该项目改为“固体制剂”。1998年初经过讨论、调整，根据实际情况，车间布置由广东省医药设计院负责，土建设计和施工交由佛山建筑设计院负责。工艺由厂方提供，由广东省医药工业设计院完成。1999年4月，固体制剂车间项目招标成功，到广东省医药管理局办理土建增容，人防、消防、环保、安监、城建等各项工作就绪，于1999年9月土建正式响桩运行。2000年6月22日封顶。之后，在GMP改造中，按当时的规范进行布置和装修。至2003年7月至8月，制剂楼厂房设施、空气净化系统、纯化水系统、压缩空气系统等陆续进行验证、验收、试运行。9～10月间进行全面（连同设备）验收。

（五）技改贷款，险中取胜

技术改造有别于小改小革，一般投入相对比较大，并且一般包含征地、新建厂房和设备更新，使生产能力和技术水平都上一个台阶。佛山市制药一厂的技术改造，最早是“大蜜丸”楼的兴建，接着是小丸楼，都是20世纪70年代完成的。由于“大蜜丸自动制壳封装机”的研制成功，国家给予积极的支持，拨款120万元，建设新的大蜜丸车间，也就是在1982年以前，企业的技术改造主要还是依靠上级拨款。

从1982年开始，国家政策作了比较大的调整，技改项目改为贷款。那时搞技术改造，第一要立项，也就是论证项目内容是否先进和必要，由于是国有企业，自己认为应该搞还不算，必须通过上级相关机构的可行性研究；此外，企业还要有自有资金，而且这个自有资金不是流动资金，而是企业提留的基金，包括大修理基金、折旧留成、超额利润分成等。第二要贷到款，这里涉及贷款指标，银行是否肯贷给你，你贷了款要还利息和本金。还利息，企业成本明显增加，企业是否负担得了，这个负担当然包括必须完成承包的上缴利润指标和计划中的改善职工生活条件（如宿舍）的开支。第三要还本金，必须有政策的出路和实际的来源。

80年代后期，由于实行经营承包责任制，明确上缴任务，在完成上缴利润后，通过“税前还贷”来解决技改贷款的还款问题，但利润的形成，到底还是要通过企业的努力的，经营上没有利润，拿什么去还贷。所以，要想搞技改，一是要搞好内部的经营，通过扩大销售，节约成本，增加利润；二是要争取把项目纳入国家的技改计划；三是要争取到贷款；四是要按期还贷。那时的口头禅是“勤跑步（部），搭通天地线”，所谓“勤跑步（部）”，就是经常到北京的国家医药管理局或中医药管理局争取项目立项，争取多安排贷款指标，争取多拿一些计划内技改用的紧缺材料。“搭通天地线”就是有了贷款指标，还要做好银行的工作，包括从总行到各级支行的工作，还要注意按时还贷，保持信誉，才能有下一次。在还贷中还有一个环节要处理好，就是由于还贷的利润在进行工效挂钩的计算时，只能视同50%上缴，也就是工资总额提少了，很容易引起员工的误解，甚至有意见，解决的办法也是要学会总体兼顾，即在换算工效挂钩基数时要把还贷的数量考虑进去，总体保证不会因利润增加、还贷增加而工资不能增加。同时反复宣传企业长远利益与眼前利益的关系，取得广大员工的支持。

为了尽快提升利润，最直接的办法首先是扩大销售。1985年起，厂里搞“三科联营”，为确保销售的增加，即使到了20世纪90年代，仍然坚持“供销承包责任制”，保证了技改的资金来源。当时为了整厂搬迁，分别立了几个项目进行技改，但贷款政策时紧时松。紧的时候要去北京跑几个部。有时，银行为用有限的资金多满足几个项目的需要，还发明了“即贷即还”的办法。即银行名义上已经解决了企业因技改而需要的资金，账面上已经借给企业了，其实要求企业不超过半年就还款，所以实际上是企业必须自己有已经盈利的资金，不然就会断炊。

当时，企业还要腾出资金建设职工宿舍，可想而知，要搞成一个技改项目是十分费心费力的。也就是这个时期，一些单位领导奉行“当届用钱，下届还钱”的短期行为，通过立项，大量借款，心里根本没有还贷的心理准备，结果不少单位因技改项目不成功或把钱挪作他用，企业迅速背上沉重的包袱。全靠自己创造利润来实现，显然会慢一些。

1983年，企业制订了全厂搬迁计划，即计划把佛山市庆宁路43号厂区和卫国路31号厂区一并向新区搬迁。项目能上国家立项的上国家，能在省内立项的上省，其他的就在佛山市立项。加上如饭堂、宿舍这些项目，几年间先后立项的有：庆宁路厂区综合楼，前处理车间异地搬迁（包征地），仓库大楼（大钟楼）；药酒车间搬迁（包征地）；水提车间，锅炉房，电工房，排草街饭堂综合楼重建，建国路宿舍楼等同时开工，可谓全面开花，也有点顾此失彼，每每讲到困难，厂长都是那句口头禅“车到山前必有路”，坚定了同事们的信心。其中饭堂综合楼的新建立项，曾引起一些议论。因为开的项目多，企业的基金都分配光了，但建饭堂这样的项目，是无法向银行申请技改贷款的。没有自有资金垫底，连立项的申请也报不出去。领导班子决定将新建好的职工宿舍楼的首层店铺按市场价转让出去，然后以这笔收入作为自有资金来立项才获通过。实际上饭堂综合楼的重建资金比立项时的数额要大好几倍，超出的部分，只能通过加大成本来解决。

1983年，为了支持企业的改造，工厂出台了一个“盈利包干，定额上缴，超收分成，逐年递增”的财政政策，基本出发点是鼓励企业多创利润，用超额利润分成部分去搞技术改造。企业有了这个政策，第一步就是设法多挣钱，而要多挣钱，最直接是要多销售，所以首先要争取产品自销的权利，再在内部搞“三科联营”，鼓励供销部门多销售，鼓励财务、生产部门积极配合，达到最好的经营效果。但是由于生产量增加了，甚至要加班加点，职工的工资额没有增加，处在生产第一线的工人的积极性没有调动起来。最后，在当时工厂的主管部门——市医药公司领导的大力支持下，积极向财政部门游说，得到了“按销售额计件计提工资总额”的办法。这样的办法当时的劳动管理行政部门是不同意的。因为当时的政策范围根本不容许这样做，但由于得到财政部门的首肯，在不断的争议中还是试行了几年。这又是实事求是的胜利。终于，在宽松的政策环境下，药厂把技术改造工作做得有声有色。这个案例，也是佛山市领导改革开放之风敢于解放思想、敢于改革的一个缩影。

（六）废水治理，刻不容缓

佛山自古以来有一地标河——汾江河。以往汾江河流水清澈，鱼虾觅游，孩童嬉戏，在一排古榕树衬托下，可谓是碧水蓝天。当时的龙舟竞赛、因应时势的长渡都在此虽窄但水质颇佳的汾江河上上演。然而，在人们淡漠的环保意识和急功近利的思想驱使下，昔日的汾江河被工业、生活的各种污水弄得面目全非。恶臭、污黑、干涸等恶果均由我们人类自吞。人们盼望汾江水重现往日的清澈，鱼虾回游生息。作为佛山企业的一员，保护汾江河责无旁贷。

佛山市制药一厂的废水治理工程项目于1990年下半年由厂方提出，上呈佛山市环保局。项目由佛山市环境保护检测中心站进行设计和施工。用地方面，征用厂区西南角5.42亩鱼塘作废水处理场地。佛山市环境监测中心站进行设计和施工。市环保局多次派人视察厂区，了解车间生产情况，确定废水处理的方案，多方面达成共识，将这项涉及佛山人民和自身的治污项目建好。

佛山市环境监测中心站与厂方的设计方案由市环保局评

审并核准。废水按清污分流进行处理。总排水量为1 500吨/日。其中污水为100吨/日，其他如水质的酸碱度、悬浮物、化学耗氧量、生化需氧量和色度等各项指标均设有一个达标值。

工程的紧迫性在于它被纳入佛山综合治理汾江河段污染源治理计划中。项目的申报始于1990年下半年初，佛山市有关部门要求于1991年12月之前完成并投产使用。

药厂的废水主要来源于中草药材的切洗、浸提和动物骨头（如龟板）的浸渍、提取、冷却等工艺程序。废水中含水溶性有机物浓度较高、可生化降解性能较好。此外，还有部分生活污水、锅炉除尘水、排污水以及较大量的提取真空泵用水和生产机械冷却水等。

工程对废水采用清污分流进行处理。把浓度高的废水集中作重点处理，多级削减污染物，而大部分低浓度的废水则与处理后的达标污水混合后直接排放。

征地、土建各项工作的衔接过程：

资金筹措先行。财政拨款40万元，优惠贷款45万元，自筹12万元，合共97万元。资金使用概况：征地5.42亩花费43.38万元，工程土建（化验室、机房）花费9万元，设备筹措费用6.45万元，建废水处理池6个花费37.8万元，合计96.63万元。

资金落实到位后，于1993年4月开工，1994年4月竣工。

废水处理站建筑面积共1 009米^2。主要建设构件有调节池和水泵房、厌氧池和好氧池、二沉池、氯氧化池、污泥浓缩池、淡水池、风机房、化验室等。

经试运行、运行、投入正式生产以后，项目于1995年1

月由佛山市环境保护监测中心站作工程验收。由检测中心站负责随意瞬时采样，并且对全部所采的水样负责质量检测。分析项目包括水 pH、悬浮物、化学耗氧量、生化需氧量和色度五个项目。

分析结果，调节池的有机污染浓度稍高些，经生化处理后，排放口的浓度均低，处理后排放口的浓度各项指标均符合 DB4426－89 广东省地方标准，均已达标。直排口的浓度也较低，符合排放标准。

验收结论：该工程采用清污分流方案，对浓污水作重点处理，使处理后废水和直排废水均达标排放，降低了整厂污水处理投资费用和运转费用，操作简便，处理效果稳定。

该工程的厌氧段为上流式厌氧污泥床（UASB）工艺，池中不设填料，节省了工程造价。通过厌氧、好氧消化生化性污泥，实现了剩余污泥的“零排放”，省了污泥处理的费用和麻烦。

接触氧化池为廊道式推流工艺，气量可调节分配，因而在废水水质与原设计水质差别较大时，仍可通过调节控制工艺参数顺利运转。

经生化处理后出水各项指标已基本达标，后续的加氯氧化投资省、费用低，脱除植物色素效果明显，使出水水质感官更好，且有消毒作用。

工程从设计、施工到调试运行的各个环节，都得到佛山市环境保护局等主管部门的关心和支持，它们与佛山市制药一厂、佛山市环境监测中心站各部门密切配合，使工程得以顺利验收并交付使用。

（七）计划搬迁，征地是关键

1983 年，佛山市制药一厂的生产场地分为三块。一块是庆宁路43号厂区，占地约10亩（其中有不少房产、地产是房管局的）。一块是卫国路33号厂区（即药酒车间），占地约1.5亩（有40%左右是属房管局的）。还有一块是租用农民土地的东郊仓库约3.8亩。企业要在这样狭小的地方建成一间像样的现代化企业是根本不可能的，唯一的办法就是搬迁。其中药酒车间由于在出酒和回收酒精时严重影响佛山市第二人民医院，被佛山市政府要求尽快搬迁。搬迁首要是征地。

从1983年起，药厂开始了为搬厂的六期征地。六期征地合共53.94亩。

第一期：1983年下半年，以“前处理车间改造”立项，提出征地。佛山市医药公司和广东省制药工业公司大力支持，转让了准备下马的“咖啡因原料药”项目用地。药厂承担了原项目征地及已建的辅助设施的所有费用，由于不用再与农民谈判，交割手续很快完成。此块地有24.7亩。

出于对搬厂的长远打算，药厂邀请了专家进行新厂区规划，并请广东省制药工业公司组织规划论证，参与论证会的有省化工设计院、佛山市规划局、省市著名制药专家等。药厂还同时成立七人规划小组，最后确定了新厂区的规划蓝图。有了这个蓝图，药厂开始有计划、分期、分批地再征用周边的土地。当时的想法是：有多少钱办多少事，一步一步推进。规划好后，前处理车间很快于1983年底开工打桩。当时，佛山市医药公司发话：年底前响桩，有奖！结果药厂拿奖了。

第二期：1984年起，以“新建仓库大楼”立项。征用北侧1.91亩地，最主要的目的是建设大钟楼二期，完善整座建筑的各立面的完整性。

第三期：1985年起，以“新建锅炉房”立项，征用西侧的边角地1.19亩。规划时，锅炉烟囱已有明确位置，只有将西边墙拉直，才能有地方建锅炉房和干煤场。

第四期：1986年起，以“药酒车间搬迁改造”立项，要求征地6.346亩。由于佛山市政府出面催促搬迁药酒车间，所以立项很快就批了下来，而药酒车间的规划位置已在第一次征地的地方预留了。这次要求的征地是用于打通“物流通道”的。因为在规划蓝图中已明确表示该通道是药厂必须要有的，可惜与农民的谈判极为艰难，到1988年才达成协议，且只能征用3.26亩，形成长长的一条狭窄通道。幸运的是可以用。

第五期：1989年起至1991年，以“建污水处理站”立项，征用南海街边村的5.422亩的鱼塘。

第六期：1989年4月起至1992年，以“固体汤剂项目”立项。征用南边的大鱼塘共17.46亩。土地属南海街边村云街生产队，地名叫“协成市大塘”。初时与云街生产队的村民谈判，进展十分艰难。后来得到南海国土局的直接支持，改为委托南海国土开发公司全权代理之后，很快办妥了手续。当时的主持人罗仲利同志在回忆这件事时深有感慨：“在与南海国土开发公司谈判时，我从来没有那样大方过，他们开出的各种条件我都没有讨价还价，照认不误。其实，经过事先调查对比，每亩征地的总费用比在佛山市郊征还要低很多，同时省去了与农民的持久谈判。多好的事情！”

需要解释一个问题是：为什么不把进厂门口西边（现搬运公司用地）的土地征下来？其实，完成第一次征地并把新厂址确定后，药厂就计划首先把这块地一并征下来，但没有急于动手。当时的情况是：第一，药厂与土地所有人——郊边大队的夏新其书记打了招呼，他也表态留给药厂去征。第二，当时“前处理改造项目”立项才103万元（后来要求追加也才总共130万元），而且是向银行借的，仅第一期征地就用了54万元。前处理车间又必须在年底打桩，第二年建成，由此填土、公共工程等要同时施工，考虑到资金问题，征地就暂缓了。到了1985年，郊边大队开始与搬运公司合作，在我们进厂路的左边填土，准备租给搬运公司用，右边仍维持原状。也就是这一年的年底，佛山市政府作出了一个决定，收回原农药厂的土地，用于新建发电厂。当时在农药厂厂区内已有化工研究所在办公和生产，为此，市政府责令化工研究所立即搬迁，承诺可以在佛罗公路沿线任选新址。化工研究所最终选中正在填土中的准备给搬运公司用的新址（即现址），而此时搬运公司已与土地所有者——郊边大队签了借用（名义上合建）协议，郊边大队万般无奈，只好把借用地点改为路的西边，于1986年底开始填土。药厂见此情况，急与郊边大队协商。经过艰苦的谈判，反复说明药厂必须要有物流通道，郊边大队最终在西边划出一条长廊让我们征，还算万幸。此事正应了一句老话：城门失火，殃及池鱼。就是因为发电厂的兴建，而没能把厂前区土地征下来，留下了长久的遗憾。

到2001年搞GMP改造时，面对“规范”的要求，不少同志感慨：幸好十几年前占上一块地，并有一个远景发展规划方案，不然，靠老厂区就地改造，那根本无法活下去。

（八）企业转制，不能“一卖了之”

社会主义市场经济的确立，更突显出国有独资企业在经营管理上的各种弊端，因此，抓大放小，国有企业改制成了20世纪90年代中后期的主旋律。1994年，在上级总公司的主导下，总公司下属的友联制药厂和佛山制药厂准备通过中外合资形式，整体出让给外方（外方占 90%，中方占 10%）。外方在谈判过程中，还提出同时收购当时的佛山市制药一厂、佛山市制药二厂。

收购方是澳洲一家公司，对中药业毫不熟悉。作为佛山市制药一厂的员工，对通过自己的力量建立起来的产业和商誉不愿拱手让给别人。虽然是国有资产，但这是员工赖以生存的土地；另外佛山市制药一厂和佛山市制药二厂遗留的历史问题较难解决，两间厂的员工都不愿意这样改制。

当时，像这样要卖给外方的企业转制，还没有规定必须经企业职工代表大会讨论通过，上级部门把注意力移到企业领导班子，要求以工厂的名义写出一份申请转制的请示报告。出于对员工情绪的理解和对中成药业发展的热爱，领导班子经过讨论，送出了一份坚持自己观点的报告。现原文照录。

附件一：

就组建合资公司问题我们的一些意见

医药总公司、党委：

据悉，组建中外合资企业的谈判正在进行中。以往在公司体制改革的一些问题的看法上，已表达过我们的意见。为慎重起见，特再说明一下：

一、在深化改革，转换经营机制中，原来意见是：总公司及其下属的企业为两大部分，即西药与外商合资，搞中外合资企业；中药由一、二厂合并搞股份制企业，重点发展中药，是医药控股公司的子公司，必要时，向职工出让股份以筹集资金。这个意见，在“华新”会议及其后几次厂长会议上都曾明确表态过，至今，我们还是认为可行的。在本厂中层干部座谈会上，一致认为应采用这个方案，或两间中药厂分别转为股份制混合型企业，并且认为经过转制中药事业一定会有大的发展。

二、与外商谈判后，公司在2月28日上午召开了一次有公司党政领导、各厂厂长参加的会议，讨论合资公司的规模及我方参加合资的范围。取得一致的意见是：佛山一厂庆宁路部分保留，再与二厂合并组建股份制企业（可更名为联合制药厂或保留制药二厂厂名）。而制药一厂三车间参加合资评估（可保留制药一厂的名字），产品、剂型以地域划界。对于这个意见，我们鉴于从全局出发，考虑到吸入外资和增加我方资产评估的份额，我们还是同意了，也表过态，认为即便从总公司的角度来分析，也不能再退了。其理由可简述几条：

1. 留有回旋余地，不会出大乱子，保证稳定地进行改革。①现在制药一厂退休工人有280多人，由于现在的退休保险制度不完备，退休工人总要有一个依附。由于两厂合并，关系的转移也顺理成章。这样不会对控股公司形成负担，退休工人心里也踏实，不会造成恐惧的心理。试设想一下，制药厂、制药一厂的400多退休工人，一下成了“无主孤魂”，他们的心境是如何的，而控股公司的负担和工作量也是不难想象的。②合资企业后，被精简的人员（这会很多的，因为农民工易招）有可安置的余地。特别是制药一厂被裁的人员与现在庆宁路的厂区一齐并入二厂，没有寄人篱下的感觉，心理上平衡，不会出乱子。而且一厂庆宁路厂区是以手工操作为主，“胃纳”大些，可容量也大些。对于整个行业来讲不会由于合资企业精简人员而造成大的不稳定因素。不要认为有财力把待业的人办理了厂内退休就万事大吉，因为这样虽然解决了退休保险问题，但不少人由此引起生活水平下降也会造成不稳定因素。这是我们不愿看到的。

2. 创造竞争的环境，同时又不会造成利益冲突。

按上述框架，二厂属控股公司的子公司，一厂属合资公司的子公司，产品没有重叠，商标使用不同，只会形成竞争的局面。这种竞争只有好处没有坏处。一方面会刺激二厂扩大生产，精简机构，提高效益。另一方面对一厂的管理者提出一个尊重工人、保障工人利益的无形约束。由于厂号、商标、品种都没有重叠，不会造成利益冲突。

3. 为佛山医药的发展保存一个前进的基础。体制改革的目的，引进外资的目的，都是为了发展佛山的医药事业，而不单是为了合资而合资。作为控股公司，一旦卸下包袱，是可以轻装上阵的，无论是从整个行业来讲，还是从一间厂来讲，都有这个任务。假如我们留下的部分实力太少或不堪重负又如何再谈发展呢？不能设想，把经营权让给人家就可以高枕无忧，佛山的医药行业就自然而然地得到发展。再退一步设想，如果合资公司在经营上放弃中药的发展（这并不是不可能的），那就更会造成不可挽回的损失。佛山中药的传统优势就会丧失殆尽。

4. 佛山一厂的壮大发展而形成现在的家底，是在党的改革开放方针的指引和上级领导下凝聚了全厂职工（包括退休职工）几十年的努力的，并作出了物质上和精神上的牺牲。近 13 年来，我厂为技术改造归还技改贷款 2 231.5 万元，光此一项就少提工资总额 557.89 万元，人均 8 583 元。据粗线条估计，光三车间新厂区的土地和厂房就接近或大于现在通灵公司的制药厂相加的和。除了流动资金，负债甚少，运作正常，全厂职工对一厂的发展是充满信心的。这个有利条件对现在整个行业与外商谈判合资经营，无疑是提供了强有力的物质基础的，或者可以讲，是作出了贡献的。正因为如此，我们不能因为搞合资企业而让为企业发展艰苦奋斗的职工作出牺牲，不能让他们在精神上有失落感，背着寄人篱下、“无主孤魂”的心理压力。为什么贡献最多的，却会失落最大呢？这是很难解释清楚的，也是不稳定的因素。我们不希望看到为工厂发展作出贡献的职工因为搞中外合资企业而整天诚惶诚恐，甚至成为牺牲品。这样对国家，对公司，对工厂都是不利的。我们更不愿看到为数不少的职工，因为搞中外合资企业而导致生活水平下降，怨声载道。

最后强调一点，如果我们的意见未被采纳，希望公司党委对制药一厂的职工日后的出路有个明确的态度，保证职工生活水平不至下降，并通过一定的协议确定下来。

另外，根据公司布置，我们由工会出面召开各类人员座谈会。反应甚为强烈，基本不同意合资。详细意见将如实整理报出。

以上的意见为厂党政领导班子集体讨论，一致通过。

佛山市制药一厂

1994 年 3 月 6 日

主送：市医药总公司、公司党委

抄报：市经委、市体改委、市国有资产管理局

附件二：

关于要求我厂搞内部股份制的转制试点的意见

市医药总公司、市经委、市体改委、市企业改革领导小组：

近来一段时间，盛传医药行业要与外商合资，并由外商占大头。我厂绝大部分职工对此反响很大。根据座谈会的层层干部反映出来的情绪和意见，都不同意拿我们厂出去与外商合资。理由很简单，归纳起来有：

1. 制药一厂（及前身联合制药厂）自建厂以来，国家正式投资只有140万元，其余均依靠自己的力量，在政府的支持下，不断发展壮大，并通过“母鸡下蛋”的办法，分出了几间厂，对佛山工业的发展是作出了一定贡献的。有现时的规模是凝聚了全厂职工的艰苦奋斗和物质上的牺牲的，体现了我们创造的剩余价值。（近13年来，我厂为技术改造归还贷款2 231.5万元，光此一项就少提工资总额557.89万元，人均8 583元）我们目前负债甚少、运作正常，全厂职工安居乐业、爱厂敬业，衷心拥护共产党的领导和社会主义制度，对未来的发展充满信心。我们有能力在过去通过自力更生发展起来，也一定有能力面对市场经济的挑战发展得更好，为什么非要通过合资来克服现在存在的问题呢？

2. 公司为了填补其他企业的欠款，而要出卖制药一厂的部分产权，这对制药一厂的职工是极不公平的。为什么在转换企业经营机制过程中要牺牲我们的利益把我们变成外商的雇佣劳动力呢？以前我们用主人翁的态度艰苦创业（这是党组织和政府对我们的要求），现在却一无所有，无所寄托，既恐惧又担心。

3. 转换企业经营机制不是只有把产权出卖给外商一条路。根据市政府1994年10号文的精神，可以将部分产权出售给职工。现在很多职工要求，与其出卖制药一厂的产权或肢解制药一厂，不如自己职工购置部分产权。这样，对企业转换机制激励职工劳动积极性会更有效，也更有利于稳定。

4. 根据国家医药管理局和中医药管理局对转换经营机制的要求，医药行业，特别是中药行业由于其产业的特殊性，在中外合资问题上，如外商占大头则要慎之又慎，强调对方应该是具有高科技、大财团、有国际市场的制药同行，并以新品种、新技术为原则。而目前来佛山正在洽谈的外商，则不具备这些条件。

鉴于职工的强烈要求，我们拟在转换经营机制过程中，走向全厂职工出让大部分（60%）产权的路子，具体办法可按市政府的规范办。基本框架是先进行清产核算，将我厂的净资产（先不包土地，采用逐年租用的办法）先按40%（国家）和60%（准备出让给职工）分开。再将60%部分分成700份（每份多少股根据实际而定，一般是每股1元或10元），原则上按现有在职工人数（620人）每人1份，厂级领导每人多认4份，中层干部每人多认2份。在每人1份中，在企业内部可作适当调整，可以在内部互相转让。根据目前对净资产粗线条测算和对将来盈利的预测，职工先付30%是可以承受的，也对未来充满信心。转制后的企业重新制定章程，按照股份制企业的经营机制运作。相信经过全厂上下的励精图治，一定能够克服国营企业存在的弊病，开创一个新局面。

鉴于职工的强烈反响，我们认为出让本企业大部分产权给外商，这样的重大问题应该交职代会认真讨论，万望有关部门和各级领导认真考虑我们的意见。此意见也反复向本厂领导和党总支反映过，得到厂部和党总支的同意和支持。

制药一厂职工代表大会

工会委员会

1994年3月30日

外方全面收购不成，退而求其次，要在佛山制药一厂的产品中划出冯了性风湿跌打药酒等36个品种，并要求把当时第三车间（现在新厂区）中生产药酒的车间及设备卖给他们。形成以东西走向的中央马路为界的“南北朝”。这样，佛山市制药一厂将没有发展余地，产品结构也只剩下大丸、小丸和散剂，形成被肢解的局面。当时有关部门还敦促制药一厂自愿写出申请资产评估的报告，这个要求和设想，当然是受到制药一厂员工们强烈反对和抵制的（见附件三）。在回应这件事时，领导班子在报告中明确表态：“我们的本意是不愿意这样的。”

附件三：

关于对企业资产评估问题的请示

佛山市国有资产管理办公室：

根据市政府和市医药总公司的意见，实行行业经营机制的转换，要将我厂佛罗公路三车间南区（详见附图）同香港亚威有限公司进行合资经营。

我厂本意是不愿意的，但在市医药总公司与“亚威”草签合同、章程以及市政府分管市长同意将我厂南区合资并表示近年内要安排地盘划拨资金，新建制药一厂制剂区，以具备长远生产发展条件的情况下，在市政府能确保制药一厂全体员工既得利益（含确保到合资企业的原是固定职工的劳动权益，如退休及社会保障）的基础上，为了顾全大局，特向您办公室提出申请，对我厂的资产分别进行评估，以明晰产权，保证国有资产不会流失。

以上意见当否，请批示。

佛山市制药一厂

一九九四年六月六日

对中成药业的挚心热爱，最终还是感动了上级部门和外商。外方再退而求其次，只要求许可使用属制药一厂批文的36个品种，为筹建新的中药厂作产品准备。许可使用36个品种合同中载明：需缴纳“使用费”，如三年不生产，则返还。后来，由于他们新成立的公司（康宝顺）因为经营上的问题，效益并不理想，原先想筹建的中药厂也办不起来，为了减少“使用费”的开支，在时任医药总公司总经理何兆琇的斡旋下，36个品种通过“反许可”（即36个原是制药一厂的批准文号已经转办到“康宝顺公司”名下。再由康宝顺公司允许市制药一厂用汾江牌名生产），于1995年4月7日交由佛山市制药一厂生产。

到了1997年，康宝顺“三年内没有生产”成为事实，在医药总公司的大力支持下，36个品种全部正式返还佛山市制药一厂；其中有当家品种冯了性风湿跌打药酒。至此，才保留了制药一厂作为佛山中成药业传承者的真谛——一支热爱中药事业，熟悉中成药生产工艺的队伍和历代前辈传承下来的经典品种和制作工艺。这个事实及日后事态发展证明，企业转制不能“一卖了之”，只有扬其所长，充分发挥新机制的威力，调动经营者及其员工的积极性，才能使企业转制真正成为解放生产力的助燃剂。

2006年，药厂拜访了一位曾长期在佛山工业战线工作的市政协副主席，谈起“冯了性”目前的良好状况，她感慨地说，看佛山的企业，哪个听话，哪个只会套领导近乎的，哪个就死得快。看来，她还记得发生在1994年制药一厂因转制问题而发生的争拗。

随着国有企业的弊端日益明显，尽管经历过几年转制的风风雨雨，药厂确实需要思考转制了。1998年市政府主导，计划将制药一厂、制药二厂分别与香港一家公司（中资控股）合资经营。这次的设想与上次大有不同，即让企业员工集体持股49%。至1998年10月，制药二厂与市政府谈判成功，率先完成转制。制药一厂则因产权确权办证、资产评估的复杂而稍有推迟。谈判难度最大的还是对退休人员的生活安排问题。

按照佛山市当时特有的环境，已退休人员在企业仍享有“共享繁荣”的待遇，也就是为了保证退休人员的生活水平，除了按养老保险在社保局领取养老金外，还在原退休企业领取“规定”的补助。而当时制药一厂已退休人员达332人，一年开支200多万元左右，按照当时企业转制的政策，企业转制风险金的提取只有两种办法：一是按转制时出让资产额的20%提取；二是以退休人员的人头，每人按1.8万元提取。以这两种方法计算，无论用哪一种，加上存款利率，也就顶多能用四年。

面对两难境地，谈判一度陷入僵局，一拖又是一年半载。

最后，政府官员用实事求是的态度来处理这件事，很快就有了结果。即将转让的折扣降到70%，要求转制后的企业通过使用转制风险金的灵活费率，来解决用于“共享繁荣”的资金，以保证退休人员在企业转制后不至于降低生活水平。这样，暂时解决了问题，扫除了转制中的障碍。

佛山市企业改革领导小组终于在资产评估有效期终止的前三天，即1999年12月28日以佛企〔1999〕020号文对佛山市制药一厂转制方案作了批复。

第三节 扬帆启程

一、双重考验：GMP改造与整厂搬迁结合（2000—2004年）

新成立的佛山冯了性药业有限公司于2000年3月16日正式取得营业执照，3月31日举行正式挂牌仪式。可以说，企业的经营制度彻底改变了，新的管理架构正式运行。

踏入2001年，围绕企业转制进行的一系列改革才刚刚完成，冯了性药业就开始策划将实施GMP软硬件改造与整厂搬迁结合起来。

（一）“GMP = 饭碗”

按原来的进度要求，中成药制剂企业要求到2005年底完成GMP改造。2001年10月，国家药监局突然下发通知（国药监要〔2001〕448号），规定所有药厂必须在2004年6月30日前取得药品GMP证书，并于2003年12月底前完成申报工作。也就是说，所有软、硬件必须在2003年底完成。对冯了性药业来说，突发通知既打乱了原来计划，也对其有些准备不足。无奈之下，只好调整计划，仓促应对。

经过分析，三大瓶颈必须及早解决。一是必须新建的仓库楼和综合大楼要马上启动，为了及时通过各项城建审批，公司特别向市政府写了《关于请求报建过程中特审特办的报告》，并在合资方（外方）的帮助下，直接得到当时市长的支持，在报告上写上“请市各有关部门给予支持，加快审批进度，配合企业做好工作”的指示，于是有了绿色通道。二是必须聘请一个有经验的顾问公司，指导药厂起草各类文件，并指导设备改造工程的施工，以避免走弯路。很快，药厂与爱思特医药顾问有限公司签订了合同。三是通过招标竞投选择一家有实力的净化设备设计安装公司尽早进场。最后选择了湖南雅康洁净空调工程公司。

在 GMP 改造动员大会上，总经理用国歌中的一句来比喻：“冯了性药业到了最危险的时候”，宣布进入紧急状态，打一场硬仗。强调按完成战斗任务一样依时完成分配的任务，公司的资源按战时状况配置，集中最优势的财力、物力、人力，同时全力打好三个战役，即生产和销售、完成 GMP 软件系统的编写和落实、做好 GMP 硬件的改造。

具体包括：

（1）固体制剂车间的生产工序包括研配总混，丸剂（大蜜丸、水蜜丸）、片剂、散剂及颗粒剂工序。在广东省医药工业设计院设计的基础上根据实际及发展要求进行再设计，由湖南雅康洁净工程公司施工。总建筑面积 11 174 米^2，生产区面积 5 272 米^2，其中洁净区（30 万级）面积 3 125 米^2。

（2）前处理提取车间的生产工序包括药材净制炮制、水提取、醇提取及药材灭菌粉碎混合，是在原厂房内自行进行改造。其改造工程由湖南雅康洁净工程公司施工。前处理提取车间生产面积 6 305 米^2，洁净区管理面积 2 024 米^2。其中前处理大楼生产区面积 3 875 米^2，洁净区管理面积 2 024 米^2；提取大楼生产面积 2 430 米^2。

（3）酒酊车间的生产工序包括酒剂、酊剂和软膏剂工序，是在原有厂房内自行进行改造。其改造工程由湖南雅康洁净工程公司施工。总建筑面积 5 205 米^2，洁净区面积 357 米^2。其中酒酊生产的洁净区为 30 万级，面积 260 米^2；软膏生产的洁净区为 10 万级，面积为 97 米^2。

（4）仓库总面积 10 818 米^2，设有原料仓库、净药材仓库、药粉中间库、包装材料仓库、标签库、化工品仓库、成品仓库、不合格品库、退回成品库、办公室等。原料仓库、净药材仓库由药材大楼改造而成，包装材料仓库、标签库、成品仓库在仓库大楼配置。

其中成立硬件三人领导小组，由廖国雄任组长，组员为陈铭伦、钟育群。要求马上到工地现场办公，除各自分工不同项目外，负责协调施工过程中的技术和人力安排问题，把好工程外包关。工程项目外包、新设备采购，均通过招标或货比三家来决定。吴德海负责软件方面的总协调，要求全员动手，落实到人。自此，进入 GMP 改造的冲刺阶段。

中成药厂的 GMP 改造，基本上以《中药 GMP 实施手册》来进行，由于中药的多样性和独特性，很多东西无法借鉴外国已成熟的 GMP 规范。所以最高原则还是要按“防止差错，防止混淆，防止污染和交叉污染”为指导方针，按具体情况制订具体的实施办法。

从 2001 年冬到 2002 年 9 月这一段时间，公司必须确定各个车间，各个工序以及为之配套的公共服务设施具体的改造内容，包括工艺路线和工艺布置，否则无法开始实质性施工。而大部分车间都是80年代中后期建成的，尽管在当时已属于先进的布局，但按现在的要求就有很多不适应、不合理的地方。要克服厂房上的先天不足，工艺的布置就更是“考”人了。在组织上，实行一人主包一个项目（或车间）的主创，然后集中相关的精英讨论，所以，那时讨论会一个接一个，往往很多问题争论不休，很多问题有多个解决办法，对付这样的局面，在接近成熟的时候，老总们的口头禅是“不搞掂、不散会”。往往开晚饭时还边吃边争论，经常深夜才结束，非要议出个结果来。

其间，争论最多的是实施条例的条文与实际情况存在的不尽可行、不尽吻合的地方如何解决的问题。为此，公司强调一切从实际出发，实事求是、勇于创新的思想路线，只要符合“防止差错，防止混淆污染和防止交叉污染”的指导原则，就可以根据自身的特定环境和设备、厂房情况进行创新，所以，讨论会往往变成新技术、新工艺、新设备的讨论会，把GMP改造，变成一个创新提高的过程。把编写文件过程，变成一个全员学习、全员提高、全员创新的过程。公司整套文件在遵循条例原则规定的基础上，具有独特性，可操作性。

在GMP改造最紧张的日子，厂区最显眼的地方有一条醒目的标语：GMP＝饭碗。这是让全体员工认识GMP改造工程的重要性和必要性的最形象的口号。按照总经理的解释，这里包含了两重意思：一是如果不能在最后期限取得药品GMP证书，企业就要暂时停产，就算日后通过验收，在市场竞争中也会处于劣势，企业会面临破产的败局。“皮之不存，毛将焉附”，最后，全厂职工都面临失业，饭碗当然保不住。二是在GMP改造或实施GMP的时候，你不努力，不学习，不会执行，在物竞天择的法则下，你将被淘汰，同样会被打破饭碗。正是市场经济固有的就业危机感，使员工从心底里产生出责任感，所以参加培训、编写岗位操作规程、填写必要报表等需要广大员工参与的质量管理活动开展得有声有色，并且往往在试行中得到很大的改进和创新，更容易操作又更贴近实际。可以说，真是打了一场实施 GMP 管理的人民战争，每个员工实实在在地得到了一次管理和技术素质的提高。这当然得益于企业转制后，按市场化运作的机制。

按进度安排，固体制剂楼内部改造于 2002 年 8 月份前完成。车间按 GMP 要求设计、建造。新车间严格将人流、物流分开。人流经过：换鞋—更衣—手消毒—缓冲间—洁净走廊—工作室（包括备料、合坨、制丸、中间库、封装，这些工序均在 30 万级洁净区进行）。而洁净区外如换鞋间等以吹送洁净风处理。成品经过设有气闸的通道送至外包装间。经再次改造的药材前处理车间，降低了药材的含菌量，改变了以往手工操作粉尘飞扬的内部环境，降低了能耗，提高了生产效率。

（二）整厂搬迁，圆 20 年之梦

自 2002 的国庆节期间开始，最后阶段的搬迁正式启动，决定从庆宁路的制剂车间逐个剂型往新区的固体制剂楼搬迁。至 2003 年春节，生产车间及部分科室部门已搬到新区。

2003 年 2 月，春节过后，公司其余办公室一起搬到新区。至此从 1983 年开始的整厂搬迁计划，整整奋斗了 20 年，终于得以完成。总经理高兴之余，请了南海画院的一个画师，以“廿载耕耘终成画”为题，把新厂区画下来。

也就在 2003 年 2 月的时候，在珠三角地区发生了震惊世界的“非典”（非典型性肺炎，即 SARS 冠状病毒感染）疫情。所幸，公司没有员工受到感染。在抗“非典”的斗争中，公司响应政府号召，积极捐赠药品，在相关药材价格狂升的情况下，坚决完成上级布置的特定药品（银翘解毒丸）的生产任务，并且决不提价销售，同时赞助卫生部门印制抗“非典”的宣传材料等。事后，公司获得了“广东省医药系统抗非典先进单位”称号。

当年，由于“非典”原因，到处都笼罩着恐惧的气氛。对冯了性药业来说，却是因祸得福。由于产品结构与抗非典有相关性，药品特别畅销，资金回笼也特别准时，这对于当时搞 GMP 改造需要大量资金的情况来说，是非常有利的。

GMP 改造，仅固定资产投入就达 4 900 多万元，加上软件开发中产生的顾问费，公共工程维修费、低值易耗品费用、加班和奖励金等，总开支超过 5 800 万元。如前所述，可幸 2003 年产品销售畅旺，为公司消化这笔开支创造了有利条件。当年，公司按期完成 GMP 改造的全部工作，同时实现销售收入、利税总额、实现利润的最好历史水平，至 2003 已可全部还清职工转制时认股的股本金。

2004 年 1 月，公司整厂通过 GMP 认证。至此，GMP 认证和整厂搬迁全部完成。就在春节后上班的第一天，公司全

完成首次整厂 GMP 认证的同事们

体员工在综合大楼前照了一张全家福，见证了每位同事在这场“战役”中作出的贡献。

二、关键的一笔——记录GMP改造的转折性意义

从2001年开始，到2004年取得药品GMP证书，企业展开了多年的持久战：一场没有战马咆哮、没有将士厮杀、没有硝烟的战争——GMP系统改造工程。

GMP改造的这些年头，在企业的各项实际工作中，包括生产、销售、质量和安全管理等方面的工作，都是靠员工们的智慧和双手，战胜一个个劲敌，破解一个个逆境难关才得以完成。在踏入2004年之际，企业顺利通过了GMP认证，为企业树立起关于生存和发展的新的里程碑。可以说，GMP改造对企业的发展具有转折性意义。

首先，企业通过GMP整改，获发了GMP证书，为企业的生存与发展打下了坚实的基础并构筑起新的发展平台，也为企业更好地应对激烈的市场竞争做好了硬件上的准备。

其次，在GMP改造中形成了规范的生产和质量管理制度，也形成了优良的企业文化和崭新的精神面貌。这是企业继续发展，在困难面前不弯腰、不低头的有力保证。

GMP之后，企业的发展真正上了一个新的台阶。

三、继续前进，迎接挑战（2004年至今）

（一）技术创新，独当一面

由于冯了性药业一直有鼓励创新的机制，进入21世纪之后，工程技术人员的创新行动更具活力，结合GMP改造，有几项创新技术是国内同行所未有的，公司实现了新的突破。

1. 人无我有：开创蒸汽加湿预热—微波灭菌干燥生产线

中药材灭菌是中药制剂生产中的一道重要工序，关系中药制剂的质量。中药灭菌的方法主要有4类：水洗除菌、化学灭菌、热灭菌、辐射灭菌。在这4类灭菌方法中，水洗除菌只能除去药表面的细菌，不能彻底除去药材的细菌；化学灭菌会在药材中残留有害的化学试剂，对中药化学成分影响较大，而且至今还没有找到理想的化学灭菌剂；辐射灭菌更加存在争议，含有挥发性成分的药材不适宜使用辐射灭菌的方法。

目前采用最多的是蒸汽热压灭菌，蒸汽热压灭菌时由于药材受热时间长、温度高，药材的有效成分受到破坏，特别是造成芳香性成分散失，药品的疗效受到影响，而且经蒸汽热压灭菌的药材要另外进行干燥，不利于生产衔接。原来公司采用单独蒸汽灭菌的方法，当公司的生产繁忙，日处理药材达到5～6吨时，单独采用蒸汽热压灭菌后的药材不能及时干燥，以致生产衔接出现了卡壳现象，严重地制约了生产的发展。近年由于微波灭菌技术的出现使中药生产中药材灭菌有了新的选择。但使用微波灭菌技术要求药材中含有适量而且分布均匀的水分，因为微波灭菌的原理是微波对物料的电磁场作用，引起物料内部水分子的极化，通过电磁场的频繁交换而达到灭菌、加热、干燥的目的。因此在灭菌前，要通过适宜的方法将水分均匀分布于药材中，而采用普通的喷洒或浸泡的方法是无法实现的。

为了解决这一阻碍公司生产发展的难题，时任公司技术副总经理的邬威尧同志综合分析了各种灭菌方法的特点并进行了大量的调查研究后，提出利用双扉式蒸汽热压灭菌法将湿热蒸汽渗透到药材中，使药材中含有均匀的水分，并将经过加湿的药材加热到一定的温度，表面的细菌会因为高压湿热蒸汽短时间的作用被灭掉一大部分，此时药材中的水分由进入时的4%左右升到8%上下，然后把药材送入隧道式微波灭菌干燥器中，进行灭菌的同时使药材能够在很短的时间内快速干燥。

该方法经过反复论证，并经多批次的模拟试验，对所试验的药材灭菌前后的外观、成分含量、含菌量等进行了对比分析，均达到了预期的效果。该方法综合了热压蒸汽灭菌和微波灭菌的优点，克服了热压蒸汽灭菌存在的药材不能及时干燥，药材有效成分流失的问题，成功地解决了药材灭菌的难题，是一个具有独特性的创新方法。自从2002年投入使用后，生产衔接畅通无阻，大大提高了生产效率，更重要的是，保留了药材的有效成分，确保了药品的真正内在质量。

2. 人有我优：大蜜丸生产线再提高

公司发明的大蜜丸自动制壳封装机的独特性，使公司在大蜜丸生产过程中的机械化程度、卫生条件都处于本行业的最先进水平。整厂搬迁及GMP改造，激发了工程技术人员进一步完善大蜜丸生产线的欲望。

经过努力攻关，大蜜丸生产线得到提高。电气上，中央控制由单片机控制改为PLC控制（可编程控制器），机械式采样改为光电式采样。工艺上，改增塑剂、增加用蜡量。原柱型蜡壳改短成球形蜡壳，为机包蜡丸创造了条件。机械上，时产1 120丸减至时产850丸，保证蜡的冷凝时间。整机使用不锈钢重新包装，整体十分美观。

在完善外包装生产线的机械化上，首创了蜡丸用泡罩包装。技术人员整合了多台泡罩机与一台装盒机，每台泡罩机输出四个分为一组，逐组输入主线至装盒机，再用智能PLC

控制保证每台设备的过程控制和生产连线的畅顺，解决了时序组合的难题。这样，一来使蜡丸防震性能得到极大提高，二来使散乱的蜡丸有序排成一板块，为蜡丸的外包装机械化创造了良好的条件。其中，软性大板块泡罩装盒，突破了装盒机的极限。

在生产布局上，实现了炼蜜及其计量以及配蜡的管道化、自动化。考虑到符合GMP要求，也考虑到设备、设施，特别是人的操作，物流采用“U”形，使物料入口与出口都靠近货梯，方便运输。既保证了原料卫生、连线自动化，又减少了物料运输，减轻了工人的劳动强度，达到了流程与工艺相一致，流程和间隔更趋合理。

另外，喷油部位增设了回收/采集装置，大大减少了油气扩散。回风过滤网加装了棉织过滤布，尽量吸收蜡烟油气。同时增强了送蜡水、加蜡水专用车的实用性。为符合GMP要求和存放运输的方便，以丸柜代丸车。

工序布置留有参观走廊，让参观者看到封装机的运行过程。

3. 源于奇思妙想：卷式膜分离技术应用于药酒过滤

药酒是由中草药材或动物药材浸渍而成，各种药材含有丰富的蛋白质、树脂、鞣质、胶质之类等多种胶体物，由于胶体物在药酒原液中彼此相互作用，极容易产生沉淀。成品经过一段时间，一年或者一年半左右就会有沉淀产生，沉积在包装物（玻璃瓶之类）底部。沉淀这个老大难问题之所以一直存在，与药材在浸泡过程中析出的多种物质有直接关系，这些物质在放置一段时间后会出现较多的沉淀。虽然不影响药酒的内在质量，但严重影响其观感，影响顾客对产品的信心，对生产厂家的形象也有影响。

按照国家有关规定，中药酒剂不允许有大量沉淀，仅允许有少量轻摇易散的沉淀存在。由于药品的特殊性，不能采用食品饮料加工业中常用的使用添加剂、加热、冷冻等办法消除沉淀。当然，从疗效上来看，这种沉淀并不会有任何影响，但是容易使消费者因为外观而产生对质量的怀疑，认为药酒是不是已经变质。这个问题，从 20 世纪 70 年代开始，工厂已注意到了，也组织了多次攻关，分别用过多种压滤机、过滤棒、加入蛋清后过滤、加入甘油后过滤等等方法，但都没有成功。

后来，技术主管兼副总经理邬威尧得到消息，北京中科院生态环境研究中心正在开发膜分离技术，并运用于水处理。那么能否用于药酒过滤？经分析，这种技术的处理是选择性分离，这种膜可以去除一些大分子杂质。用这种物理的办法可以起到消除沉淀又不影响药效的作用。于是公司决定与中科院的专家合作，尝试将这项技术用在中药生产中。当时，膜分离技术才刚刚在国内出现，且从未运用于中药这一全新的领域，如何有效地分离出造成沉淀的分子，又保持药性稳定不受影响，是研发人员考虑得最多也是最难的问题。

为了更切合实际，中科院专家多次到公司的车间实地进行实验，终于摸索出一组适合冯了性风湿跌打药酒物理过滤的多种参数。2002 年底，一种全新的中药酒剂卷式膜分离过滤生产线开始在公司进行安装调试。2003 年 1 月，就在 GMP 改造的高潮时期，卷式膜分离过滤生产线正式运行，冯了性风湿跌打药酒的沉淀问题得到彻底解决。这是全国同行业第一个用这种物理方法滤清药酒而又有效保留成分的生产线。

在这个过程中，邬威尧同志付出了辛勤的创新性的劳动。在实践过程中，他和同事们还解决了管线布置、有效利用回收滤液、及时清洗滤膜等一系列问题，达致质量提高和成本降低的最佳效果。2004 年公司试用中科院膜技术开发中心为冯了性药酒专门开发的专用设备，产量为 2 吨/小时，利用膜分离技术有效地将药酒浸渍（提取）液中的 8 万分子量以上的大分子杂质（树脂、鞣质、蛋白质等）分离出来。膜分离技术的主系统是卷式超滤膜系统。超滤膜是用高分子材料经过特殊工艺制备的不对称半透膜，采用不同材料和不同的生产工艺制备的超滤膜具有不同的分离特性。用于药酒澄清的超滤膜，可以确保将药酒中的有效成分与杂质分离，以达到将药酒澄清的要求。膜分离技术的主要原理是在压力作用下，使待处理的药酒流经超滤膜的分离层，在压力推动下，待处理药酒中小于膜截留分子量的有效成分透过膜，而杂质等物质被截留，从而达到澄清的目的。

在试机过程中，会同北京中科院膜技术人员一起，解决了一个又一个难题，最终得以成功。

国际上膜分离技术主要用在水处理上，如海水淡化、污水处理等。另外在生物上用于血液渗透等。在药酒上的应用，暂未听说。

经膜分离技术专用设备生产的冯了性风湿跌打药酒至今没有出现过沉淀现象，更没有出现退货。而同期按原工艺生产的药酒，有 50 批次出现不同程度的沉淀，而较严重的，商户提出退货。

（二）喜获“中华老字号”称号

2006 年 9 月，自《商务部关于实施“振兴老字号工程”的通知》下发以来，在各地商务主管部门的积极组织和有关企业的密切配合下，第一批“中华老字号”认定的申报和评审工作已经顺利完成。冯了性药业等 434 家老字号被商务部初步确定为“中华老字号”，商务部通过政府网站向全社会公示了这434家老字号和所属企业的名称。

据了解，第一批“中华老字号”总共有967家企业申报，经商务部组织有关机构和专家审核，初步确定434家符合“中华老字号”认定要求，它们分别属于餐饮住宿、食品加工、医药等行业。冯了性药业榜上有名。

同年12月19日，商务部在京举行“中华老字号”企业授牌仪式，向434家获得“中华老字号”称号的企业授予牌匾和证书。冯了性药业原总经理罗仲利赴京接受证书和牌匾。

中华老字号是一笔宝贵的财富，除了为企业带来品牌效应之外，也成为企业文化最深刻的文化底蕴。沉淀在老字号背后的名人轶事引人入胜，把企业装扮得更加青春、生动。

（三）二次转制，从此轻装上阵

所谓“二次转制”，就是将第一次企业转制时遗留下来的问题解决掉。对于冯了性药业，在2000年转制时遗留的问题主要是：①在职员工没有通过“买断工龄”的办法解除劳动合同关系，还保留原固定工的身份。②转制后退休的原固定工，转入退休员工的队伍，仍然由企业负担其“共享繁荣”的费用。退休人员队伍越来越庞大，至2006年9月30日止，退休人员已达382人，比2000年净增50人，造成公司在营运上有一个沉重的包袱。

2006年4月4日，广东省人民政府办公厅以粤府办〔2006〕25号文，下发了《关于进一步做好国有企业改制职工分流安置工作的意见》，并于5月11日在各大报纸作了报导，当时冯了性药业就是从网上获得信息的。该意见第五条规定：国有及国有控股企业改制为非国有控股企业（在企业的全部资本中，国家资本、股本所占比例等于或少于50%的企业，下同）的，除本意见另有规定外，原企业要依法与职工解除劳动关系，办理相关手续，并按规定支付经济补偿金。而且在该意见的第十九条中，再明确：改制为国有控股的企业再改制为非国有控股的按本意见执行。

2006年5月16日，市政府召开相关人员会议（冯了性药业由罗仲利参加），宣布了市政府的一个决定：将原国有独资公司（境外注册）持有的佛山冯了性药业和德众药业的51%股权，出让给一个国有控股（不是独资，国有占40%左右）的境外上市公司。并希望两家公司中的职工持股公司放弃“同价优先权”，以便加快交易进度。

政府的决定，形成了一个事实：佛山冯了性药业和德众药业的总资本的控股结构中，从国有控股51%，转为国有控股20%左右（51%×40%），大大低于上述所规定的50%。

以此为立理依据，两间公司都郑重提出企业的二次转制方案，建议通过工龄补偿解决第一次转制中的遗留问题，并展开了协商。因为政府在作出此决定时没有这个思想准备，所以协商起来也颇费周折，最后由于资金来源有出路（国资经营两间公司的收益），结果还是谈成了。国资负责解决企业职工在一次转制前及一次转制后所占股权比重的工龄补偿金，职工持股的仲弘公司负责企业一次转制后所持股权比重的部分。而在二次转制基准日（2006年9月30日）之前退休的原固定工共382人由于有原有的转制风险基金和公司的承诺，仍按不低于原定标准在企业享受“共享繁荣”的待遇，直至老去（此类退休人员不会再增加，只会越来越少）。这样，在职员工、已退休人员以及企业都满意的情况下，从根本上解决了一次转制中遗留的问题。

为了备忘，有几个数字记录在案：二次转制时，通过经济补偿金解除劳动合同的有 440 人（其中原固定工 212 人）。补偿总金额 2 062 万元，其中国资负责 1 775 万元，仲弘公司负责 287 万元。计算依据中：企业月平均工资为 2 042.97 元，同期市月平均工资为 1 830 元；根据当时签订的《确认协议书》，全体在职员工从 2006 年 10 月 1 日起，全部解聘并重新签订劳动合同，于 2007 年 6 月 30 日前全部结清经济补偿金（实际是 2007 年 6 月 21 日全部结清）。至此，二次转制在皆大欢喜中完成。

（四）二次 GMP 认证，驾轻就熟

在首次 GMP 改造中，公司除了严格按照 GMP 的规定落实各项工作，还在学习和实践中积累了经验，在 GMP 再认证来临前，就已经做好了充分的准备。

2008 年 4 月 26 日，为更好地落实完成 GMP 再认证工作，公司特邀请了广东省药监局 GMP 审评认证中心于德海老师对全体员工进行有关 GMP 新规范标准的培训教育。

2009 年 1 月，企业整体通过 GMP 再认证。

（五）企校（院）合作，打造科技创新平台

为适应市场经济的要求，推动以市场为导向、科技为依托的科技创新体系的建立，实现优势互补、资源共享、结构优化，企业多年来都十分重视与各大专业院校及各研究单位的合作，并收到了良好的效果。

以下是历年来与科研单位合作项目一览表：

时间	合作单位	合作开发项目
1981 至 1985 年	广东省药物研究所	白灵片　外搽白灵酊
1982 至 1985 年	佛山市中医院	外伤如意膏
1991 至 1995 年	南京中医药大学	清瘟固体汤剂
1991 至 2000 年	湖北中医学院	柴石退热颗粒
2007 至 2012 年	北大世佳研究中心	冯了性风湿跌打药酒二次开发
2007 至 2012 年	广东药学院	竭红跌打酊二次开发

2008 年 3 月 28 日，冯了性药业与北大世佳研究中心举行技术合作签约仪式，借力推动企业实现第二次腾飞。北大世佳研究中心是隶属于北京大学的研究机构，主要致力于中药创新药物的研究。此次合作是世佳研究中心与岭南地区传统中医药产业进行的首次产学研合作。双方将在传统中药领域进行剂型、服用量、包装等方面的长期合作，使中药具有西药式的定量、定规，为岭南传统中药打开国际市场创造条件。

这次与北大世佳研究中心的合作将在五大方面展开：一是信息交换与共享，了解国内外中药及天然药物研究开发的最新动向；二是共同研究开发现代中药生产的新技术、新工艺，加快传统中药产业的水平提升，向中药现代化的目标迈进；三是开展对经过长期历史验证疗效确切的名优中药品种进行二次开发；四是开展绿色环保现代中药的研究；五是在条件成熟时成立北大世佳－佛山冯了性现代中药研究中心。

两者强强联合，不仅极大地推动了佛山传统中医药产品结构的优化升级和现代中药的突破发展，而且将进一步巩固佛药“老字号”的产品优势和市场竞争力。业内人士认为，两者的合作对佛山传统中药科技水平的提升、佛山传统中医药文化的传承、发展绿色环保现代中药都有现实意义。

（六）完善民主机制，任重而道远

1．建立群众自治制度

中外合资企业的运作模式为公司提供了一个全新的企业运行机制，但由于企业是由老国有企业转制而成，其转换过程必须兼顾连续性，以保持企业内部的和谐稳定。机制的转换，既要体现市场经济的要求，同时要体现社会主义的性质，既要效率也要公平、民主。

首先，企业的经营管理机制要按市场化运作，力促提高效率，主要包括：实行双向选择的全员劳动合同制，职工能进能出，职工不再有干部和工人之分，管理人员能上能下，竞争上岗；分配制度彻底打破大锅饭，彻底解决那种“自在当发财”的现象（工作舒服视作发小财），实行岗位技能工资、工龄工资、基本工资、奖励工资的综合分配制度，保证按技能、按贡献、按岗位劳动强度来分配，真正调动每个员工的内在积极性、创造性，增强其就业竞争意识。

实行董事会领导下的总经理负责制，总经理的年薪及奖励由董事会（特别是外方董事长）根据企业效益来决定；职工除了工资收入外，持股者还有分红，这样职工的收入还有赖于企业总体经营效益，实行真正意义上的贴身经营；企业还借这个机会，对财务管理、采购招标、工程项目招标、销售及奖扣办法等，均按市场经济的规划作了大的调整。彻底打破国企管理中那种需要兼顾关系的枷锁；管理人员做事以维护企业利益，实现效益最大化为指导方针；岗位的设置和定额的核定，均以提高效率、保证质量为前提。总之，以市场经济的运行规律来指导企业的经营管理。转制第一年，公司全力改革机构，缩减不必要的冗员，制定一整套按市场化运作的制度，使效率和经济效益都得到明显的提高。各项指标创造了新的历史纪录。以劳动生产率为例，1996 年为 175 747.33 元/人（不含税，现行价，下同），2006 年为 391 176.8 元/人，扣除通胀因素，也应有成倍的增加，主要是产量增加了，员工却减少了。

同时，在现行体制下，市场经济又要体现社会主义的性质，体现公平、正义，在实践中，公司特别注意了实现共同富裕，体现在：

（1）职工集体持股。虽然最大差距是 8∶1，但由于职工人数多，造成企业经营者（原领导班子成员）仅占持股 49% 方的总股本的 1.18%，也就是仅占冯了性公司股本的 0.5%，可见股份之平均，自然分红也相对平均。

（2）在内部分配方面，用市场经济的原则拉开差距，但不是不加控制，如总经理年收入控制在职工平均收入的 10 倍以下；保持职工的平均工资高于当地政府公布的当地平均工资的水平。

（3）按政策为员工购买包括养老、医疗、工伤等社会保险，还购买医疗附加险、住房公积金等，尽量减少其后顾之忧。

（4）在实行全员劳动合同制双方选择的同时，注意保持职工的稳定性，一般没有特别的问题，都会续签劳动合同。曾经有个别工人表现不好，各个班组都不要，当事人承认错误，决心改正后，公司只在续签劳动合同中，有意缩短时间，以示警戒，并动员班组长收留。几年来，公司还没有因为合同期满而主动不续签劳动合同的，个别人离开公司都是自己要求走的。

（5）注意职工的福利。转制后，公司坚持执行按工龄计算的带薪休假制度，还发给两天左右的旅游费；为保证职工饮食安全，饭堂坚持不外包，通过公司补贴，食得安全；节假日安排一些活动，如春节前以车间、科室为单位举办团拜会，五一节前后、三八节前后、七一节前后分别组织员工、女工、党员外出活动等等。

（6）注意劳动安全卫生。严格按劳动法的要求，工作时间不会无端延长，加班发加班费。公司还发现不少员工加班很积极，所以公司的制度是不鼓励加班的。工作环境在力所能及的情况下，不但按 GMP 规范进行，还努力做得更舒适。

（7）建立退休人员大病救助基金。主要是为患了大病而家庭状况又不好的退休员工（或在职）住院后出现生活困难时，发放一些救助，以体现企业的关怀。

2. 建立真正体现当家作主、民主管理、民主监督的机制和制度

过去，国有企业的领导班子，特别是企业的一把手的产生无非是两种方式，一是上级任命，二是职代会选举。第一种情况当然谈不上是职工的意愿，没有任何民主可言，职工只能祈求上级部门派来一位“明君”；第二种情况似乎有民意基础，但由于职工没有持股，又没有分红，其关注度、切身度都大打折扣，并不完全反映理性，往往从谁当选时对自己最有利去进行思考和选择，这就是国有企业不可解决的弊端之一。

股权的分散和制度的设计，为冯了性药业建立能体现职工当家作主、民主管理、民主监督的机制创造了条件。按照合资经营合同的规定，公司实行总经理负责制，总经理对董事会负责，也就是说，公司的日常经营管理工作由总经理主持，而总经理的产生，是由职工持股方推荐的，即总经理不但对公司董事会负责，还要对持股的职工负责，这就形成了真正的民主选举。现在，职工持股方成立的公司（佛山仲弘有限公司）有一套完整的选举、弹劾、咨询答辩条例，公司的董事会和董事长由股东代表直选产生，每届任期四年，当选董事长只要自己愿意，即被公司推荐到冯了性药业出任总经理。如果在任期内出现严重问题或很不称职，职工持股方公司的代表可以提出罢免董事长的议案，如得 2/3 以上代表通过，即可罢免董事长，也就是同时罢免其在冯了性药业总经理的职务。

股东代表大会还设立了咨询答辩的制度，即董事会成员必须在股东代表大会上接受股东代表提问，并当众作出解释。这个机制的核心就是让“一把手”由其权力所行范围内的股东（职工）投票产生，其权力也可以由投票的人罢免，那么“一把手”自然对他所服务的人负责，而“一把手”产生后（也就是到冯了性药业任总经理的人选）将被赋予相当大的权力，全面主持公司的日常运作，包括充分的用人权、决策权等，这样充分体现了职工的民主监督权。

由于职工熟悉公司的工作情况，同时，他们又持有股权，其监督力度，其看问题的准确程度，其监督的自觉主动程度自然就比较高，真正解决了国有企业监督不到位的老大难问题。为避免董事会成员过了退休年龄而当届又任职期满仍不愿意退休，选举条例规定必须经超过 90% 以上的股东代表同意当届董事会成员才能在下届续任，这样可以避免“独裁”，保证经营班子的年轻活力。

3. 注意体现基层党组织的政治核心地位

企业转制，由国有独资变成以私有为主，产权发生质的变化。基层党组织是否还有存在的必要？它又应发挥怎样的作用？这是一般企业转制后常有的困惑。但我们国家整个制度建设决定了我们实行的社会主义市场经济，必须体现党组织在基层的政治核心作用。

国有企业固然需要如此，民营企业也有必要保留基层党组织，根据企业的实践，党组织可发挥如下作用：

（1）团结骨干，保证企业稳定。

（2）通过工会保护一般员工的基本权利，争取必要的职工福利，让内部更加和谐。

（3）通过宣传部门宣传党的方针政策和道德教育。

（4）加强思想政治工作，及时调解矛盾，确保内部和谐稳定。

（5）通过发展新党员在内部树立楷模，有利于坚持正确的导向。

总之，必须发挥党组织的政治核心作用，使企业在实行社会主义市场经济的过程中不会偏离社会主义方向。

第三章
企业管理

冯了性药业的企业管理由古至今，不断发展，形成了历史性与现代化相结合的管理特色，本章立足于此，着重介绍其企业管理制度和管理流程，从行政管理、生产管理、质量管理、经营管理、品牌管理五个方面进行阐述，展现了一个历史悠久的中成药制药企业古朴而又先进的管理风格。

- 管理特色：历史性与现代化相结合。
- 内部管理：人性化管理与制度化管理并举。
- 外部管理：效益与名誉双促进。

第一节　历史性与现代化相结合的管理特色

管理决定成效，但是管理又不单单决定成效。如果将企业看做一个人，那么企业管理就相当于一个人的头脑，维持着整个公司的运转。头脑决定了一个人的气质、性格、为人处事等进而决定一个人能否成功。同样，企业管理也决定了一个企业的效率、风格和发展前景。冯了性药业能够在岁月洗礼中不断发展壮大，在人们心中形成一个专业做药、专心救人的形象，这与其严谨、创新、在历史发展中不断调整和变革的企业管理是分不开的。

企业会在建立和发展的过程中逐步形成自己的企业管理体系和特色。作为一个有着悠久历史的现代化企业，冯了性的企业管理既带有浓厚的历史色彩，又充满现代化的管理制度，形成了历史性与现代化相结合的管理特色。这种特色也体现在企业管理的各个环节上。

一、企业管理发展历史中的扬弃

（一）历史管理遗产的继承

历史上的冯了性，都是家庭式管理的药坊、门店、医馆，大部分时间是标准的“前店后厂”。据史料记载，清道光年间最为鼎盛，但其管理仍然离不开“父传子”的家族模式。据冯了性的嫡传子孙冯本诚老先生（20世纪80年代前曾在广州一家企业长期任厂长）回忆，抗日战争前，佛山的祖铺已不能满足销售的需要，已经在广州近郊的五眼桥处，专设浸酒车间，开始按老店的销售计划安排生产，有了生产调度等企业管理的雏形。

当时因为佛山成药没有专门的监督机构，各厂店只是凭着“祖师爷”的宝贵遗产进行生产。这些宝贵遗产包括：《神农本草经》，《黄帝内经》，汉代张仲景的《伤寒论》和《金匮要略》，晋代葛洪的《肘后备急方》，梁代陶弘景的《本草经集注》，唐代孙思邈的《备急千金要方》、《千金翼方》，唐代王焘的《外台秘要》，宋代的《太平惠民和剂局方》，明代李时珍的《本草纲目》以及历代炮制专著等。

由于历史条件的限制，质量管理工作较为简单原始。各厂店以传统标准为基础结合长期实践，形成一套不成文的管理制度。其特点一是选料上乘。药材质量靠一些老师傅、老药工鉴别选用，而炮制的工艺方法也根据代代相传的工艺操作。佛山各厂家药料的拣选严格到纯净的要求，采用地道药材决不掺假，对原株药材要按规定的部位选用，应用阴枝的决不掺用阳枝，应用根茎的决不兼用枝叶；全当归则分开为归头、归身、归尾，玉桂分开为桂枝、桂皮和桂肉；严格按产品适用范围配料。二是依法炮制。如蝉蜕去头爪，麻黄去节，香附去毛，羊藿叶剪边，胆南星反复蒸煮发酵去其刺喉臭味和毒性，大黄几蒸几晒，以缓减其急泻作用。在制作成药时，要求药粉细滑，成药达到色、香、味俱佳，软硬适中等。由于长期以来恪守这些原则来制药，保证了质量，佛山中成药业因而驰名四方，经久不衰。

（二）家族式经营管理的利弊

佛山的中成药店铺，都在家族经营管理之下，大多数取世袭方式，由家族代代相传，称之为家族式经营。而少数则由家族控股，聘用贤人经营管理，被称为企业式经营。前者有个关键性的交接班问题，后者只是个选贤任能的问题，交接班较单纯。家族经营的优劣见仁见智，私营企业大多数属此类型。其优点是：决策大权集中、效率高，利于把握稍纵即逝的机会，尤其是在私有心理驱使下，老板会亲力亲为，全力以赴投入工作。

新中国成立前的经营方式主要分为三类：一类是封建家长式。由创办人或长辈掌权，这些店事无大小，皆由少数人或个人独断专行，得力人员分任要职。这些企业一般有长远历史，又具有一定规模，商品有信誉，有一定销售市场。如梁财信，自靠跌打技术发家后，对于如何巩固和维护其封建家族式的经营煞费苦心，采取了一系列措施。首先是保密，医术传子不传女。跌打医术和单方，一般是口述笔记，重要的是口述心记，以免泄漏。有一本祖传的笔记，用丹纸书写：“滑石粉三两，寒水石一两，共为细末。后入数味，不录。”这里后入的数味是主要成分，也是历代口述心记的内容。其次为了维护医药的声誉，规定子孙在技术上未过关的，不准出医馆应诊。各种药品都规定了严格的操作方法，如跌打膏药的浸油就规定了“春三、夏一、秋四、冬七”的时间。三是制定了“三不医”的戒条，即医不好的不医、不遵医嘱的不医、中途转到别处医过的不医。这三条戒条，对维护声誉、巩固业务有一定的作用。四是重视对后代的教育，培养接班人。当时，虽然各家都苦心经营，但仍出现不少“二世祖”。同时，由于家族繁衍，产生各种各样的意见，不可能再个人独断专行，最后以股份分给各房子孙，改变了专制性管理方式。另一类是独资经营式。特点是财务不健全，中小户家店不分，厂、店、居三位一体。成员中既是父子兄弟，也是老板职工。在当时虽是较具规模，但缺乏严格的管理制度，踞重要岗位者，浮支滥取，其他人员亦群起效尤，日子一长，即百弊丛生，职工们亦不敢非议。此类传了几代后，由于子孙增多，意见分歧，权力集中不起来，乃另立门户，甚至互相排挤。还有一类是合伙经营式。多由精通业务者或大股东倡议组织或出资聘请贤人执管。这类店的负责人有很大的权力，常常安置亲信人员于重要岗位上，如买卖、理财等，借以巩固其自身地位。在基础未稳之前，能和衷共济、保持尊重和持客气态度，亦希望得到股东支持资金周转等，但一旦羽翼丰满，便会将股东逐个踢开，因此，常有出现改组情况，能长期精诚合作共事者殊不多见。

上述三类，主要指的是各店主要负责人的职权，下面各级员工亦同样各有其职权。如买卖手，执掌整个店的买卖，权力仅次于司理，突出者，司理还不如。大的字号；不论省内省外，必有一帮来货客和买主，如果买卖手一走，客人也随之而去，认人不认店，股东亦奈何不得，所以凡事得让几分。再一个是管店，掌管货物进出和保管，多为买卖手的亲信，也有一定权力。司库负责财务，也是司理或股东的亲信。还有文员和账房先生，管交收开票。武职即送货、配货、打包之类。行江（外勤）专职推销收账等工作。最低级就是伙大和后生（学徒），前者专职膳食外，有空还要帮做其他工作；后者负责清洁卫生以及照管客人，一切零碎杂务跑腿全属于他。店职工少则三四人，多则十余人，更大的有几十人，因此，个人工作相当繁重，20 世纪 40 年代后期才有所谓星期天休息。在旺季期间常雇请临时工，为计件工资，不供膳宿。到新中国成立前后，由于经营规模锐减，一般只保留一家小店，所谓的企业管理只是简单的买卖而已。

（三）计划经济时期的特殊管理

“冯了性”在 1957 年通过公私合营的方式，与其他 56 家佛山的制药企业合并建为“佛山联合制药厂”。当时由于大部分原材料是国家统购统销产品，实行计划调拨，所以工厂安排生产任务，取决于原材料的计划供应，而当时的计划内的原材料是调给佛山市药品公司的，所以工厂当时实际成了佛山市药品公司的生产车间，佛山市药品公司安排生产任务，并配以药材的供应，工厂组织生产，完成后交回佛山市药品公司销售，全部按计划执行。而佛山市药品公司的药材计划，则由广东省公司下达。到1959年8月，按广东省人民委员会《关于商品分类行文管理的规定》进行分类管理。

中成药到1978年为止，采用条块结合的生产计划管理形式。1979年开始，中药材作为农副产品进入农贸市场，议购议销，计划管理，国家只管甘草、麝香、厚朴、杜仲4个品种，其余品种由生产者直接销售。商品经营按合同购销。原材料的计划放开，使中成药的生产计划也随之发生变化。市药品公司开始慢慢允许企业自销。到1984年，由于本公司的积极争取，企业终于跳出被包销的状况，自销量逐年增加。

在计划经济管理时期，时有发生有悖常理的戏语，记得清楚的有："产品可以不用成本。"说的是20世纪70年代中到80年代中，考核企业有一个计划指标叫"可比产品成本降低率"，在一些人的心目中，产品成本是要年年降下来的，所以下指标时，每每是一年下降1%～3%，绝对是不能编上升的计划的。这样年年累积，不就可以降到不要成本了吗？企业的对策，下狠心找一年把可比产品成本升到30%以上，挨一次批评有四五年安乐饭吃，"会哭的孩子有奶吃"。1987年开始，为了鼓励企业提高效益，实行了一个工资与效益挂钩的办法，亦是要编制利润、工资等计划。企业在编制向上报的计划的同时，都会自觉写出一篇编制说明。无非是列举利税如何会下降等等。特别是把不确定的因素千方百计写成事实。会写、会哭者往往能把利税指标降下来，同时也把工资挂钩的比例拉大，职工的工资水平自然会高一些。计划指标往往要求年年增长，而且增长率要均衡。其实，这怎么可能呢，特别那些不是大包大揽的企业，因为市场原材料供应时刻都在变化。企业的应对办法是：留有余地，把不均衡做账做成均衡。由于是国有企业，所以如果年底前几个月已完成任务，干脆就停工了，不然今年增长过快，明年怎么办。这种所谓的计划考核方法，其实很束缚生产力的发展。这种不实事求是的做法，还会腐蚀经营者的灵魂，久而久之，道德导向就会走偏，后果是不言而喻的。

就冯了性及其前身的历史而言，在生产计划管理中，曾经比较系统地根据本身特点而制订了生产调度计划、原材料消耗定额、原材料采购计划以及生产过程中的定额管理等。在这方面创造性地建立起一整套计划系统的是原来负责生产调度的梁志坚先生，他在六七十年代建立起来的办法，现在还在应用，而且为企业实行计算机管理打下了很好的基础。

二、企业现代化管理的实践

（一）将现代化技术运用于企业管理

1986年开始，工厂的电脑室正式开始运作，将计算机的功能运用到企业管理中，使得管理更加方便快捷。由于中成药的具体特征，在参与开发软件中，冯了性的不少同志作出了许多创造性的贡献。以GMP整厂认证为标志，计算机在企业管理的各个环节中开始广泛应用。

（二）通过GMP认证

企业在2004年通过了GMP认证，《药品生产质量管理规范》（Good Manufacture Practice，GMP）是药品生产和质量管理的基本准则，适用于药品制剂生产的全过程和原料药生产中影响成品质量的关键工序。这是一种特别注重在生产过程中实施对产品质量与卫生安全的自主性管理制度，要求企业从原料、人员、设施设备、生产过程、包装运输、质量控制等方面按国家有关法规达到卫生质量要求，形成一套可操作的作业规范，帮助企业改善企业卫生环境，及时发现生产过程中存在的问题并加以改善。GMP 认证的通过，表明冯了性药业具备良好的生产设备、合理的生产过程、完善的质量管理和严格的检测系统，确保最终产品的质量符合法规要求。这也最大限度地避免了药品生产过程中的污染和交叉污染，降低了各种差错的发生，是提高药品质量的重要措施。

GMP 包括一系列管理规范：技术标准方面，包括工艺规程生产和质量的技术标准；管理标准方面，包括机构与人员、行政管理、财务管理、厂房、设施、设备管理、物料管理、卫生管理、生产管理、文件管理、质量监督、质量检验、销售管理、验证管理等标准；操作标准方面，包括岗位说明书、设备标准操作与维修保养规程、卫生管理标准操作规程、生产管理标准操作规程、质量监督标准操作规程、质量检验方法、验证方案；记录文件方面，包括生产技术标准记录（混色素、回收白酒、前处理及制剂批生产记录，批包装记录，药材批生产记录）、人员管理记录、设备管理记录、设备技术记录、物料管理记录、卫生管理记录、生产管理记录、文件管理记录、行政管理记录、财务管理记录、质量监督管理记录、质量检验管理记录、质量检验操作标准记录、销售管理记录等。全面而又详细的规范标准既为药品生产企业提供了管理参考，又对其提出了要求。冯了性药业申请并通过 GMP 的认证过程，是企业本身管理逐步改进和完善的过程，也是企业实现现代化企业管理的过程。

附表：新旧工艺、技术、设备对比

项目	旧工艺、旧设备	现在使用的新工艺、新设备
药材仓库	在低矮的旧民房以麻袋或竹席之类堆叠，品种摆放较为凌乱，通风不良。堆叠全部靠人力。另外由于空间所限，所有药材的堆叠都尽可能地高。这既辛苦又无法真正实施先进先出的管理原则。先进仓的压在最低，如果遇到梅雨时节，翻出来晾晒时，麻袋早已霉烂，药材大部分变质，损失较为惨重。	有新建的层高4米多的5 500多米^{2}药材专用仓库，明亮、通风良好，采用分类堆叠，名称标注清晰、有序，通道宽阔，湿度适中，对有温度要求的建有特别区间存放，有专用的包装（新图1）。  **新图1　仓库**

（续表）

项目	旧工艺、旧设备	现在使用的新工艺、新设备
净洗药材	以竹席铺地，就地以手工挑拣、尘土飞扬大。工作场所仍在矮旧民房。 以直径近两米的大木盆，将用竹箩或竹席卷装的药材倒入，用木桨以人工反复翻动，用网筛逐筛捞起（反复多次直至干净）然后由几个人推起大木盆倒水，清理盆底沙泥。遇冬天，工人时常要卷起裤脚操作，劳动强度颇大。 注：网筛即为罩篱（旧图1）。 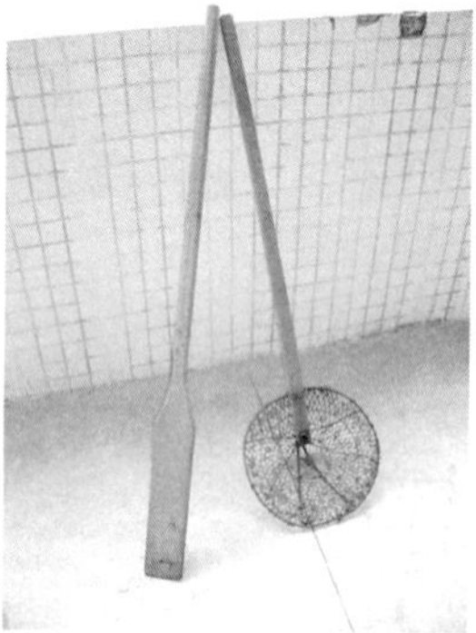 **旧图1　罩篱**	药材堆放在不锈钢矮台上，上装有粉尘捕集系统，以手工挑拣，工场在新建的前处理车间，辟有拣药1、2两区。 将药材倒入本厂自己设计和制造的JX螺旋形不锈钢洗药机，开喉注水，启动电动机，药材在涡流中相互冲刷而达至洁净。机底设有格栅，沙泥随排水而排出，收集后处理。由于机械动力的传动，工人的劳动强度较以前大大减轻，而清洗出来的药材质量也更有保证（新图2）。  **新图2　自制JX不锈钢洗药机**

（续表）

项目	旧工艺、旧设备	现在使用的新工艺、新设备
切制药材	中药材林林总总，就我厂日常使用的就有上百种。药材一般分为植物药、动物药、矿物药等。不同种类的药材，要根据其本身的质地和要求分别加工。 五六十年代的药材切制，虽然总量不大，但必需的配伍药材却种类繁多。譬如叶类，其加工强度和方法是最简单和轻松的，用单刀人力铡药即可。细幼或质软的亦可以用此方法炮制，但遇到苏木、降香、檀香之类的药材，因其体积较大，所以砍、劈、破等的劳动强度非常大。 动物类药的切制，如当时还允许使用的虎骨、豹骨之类，首先是以流水浸泡几个星期，待其骨与附着的肉松离，再用小刀刮除。然后在明火的大铁镬中翻炒，再人工或用电动舂臼将其舂碎，再投料。鹿茸的加工更是琐碎。整支的鹿茸要先除毛。除毛最先是用刀或锯片一点	加工各类的药材有相应的各类型切药机。如切片机、铡角机、三刀剁刀铡药机、冲床式切木机以及螺旋铰药机等等。切药机上面设有粉尘收集器，有单间切药室。劳动强度降低，工作环境比以前有大的改进，效率也大大提高（新图3、新图4、新图5、新图6）。  **新图3　D74－10型剁刀式切药机**  **新图4　J23－10B/10t开式双柱可倾压力机**

（续表）

项目	旧工艺、旧设备	现在使用的新工艺、新设备
切制药材	点刮。后来“发明”用喷灯喷烧（喷烧距离要适中，以免影响质量）。除毛后整支鹿茸用一大铝煲隔水将其燉软，切段或切片，用烘箱烘干、粉碎、入药。如此繁杂的操作贯穿了整个药材的切制过程。	 **新图 5　DJX－3 多能角类铣削机**  **新图 6　自制螺旋铰药机**
药材炮制	中药材的炮制是我国中医药学宝贵而重要的组成部分。我厂中药材的炮制有相当部分是沿用“祖师爷”传下来的传统方法。炮制按照工艺进行分类，大体分为净制、切制、水飞和炮炙四大类。五六十年代的药材炮制，	以自制蛇形管蒸汽加热取代柴火大铁镬，后又以 D51Q 多能提取罐（新图7）蒸煮，既先进又文明，产量高，劳动强度得以改善。炒炙药有定型设备 CZY700 型转筒式燃油炒药机（新图 8），控制火候自如且安全，有独立区间设置。

（续表）

<table>
<tr><th>项目</th><th>旧工艺、旧设备</th><th>现在使用的新工艺、新设备</th></tr>
<tr><td>药材炮制</td><td>除破旧的厂房局限于工艺流程之外，各个炮制所需相应的设备、工具更受多种因素的制约。以蜜炙为例：用大铜镬将蜜糖煮沸，加入白酒再煮沸，倒入一直径约2米的已有净制药材的矮边大木盆，由2～3人手持船桨将药材和蜜糖拌匀，闷透。再人工铲到大铜镬内用文火炒至所要求的程度，然后取出，放凉，待用。
煅：先用一大瓦煲盛药材，然后用黄泥封口，将整个煲放在木炭上埋堆烧煅，根据经验判断火候再熄火，放凉后，将药材取出（如“金礞石”之类）。

旧图2　煅“金礞石”之专用大瓦罐</td><td>
新图7　蒸药用DJ1Q多能提取罐
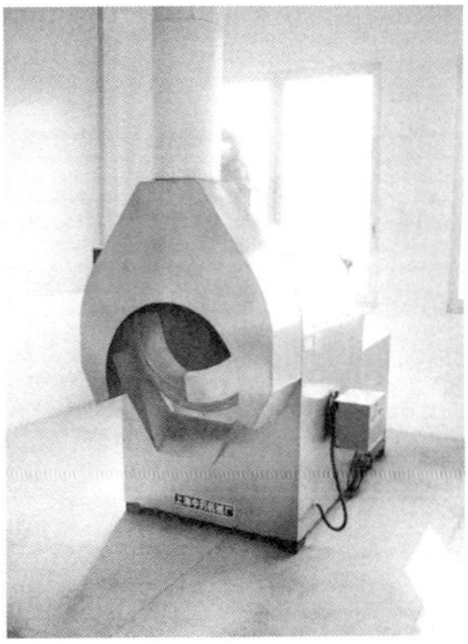
新图8　CZY700型转筒式燃油炒药机</td></tr>
</table>

（续表）

<table>
<tr><th>项目</th><th>旧工艺、旧设备</th><th>现在使用的新工艺、新设备</th></tr>
<tr><td>药材干燥</td><td>长期以日晒为主，药材经挑拣去杂质、除尘之后，最原始的就是将药材倒在竹席或草席上，放在猛烈的阳光下晒，用竹耙来翻晒。此法“望天打卦”，生产无法保证。

另一个方法是以一砖砌的土窑，将窑底下方放置的拱形生铁炉胆用柴火烧热，以此热气上升，而待烘干的药材，用一个镀锌铁丝制成网状的浅方框盛载放入这所谓的焙炉的角铁支架上烘焙。隔一定时间打开焙房窗，人工将药材连筛网一起抛翻几次，以期所烘焙药材均匀受热。出炉时，更是“打武”般操作。男的光着上身，腰系一毛巾，如雨般的汗直泻而下，真可谓“汗注焙炉边，药材更可贵!”工人在高温下作业，劳动强度极大。</td><td>自制列管式蒸汽焙炉（新图9）。后购进6CHL20I1 茶叶烘干机（新图10）作连续烘焙和多座热风循环烘箱进行药材干燥。真正做到文明、洁净生产，劳动强度大大降低，而且产量高。

新图9　6CHL20 强排风列管焙炉

新图10　6CHL20I1 茶叶烘干机</td></tr>
</table>

（续表）

项目	旧工艺、旧设备	现在使用的新工艺、新设备
药材灭菌	药材灭菌的概念，是在1981年苏州会议（全国重点中药厂厂长会议）上提出的。而在20世纪五六十年代根本没有药材灭菌这一说法。当时的做法大体是，因为所有的药材（除少量香料外）都需要挑拣、干燥，此干燥温度一般都在95～115℃，这个温度就当时的认识而言，是足以达到灭菌的效果的，更何况当时还没有灭菌这个专题。所以，以往药材经挑拣、洗切后没有单独设置灭菌的工序和装置，只是在烘干时，同时起到灭菌的作用。极个别的成品则运去广州以钴60灭菌。 时至70年代初，自购一台“单扉式消毒柜”后，对少量的原料药做过灭菌，但很多时间，设备都是空置的。随着药品卫生标准的强制执行，企业不断更新设备，改进工艺，已能实施有效的灭菌。	在30万级洁净区，以XL－J1.7×4硫化罐（新图11）先作雾化湿式高温灭菌处理，经灭菌投料室通过投料口送至QW－30HM5多管微波烘干杀菌机（新图12），整个过程均在管道或机内密封连续进行，确保了药材的高质量才流入下一道工序。称“湿式加热—微波灭菌干燥生产线”。在中成药加工企业中，此乃首创。  **新图11　XL－J1.7×4硫化罐** 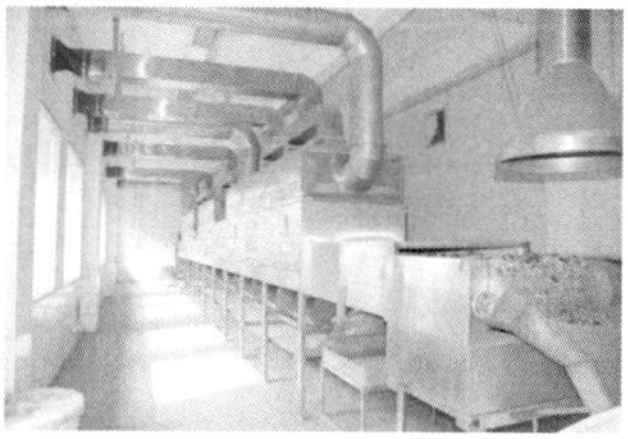 **图12　QW－30HM5多管微波烘干杀菌机**

（续表）

项目	旧工艺、旧设备	现在使用的新工艺、新设备
粉碎过筛	以前粗粉碎是以最原始的脚踏舂臼舂碎药材。在60年代末才自行改为电动舂臼机（旧图3）、大石磨（旧图4）和球磨机（旧图5）。后以厨具生产厂出品的十字头粉碎机加工。药粉是用星铁桶（旧图6）盛装，然后用小车运去工厂用自制的柴田式粉碎机（后来是购进广州同类型机）粉碎。整个加工过程是在一般平房空间进行。较大量的药粉过筛是用自制的往返式拍筛机（旧图7），噪音估计在100分贝左右，少量的是以铜网箩斗（旧图8）或悬挂式振动筛粉机加工。 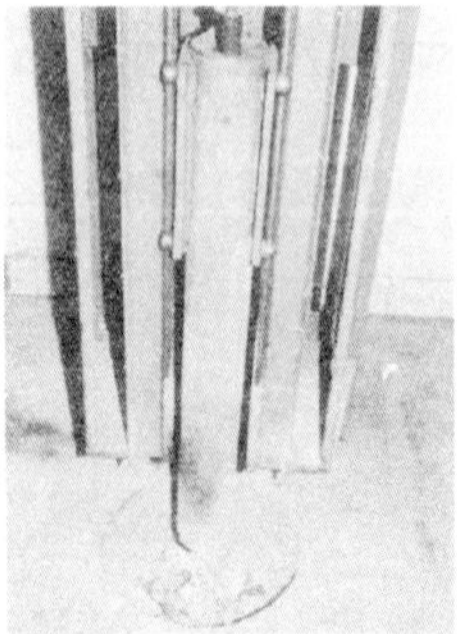 **旧图3　制小丸电动舂臼机**	20世纪70年代末开始用玻璃间格将每台粉碎机间成独立区间，但总体生产区还没有洁净级别可言。改造后的粉碎工序不论是粗粉碎还是细粉碎，每台机都有独立房间，同时在投料口上方设有吸尘装置，以往送料是操作工坐在特别加高的椅子上，手执一扁平竹竿将成堆的药材逐小量加入。而现在的送料是通过DF－310粗粉碎机（新图13）、电磁振动给料机（新图14），并应用可控电子技术、电磁力驱动和机械共振原理而达到给料均匀，输送量和给料量得以很好的调节。这保证了药粉的质量稳定，又确保了粉碎机运行平稳而达到安全生产的要求。粗粉的下一工序是用F－400高速离心粉碎机（新图15）粉碎，细粉经连接的管道进入筛粉机过筛，符合目数要求的成品装入包装桶。筛余的粗粉则吹往高速粉碎机作再次的粉碎，直至符合要求为止。

（续表）

项目	旧工艺、旧设备	现在使用的新工艺、新设备
粉碎过筛	 旧图4　磨药粉的石磨  旧图5　球磨机外胆  旧图6　研磨朱砂之类、盛药粉的星铁桶  旧图7　厂自制的拍柜筛粉机	 图13　DF－310多功能粉碎机 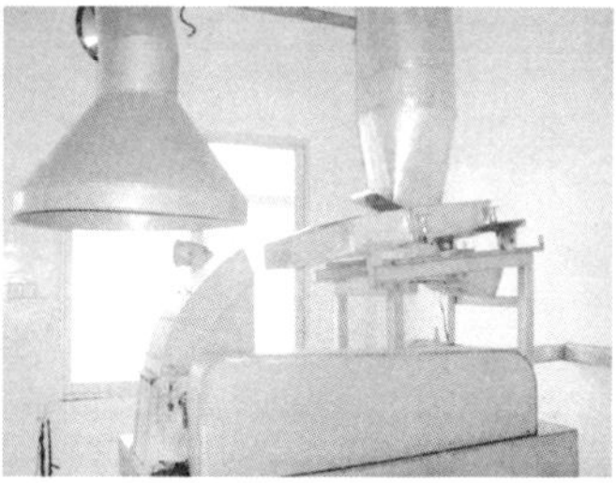 新图14　DZ100－B电磁振动给料机  新图15　F－400高速粉碎机及筛粉机

（续表）

项目	旧工艺、旧设备	现在使用的新工艺、新设备
粉碎过筛	 **旧图8　筛药粉用之铜网箩斗**	
药粉混合	五六十年代的药粉混合，其工序没有很明确的划分。将各种药材倒入粗粉机粉碎算作一次混合，粗粉投入柴田机粉碎又算一次混合，细粉出来后用厂自制的筛粉机（拍柜）又作一次混合。成品药粉进入制剂车间与辅料的搅拌亦视为一次混合。 时至70年代，药粉混合的意识和观念有所加强。随着市场的发展，对药粉，也就是对产品的要求不断提高，如果还是守旧的依靠几台拍柜，根本跟不上工序之间的配合。在这种形势下，厂购进了当时最流行的“双螺旋搅拌混合机”。药粉在机腔内，由于机械的双轴按公转和	在30万级洁净区，药粉经细粉碎、过筛后送入同样洁净级别的EYH－1000L－A二维混合机（新图16）混合，再经ZSX－650旋振平筛机（新图17）送入桶密封。有发生粉尘的工序均有水浴除尘器处理，以期达到GMP生产的要求。已混合的药粉，进入30万级洁净区的中间库备用。药粉经气闸室送往固体制剂楼。  **新图16　EYH－1000L－A二维混合机**

（续表）

项目	旧工艺、旧设备	现在使用的新工艺、新设备
药粉混合	自转的形式运转，使药粉得以充分混合。设备是更新了，而生产车间仍是原来砖瓦结构的平房。	 **新图 17　ZSX－650 旋振平筛机**
	中药提取	
水提取	传统的膏、丹、丸、散是用直粉加其他辅料制成，没有水提取工艺。 20 世纪 60 年代末企业因应市场需求而增加了片剂的生产，再加上部分 9 克重的大蜜丸改为 6 克重，所以水提工序要筹建、购置设备。 将组方的净制药材倒入敞口蛇形管锅加注符合要求的水，反复蒸煮 2～3 次，提出药渣备用。药渣弃掉。	将组方净制的药材从中间库运至投料口倒入 DJ3Q－00 多功能提取罐（新图 18），加注符合工艺要求的纯化水作 2～3 次煎煮。药渣的排放也用机械和专用导轨车排出。 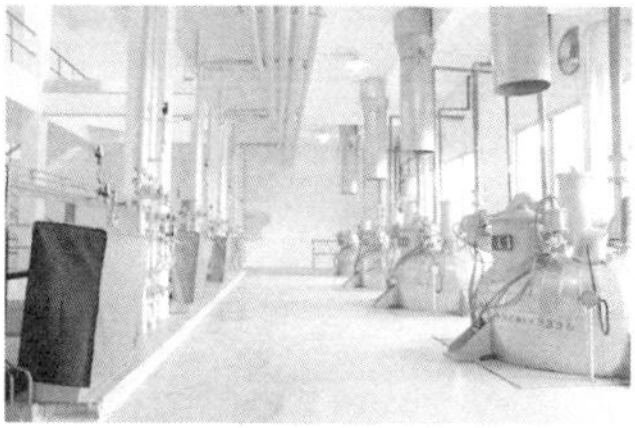 **新图 18　DJ3Q－00 多功能提取罐**

（续表）

项目	旧工艺、旧设备	现在使用的新工艺、新设备
药液过滤浓缩	经2～3次水提取的药液，从敞口蛇形锅底阀门放出，通过软管，泵至当时厂首次使用的夹套敞口蒸汽锅内。锅上方横有一个有绢丝网的木框，药液泵至此是作过滤之用。后来曾改用高速离心机，但因所生产的药品、原材料有相当部分含有树脂类物质，容易堵塞孔眼，再加上清洗费时、费水，最后还是用老办法。 药液投入浓缩锅，开启蒸汽浓缩，一锅药液以特定的温度进行浓缩至可收膏，一般都要两个班次，也就是要12～16个小时。这样的工艺、设备一直沿袭至70年代。 之后在全国各地制药机械厂的共同努力下，真空回流浓缩锅、刮板式浓缩锅等新设备陆续面世，本厂亦跟上潮流将这两种设备引进。但因当时厂区地处居民区，且水提车间在原狭小的200多米^{2}的空间没法扩展，再加	水提混合液经管道流入沉淀静置罐，上清液经SS－600高速离心机（新图19）、25L袋式过滤器（新图20）过滤去渣。净水提药液经真空负压吸提至RPN－700减压真空浓缩锅（新图21）进行浓缩至工艺要求所需的比重浓缩液。小试则用0.75米^{3}的真空搅拌浓缩罐（新图22）。  **新图19　SS－600离心机**  **新图20　25L袋式过滤器**

（续表）

项目	旧工艺、旧设备	现在使用的新工艺、新设备
药液过滤浓缩	上品种的销售市场有限，所以水提工序一段时间内是三天打鱼两天晒网的局面。但由于仍有品种生产，所以整个工序保留到新的提取车间建成才撤销。	 **新图21　RPN－700减压真空浓缩锅**  **新图22　小试用的0.75米^{3}真空搅拌浓缩罐**
浓缩液的干燥	经静置冷却后的稠浸膏由另一工序（片剂）领取后与药粉混合进入焙房再经干燥成干膏。如果工艺中直粉比例不够高，则混合后的稠膏就很难干燥，特别是遇上糖分较多的稠膏就更难解决。往往把粉团焙成过焦的状态，结果大大影响药品的质量。	浓缩药液经泵泵至干燥制剂间的药液贮罐，再经RP-DW305VC－03碟式分离机（新图23）至GLP－100喷雾干燥器（新图24）经热风干燥成粉，装桶。经MAC－200洁净层流罩车（新图25）将经分离的药粉运往中间库备用。

（续表）

项目	旧工艺、旧设备	现在使用的新工艺、新设备
浓缩液的干燥	工人将焙干的粉团从铁盘上敲出来也会花费很大的力气，劳动强度十分大。随着制药设备的消化吸收和市场经济激发出的创新动力，到了90年代，喷雾干燥或喷雾造粒机在中药制造上的使用开始普及，这个问题才得以解决。	 **新图23　RPDW305VC－03 碟式分离机**  **新图24　GLP－100 喷雾干燥器**  **图25　MAC－200 洁净层流罩车**

（续表）

项目	旧工艺、旧设备	现在使用的新工艺、新设备
大蜜丸生产		
制丸	净制组方药材经十字头粉碎机粉碎、过筛，再经柴田粉碎机粉碎、过筛、混合成组方细药粉送至药粉中间仓。以大蜜丸为例，按处方要求的比例将药粉和已提炼好的蜂蜜倒入敞口锅混合机（后来混合机加上了盖并用夹层蒸汽加热）。充分搅拌后的药团倒出送往自制的出条机按规格挤出所需药条，再一条条用手工放入分粒机制成规格药丸。经人工数丸数量，用浅浅的镀锌铁盆盛装，送到设有紫外灯灭菌干燥室备用（整个生产过程都在没有洁净要求的平房进行）。制大丸的蜜糖从产区运回，经过粗滤，滤去一些死蜜蜂、树叶等杂质，便将蜂蜜倒入大锅镬炼煮。老师傅根据产品要求，以滴水法凭经验判断炼出老、中、嫩三种蜂蜜。用于名贵品种的产品，则用	药粉来自在洁净区粉碎车间，并以密封的专用塑料桶运入固体制剂车间药粉中间库。经备料室进入安装有二维混合机的总混室作混合操作，混合的药粉密封装桶后放入暂存室，再经气闸室送往各层制剂工序（药粉进入投料室直至完成混合，全过程均在30万级洁净区进行）。药粉经总混合后存入首层暂存室。经货梯运送往二层（生产大蜜丸），经物料清洁室、气闸室进入合坨间。药粉与炼制好的蜂蜜在夹套混合机（新图26）中作充分混合，药团经ZTM80－3或ZTM91－1三辊蜜丸机（自动蜜丸机）制成丸粒，经冷丸输送带（新图27）收集送往中间库，然后再送至各LZ720蜡丸封装机（新图28、新图29）进行封装（封装机共有46台，规格有3克、6克、9克三种）。

（续表）

项目	旧工艺、旧设备	现在使用的新工艺、新设备
制丸	一大铜锅炼煮（旧图9）。 50年代的大蜜丸制丸，则更是落后到用人工搓成条，再放在搓丸板上搓成丸状，旧图10就是保存下来的搓丸板。  **旧图9　生产少批量较名贵产品时用来煮蜂蜜的大铜锅** 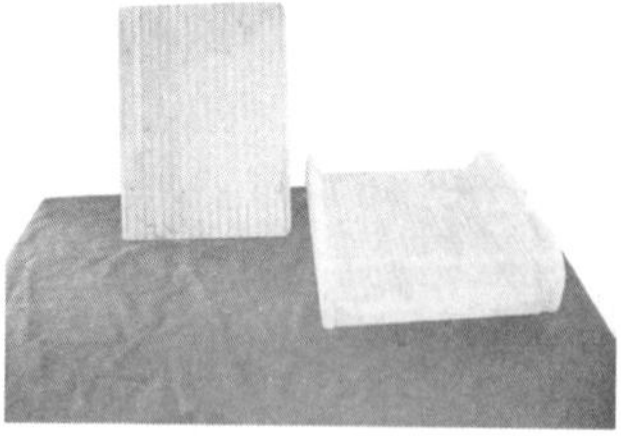 **旧图10　搓丸板**	 **新图26　夹套混合机(大丸)**  **新图27　ZTM80－3三辊蜜丸机与“冷丸输送带”连线** 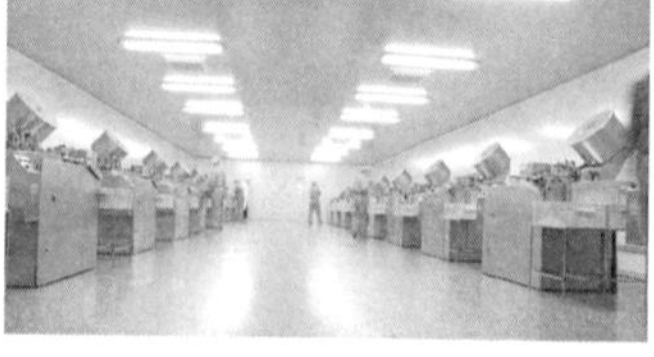 **新图28　蜜丸蜡壳封装机机群**

（续表）

项目	旧工艺、旧设备	现在使用的新工艺、新设备
制丸		 **新图 29　蜜丸蜡壳封装机**
制蜡壳	大蜜丸之外包装蜡壳的制作工艺，从 1956 年公私合营起至 1985 年这近 30 年间（可上溯到发明“广中抱龙丸”的梁仲弘蜡丸馆时代）采用的均是传统、落后的手工操作。虽说古旧，但比起用砂纸、纸筒装蜜丸再蘸蜡已是进了一大步。 制蜡壳：将特定的竹排（旧图 11）插上所需规格的带孔圆木球，反复多次在蜡锅上蘸几次熔合的蜡液（旧图 12），经浸冷水冷却后，取出带柄的蜡圆球。在一排铝制卡上拔出竹排（旧图 13），用刀往蜡球中剖开三分之二的缝取出木球，将空蜡壳合口，数蜡壳数量，以竹筛（旧图	LZ－720 蜜丸蜡壳封装机，是采用我厂自行研发的离心浇铸蜡壳、温模静压成型两项重要工艺。整个运行过程从注蜡液、冷却、成型、脱模、装丸、封口、盖印到剔除空壳一气呵成。其他辅助的如揭放盖、防重复喷油、防重复落丸粒、水冷却系统、喷雾化油系统、抓壳机械手、整套落丸装置等全以机械和电器配合而成。使几百年来手工封装大蜜丸成为历史。自 1985 年 10 月验收至今（2008 年），机群一直在不断完善、改进中使用。 注蜡液：此工序之前，为了使蜡液不会粘结在铝制杯型工模上，首先的第一工序还须用超声波喷雾将食用油均匀涂在模具

（续表）

项目	旧工艺、旧设备	现在使用的新工艺、新设备
制蜡壳	14）盛装放入通风的专用房间常温风干，备用。 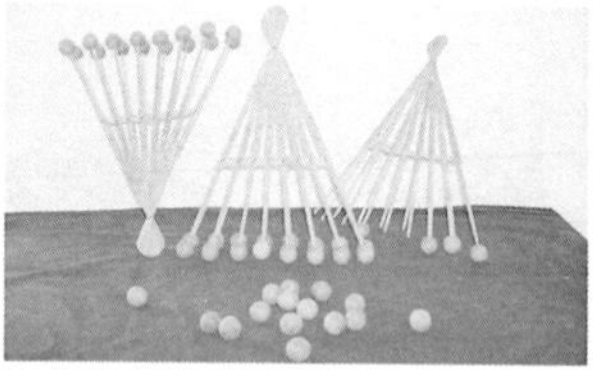 **旧图11　制蜡壳蜜丸蘸蜡工序**  **旧图12　大蜜丸蘸蜡工序** 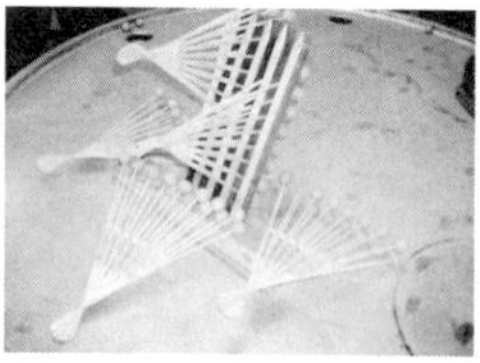 **旧图13　制蜡壳的脱壳铝排**  **旧图14　盛半成品“蜡壳”、“大蜜丸”的竹蒸笼和竹筛**	的内壁；而为防止重复喷雾，喷雾器有指令系统防此动作；另为防止离心的油雾外泄，还有一装置是在模具上加一带孔的圆盖，这一装置还可保证蜡液加注时不会被甩出。此时可以定量泵泵上蜡液。 冷却：液态蜡液注入杯型铝模，铝模作离心自转，而整体模具在转盘带动下作公转，由于各模具是泡在冷水中，故可以将蜡液冷却成型（一个杯状的蜡壳）。 脱模：用真空吸提法，用一吸头将经冷却而稍离模壁的成型蜡壳吸起并一气呵成以转臂将其移到下一工序，下一工序的动作包括定位锁紧蜡壳，蜡杯由上以一推杆紧紧轻压蜡杯内底部，而外底部以沾有朱砂的印章向上顶，以作打印戳之用，印上产品名称。 整个制备大蜜丸外壳包装蜡壳的工序全部在此封装机上一气呵成。包括：检测重装置、送上凹盖、喷雾油防粘、泵提蜡

（续表）

项目	旧工艺、旧设备	现在使用的新工艺、新设备
制蜡壳	 **旧图 15　打捞和清理煮蜡锅杂物工具** 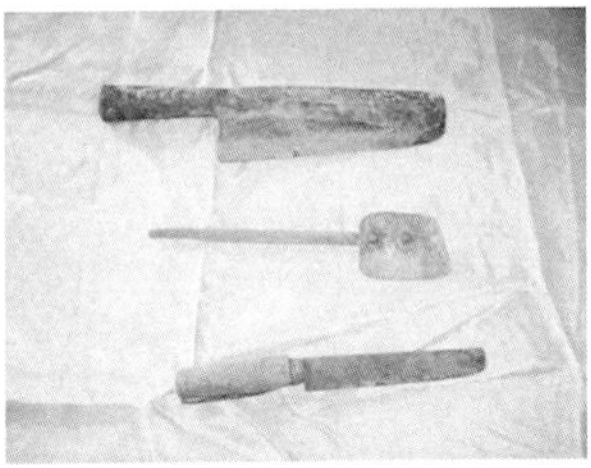 **旧图 16　清理煮锅的各种刀、铲** 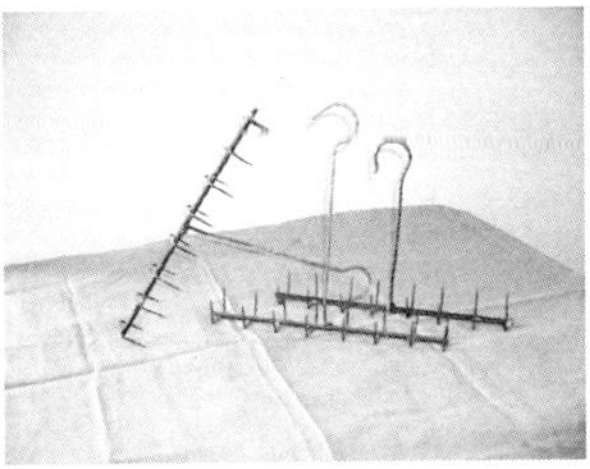 **旧图 17　制大蜜丸（塑料壳）之蘸蜡用铁钩**	液、离心浇注、旋转冷却、真空吸提空壳、摇臂摆送等。包括送入下一工序入丸，整个制蜡壳的时间在 100 秒左右（而旧法的制蜡壳连同风干，起码要 2～3 天）。

（续表）

项目	旧工艺、旧设备	现在使用的新工艺、新设备
入丸	领取蜡壳和所需药丸、蜡壳在红外线灯下照热，使其稍有软化。打开开口的蜡壳，用经消毒的镊子将药丸放入蜡壳内，合上。五六十年代是以胶手指套套在手指上直接拿丸肉（旧图18）。  **旧图18　大蜜丸工序之入丸**	大蜜丸的丸肉放在注丸盘内，盘每次定时放出药丸一粒，即时滚进溜槽而落入蜡壳内。此装置还有一妙处，就是采用一组擒纵杠杆机构，在溜槽上设计了无丸肉自停落丸机构。
烙壳	封口，用电烙铁（后改为用铁板电炉）逐个将已装有药丸的蜡壳烙熔封口（旧图19）。 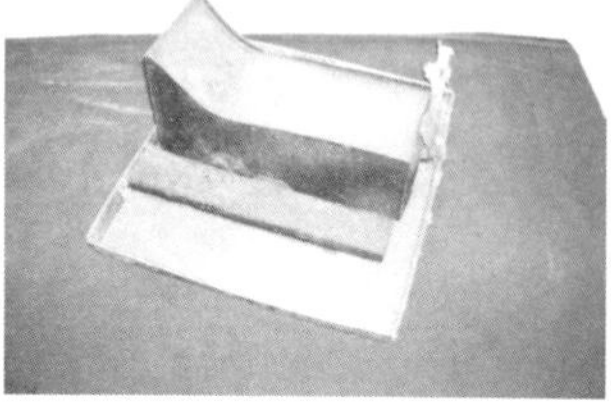 **旧图19　自制大蜜丸蜡壳封口的“烙壳炉”**	对于LZ720封装机而言，是没有这道工序的（烙壳者，是手工操作时将空的圆球形蜡壳，用滚切式刀法将蜡壳的2/3在壳中央剖开，一是取出制模的木球，二是方便下一工序入丸时将丸肉放进）。 本机制备出来的是无缝蜡壳，成杯状蜡壳的封口，是用同半圆形电烙头将其加热合拢、成型、熔顶，达到完全密封的效果。

（续表）

项目	旧工艺、旧设备	现在使用的新工艺、新设备
过皮	挂蜡皮，将已封口的蜡丸蘸几次蜡液，使蜡丸整体牢固，有光泽，色泽统一。工人操作时，一只手用五个指头夹拿超过五支蜡壳柄，长期的操作使手指间都长满厚茧（旧图20）。  **旧图20　大蜜丸工序之过皮**	封装机生产省去了“过皮”工序。“过皮”在其他地方也称“挂皮”。本机所制得的是无缝、光滑、厚度均匀的杯状壳，故在完成盖印、装丸、封口之后已成成品，外观统一美观。
剪蒂	剪去制蜡壳时所带的便于操作的蜡柄。是用厂自制的手动四刀口剪蒂机剪除。即人工手握蜡丸一头，把蜡柄插进一开一合的剪蒂机中，剪去多余的蜡柄，同时因外力的作用，收口处蜡封闭合，蜡丸全部成型（旧图21）。  **旧图21　剪蒂机**	由于所制备的是无缝蜜丸，所以已无蒂可剪。但封口时如何密封却是要认真对待的。 本机对此工序有一独特的处理方法，就是杯型蜡丸经半圆球内模加热将杯口融合时，收口处难免会有微小的缝隙，这会大大增加丸肉受潮的几率而导致发霉。此机在最后完成成品时的一瞬间，一电烙板将成型收口处的顶尖作再一次的热熔合，则全部合闭的大蜜丸蜡壳包装完成。

（续表）

项目	旧工艺、旧设备	现在使用的新工艺、新设备
盖印	封装后的手工大蜜丸，最后的工序是打印戳、盖上产品名称。用手工逐个盖上沾有朱砂的木制或牛角小印章（旧图22）。冬天还须以一小电炉对蜡丸外皮稍作加温，以使其能摇印上色（旧图23）。  **旧图22　小印章** 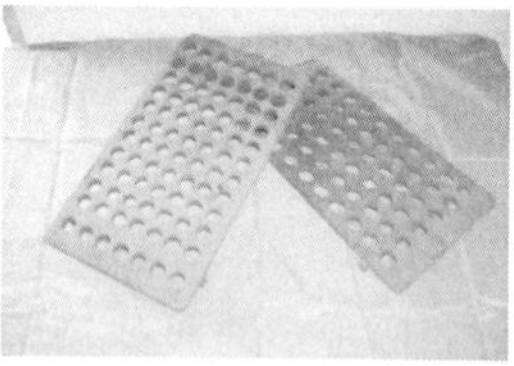 **旧图23　盖印板** 一般在名贵产品上是要盖上金箔印的。如果是要盖金箔印，则要将金箔贴在蜡壳上，适当加温，再用牛角小印章压出，用力要恰到好处，否则会压破金箔，那就不美观了。旧图24是公司	现在盖印工序已经包含在封装机流水线中了，方便、快捷、统一、清晰。机制蜡壳包装还解决了一个老大难问题：假冒行为。 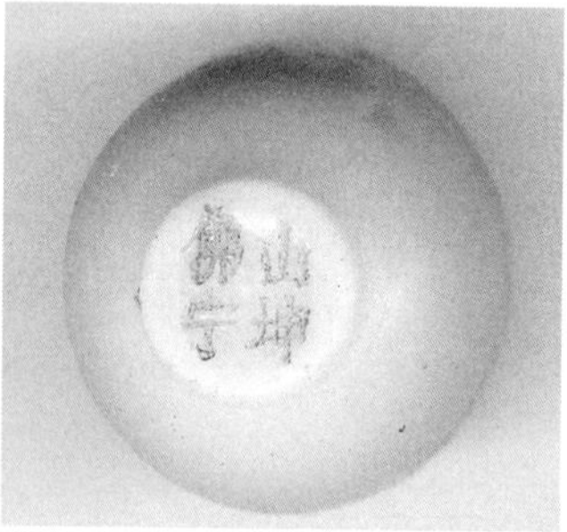 **新图29　统一清晰的产品名称**

（续表）

项目	旧工艺、旧设备	现在使用的新工艺、新设备
盖印	保留下来的存放“金箔”的箱子。  **旧图24　存放出口装所用的“金箔”的木箱**	
分包装	分包装全是手工操作，首先将装产品的小纸盒逐个折叠，依次盖上生产批号、放分格丸粒的纸卡、放入蜡丸、放产品说明书、封口、贴封口证，然后放入大包装纸箱人工捆扎后送至成品仓。	大蜜丸机械分包装大致过程是：以PVC为包装材料，采用正压成形设备，在板式模具上包装材料经加热后制成盛载蜜丸所需的下泡罩；从装丸斗漏下蜜丸，以人手稍为拨平使蜜丸全方位进入各泡孔；以复合膜封面并热合密封，分包装完成。在整个上下热合的过程中，材料装有自动送料装置，以确保每次送料、牵引力均相等。送料、牵引的装置自动压紧，均衡施压，使送料牵引平稳、准确无误（新图30）。 后续的入盒、打包全部使用现用的大蜜丸多功能装盒机连线进行，以满足药品生产质量

（续表）

项目	旧工艺、旧设备	现在使用的新工艺、新设备
分包装		管理规范（GMP）的要求。  **新图30　由DPP－250蜜丸泡罩铝塑包装机和HDZ－60型多功能自动装盒机连线的大蜜丸包装线**
小丸生产过程	小丸剂型药材的前处理部分与大蜜丸相同。怎样制成大小均匀、颗粒饱满的小丸，几十年来经过了几个阶段的不断改进。五六十年代生产小丸，最难的是起模（即药粉与药液混合制成一定形状和规格的药品）。最初是用一些以竹作材料所编成的密孔大箩筛（旧图25）盛放药粉，用手动喷雾器加压，将所需经煎煮好的药水，如大枣、生姜之类的药液喷至竹箩筛的药粉表面，以人工不断翻滚和抛起沾有药汁的药粉，以期在抛翻的作用下小	小丸剂型药材的前处理部分与大蜜丸相同。小丸药粉经气闸室进入备料室。领料后药粉送至制丸室与已提炼好的提取液或蜜糖在DH200－2双轴混合机（新图31）通过流量批量控制器，注入已提炼的提取液、纯化水或蜜糖。经混合成药团，将药团用专用小车送往下一工序设备——GLH－30高质量炼药机（新图32）。炼药机是制丸生产前段加工设备，其生产效率高，生产的药物组织也均匀。 炼成的药团送至全自动制丸机（新图33）进行制丸。制丸机由制条机、搓丸机和伺服

（续表）

项目	旧工艺、旧设备	现在使用的新工艺、新设备
小丸生产过程	粉团越滚越大且滚成圆形。如此反复地喷雾药液，不断地筛滚成形丸粒，这就是小丸的起模和成形。一般产品如保济丸、香砂养胃丸或藿香正气丸之类，其丸的直径在2～3毫米左右，制作起来还相对容易。如遇上当时还允许生产的微丸——六神丸，这可是对制丸老师傅的更大考验。此微丸之制作一直只有1～2个公私合营留下来的老工人懂得操作，后经过培训，身传手授，才陆续为少部分的青年操作工所掌握。因药丸实在是太小，直径1毫米左右大小，不好掌握操作，成品的返工率很大，给企业造成的损失很大，既耗时又耗料。后来，除了微丸以外，慢慢用转动铜缸来代替“大箩筛”。也就是在小的圆缸中先起“丸种”，再拿到缸去加厚。圆缸不断转动，工人先放“丸种”，接着一边加粉，一边喷药水，丸种渐渐	机、交流变频器及各种开关构成。 本机由可编程序控制器、触摸屏、编码器和控制模块等部件组成，实现了伺服机对制条电机的同步跟踪。这样一来，通过人工对各类产品的性能进行判断，然后对电机采取变频的操作后，药条、搓丸等工序得以同步、全自动完成。半成品输出后经过一次筛分得到小丸（素丸）。 小丸的干燥，我厂选用的是沸腾干燥床（器）（新图34）。沸腾干燥床是由离心通风机对整个设备系统抽风，在压力差的作用下，经过蒸汽散热器加热后的干燥热空气穿过分布板，进入物料层。再由进气阀门调节热风量，使设备内的受焙物料（小丸）翻滚起来，处于半悬浮状态，从而受热均匀达到干燥。 素丸在干燥后，用Φ800的糖衣机（新图35）对其作磨光或包衣的处理。

（续表）

项目	旧工艺、旧设备	现在使用的新工艺、新设备
小丸生产过程	变大、变圆，但由于这个成丸过程中不可能会形成一样直径的小丸，所以在这个过程中要过一轮“猪笼筛”，把已初步成形的小丸分成大、中、小三个规格。中的保留，小的再放进缸中加大，大的重新制作。如此反复几次，才制成规格一致的球状小丸。 这样的工艺一直沿用到20世纪末，虽然设备、厂房、工具等不时进行改造，但成丸过程仍没有发生革命性的变化。 制得的素丸，须经干燥去除部分水分。五六十年代，用于干燥的设备也十分原始。如遇天晴，就借日光晒；一般是以一平底竹筛放入火胆焙炉稍作干燥。经干燥的素丸用厂自制的筛丸机（旧图26、旧图27）（有拍柜式和“猪笼式”两种筛丸机。以筛孔的大小分筛成大、中、小三个规格）一般都是留下合格的和小的（须继续加药粉	半成品的干燥灭菌，我厂采用的是较先进的微波干燥灭菌（新图36）。物料由传输系统送至加热器中，物料中的水分在微波能的作用下升温蒸发，水蒸气通过抽湿系统排除而达到干燥目的。而物料中的细菌则被微波电磁场的物力效应和热效应杀灭。 经干燥、灭菌之后在分包装之前还要用螺旋选丸机（新图37），在离心力的作用下，产生速度差，将符合圆度的小丸与不合格的自动分开，使小丸的质量指标得到提高。 小（水）丸分包装设备，在送料斗方面是采用低真空气流输送技术，将粒料自动输送到包装机料斗之中。 本厂采用的DXD系列电脑全自动包装机（新图38），可一次性自动完成计量、制袋、充填、封合、打印、切段、计数等全部工作。更具有精确、稳定、可靠、简便等优点，为企业在小丸包装改革中闯出一条

（续表）

项目	旧工艺、旧设备	现在使用的新工艺、新设备
小丸生产过程	和药水加大至符合要求），而大的须重新打成药粉作第二次的制丸。所以在制作过程中，操作人员做丸宁小勿大，以免返工重复。 素丸干燥后，部分须包衣，即包上甘草炭或红氧化铁色素之类的，将药丸倒入企业自制的类似糖衣缸的设备中（旧图 28）进行包衣、上色，并使丸肉更为圆滑光亮。最后的工序是将此半成品送往焙炉（70 年代初已改为蒸汽列管）进行焙烘至符合质量要求（含水分标准）。 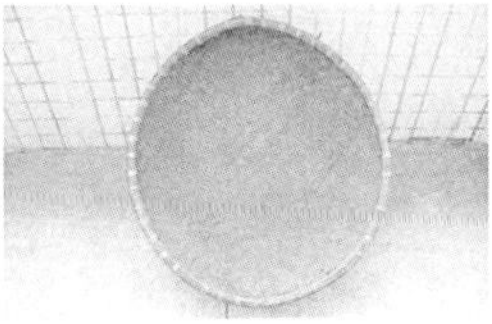 **旧图 25　盛小丸用的竹筛**  **旧图 26　自制往返式筛丸机**	新路。 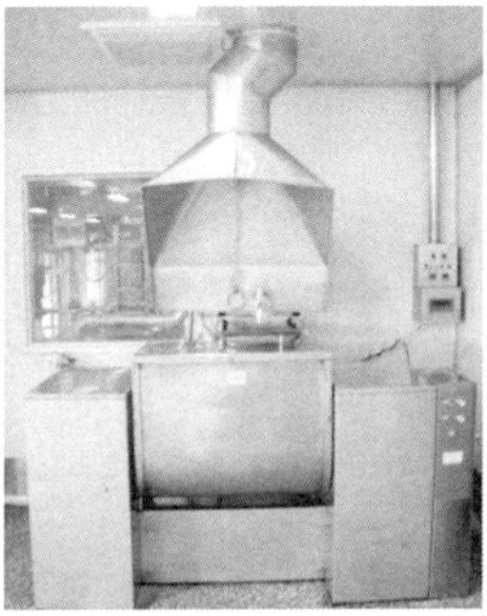 **新图 31　DH200－2 单轴混合机**  **新图 32　GLH－30 炼药机**  **新图 33　YUJ－17B 智能高效全自动制丸机**

（续表）

项目	旧工艺、旧设备	现在使用的新工艺、新设备
小丸生产过程	 旧图 27　筛筒上的木压轮 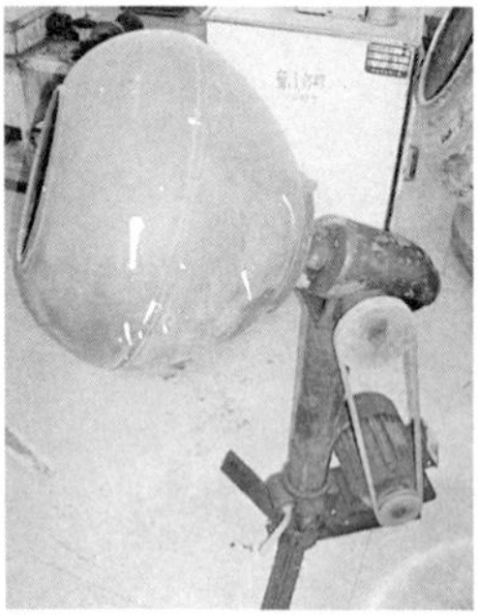 旧图 28　自制的制小丸机 水丸焙干经测定符合水分要求后，再放入糖衣缸作磨光处理，要求小丸外观光滑、圆润、色佳。再一次筛选后分成差别更小的规格进入包装工序，此时符合最小包装规格的小丸直径更趋于一致，内包装后进行外包装，之后装箱、进仓。 80 年代以前整个生产流程在没有设定洁净区的环境下	 新图 34　LFG500－1 小丸沸腾干燥器  新图 35　C 直径 800 小丸磨光机  新图 36　WMGD－30B 隧道微波干燥灭菌机

（续表）

项目	旧工艺、旧设备	现在使用的新工艺、新设备
小丸生产过程	敞开生产。 小丸的生产工具同样是以落后两个字来概括，见几张旧工具照片（旧图 29 ～旧图 34）。  **旧图 29　筛药材和盛小丸的竹筛**  **旧图 30　“小丸丸种”的紧底竹筐**  **旧图 31　各规格的“数片”、“数丸”板**	 **新图 37　ZSW－1 药丸筛分机（螺旋选丸机）** 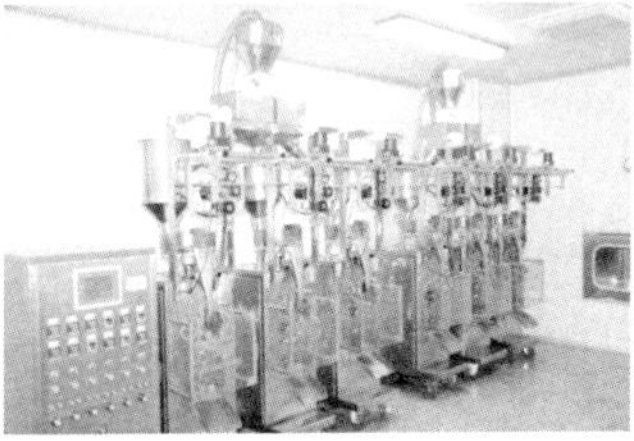 **新图 38　ZDXDK－6－80D 电脑全自动包装机**

（续表）

项目	旧工艺、旧设备	现在使用的新工艺、新设备
小丸生产过程	 **旧图 32　自制“敲瓶塞木条”** 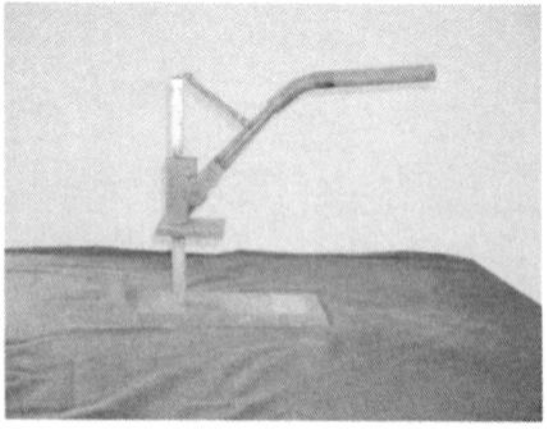 **旧图 33　手动“压瓶塞机”**  **旧图 34　过蜡封口用的多孔板**	

（续表）

项目	旧工艺、旧设备	现在使用的新工艺、新设备
片剂生产	片剂生产因1971年分厂而中断，后制药一厂于70年代中期恢复，但由于品种关系，产量一直不大。其药材前处理与其他剂型一样。以前片剂的生产，从领用部分干粉和浓缩稠膏开始，两者混合后送干燥班。经干燥的干胶团，用高速粉碎机将其粉碎并过100目筛。细粉加入乙醇或糊精之类辅料在夹层混合机中混合。充分混合之后，将半干湿的颗粒放入当时制药行业通用的“摇摆式颗粒机”进行擦粒、过筛。擦得的湿颗粒送去焙炉烘焙至水分符合质量要求。干颗粒加入滑石粉及硬脂酸镁等做适当调整。早在60年代中，用于冲压中药药片的定型机械尚未面世，压冲西药的压片机又因吨位不符而难以采用。因中成药的药片有一些由含纤维质或矿物质的原料制成，所以冲压所需吨位要求更高。在此情况下，工厂	用HLSG250湿法混合制粒机（新图39）制成颗粒或片剂颗粒，部分品种直接用进口的干式造粒机。干燥是用FG230颗粒沸腾干燥床（新图40）或GFG－200高效沸腾干燥机（新图41）。颗粒进入总混室用EYH－1500二维混合机作充分混合。经门斗送至颗粒剂中间库存放待用。需要制片时将片剂颗粒运往压片室，用ZP35B旋转式压片机（新图42）压成素片。需要包糖衣的，则送往包衣室用NBT－1000荸荠式糖衣机（新图43）按工艺要求着色包衣。片剂半成品送去片剂内包装室经片剂分装机（新图44）、GCF－203电磁感应铝箔封口机、旋盖机、旋转理瓶机完成片剂内包装工序。再由输送带送去片剂外包装室，用KK906直线圆瓶不干胶贴标机（新图45）进行贴标纸。 颗粒的包装是由西班牙产的S－130－D双头包装机（新图46）或用SLB－150双铝工厂

（续表）

项目	旧工艺、旧设备	现在使用的新工艺、新设备
片剂生产	的机修车间靠简单的几台设备、普通的车床、铯床等自力更生制造了适合中药药片冲压的16冲压片机。待样机试产成功之后，在市内铸造厂等各兄弟单位的大力支持下，又成功生产了几台16冲压片机，以满足较大量生产片剂的需要。素片一直是由自制的冲压片机完成。 时至70年代初，上海专供中药压片的33冲压片机上市后，工厂添置了多台。而原来的压片机于1971年企业分家时，全数调往当时的佛山市制药二厂。 药片压出来后，为了防潮、便于吞服，一般都要进行包衣（即包上一层糖衣），这个工序在片剂生产中技术难度最大，除了要有必要的设备，还要根据本企业设备的水平和每个品种的具体情况去调整工艺，调整操作规程。操作过程往往受滑石粉、糖浆和色素等因素影响。	箔膜包装机（新图47）完成，成品经货梯运至成品仓。 整个制剂和内包装过程均在符合GMP要求的洁净厂房内完成。  **新图39　HLSG250湿法混合制粒机**  **新图40　FG230颗粒沸腾干燥床**  **新图41　GFG－200高效沸腾干燥机**

（续表）

项目	旧工艺、旧设备	现在使用的新工艺、新设备
片剂生产	分包装方面，在最初有片剂生产时，是用最土的办法操作。在一木板或有机玻璃板面上，钻有所需入瓶的药片数量，孔深只为药片厚度的三分之二，用一塑料盆将已包衣、干燥的成品药品盛装，操作工人将符合规格的、我们称之为“数片板”（旧图31）的工具插入盆内，待数片板各孔均有药片时，将板内药片倒入一漏斗过渡，漏进玻璃瓶或塑料瓶，塞入防震的棉花或干净纸块（因药片只填充瓶的三分之二，余有空隙。在运输途中，药片会因相互碰撞而受损，所以要用棉花或纸块将瓶填满，以减少碰撞）。紧随其后的工序是放内盖，用木槌将其拍入，旋上外盖，贴瓶身说明书（标签纸），入小纸盒、大纸箱。全过程在没有设置洁净级别的室内手工操作。 应该讲前面所述的片剂生产状况是80年代及其之前	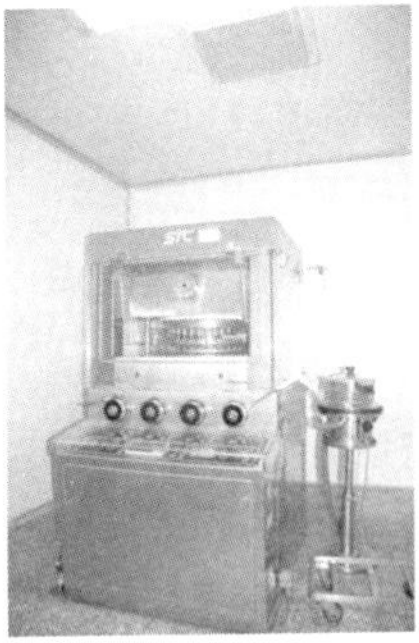 **新图42　ZP35B旋转式压片机**  **新图43　NBT－1000荸荠式糖衣机**  **新图44　片剂分装机**

（续表）

项目	旧工艺、旧设备	现在使用的新工艺、新设备
片剂生产	的情况，自80年代中期后，企业不断对片剂的制剂生产场地和设备进行不懈的改造。其中颗粒沸腾干燥、糖衣混浆包衣、使用喷雾干燥粉制粒等均有重大突破，并且形成了自己保持质量稳定的包衣工艺。生产环境得到很大改善。	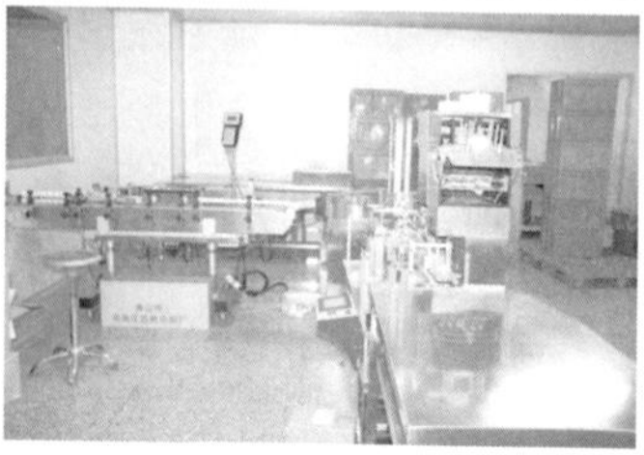 **新图45　KK906直线圆瓶不干胶贴标机** 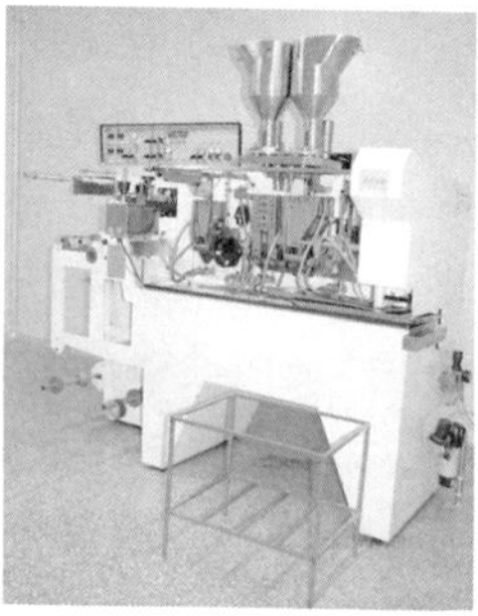 **新图46　西班牙产S－130－D双头包装机**  **新图47　SLB－150双铝箔膜包装机**

（续表）

项目	旧工艺、旧设备	现在使用的新工艺、新设备
酒剂生产	组方的药酒药材净制处理后备用。以人力扛抬将药材倒入用药渣作柴火的敞口大甑锅隔水蒸。然后一箩一箩肩扛至浸酒大堂放冷一定时间。在五六十年代，浸酒是将蒸好的药材放入陶罐（通称酒埕，旧图35），把白酒（白酒储池也是建在地下的，用砖砌成，批上水泥。买回的白酒是用木桶或镀锌铁桶装的，买回后，还要人工倒入酒池）用定量泵（约35市斤）泵入埕内浸泡药材，灌满后用瓦碟盖住埕口，以浆糊纱纸密封，再用人力一埕一埕似金字塔般叠起（放置时间30～40天）。静置一定时间的药酒经人工摇动，埕内药酒得以流动，达致与药材增加摩擦，提高渗出物和充分混匀的目的，再经简单的检验，即完成整个浸渍工序。成品药酒由工人倒入上方设有一木框纱布网的瓷缸算作过滤。药渣将集中一起	组方药酒药材经前处理净制后入库备用。 药酒浸渍第一工序是蒸制。药材从三楼净药材仓投入DJ3Q多能提取罐干蒸2小时。蒸后出料，用斗车将药材倒入设在二楼楼面的18米^{3}的不锈钢浸渍罐（新图48）投料口（此罐共有30座）。进厂经供货单位和本厂质检部门重检合格的45度白酒，用不锈钢防爆泵定量泵至各浸渍罐。浸渍期30天左右。在整个浸渍过程中，为使药材的成分能充分析出，要用泵作循环3～4次。南方的冬天气温虽不会太低，但为确保浸渍时间仍在30天左右，在温度较低时采用BR01板式换热器（新图49）对罐内药酒循环稍作加温。成品药酒粗滤由JPD－400饮料过滤机（新图50）完成。滤后泵至高位罐静置后流向低位罐，再泵至10米^{3}成品暂存罐。精滤是由北京中科膜技术开发中心设计开发的、每小时能处理2吨药酒的卷式超滤澄

（续表）

项目	旧工艺、旧设备	现在使用的新工艺、新设备
酒剂生产	用于回收白酒。时至60年代末，以地面的水泥池取代了逐个瓦埕的浸泡（80年代初试用不锈钢罐浸泡）。这时，出渣成了最艰苦的事，工人必须跳进水泥池，一筐一筐清渣，往往操作工人会被酒气熏得满面通红，眼也睁不开。 浸泡过的药渣用一大铁镬加水加热，以一十分简陋的锡制盘管冷却，冷凝器浸在水中，酒蒸汽冷却后回收白酒（作下次投料用）。药渣分派或卖给职工家庭作柴火用。 使用水泥池后，药酒在30～40天的浸渍期内，以泵循环作翻酒之用，使药材的有效成分较充分地析出。出酒时用纱网滤布过滤，泵入高位静置池暂存，待分装（70年代初购进三足式离心机之后，药酒的过滤效率得到进一步的提高）。 直到80年代初，灌装成品药酒的操作工序，可以说原始落后得让人有点不可思议。	清系统（新图51）完成。 灌装是引进日本涩谷（株）生产的药酒灌装线［包括Z－1500A药酒输送带、RF－4520灌装机、CSF－2008理盖机、HL－B2017漏斗及提升机、NRC－3803（6）AA封盖机等等］（新图52）。灌装好的成品灯检后，经由上海伟海包装机械厂生产的TB－1直线式贴标机（新图53）贴标、喷码，CF－30T－H纸箱成型机装箱（新图54）。再用漳州产的KZBD低台半自动捆扎机（新图55）打包入库。玻璃瓶是从玻璃瓶生产厂密封塑膜包装好后运至厂仓库。卸后经上瓶机由首层运至二楼。经由长沙岳麓制药机械公司生产的QSX50/500冲洗瓶机（新图56）进行粗洗和精洗，再由烘瓶机将瓶烘干后经冷却才进入药酒灌装室。作为我厂品牌的冯了性风湿跌打药酒2007年的产量已达到2 400吨。在看准市场的机遇后，公司将进一步扩大生产。

（续表）

项目	旧工艺、旧设备	现在使用的新工艺、新设备
酒剂生产	首先用桶（有时用泵），将成品药酒注入一个自制的用铜板焊接的四方槽盆中，槽盆内放置了不同规格、“乙”字形（俗称“鸭仔”）的量杯，按下量杯，注满药酒，通过漏斗灌入放在一窄小木车上的若干个玻璃瓶内。输送至下一工序是用有一定斜度的木槽将小木车滑下；用人工一手把水松木塞放在玻璃瓶口，一手用木槌将木塞拍入、拍紧。再将小木车推去下一工序（戴硝化棉）。用浆糊在瓶身贴颈招、身招，入箱成成品（旧图 36、旧图 37、旧图 38）。五六十年代是用禾秆编成长条形禾秆排包裹瓶身，再放入木箱钉装。60 年代末改用纸箱取代木箱。 厂房由民居改成，光线不足、潮湿，还存在工人劳动强度大、效率低且迂回等问题。此落后的状况是药酒生产在五六十年代的真实写照。 当时的主要产品有冯了性	 **新图 48　18 米^3 的药酒浸渍罐**  **新图 49　BRO1 板式换热器**  **新图 50　JDP－400 饮料过滤机**

（续表）

项目	旧工艺、旧设备	现在使用的新工艺、新设备
酒剂生产	风湿跌打药酒、梁财信跌打风湿药酒、毛鸡酒、壮血酒、安络痛酒等，全年药酒产量约100吨。  旧图35　酒埕 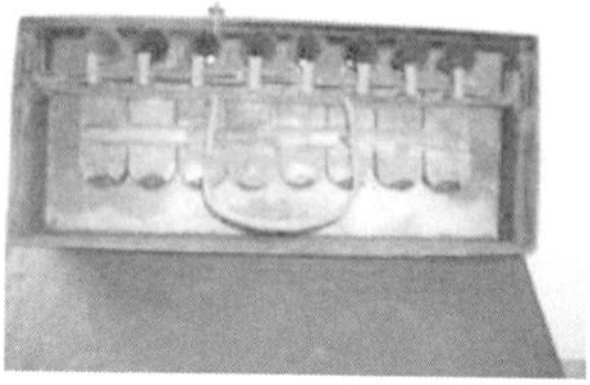 旧图36　药酒灌装器 （俗称“鸭仔”，一斤装） 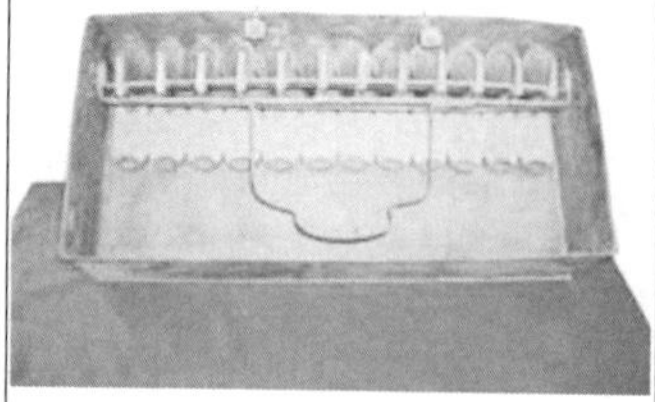 旧图37　药酒灌装器 （俗称“鸭仔”，半斤装）	 新图51　2t/h卷式药酒超滤澄清系统  新图52　日本产RF－4520药酒灌装线  新图53　TB－1直线式贴标机  新图54　CF－30T－H纸箱成型机

（续表）

项目	旧工艺、旧设备	现在使用的新工艺、新设备
酒剂生产	 **旧图 38　运送药酒瓶的小木车**	 **新图 55　KZBD 低台半自动捆扎机**  **新图 56　QSX50/500 冲洗瓶机**
酊剂生产	药酊生产的原药材处理分两部分。一部分是浸渍，另一部分是渗漉。以下以我公司获国家银质奖的“跌打药精”（后改名为“竭红跌打酊”）为例。 产品的原药材有一个共同点，就是以树脂类为多。所以其特性是黏稠、柔韧。用粉碎机之类的机械不但难以加工，清理设备也比较困难。	药精的生产，分浸渍和渗漉两大部分。整个工艺流程与原有的大致相同，但自厂房、设备、洁净区迁入新厂区后，药精生产有了根本性的变化。 在新厂区药酒北楼设有酊剂浸渍室、搅拌浸渍室（新图57）、渗漉室、酒计量室、30 万级洁净区的酊剂灌装室。 组方的药材经净制、干燥之后进入备料室待用。领出后的

（续表）

项目	旧工艺、旧设备	现在使用的新工艺、新设备
酊剂生产	20世纪60年代的药精制作是将可以打成粗粉的如归尾、苏木之类的药材用榔头机打成粗粉。其余部分，冬天气温低时，质地较脆的，如乳香、没药、白矾等，人工在地面上用铁锤敲碎；夏天气温较高的时候，儿茶、芦荟之类的药材结成一团，只能用手将其逐一掰开，然后再以较爽洁的“红花”之类的药材将其一起拌匀，再投料。 早期的跌打药精浸渍与药酒浸泡一样，都是以40斤装的酒埕逐埕放药材，放酒，用同样的瓦碟盖口，浆糊、纱纸封好静置泡浸。时至60年代末、70年代初才建有一大的地面水泥池。药材和酒倒入水泥池，用木板将整个池子盖起来，再用浆糊、纱纸将缝隙密封，进行静置浸泡。在整整60天的浸渍期间，每过15天要开封一次，用大竹篙、大撑船桨，将药材搅拌一下，以期药材成分能较	用料用DF－310多功能粉碎机打成粗粉，连同70%的乙醇注入2米^{3}不锈钢搅拌浸渍罐浸渍30天。需渗漉的，同样将所需药材打成粗粉，经1米^{3}SH10渗漉罐（新图58）渗滴，渗漉液同样进入搅拌浸渍罐与打成粗粉的药材一起浸渍，浸渍完成并检验合格后，经管道过滤器过滤成酒酊滤液。 经过静置的滤液，用全封闭不锈钢耐磨泵泵进30万级洁净区内作再一次过滤。洁净的塑料瓶进入后再用GCB4C四泵直线消泡灌装机（新图59）进行酒酊的灌装。之后由胶带封口机和捆扎机完成成品。  **新图57　2米^{3}酒酊搅拌浸渍罐**

（续表）

项目	旧工艺、旧设备	现在使用的新工艺、新设备
酊剂生产	充分地析出。 需渗漉时将药材倒入一个用水泥建成的圆形高位池，注入所需白酒，以渗滴方法收取渗漉液，再与浸渍液混合，再浸渍。 当时分装是用一台医院用的吸痰机通过机内刮板产生的负压而将铁桶内的药精吸进扁平的小玻璃瓶内。后装盒、入箱、打包，全过程均用人手操作。工作环境和药酒区间相同。 进入80年代，环境、工艺、设备、厂房都有所改进，新建了一座药精大楼，楼内设置有不锈钢浸渍罐、静置罐、包装间、检验室等。 渗漉有一套专用的可倾渗滴设备收集药液。半自动捆扎机取代了人工拉索打包。整个药精生产过程大大改善。	 **新图58　SH10渗漉罐** 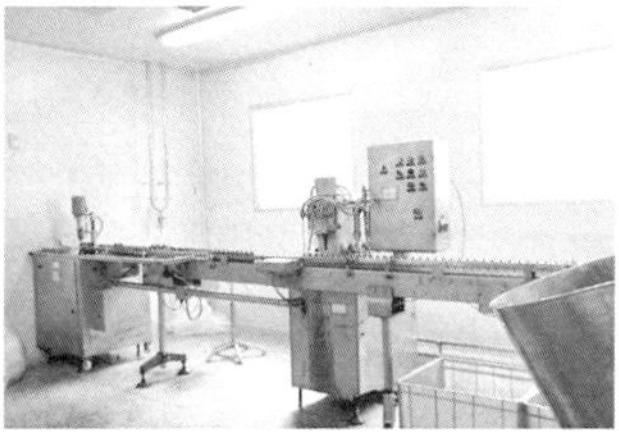 **新图59　GCB4C四泵直线消泡灌装机**

（续表）

项目	旧工艺、旧设备	现在使用的新工艺、新设备
散剂生产	散剂生产的药材前处理、净制与其他剂型大致相同。早在五六十年代的散剂生产既落后又古旧。工厂是在低矮、昏暗、凌乱的民房中进行整个生产，加工设备可以用原始来形容。切制是以人力用单刀铡药，碾药是用上百年的生铁铸成的辗船（旧图39）。工艺方面虽说是遵古炮制，但从现代社会的角度来看，很多环节是应改革和淘汰的。以水磨工序为例。如“珍珠末”，首先用水连同豆腐、珍珠一起煲煮，捞起后逐勺将带水的珍珠灌入石磨上方投料孔（五六十年代初期是用人手推转小型石磨，在60年代末才改用一电机带动帆布带传动来推转较大的石磨），为使磨出的珍珠的幼洁度符合要求，须进行多次复磨。磨出的细浆用我们俗称的面粉袋盛装，捆好袋口，用石头（石磨之类）等重物压在上面，以期将水压渗出	散剂生产的药材前处理、净制与其他剂型大致相同。散剂制作所需的药材（药粉）经配料之后进行设有30万级洁净区的备料室。因产品的相当部分是贵重香料，如麝香、牛黄、珍珠末等，所以用较精确的电子秤称量，然后进行不同品种的各类工艺处理。 以“儿科七厘散”为例。一部分药材用FC－250F微型高速粉碎机（新图60）粉碎、过筛成细粉；一部分用石磨或“球磨机”研磨成极细粉，后者直接由专业的加工厂按产品的要求提供。较大量的如珍珠末，购进无锡宝辉机械制造有限公司生产的WFJ－15微粉碎机组（新图61）加工，此类机筛出之细粉可达140～150目，这样一来，在确保质量的前提下，产量得到大大提高。 有香料和无香料的产品都按各自工艺、质量技术要求处理，两种药料进入30万级洁净区的总混室，用EYH－1000L二

（续表）

项目	旧工艺、旧设备	现在使用的新工艺、新设备
散剂生产	来，得到较干爽的珍珠粉。然后将其用浅的星铁盆摊开，用当时的火胆焙炉进行烘焙（有时是利用阳光在地板上晒）。待粉干透，每人拿一个玻璃瓶将珍珠干粉团研成粉末，再用箩斗（竹筐内嵌有一定目数的金属筛网）进行拍筛，筛出的是成品。剩余的又倒进浅铁盆继续用玻璃瓶研滚，直至没有筛余量（因为用的是水磨，所以此工艺研磨出来的珍珠之类药材，其目数可达120目以上）。 产品中犀角（当时是允许使用）、羚羊角之类的贵重药材，其筛选更有特色，操作女工双手捧着一特制的专用密封箩斗（旧图40），其动作就像非洲舞中的鼓手有节奏地拍打，使箩斗内上方的筛选物因拍打震荡而通过筛网从而所达到筛选的目的。这种古旧操作方法一直沿用至70年代初购进微型粉碎机时止。密封箩斗完成其历史使命后，还拟将其摆进中成药	维混合机做药料的混合。经检验细度、均匀度和微生物限度后转入散剂内包装室，用DXDK－80F粉剂全自动包装机（新图62）用复合膜进行散剂包装。测定装量差异后送进中间库，再进入散剂外包装室。印制批号用固体墨轮快速印字机之类的机械，取代了过往烦琐人手印制。之后装盒装纸箱，进成品仓库。  **新图60　FC－250F微型高速粉碎机**

（续表）

项目	旧工艺、旧设备	现在使用的新工艺、新设备
散剂生产	博览馆。至于分装工序更是落后得难以形容。将要分装的药粉装入一个用生铁焊成的长方形小铁盒，盒上方横有一铁条，是便于使用铜片压制成匙状的小壳［叫做毕粉壳，我们俗称它为“耳屎壳”（旧图41），因装量少且形状又相似］。小壳装满药粉在铁条下方刮一刮，以作重量的标准（当然，最后还是要称量，用的是当时在市面上通用的“厘戥秤”，见旧图42、旧图43）。盛满一壳的药粉，倒进一个用铜片焊成的小漏斗（毕粉器，旧图44），通过漏斗装入犹似筷子头大小的玻璃瓶中。然后逐瓶塞木塞或塑料盖，蘸蜡封口，入小盒、大盒，装大箱成品入库。 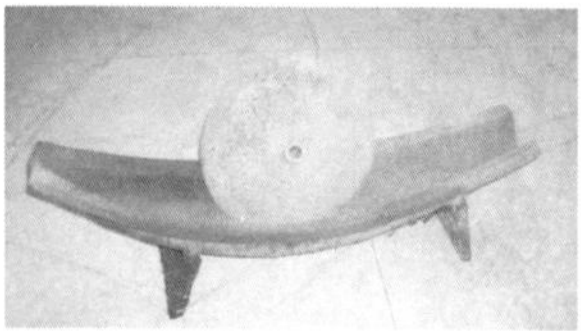 **旧图39　生铁辗船**	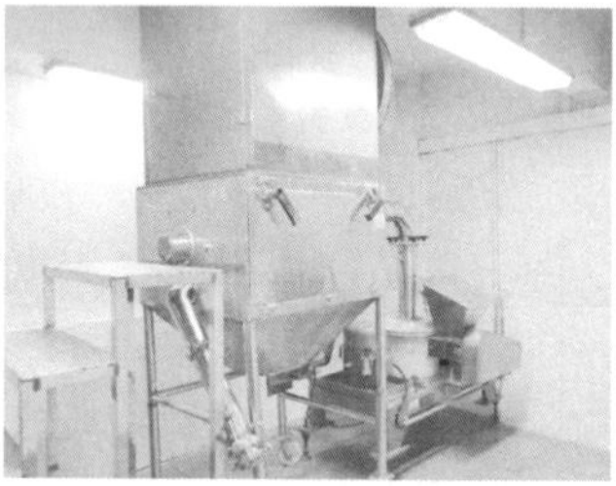 **新图61　WFJ－15微粉碎机** 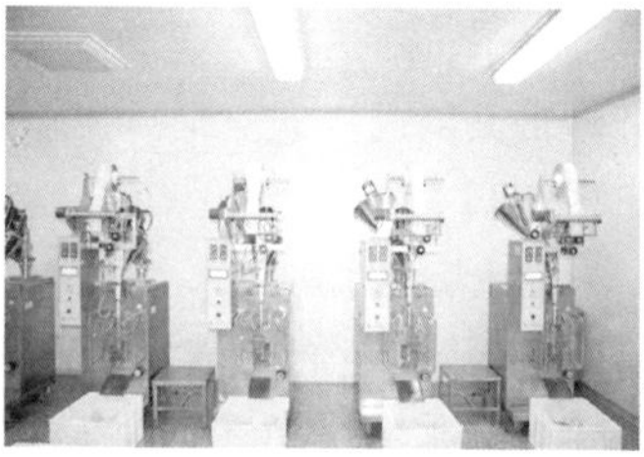 **新图62　DXDK－80F粉剂全自动包装机**

（续表）

项目	旧工艺、旧设备	现在使用的新工艺、新设备
散剂生产	 旧图 **40**　密封箩斗 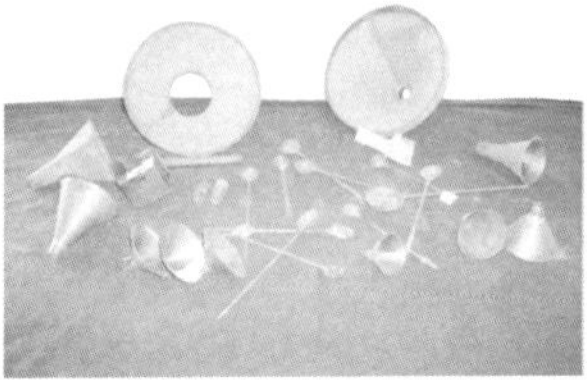 旧图 **41**　各种规格的“毕粉壳”（俗称“耳屎壳”）和各种漏斗 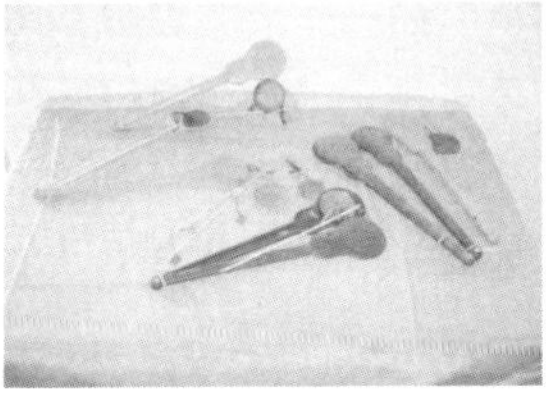 旧图 **42**　厘戥秤 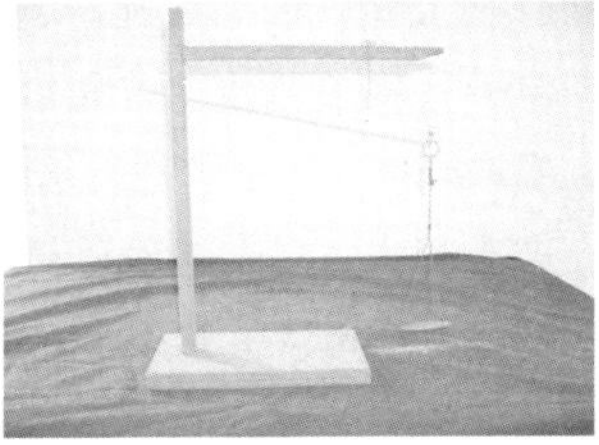 旧图 **43**　土制“秤架”	

（续表）

项目	旧工艺、旧设备	现在使用的新工艺、新设备
散剂生产	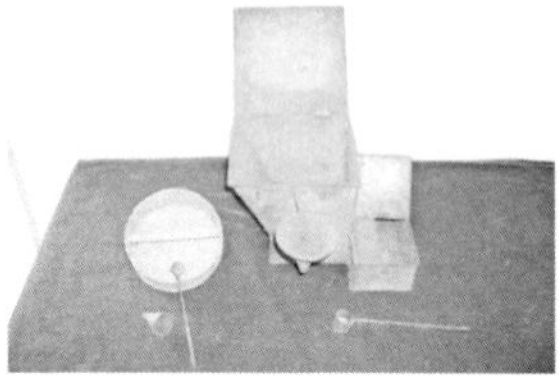 **旧图44　散剂定量用的“毕粉器”（毕：广东方言，作动词用时意为“盛舀”）**	
颗粒剂生产	生产颗粒剂的原材料前处理、净制与其他剂型的处理相同。但因市场同类品种繁多，真正达到疗效的却不尽人意，所以我厂对颗粒剂（冲剂）的品种生产如罗汉果止咳冲剂、小儿七星茶冲剂、川贝枇杷冲剂等，亦多以试制报批作产品储存为主，获生产批准文号且实际生产面向市场的不多。 颗粒（冲剂）的生产工艺大致流程是水提取—浓缩—收膏—干燥—混合—整粒—总混—分装—包装。 设备包括最普通的敞口提取锅、夹套浓缩锅。干燥用的是列管式蒸汽焙炉；混合用	中外合资前，厂生产的都是较大众化的膏、丹、丸、散等产品，以前也曾有过移植饮料型冲剂，但面向市场和正规生产的为数不多。近年研发的新产品——柴石退热颗粒是本公司推向市场的颗粒类新药。柴石退热颗粒产品的原材料前处理、净制与其余各大剂型的处理相同。 经净制、切制或炮制的净药材入库，按处方配料，通过电子秤称量领出，首先以多能提取罐按工艺要求进行水提取，药渣弃去。提取液经管道过滤器过滤，进入减压真空浓缩锅浓缩成浸膏，再经喷雾干燥器制成浸膏粉，入中间库。将喷雾

（续表）

项目	旧工艺、旧设备	现在使用的新工艺、新设备
颗粒剂生产	的是单轴混合机，而整粒使用的是当时最流行的“摇摆式擦粒机”。分包装全过程都是在民房式或经改造而又没有洁净级别的工场和车间中进行。 本剂型因生产量不大，所以整个生产过程一直没有进行认真的整合。	干燥器制得的颗粒浸膏粉加适量辅助剂于二维混合机中混合均匀，以日本产的干式造粒机（新图63）压轧和筛分，直接造成颗粒，细粉再进行第二次的造粒，制得成品后作再一次总混，经测定粒度、溶化性、水分、含量、性状后，中间产品置于带盖的内衬塑料薄膜袋的洁净容器中称重，挂上物料标签送中间库。在30万级洁净区的颗粒剂生产室内，用西班牙产的S－130－D包装机进行包装。分包装期间是每隔30分钟抽取样品进行装量差异测试，并做好记录。分装好的产品用塑料箱装好，统计分装总袋数，挂上物料标签入中间库。产品进入固体制剂车间颗粒外包装室进行装盒、装箱、捆扎入成品仓库。  **新图63　日产TF－3012干式造粒机**

（续表）

项目	旧工艺、旧设备	现在使用的新工艺、新设备
软膏剂生产	软膏剂生产是于 1985 年获批“红药软膏”这个品种开始的。 其药材的前处理和水提、渗漉等设备均为通用设备，比较落后，但还可以用，特别在产量不大时更没有更新的想法。但混合搅拌等专用设备则由于经验不足，一般先采购勉强可用的旧型号，而外包装设备则尽量用当时较先进的自动灌装机。由于产品的销量没有先前想象的那么好，所以在厂房和设备改造上也一直没有下大的工夫。	本公司在中外合资之前与佛山中医院共同研发的软膏剂型产品名为“红药软膏”。后因中药整顿，此产品上报卫生部，卫生部要求此药更名，后征得时任佛山中医院院长陈渭良医师同意提名改为“外伤如意膏”。1998 年经最后核准，载入《中华人民共和国卫生部药品标准——中药成方制剂（第十五册)》。 外伤如意膏的生产工艺大体是：前处理部分是将主药紫草净制，以 95 度乙醇浸渍 48 小时后再作渗漉，得渗漉液。减压回收乙醇得紫草浸膏。其余药材如大黄、黄芩、黄柏之类经炮制，以多能提取罐提取两次，合并提取液，经管道过滤器过滤，再经 0.7 米^3 真空搅拌浓缩罐（新图 64）将药液浓缩。以乙醇醇沉，静置 48 小时得上清液、过滤（滤液回收乙醇），经前处理提取工艺得外伤如意膏水提浸膏，然后加入紫草浸膏和基质，在加热罐中熔化，在 SZL－250L 真空乳化

（续表）

项目	旧工艺、旧设备	现在使用的新工艺、新设备
软膏剂生产		机（新图65）中混合制成乳膏成品，经检验均匀度、微生物限度合格后，再用GZ100自动灌装机（新图66）以铝管分装乳膏而得成品。装量差异检测合格后装小盒、装大盒、装箱、成品入库。 从水提浸膏加入紫草浸膏至灌装，此段工序均在30万级洁净区进行。  **新图64　真空搅拌浓缩罐**  **新图65　真空乳化机**  **新图66　自动灌装机（乳剂）**

第二节 演变完善之行政管理

一、行政体制变革：顺应时代要求

在冯了性企业发展的不同时期，其行政体制的设置也进行了多次变革和更新。1956 年公私合营后至 1982 年 7 月，佛山联合制药厂（1957—1966 年）、佛山市人民制药厂（1967—1971 年）、佛山市制药一厂（1971—1982 年）的行政管理归属经历过 14 次的交替，归属过佛山市政府工商管理股、市工商管理科、市工业科、市工业局、市重工业局、市化工局、市经济计划委员会、市轻化工业公司、市轻化工业公司革委会、市化学工业局等单位。1982 年 8 月至 1984 年 12 月，佛山市制药一厂的行政管理划归佛山市医药公司。地市合并后（1985 年 1 月至 1999 年），行政管理划归佛山市医药总公司。2000 年 3 月起，佛山市制药一厂在市政府的领导部署下，实行企业转制、资产重组，企业员工自筹资金，合资组建成立“佛山仲弘有限公司”，再与佛山发展（香港）有限公司的“快喜力有限公司”合资组建成立“佛山冯了性药业有限公司”，建立董事会，实行合资生产经营。2001 年 11 月，香港快喜力有限公司将其持有的 51% 股权转让给在英属维尔京群岛登记注册的兴兆贸易投资有限公司。2000 年 3 月至 2003 年 12 月由佛山市工业投资有限公司代管。2004 年 1 月起直至 2007 年 8 月，佛山冯了性药业由佛山市政府国有资产监督管理委员会属下的佛山市公盈投资控股有限公司代管。2007 年 9 月起至今，由于在英属维尔京群岛登记注册的兴兆贸易投资有限公司将其持有的佛山冯了性药业有限公司的51%的股权转让给了在香港登记注册的兴兆贸易投资有限公司（香港），进行合资生产经营，所以佛山冯了性药业有限公司划归佛山市公用事业控股有限公司代管。

（一）佛山市联合制药厂（人民制药厂）机构设置

车间机构设置有：2个车间：一车间［班组设有：泛丸组、压片组、磨房组、制铡组、焙炉组、水提组、小丸（片）包装组、丹散包装组、锅炉组。主要生产片剂、散剂、小丸］和二车间（班组设有：制蜡壳组、埋丸组、封装组。主要生产大蜜丸）；2个工场：药酒工场（主管药酒生产）和晒茶工场（主管药茶、药膏的生产）；1个机修车间（建厂初期称机修组，1960年改称机修车间）。

股室设置有厂长室、供销股、财务股、生产股、技术股、质量股、设备股、人保股、行政股、工会。“文化大革命”期间，股室改为“三组一室”。生产、供销、技术、质量、设备股改为抓促组，人保股改为政工组，行政、财务股改为后勤组，厂长室改为主任办公室。

（二）佛山市制药一厂机构设置

1. 车间机构设置

1971年8月至1988年，设置有：一车间［班组设有：泛丸组、压片组、磨房组、制铡组、焙炉组、水提组、小丸（片）包装组、丹散包装组、锅炉组。主要生产片剂、散剂、小丸和进行药材前处理］、二车间（大蜜丸车间，主要班组有打壳组、埋丸组、入丸组、烙壳组、包装组等）、药酒工场、机修车间、总仓（1987年设立，将原来分散由各车间兼管的各类仓库统一起来管理）。1988年佛罗公路新车间建成投产后，将一车间的磨房组、制铡组迁往该处，焙炉组迁出部分，锅炉组归由机修车间管理，水提组也逐步迁往新区。

同年，非固体制剂部分生产班组搬出后，一车间改名为四车间（主管片剂、散剂、小丸生产）；药酒生产全部迁往新厂区，药酒工场及其三车间的建制合并（主管药酒生产，兼管药材前处理工序，包括有水提组、磨房组、制铡组、焙炉组、仓库）；机修车间改名为动力车间（主管设备的维修及部分配件，配合设备科开展一些技改工作，并兼管锅炉组）。1991 年后一车间取消，这是因为一车间的称谓原来是想要留给前处理及水提车间的，后来佛罗公路厂区统称为三车间进行管理，所以就没有了一车间的建制。1996 年四车间并入二车间，四车间被取消，二车间统管全部固体制剂。三车间主管佛罗公路 35 号之一厂区的生产和仓库。主要包括前处理和药酒生产，以及原料仓、熟料仓、酒库，此外还包括锅炉房、机修等自成体系的后勤保障系统。但仓库业务上的管理仍由总仓库指导。机修车间直接隶属设备部管理，主要负责庆宁路厂区的锅炉、供电、公共工程、维修，以及厂内的技改项目和全厂大修支援。总仓库直管庆宁路厂区的仓库，并在业务管理上指导设在三车间的仓库，但人员管理交由三车间统管。这种管理设置因应两地生产而设。及至后来 GMP 改造和整厂搬迁完成，各个车间设置及管理就更加合理了。

2. 股、科室设置

1971—1976 年，设抓促组、政工组、后勤组、革命委员会主任办公室。1977 年撤销“三组一室”机构，恢复股室机构。包括：厂长室、供销股、财务股、生产股、技术股、质量股、设备股、人保股、行政股、工会。1980 年增设基建办。后来相继增设全质办（质管科兼管）和中药研究所、企业整顿办。1985 年 5 月，原来的股室全部改为科，企业整顿办改为厂长办公室。1988 年增设计量科，由质量科兼管，后移交设备科兼管。1990年增设电脑统计中心，撤销政工科，分别设立人事科、安保科、教育科、党总支办公室（教育科由党总支办公室管理）。次年，增设能源科、环保科，两科均设在设备科内，由设备科管理。在1996年至1999年期间，设置的职能部门有：厂长室、厂长办公室（将电脑统计中心并入）、行政科、生产科、设备科、质管科（将技术科和质监科合并）、供销科、财务科、中研所、政工办公室（兼党总支办，包括人事、保卫）、工会（兼管教育）、基建办。

（三）改制更名后的佛山冯了性药业有限公司机构设置

2000年3月至今，部门设置有：固体制剂车间（2002年前称二车间），设有片剂颗粒班、散剂包装班、封装机班、合坨制丸班、大丸机包班、小丸制丸班、小丸包装班、小丸单剂量机包班、物料供应班、机电服务班；酒酊、前处理提取车间（2002年前称三车间），设有浸酒班、药酒包装班、酊剂包装班、粉碎班、炮制班、干燥班、提取班、机械维修班；仓储部（2002年前称总仓），设有药材配料仓班、包装材料班、成品仓班、综合仓班；科室管理部门，设有总经理室、公司办公室（包括电脑中心、统计、安全保卫、党总支办）、人事部、供销经理部（兼管司机班）、财务部、生产部、品质部（包括化验和检验中心）、设备工程部（兼管锅炉班、设备维修班）、科研开发部、行政服务部（包括工会，兼管饭堂班、门卫班）。

（四）2000—2007年管理机构设置

2000年开始，公司实行董事会领导下的总经理负责制，部门设置有：品质部、生产部、设备工程部、人事部、科研开发部、仓储部、供销经理部、财务部、行政服务部、公司办公室、工会。生产部下设三个生产车间：前处理提取车间、固体制剂车间和酒酊车间。

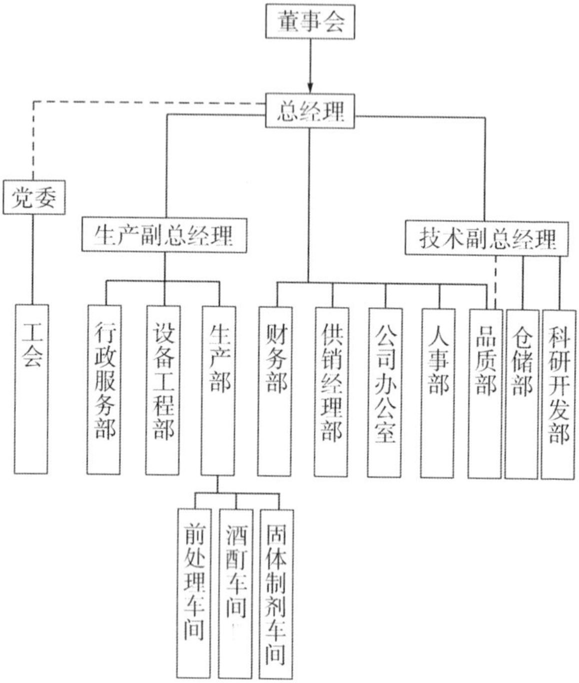

2000—2007 年管理架构图

二、人力资源改革：确保人尽其才

（一）不断完善的用工制度

1．企业级别逐步取消

1984 年前，佛山市是县级市，主管公司是科级，企业是股级。1984 年佛山地市合并，佛山市直属企业的级别相应升了一级，成为科级。因为那个年代升工资涉及升级面和套级的关系，所以企业都希望级别能够得到提高。

1985 年，经佛山市委组织部批准，“鉴于本企业在国内的地位和对佛山利税的贡献，批准为副处级企业”。

1992 年后，推行市场经济和厂长负责制，企业取消了按行政级别定级，而是根据企业的销售额、实现利税、职工人数等指标，按计分达标的办法，将企业分为 A1、A2、B1、B2、C1、C2 类企业，再按这些类别与行政级别挂钩。每轮重新确认，我厂都是 B1 类企业，相对应的是“副处级”。

2000 年企业转制，才彻底取消行政级别。

2. 干部制度逐步取消

在计划经济时代，企业内干部与工人的身份是泾渭分明的。干部由人事局管理，其干部身份必须经人事局批准确认。

1983 年以后，“干部转正”和“以工代干”等旧的人事用工制度逐渐式微直至消失，取而代之的是 1993 年开始实行的全员劳动合同制。这种制度表面上没有了“干部”和“工人”之分，但由于企业没有彻底转制，“干部”和“工人”的身份还是有区别的，表现在干部肯定是“固定工”，而“固定工”与“合同工”在身份上又有所不同。在退休待遇上，又有“管理人员”与“工人”的差别，而“干部”又一般视为管理人员。这种现象在第一次企业转制时并未解决，直到 2006 年 9 月 30 日实行“二次转制”才得到彻底的解决。到那时，才真正没有“干部”、“工人”之分，所有人员都是企业员工，且全部是合同制。

3. 用工制度逐步规范

20 世纪 80 年代初期，企业用工计划控制很严，那时除了顶替父母者、转复退军人以及中专以上的应届毕业生外，其他人员很难成为企业职工。而一旦有计划指标进厂，就是固定工。1985 年 5 月，开始推行合同工制。将当时在企业工作的临时工转为合同制工人，这是企业第一批劳动合同制工人，每个就业的员工，必须与企业签订劳动合同。之后，这项制度坚持了下来，凡进企业的员工除国家认定为干部身份的应届毕业生外，都为劳动合同制工人。

到了2000年，企业第一次转制由于没有“买断工龄”，原“固定工”的身份仍然保留，一些原有的福利待遇仍然享受。

2006年9月，公司进行“二次转制”，员工解除了原来的劳动合同，领取了解除劳动合同的经济补偿金，这种原“固定工”身份才算彻底取消，真正实行全员劳动合同制。2008年1月1日正式实行《劳动合同法》，用工制度有了规范。

（二）不断提高的工资待遇

新中国成立前，各厂店工资都很低，也不一致，主要是靠店（厂）佣，再按工资比例分配。私营厂店，工资膳食都各自为政，视该老板及主持人是豪爽抑或吝啬，以及该厂店业务效益而定。抗日战争胜利后，一般都有年终双薪。店佣分配各店很悬殊，多者一人分几份，少者只是一份，下级职工仅够个人生活，难以养家糊口。店员的家室多在农村乡下，每年回乡两三次。私营厂店习惯由店供给食宿，称之为“福食”，一般一宿两餐，个别三餐。而住宿只是在店中找一地方晚上临床就寝，甚至睡在货堆上，当时称之为“朝拆晚行（装）”以利开门营业。平日菜式多是一荤、一素、一汤。祭日（农历每月初二、十六）和节日丰盛些，如农历年三十晚团年、正月初二开年、初七人日、四月廿八药王诞、五月端午、八月中秋、廿七孔子诞、十二月冬至等。

新中国成立后，工资制度不断变革，内部分配进一步完善，工人的工资及福利、保险等待遇都有了很大的提升。

1. 工资制度的变革

新中国成立初期，即公私合营前，为便于资方接受，稳定局势，工资水平由劳资双方协商，签订劳资协议书，由人民政府批准，总工会监督执行。国家干部实行“供给制”，职工的工资根据日常必需的实物量，按当时物价折算成“工资分”以货币形式支付。1952 年进行了第一次企业改革，改革的重点是旧社会遗留下来的半封建半殖民地性质的工资制度。初步统一了工资计算单位，即以“工资分”为单位，每个“工资分”所含实物的品种和数量统一。把每一个“工资分”含的实物统一规定为：粮食 0.8 斤，白布 0.2 尺，植物油 0.05 斤，食盐 0.02 斤，煤 2 斤。公私合营后，全国工资改革，实行统一的等级工资标准，重新修订技术标准，规定计件定额和单位，取消“工资分”制，统一以人民币为计算工资单位。1961 年，佛山市制药行业仍然有 27 元以下的工资标准，但市属其他行业已基本取消。后来取消了计件工资制和提成工资制，统一实行计时工资制。“文化大革命”期间又恢复了计件工资制和奖励。1983—1986 年，以“百元销售工资含量”的形式来计提工资总额。企业内部以基本工资 + 奖金形式计发给职工。1986 年，企业内部实行工资套改，工人实行八级工资制，干部实行十七级工资制，职工实行浮动升级。新招收的人员也按工资标准执行。

1987 年以来，实行经营承包责任制，同时实行工资总额同经济效益挂钩浮动办法，确定企业当年所提的工资总额。企业内部则还是实行基本工资 + 奖金的办法。基本工资根据劳动部门的审批，每年有一定比例的升级面（具体升级情况下一部分详述）。奖金的分配方法按内部制订的方案进行，首先制订一个《奖惩通则》。1987 年起，同时实行超定额奖。

为此下决心完善各项定额管理。在完成定额之后，按超额的百分率进行计奖。1990 年，企业内部实行“七保”计件奖。“七保”用于考核车间，要求车间从七个方面保证指标的完成。在完成各项生产任务的前提下按数量计件进行奖励。也就是员工的收入那时由：基本工资、计件工资、“七保”的奖金以及部分补贴组成。企业还通过季度奖、年终奖来调节内部的分配。这种内部分配的制度由于有外部工效挂钩的支持，一直坚持了十年。当然，这十年中也在不断调整完善方案。1993 年，修改“七保”经济责任制，完善“七保”经济责任制的考核细则，对考核内容、奖罚标准和考核办法等作了补充和修改，使“七保”的考核更加简便和切实可行。1996 年，发现随着时间的推移以及工资总额的增加，计件奖的含金量减少，生产定额水平较低且各班组定额水平不够均衡，造成激励作用有所减弱。为保持定额先进性，更充分地调动职工的工作积极性，在全面调整定额的基础上重新修订“七保”计件奖方案。新的方案在定额平均先进的基础上，实行生产车间以计件奖和“七保”责任制相结合，按班组定员定额考核，以最终产品或半成品计奖；辅助车间及科室的计件奖与生产车间挂钩。“七保”奖按“七保”责任制考核。新方案增加了车间的自主权和责任感，加强了科室部门的工作考核，以达到提高生产效率、增产促销、提高效益的目的。1997 年，为进一步加大计件的力度和使生产定额更合理完善，再次修订“七保”计件奖方案及定额方案。计件奖方案将月度基本奖从 350 元/月调整为 500 元/月，各类工种补贴也相应增加。

2000 年，企业转制，由国有企业转为中外合资企业，整个工资制度又发生了很大的变化。企业工资总额的确定，不用再按工效挂钩办法提取，而是按《中华人民共和国外商投资企业会计制度》的规定，由董事会决定。公司内部的分配则由四大部分组成，即：基本工资、岗位技能工资、年功工资和奖金。其中，岗位技能工资包含有各种补贴，分成九个类别，每个类别分五个等级。奖金基本沿用计件奖的办法，但在计件单价上考虑了各个工种的劳动强度；同时设立年终奖和一些临时补贴。2004 年，对定额和一些计算办法以及基本奖的数量进行了一次比较大的调整。2006 年，对岗位技能工资的分类表在总结的基础上进行了调整。分成中层一、二类，管理一、二、三类，生产一、二、三、四、五类。每个类别分为 10 级。这个分类表从 2007 年 1 日起实行。总之，企业内部的分配制度随着市场化的深入，同时为体现中国特色的社会主义制度，不断进行着调整、深化，以实现提高效率、公平竞争而又和谐共处的目标。

2. 晋升职工工资级别工作

1978 年改革开放之前，企业的工资与奖励基本属于停滞状态。

1983 年，根据国务院规定调整企业职工工资，范围是全民所有制企业单位 1978 年底以前参加工作的固定职工。这次工资调整的一个显著特点是把调整工资同企业的经济效益挂起钩来，同职工个人劳动成果挂起钩来。当时佛山市制药一厂是 40% 的调整面，而且连续几年有 2% 的指标来调资。1985 年，根据国发〔1985〕2 号和劳人新〔1985〕29 号文的规定，为更好地贯彻按劳分配的原则，合理调整工资总额结构，改变当时企业奖金占工资总额比重过大的状况，理顺工资关系，为进一步完善工资制度打下基础，对国营企业进行了工资调整。调整内容主要是按新的工资等级标准套改，并浮动一级。套改面为100%，次年1月起执行。1990年，企业职工调整工资，将1985年企业套改时浮动升级的转为固定工资，“工效”挂钩企业职工升级面50%，当时职工人数667人。1991年，清理档案工资调整工资结构核定升级（转档工资）。第二年，档案工资升级，升级面50%，职工人数635人。第三年，档案工资升级，升级面50%，职工人数636人。根据粤劳薪〔1993〕89号文精神，对员工的基本工资进行清理调整。清理后按政策规定的工资变动，将国家和省规定的各种物价补贴并到工资标准中去，并适当延伸工资等级。我厂根据企业效益状况，选择了高档标准，员工按原标准工资等级套入参考工资标准表的相应等级。

3. 劳动力来源及保险

在当时城乡二元结构的情况下，冯了性药业的前身，其劳动力在20世纪90年代初之前均从市区城镇户口的待业人员中招收。由于改革开放，经济发展很快，城市的劳动力来源开始不足，而同时一些外来务工人员已开始由农村进入城镇。1993年，根据当时的用工状况，在国家政策允许的情况下，办理了一批“农转非”（农村户转为城镇户口），满足了一些劳动强度大、粉尘作业岗位的人员要求。同时也为这些生产一线的生产骨干解决了城镇户口粮食问题，实现了首次农村劳动力向城镇转移的实践。由于“工效挂钩”政策的引导，企业增人不增工资，减人不减工资，从1994年起，开始注意通过内部挖潜，调整内部分配方案不断提高劳动效率，虽然每年都有正常退休的人员，但原则上也不再补员，所以，员工数量逐年下降。到2001年底，企业人数降到437人。为了实施GMP和应付市场竞争提高营销人员素质，从2002年起，公司每年都从全国的大专院校挑选应届毕业生，充实各部门和生产第一线，员工队伍发生了很大的变化。至2007年底，大学本科毕业以上的员工达42人，占员工总数的9.46%；专科毕业生33人，占7.43%；中专、技校、高中毕业生56人，占12.6%。

1993年，为了配合建立社会主义市场经济体制的改革，广东省率先推行社会养老保险的工作，为此，广东省人民政府颁布了《广东省职工社会养老保险暂行规定》（粤府〔1993〕83号）。广东省社会保险事业局下发了《广东省职工社会养老保险暂行规定实施意见（企业部分）》，首先对固定职工办理确认连续年限和养老待遇。到2006年企业二次转制时，其工龄认定也是以这次核定的为准。1994年6月起，根据佛府〔1994〕056号文《关于改进保险费征集办法的通知》精神，企业和个人根据上报的缴费工资按一定比例缴纳社会保险费，养老保险设个人专户。之后，又增加了医疗保险、工伤保险和失业保险，从开始实行至今，公司都按规定依时、足额缴纳，充分保障了员工的基本权利。

4. 员工绩效评价工作

企业转制后，开始实行员工绩效评价工作。以每年6月至次年6月一年的时间为一个考核周期，由员工所在的班组、部门对其表现进行评分排序，在此评价意见的基础上，公司总经理办公会议对每一位员工提出总评价意见，总评意见从全公司的角度出发，考虑到班组部门之间评分尺度的差异作一个总体平衡。公司的总评价分为优秀、良好、中等、合格、差五个等级。公司在作总评价时，既充分考虑车间、部门的评价意见，又根据公司领导平日所收集到、观察到的情况，进行总体综合的评价，有疑问时则征询车间部门意见进行核实，力求使总评价结果与员工的实际表现相符。这种绩效评价制度一方面激励了员工的工作热情，员工可通过评价了解自己及同事的工作情况，认识到自己工作的不足，学习他人的先进之处，营造了一种互相竞争、互相学习的良好氛围，另一方面公司以绩效评价为基础，对一些表现优良而岗位技能工资相对偏低的员工的岗位技能工资作调升，确保人尽其才，既保证了员工的利益，又减少了人才的流失。

三、企业基层建设：加强企业管理

（一）企业党组织

基层支部的建设是一个企业凝聚力的核心。冯了性药业的前身，自 1957 年起就在企业建立了联合党支部。

1971 年，分厂后的佛山市制药一厂成立了党总支部，隶属佛山轻化工业公司党委领导。当时，企业的行政由革命委员会领导，党总支书记兼任革委会主任。革委会的一些副主任或委员由群众组织的头头或党外人士担任，以保证企业的日常生产经营管理，但企业的领导核心，特别是政治核心仍然在党总支。

1978 年开始，企业实行党委领导下的厂长负责制，企业基层党组织仍然是企业的真正的领导核心。不管书记是否兼任厂长，书记往往充当了企业第一把手的角色。

1985 年，党的十二届三中全会上，就国有企业的管理体制改革作了一个决定，开始在企业管理中推行厂长负责制，强化企业厂长在行政管理上的职权。自此，企业党组织不再是企业的领导核心，而成了政治核心。企业为了体现集体领导，成立了以厂长为首的管理委员会。以佛山市制药一厂为例，管理委员会的常委由正、副厂长和正、副书记组成，厂长成为主导企业的经营管理者。

2000 年，企业转制，成立了中外合资企业——佛山冯了性制药有限公司。企业转制后，党组织不定期开展党务公开工作自查，贯彻执行民主集中制组织原则和领导制度。凡涉及企业的重大决策制度、干部任免决定，均做到公开透明。党委定期向全体党员报告工作，保障党员民主权利。党委定期召开民主生活会，开设党务公开意见箱。党组织的工作计划及总结，党内各时期的中心工作，党风廉政建设，培养、发展新党员情况，党员教育管理，党费收缴等，以党员大会或党支部会议、通知等形式公开，保障党员的民主权利。

（二）企业工会组织

1957 年公私合营即成立了工会。企业虽经历了不同时期的分立合并，但工会一直延续了下来，经历了 60 多年的变迁，工会的职能架构得以完善。工会设立了主席团，通过对职代会的管理，参与落实企业民主管理的各项职能，维护职工的合法权益和民主权利。另外积极丰富职工的文化生活，帮助生活中有困难的职工，调解各种矛盾。七八十年代时，在厂部支持下，工会组织的歌咏队、粤剧队、醒狮队都可谓名声在外。企业转制成为中外合资经营企业后，工会仍处于一个不可或缺的地位，继续发挥其重要作用。

从 2003 年开始，公司工会还成立了女职工委员会，组织广大女职工参与由广东省总工会推出的“女职工安康互助保障计划”活动，使不幸患上特种重大疾病的女职工能及时得到有效的治疗，在经济上给予大力支持。保障了女职工的身体健康，发扬了工人阶级团结友爱互助的光荣传统。2007 年 9 月，女职工委员会继续通过宣传和发动，使投保的人数达到 141 人，占职工人数的 31.76%，被佛山市总工会女职工委员会评为“广东省女职工安康互助保障计划工作”二等奖。

第三节 内外兼修之生产管理

一、内功之技术管理：稳扎稳打，技术保证药效

新中国成立前，中成药的生产不受任何约束，只要有资本，即可开店设厂，生产经营。一些不法药商，偷工减料，以伪充真，以次充好，坑害老百姓。如佛山当时颇为出名的戒烟丸，外表看是中药，实质上加入了吗啡，同属毒品，服后一样成瘾。

新中国成立后，随着药政管理法规的加强，企业的生产技术管理逐步得到提高。

（一）严格、规范、制度化的技术文件管理

1．技术文件编制制度

关于技术文件的编制，公司有着非常严格规范的编制规定：下发修订的生产工艺规程、岗位操作规程及标准操作规程时将原文收回，并做好记录。在生产现场不得有过期或作废的生产工艺规程、岗位操作规程和标准操作规程；各种工艺技术参数和技术经济定额的计量单位，均按国家规定采用国际计量单位；成品名称以《中华人民共和国药典》或国家药品监督管理部门批准的法定名称为准；原辅料名称一律采用法定名称，适当附注商品名或通用名。

在技术文件的制订方面，也有具体的程序和要求。关于生产工艺规程方面，生产工艺规程由技术管理部门组织专业技术人员编写，经公司生产技术负责人审核，公司生产技术总经理批准后颁布执行，起草人、审核人、批准人均应签字并注明批准日期和实施日期。生产工艺要变动时，应由有关

部门提出书面报告，经审核后生效并做记录。关于岗位操作，凡正式生产的产品都必须按岗位操作法生产。岗位操作法由车间工艺技术人员编写，经生产技术部门负责人审核，生产技术主管总经理批准后执行。如有要变动时，应及时修订，修订稿的编写、审核、批准程序与制订时相同。标准操作规程（SOP）的编制不局限于直接从事药品生产的重要岗位，而还包括其他影响药品质量的相关岗位，SOP 的起草、审核、批准程序同岗位技术操作法。如有变动，应及时修订，修订稿的编写、审核、批准程序与制订时相同。

2. 技术文件管理制度

1984 年，国家医药管理局正式颁布了《药品生产管理规范（修订稿）》（简称《规范》），并在全国推行，厂里专门组织有关人员认真学习，对照《规范》的相关条文，按生产技术管理的要求制定了如下的生产工艺规程的管理制度。

（1）生产工艺规程是生产过程的主要技术文件，是药品生产过程中应遵循的技术准则。因此，凡正式生产的品种都必须制订工艺规程。工艺规程由技术科负责组织有关车间技术人员进行编写，工艺规程中包含了产品的有关经济技术指标；工艺规程应按规范的要求进行起草，按要求编制的工艺规程和相关的经济技术指标，经技术厂长审核批准后执行。

（2）工艺规程一般 3 ～ 5 年修订一次，确实需要紧急修改的，由车间提出申请。

（3）一般修改工艺规程，要有足够的试验数据，证明不影响产品质量的情况下，经厂技术部门批准、质量部门备案，在工艺规程附页上记载后，方可用于生产。重大修改的工艺规程，审查批准程序与制订时相同。

（4）工艺规程一经制订，各有关部门和职工必须严格遵守执行，任何人不得违反和擅自改动。

（5）凡经批准投产的新产品，均应及时下达工艺规程，并在实施中积累资料，及时补充、修改和完善。

（6）定期组织操作工人和有关人员进行工艺规程的学习，并定期按生产工人的技术等级标准考核。新工人或调入新岗位的操作人员，须按岗位技术等级考核合格方可独立操作。

（7）因技革或操作规程方法、原辅材料、设备、生产出现问题，要对工艺规程进行变动时，应及时向技术部门提出处理意见，以便及时修改。

（8）如因各种原因，原材料须使用代用品时，必须报经技术部门审查，并由技术部门拟定有关标准要求，上报卫生行政管理部门审批后方可使用。

（9）当班操作规程，有关人员应做好各种原始记录。填写记录必须实事求是、填写完整、字迹清楚，对弄虚作假者，将追究责任，视情节轻重给予适当的纪律处分。

（10）班组长、工艺员、车间主任和有关职能人员有审查原始记录的职责，应认真复核，并负责签署全名。

（11）生产原始记录由车间技术员妥善保管，以备随时检查核验。保存时间一般为3年。

（12）各生产班组的操作人员，必须严格遵守工艺卫生、产品质量要求和岗位职责。

随后，按照工艺规程管理制度的要求，由技术科负责组织有关车间技术人员对全厂所有品种根据《规范》中关于工艺规程的要求，起草编写了各产品的生产工艺规程，工艺规程的内容包括：品名、剂型、产品概述、处方、生产工艺流程图、生产工艺操作要点及工艺技术参数，还有生产过程的质量控制，生产过程中的工艺条件、操作步骤，原辅材料耗用定额，各主要生产工序的岗位技术安全操作法，各剂型的批生产记录及生产原始记录。每批产品均要填写批生产记录及操作原始记录，并定期回收。同年，为了让佛山中成药生产过程中独特的中药材传统的炮制方法得到更好的传承和发展，在编写工艺规程的同时我厂还专门组织了技术人员和有经验的老药工组成了一个以《中华人民共和国药典》为主要依据，以《广东省中药材炮制规范》、《中药大辞典》等为参考文献的《佛山市制药一厂中药材炮制规范》编写小组，用近两年的时间，于1988年9月完成了该规范的编写工作，该规范共收载常用中药材315种。

此后至2002年，随着1988年卫生部颁布《药品生产质量管理规范》作为正式法规执行和1991年根据《药品管理法实施办法》的规定在医药行业实施GMP工作以及历次药品生产企业换发合格证和生产许可证活动的进行，结合我厂的生产工艺规程管理制度的规定，在每5年一次换发生产许可证和1995年版、2000年版《中华人民共和国药典》实施的过程中均对生产工艺规程和相关的技术文件按要求作了修改。期间，产品批生产记录和原始记录由车间保管三年备查，后来改为每批产品完成后交技术部保存到产品保质期满后两年，使生产工艺技术文件的管理逐步走向规范化。

2002年，国家药监局明确要求药品生产企业必须在2004年6月前通过GMP认证，否则国家药监部门将不再给予换发药品生产许可证，因此在2002年的8月份，公司决定全面开展GMP改造。生产技术管理作为GMP软件的一个重要的组成部分，按照中药GMP实施细则的要求并结合公司自身的特点，在现代制药企业先进科学的文件管理系统基础上，按

GMP 文件管理规程，对包含产品工艺规程、岗位操作规程、生产原始记录和批记录等生产技术文件进行了重新修订，增加了产品主配方（产品主配方是经过验证了的、能够保证在规定限度内生产一定数量的均质产品所消耗的原辅材料、包装材料符合该产量产品理论上所需材料额度的配方，是生产指令的依据；一经确立，不得随意变更，如要变更，需要再重新验证）、标准操作规程［标准化操作规程（SOP）是按 GMP 的要求新增加的技术管理文件，是组成岗位操作法的基本单元，是对某项具体操作所作的书面操作指令，即对生产过程中具有共性的单元、设备、仪器操作以及其他共性的工作而制订的书面指令］两个新的技术管理文件。

重新修订的产品工艺规程比 1986 年修订的工艺规程增加了中间产品的质量标准和检查方法，说明书、标签、包装材料文字内容，厂房、设备、工具、人员等工艺卫生要求，包装材料消耗定额等方面的新内容及批生产记录。批生产记录由原来以剂型间各品种通用改为每个产品专用，使一个批次的药品生产过程的每个步骤都有完整的记录。产品完成后，要由生产技术部门和质量检验部门审核记录；每个产品最终是否放行，要经质量管理部门对生产记录终审决定。2004 年公司通过 GMP 验收后，生产技术文件管理按公司文件管理规程管理，技术文件的修订和修改除了要严格执行起草、审核、批准程序外，还要符合以下有关的规定。

（二）生产过程中复杂、严密、细致化的技术管理

1. 生产技术管理架构的形成过程

药品生产过程是一个较复杂的过程，将多种原料制成药品并经过检验合格出厂，涉及生产工艺及质量管理的多个环节。过去生产工艺的管理一直由技术科负责，随着国家逐步

加强对药品生产的监管，同时为了适应药品生产过程中技术管理的需要，从 1984 年起，公司为各生产车间配备工艺员，建立了技术管理体系的基本架构。从此，技术与生产科一起，共同构成了公司生产技术管理的基本格局，为做好日常生产过程的工艺技术管理和及时解决生产过程中出现的工艺问题提供了保证。至 2001 年，根据 GMP 管理的规范要求，生产部门与技术部门合并，生产调度和技术管理从此更加协调，更有利于生产发展了。

2. 生产过程的技术管理

生产准备阶段，要根据生产安排，打印材料领料单，准备批生产记录。各工序按材料领料单领取生产用的各种物料，并办理交接手续。生产开始操作前，操作人员检查工艺卫生、设备状态是否符合 GMP 规范的要求。

生产实施阶段，投料、计算、称量要有人复核，操作人、复核人均应签名。不同品种、规格的生产操作不得在同一生产操作间同时进行。同一品种不同批号的制剂生产或包装操作在同一操作室内进行时，应采取隔离或其他有效防止污染或混淆的措施。各生产工序要严格执行“卫生管理制度”、“清洁规程”。生产过程、中间产品都必须经质量管理部门质管员的严格监控和检查，各种监控凭证要留在批记录背面，无质管员签字发放的放行凭证，不得继续操作。对于本公司生产的大蜜丸、小丸、片剂、酒剂、酊剂、散剂、颗粒剂、软膏剂等几个剂型的关键控制点，包括工序、质量控制点、质量控制项目、频次都有具体的要求。详情见附表。

附表：冯了性公司几个剂型的关键控制点

（1）大蜜丸生产过程主要控制点及控制项目

工序	质量控制点	质量控制项目	频　次
配料	投料	品名、数量	1 次/批
前处理	粉碎	药粉细度	粉碎过程视批量至少 1 次/批，总混后 1 次
		水分	
		均匀度	总混后 1 次/批
制剂	制丸	外观、性状	2 次/班
		水分	
		重量差异	1 次/2 小时
包装	蜡壳封装	蜡壳重量、密封性	1 次/班
		印戳正确、清晰	随时/班
	塑壳包装	塑壳合口、挂蜡衣、去脐	随时/班
	外包装	标签、说明书品名、印刷文字	1 次/批
		纸盒品名、印刷文字	
		批号等印字操作	3 次/批
		合格证填写	

(2) 小丸生产过程主要控制点及控制项目

工序	质量控制点	质量控制项目	频　次
配料	投料	品名、数量	1 次/批
前处理	粉碎	药粉细度	粉碎过程视批量至少1 次/批，总混后 1 次
		水分	
		均匀度	总混后 1 次/批
制剂	制丸	外观、性状	3 次/班
		水分	每炉 1 次或 2 次/班
		溶散时限	
		重量差异	2 次以上/班
包装	内包装	装量差异	2 次以上/班
		密封性	
		内包材印刷品名、文字处理	随时/班
		批号等印字操作	
	外包装	标签、说明书品名、印刷文字	1 次/批
		纸盒品名、印刷文字	
		批号等印字操作	3 次/批
		合格证填写	

（3）片剂生产过程主要控制点及控制项目

工序	质量控制点	质量控制项目	频　次
配料	投料	品名、数量	1次/批
前处理	粉碎	药粉细度	粉碎过程视批量至少1次/批，总混后1次
		水分	
		均匀度	总混后1次/批
	提取	抽取时间、温度、次数	随时/班
		浓缩真空度、温度	
		波美度	1次/班
	喷雾干燥	进风温度、出口温度、塔内压力、供料频率	随时/班
制粒	颗粒	水分	1次/炉，总混后1次
		粒度	总混后1次
压片	素片	片重差异	1次/2小时
		水分	2次以上/班
		硬度、崩解时限、脆碎度	
		外观性状	
包衣	糖衣片	外观性状	2次以上/班
		水分	
		崩解	

（续表）

工序	质量控制点	质量控制项目	频　次
包装	内包装	装量	3 次/班
		密封性	2 次以上/班
		内包材印刷品名、文字	随时/班
		批号等印字操作	
	外包装	标签、说明书品名、印刷文字	1 次/批
		纸盒品名、印刷文字	3 次/批
		批号等印字操作	
		合格证填写	

（4）酒剂生产过程主要控制点及控制项目

工序	质量控制点	质量控制项目	频　次	备　注
配料	投料	品名、数量	1 次/批	仓储部中控
浸渍	浸渍液	乙醇量、总固体	每批	质量检验室
过滤	粗滤液	性状	每批	车间中控
	超滤液	性状、乙醇量、总固体	每批	质量检验室
包装	灌装	装量	1 次/2 小时	车间中控
		澄明度	随时/班	
		内包装外观		
		内包材印刷品名、文字		
		批号等印字操作		
	外包装	标签、说明书品名、印刷文字	1 次/批	
		批号等印字操作	3 次/批	
		合格证填写		

（5）酊剂生产过程主要控制点及控制项目

工序	质量控制点	质量控制项目	频　次	检测点
配料	投料	品名、数量	1 次/批	仓储部中控
配制	中间产品	性状、含醇量、总固体	每批	质量检验室
包装	灌装	装量	1 次/2 小时	车间中控
			每批	质量检验室
		内包装外观	随时/班	车间中控
		内包材印刷品名、文字		
		批号等印字操作		
	外包装	标签、说明书品名、印刷文字	1 次/批	车间中控
		纸盒品名、印刷文字		
		批号等印字操作	3 次/批	
		合格证填写		

（6）散剂生产过程主要控制点及控制项目

工序	质量控制点	质量控制项目	频　次
配料	投料	品名、数量	1 次/批

（续表）

工序	质量控制点	质量控制项目	频　次
前处理	粉碎	药粉细度	粉碎过程视批量至少1次/批，总混后1次
		水分	
		均匀度	总混后1次/批
包装	内包装	装量差异	1次/2小时
		性状	随时/班
		内包材印刷品名、文字	
		批号等印字操作	
	外包装	标签、说明书品名、印刷文字	1次/批
		纸盒品名、印刷文字	
		批号等印字操作	
		合格证填写	3次/批

（7）颗粒剂生产过程主要控制点及控制项目

工序	质量控制点	质量控制项目	频　次
配料	投料	品名、数量	1次/批
前处理	提取	提取时间、温度、次数	随时/班
		浓缩真空度、温度	
		波美度	1次/批
	喷雾干燥	进风温度、出口温度、塔内压力、供料频率	随时/班

（续表）

工序	质量控制点	质量控制项目	频　次
制粒	颗粒	性状	3 次/班
		粒度	
		溶化性	
		水分	2 次/班
包装	内包装	装量	3 次/班
		密封性	2 次以上/班
		内包材印刷品名、文字	随时/班
		批号等印字操作	
	外包装	标签、说明书品名、印刷文字	1 次/批
		纸盒品名、印刷文字	
		批号等印字操作	3 次/批
		合格证填写	

（8）软膏剂生产过程主要控制点及控制项目

工序	质量控制点	质量控制项目	频　次
配料	投料	品名、数量	1 次/批
制剂	基质制备	油相、水相各辅料名称	随时/班
		温度、搅拌时间、用量	随时/班
	乳膏制备	乳化温度、时间	

（续表）

工序	质量控制点	质量控制项目	频　次
包装	内包装	装量	1 次/2 小时
		内包装外观	随时/班
		内包材印刷品名、文字	
		批号等印字操作	
	外包装	标签、说明书品名、印刷文字	1 次/批
		纸盒品名、印刷文字	
		批号等印字操作	3 次/批
		合格证填写	

关于包装与标签管理，对符合工艺规程要求、完成生产全过程并经检验合格的产品可下达包装指令。包装用标签，实行限额领料，领、发料人员要签字。贴签工序于每批产品包装完毕后填写实用数量。如果使用数 + 剩余数 + 残损数与领用数发生差额时应查明原因，并做好记录。标签不得改作他用或涂改后再用。

3．清场管理

为了防止混淆和差错事故，各生产工序在生产结束，转换品种、规格或换批号前，应彻底清场及检查作业场所。包装工序调换品种时，多余的标签及包装材料应全部按规定处理。清场应有清场记录，记录内容包括工序名称、品名、规格、批号、清场日期、清场项目、检查情况、清场人及复核人签字等。包装清场记录一式二份，分别纳入本批批包装记录和下一批批包装记录之内。其余工序清场记录纳入批生产记录。清场结束由车间质量管理员复查合格发给“清场合格证”，清场合格证作为一个品种的生产凭证纳入批生产记录中。未取得“清场合格证”不得让另一个品种或不同规格、不同批号的产品进场生产。

（三）创新、进取、始终坚持的技术革新和工艺改进

公司在发展壮大的过程中，一贯倡导科技创新和科技进步，在20世纪80年代初就提出了“团结、民主、创新、进取”的工作方针，由于公司领导对科技进步的高度重视，公司内部从上而下形成了一种科技创新和科技进步的风气，取得了显著的成效，涌现出了许多科技进步项目。公司从1985年起为了表彰在科技创新和技术进步中取得明显成效的项目，每年都对在生产和管理上具有创新或进步的项目进行评选并给予相应的物质奖励，这更加激发了广大员工的积极性。多年来，在众多的科技创新和技术进步的项目中，有两件特别值得称道：公司独创的中药生产中的热压蒸汽加湿预热——微波灭菌干燥生产线以及公司首先采用的中药酒剂生产中的卷式膜分离过滤生产工艺，该两项技术为解决公司的生产和质量问题作出了突出的贡献。

长期以来，公司的科技人员在公司“团结、民主、创新、进取”的工作方针的指导下，分别在各个不同剂型品种中不断开展工艺改革活动，如大蜜丸的蜡壳配方，经有关技术人员的不懈努力，解决了蜡壳在气温稍低时即容易破碎的技术难题，使原来只能在岭南销售的大蜜丸产品销往黑龙江、新疆等低温地区。酊剂产品中的“竭红跌打酊”是一个已有百多年历史的传统产品，过去一直采用的是常温下浸渍的生产工艺，浸渍时间长，有效成分浸出效率低；1987年经技术人员对其中药材的有效成分进行了深入的分析后，将部分药材采用渗漉的新工艺，提高了有效成分的浸出效率，大大缩短了浸出时间，新工艺经有关药品监管部门批准后投入生产。随着制剂技术的不断发展，公司的工艺技术人员为了适应新工艺的需要，努力学习，把新的工艺应用到其余的各种剂型中，例如片剂的包衣工艺、小丸的制丸新技术等，都取得了较大的成绩。

二、外功之药品包装管理：或守或改，包装方便顾客

（一）包装标准严格按规定执行

对于药品的包装，国家一向都有严格的规定。中成药的包装管理，1980 年以前基本没有特定的规范，但已有一些要求，一般是将国家药典或地方标准中每个品种的质量标准项下的内容，全部在包装上标示。1981 年 1 月 13 日，国家医药管理总局颁发了《药品包装管理办法（试行）》，开始加强对药品生产、经营企业的药品包装管理和药用包装材料、容器生产企业的管理；后来国家医药管理局颁发的《药品包装管理办法》正式施行，《药品包装管理办法（试行）》同时废止。《药品包装管理办法》对包装有基本要求，对说明书、标签的内容也作了规定，对特殊管理药品、外用药品标志的印刷也有明确规定；随后，卫生部颁布的《药品生产管理规范》（修订）第八章第十三条对药品的标签、说明书的内容也大致作了规定。2000 年 10 月 15 日，国家药品监督管理局发布第 23 号令，《药品包装标签和说明书管理规定（暂行）》（以下简称《暂行规定》）自 2001 年 1 月 1 日起执行，标志着国家对药品包装、标签和说明书的管理进一步严格。该

《暂行规定》对药品的包装分类描述更准确，如第八条“药品的包装分内包装与外包装”和第九条“药品的标签分为内包装标签与外包装标签”，对药品标签和说明书的内容有更详尽的要求，说明书有统一格式，标签内容也有规定项目。

由于第23号令的发布迅速，特别是文件签发标注“该文件从签发之日起生效”，一时引起药品监管和生产、经营企业的混乱。后来的补充通知使得形势稍为缓和。冯了性药业正值转制期间，虽然包装改革会使企业报废近百万元的库存材料，还要集中人力、物力，加班加点，但冯了性药业依然按规范对公司的药品标签和说明书的文字作了相应修改。

2006年3月15日，国家食品药品监督管理局发布第24号令。《药品说明书和标签管理规定》（以下简称《规定》）自2006年6月1日起施行，《暂行规定》同时废止。新《规定》对药品说明书和标签的管理更为严格，其中第三条规定药品说明书和标签由国家食品药品监督管理局予以核准。同时，新《规定》下发了中药、天然药物、处方药说明书格式，中药、天然药物、处方药说明书内容书写要求以及中药、天然药物、处方药说明书撰写指导原则三个附件，规定了药品说明书的具体格式、内容和书写要求。第十一条规定药品说明书应当列出全部活性成分或者组方中的全部中药药味，而在《暂行规定》中说明书只要求列出主要成分。新《规定》对药品标签中标注的药品名称要求更具体，对其字体、字号、颜色和位置都作了明确的规定。按照24号令的要求，冯了性药业负责包装管理的人员立即着手对当时使用的药品说明书标签进行检查，并按新《规定》对说明书、标签作修改，上报省局核准备案。

（二）包装材料结合实际进步和改良

药品的包装材料要考虑到消费者使用是否方便，保护药品避免其受污染，控制成本保证药品价格等，随着对劳动生产率提高的要求和新材料新设备的应用，冯了性药业对其产品的包装材料结合实际情况，进行了继承与发展。如大蜜丸，其内包装使用独创的蜡壳封装机，保留了极适合南方气候条件的蜡壳包装。原来个别品种用塑壳包装的（如大活络丸）也在包装改进的基础上一并使用蜡壳包装，这是传统剂型配上传统包装的典型特色，也是冯了性药业的一个大特色。在外包装上，为适应机械化生产，改纸卡间隔为机械封装塑料卡间隔，外包装更加整齐划一。又如保济丸的内包装，20 世纪 50 年代起是用过蜡的纸袋进行包装，一次服一小袋，方便服用，但密封性差，容易变霉。70 年代起因塑料的广泛使用改用塑料瓶，使用了近 30 年。但包装过程中的机械化程度低，在瓶子上喷上批号和有效期很麻烦。进入 21 世纪，铝塑膜的技术得到很大的提高，为解决塑料瓶存在的问题提供了材料和设备。从 2003 年起，使用铝塑膜小袋包装，不但密封性得到满足，而且使用机械化生产，同时完成批号、有效期的打印，大大提高了生产效率，同时保持了其美观度。保济丸的成功，开启了对其他小丸和散剂包装以及片剂包装的改革序幕。

散剂的内包装一直沿用手工操作，不但劳动生产率低，而且药品的重量差异很容易出问题。20 世纪 80 年代，冯了性药业的主管人员曾遍访国内外，但始终没有找到经济可行的设备。2003 年开始，国内有类似的设备生产，于是，散剂内包装改革被提上议事日程。设备引进之后，再结合具体品种的实际不断改善，终于逐个品种摸出规律并加以推广。至

2007年底，除“盐蛇散”外，其他品种全部改为铝塑膜机械化包装，从1953年开始使用的“三蛇胆川贝末”、“三蛇胆陈皮末”的长条玻璃筒包装成为历史。

（三）外观设计稳定中寻求创新

外观设计对药品的销售至关重要，不少顾客买回头货，往往拿着旧包装去药店对照。所以具备特色和相对稳定的外包装显得很重要，但出于企业文化建设和时代发展的要求，企业在外观设计的更新上需要注意与时俱进和相对稳定的结合，力求在连续性上有创新。

冯了性药业转制前均使用汾江牌商标，厂名是佛山市制药一厂，图案大多保留了中国图画的元素，图案多采用花草植物及线条，为配合下乡成药的工作，不少用田园风光、农村耕作画面、丰收景象作图案；有些儿科药直接用小孩头像。那时外观设计及字样没有特别要求，大多保留原先的一些图案或意境。20世纪90年代，由于市场竞争日益激烈，社会上不少厂家在包装和宣传上做文章，如为一个已经规范的产品名称起一个商品名，并且注册成商标，然后大肆宣传，俨然是一个新产品。在外包装上，那个商标字体远大于药品名，使不少老百姓受骗上当，蒙受损失。冯了性药业由于内部文化氛围的影响，没有做出这些有违制药道德的行为，始终中规中矩。

企业转制后，冯了性药业聘请广告公司进行企业形象设计，选定了新的商标和广告词。在产品外包装（包括小盒、中盒、纸箱）上统一了一个基本格调，即第一轮采用冯了性印章，单色块作为图案，使用佛山冯了性药业有限公司的名称，加上印刷版号；后来客户反映容易显残，再改为由祖庙、镬耳屋古画图案及冯了性字样的色块图案作底色基调，突出冯了性印章。至于公司名称、药品名、商标等的摆放，则按国家23号、24号令执行，基本格调没有变。

三、火候之生产调度管理：有理有序，调度决定效率

生产管理不仅要内外兼修，还要注意进度安排。明确的生产调度管理规定才能保证生产的有序运行，下面是冯了性药业的生产调度管理规定：

（1）总则：生产调度工作以生产作业计划为依据，监督、控制、组织生产作业计划的实现，检查生产前工作和进度，预防可能发生的失调现象，及时发现和处理已经发生的问题，保证全面、均衡地完成计划。

（2）生产部在主管总经理领导下，负责组织全厂的生产调度工作，车间生产调度由车间主任具体负责组织。

（3）为了保证生产调度系统的集中统一指挥，有关生产的布置、命令，各有关部门（车间）必须执行，如有不同意见，应该一边执行，一边请示报告。

（4）围绕作业计划不断进行生产各环节的平衡，以保证各车间、工序之间顺利地进行生产作业。

（5）定期召开生产调度会议。由主管生产的副总经理主持，各有关部门负责人参加，根据季、月度生产计划执行情况，检查生产进度，对存在问题，下达调度措施，各有关部门应立即贯彻执行，并由生产部督促、检查实施情况。

（6）生产部对各车间、部门反映的有关生产问题，要及时解决或给予答复，并应迅速上报公司处理，以保证生产顺利进行。

（7）各车间、部门应定期将计划完成情况，按规定表格

报送生产部，生产部迅速综合和总结，及时上报公司及主管部门。

生产计划的实施过程：生产部按照供销经理部的需求计划，统计出当月生产需要的原辅材料、包装材料的采购计划交供销经理部，然后把计划中的材料按照生产进度分先后缓急制订详细的采购计划，交采购部门按计划采购；生产调度根据产品的库存情况和定期生产调度会的要求及各品种的生产周期，制订排产计划，安排各工序的生产，每日汇总各车间生产进度，并根据生产完成情况，对排产计划作出适当的调整，以保证生产任务按时完成；为了提高公司员工的生产积极性和贯彻多劳多得的分配原则，生产部综合考虑各工序劳动强度、环境因素、劳动技能三方面因素，制订出合适的生产定额，使生产效率得到最大的发挥。

第四节 良心做药之质量管理

有这样一句话，“制药无人见，真假问天知”，药品的真假好坏消费者很难分辨，但是药品的质量直接关系到用药者的生命，容不得半点马虎。冯了性药业一向凭良心做药，在“无人见”的“制药”程序中，严把质量关，坚持“质量第一、造福人群”的宗旨和“制药以诚，精益求精”的理念，建构了完备的质量管理体系和管理制度，将质量管理贯穿于药品生产的整个过程，确保无污染，努力做好药。

一、逐渐完备的质量监管及管理体系

从 1979 年开始，企业推行全面质量管理。1981 年，工厂成立了厂长领导的全面质量管理办公室，把质量管理工作

贯穿于生产的全过程。当时的全面质量管理办公室是跨部门的机构，简称“全质办”，负责组织职工开展质量检验（QC）小组活动和创名优产品活动，为企业的质量攻关、技术开发、小改小革等做了大量工作，取得了较好的成绩（见附录：QC 成果）。

值得注意的是，在质量管理的奖项中，有不少计量工作均保持国家二级的水准，说明企业对计量工作一直很重视。从 1986 年起，建立起专业机构，并建立了第一个自检标准（测温仪表）。1995 年，再建立第三个自检标准（标准电阻箱），公司在计量管理方面的投入逐年增多，不断更新计量器械和仪表，为确保企业整厂 GMP 认证提供了相关的保证。

质量管理以前一直由企业的技术部门一并管理，1985 年，企业整顿后，强调技术管理与药品质量管理分开，所以从那时起，分设质监管理部门。当时，企业已设立全面质量管理办公室，主管企业的质量管理和质量监督工作，并直接管理化验室，间接管理车间质量管理员和车间化验员。这种管理模式沿用了整整十年。但由于分工不够细致确切，涉及产品质量提高的问题往往出现与技术部门的推诿或争拗。1996 年 11 月，质监科与技术科合并为品质科。这样的管理模式效率明显提高，争拗减少，特别是在解决技术难题上比较容易下决心。监管上的问题也比较好解决。直到 2003 年，在认真实施 GMP 时，这种管理模式被认为有些不妥，于是再次把生产技术工艺那一块划归生产部管理。

由于监管项目的不断增加，各类人员也相应增加，至 2007 年底，品质部管辖的人员已达 38 人。其中管理人员 6 人，车间（包括仓库）质管员 10 人，化验室 22 人。加上隶属车间管理的兼职质管员，形成了一个庞大的质量管理网。

（一）设备维护——精心保养，严格质检

（1）主要生产设备与药品直接接触的部位，要求表面光洁、平整，易于清洁消毒，耐磨蚀，不与药品发生化学变化，不吸附药品。设备所用的润滑剂不能对药品的容器造成污染。

（2）与设备连接的主要固定管道均标有物料名称和流向。

（3）每台设备均制定了操作规程和维修保养规程，有设备状态标志，与药品接触的设备每批生产结束均进行清洁，转换品种时均进行清洗，必要时进行消毒。制定有相应的设备清洁规程。

（4）电气设备和管线安装以及易燃易爆工序的主要设备和压力容器安装均符合安全生产的有关规定，配备相应的消防器材及消防设施。

（5）设备均有编号并登记在册，建立设备台账，对主要设备、仪器建立档案。

（6）用于生产和检验的仪器、仪表、量具、衡器等的适用范围和精密度均符合生产及质量检验要求，均经公司设备工程部计量管理人员或委托法定计量单位定期校验，有明显的检定合格标志。

（二）物料管理——有条不紊，井然有序

（1）公司生产所用的物料由供销经理部采购，由仓储部接收、储存、管理、发放和退库。以上程序均制定有管理规程。

（2）公司的主要物料供应商均由品质部组织进行质量审计，从源头保证物料的质量。

（3）建立了物料、中间产品和成品的代码系统，制定有物料进厂编号编制规程，使物料管理规范化，实现物料的按批管理并可进行管理追溯。

（4）建立物料的质量标准和检验方法，保证物料符合国家标准、行业标准和企业内控标准。每批进厂物料均按质量标准进行验收。

（5）在库物料均有明显的易于识别的状态标记，物料经品质部检验合格并有合格证才允许发放，经品质部审核批生产记录和批检验记录才发出成品放行单，无成品发放单的成品决不出厂，不合格品专库存放，及时处理。

（6）仓库根据生产指令、领料单进行发料和配料。每批物料、成品均有台账和货位卡，当库存为零时货位卡送品质部归档，入批档案，每批物料可根据领料单、台账和货位卡进行追溯。

（7）仓库设置有普通库和阴凉库，每天进行二次温湿度记录。对要求储存于阴凉处的物料和成品置于阴凉库储存。毒性药材置专库双人双锁管理。

（8）建立了包装材料（包括标签和说明书）的设计、审核和印刷的管理规程，品质部对标签和说明书的内容、文字及式样进行校对和审核，确保与药品监督管理部门批准的一致。

（9）设立标签库，用于存放标签、说明书和印有与标签内容相同的包装材料，有专人加锁管理，按生产指令记数发放。每批产品使用的标签、说明书、盒及纸箱等包装材料均进行物料平衡，超出规定范围则须查明原因。印有批号的残损标签、说明书等包装材料有专人销毁，由品质部派员负责监销，有销毁记录。

（10）所有出厂产品均建有完整的销售记录，根据销售记录可能追查每批产品的销售情况及去向，必要时能及时实施产品收回。制定有产品退回和紧急收回的管理规程。

（三）卫生管理——程序明确，监管严格

（1）公司制定了一系列文件，规定不同区域（包括一般生产区和洁净区）人员必须遵守的卫生制度，经常对员工进行培训，对有机会进入洁净区工作的人员更进行微生物学知识的培训，强化洁净作业和GMP卫生意识。

（2）进入洁净区的人员均按程序进行换鞋、更衣、清洁和手消毒。

（3）工作服的选材、式样及穿戴方式、清洗方式与生产操作和洁净区级别相适应。不同级别的工作服分别清洗和整理，10万级洁净区的工作服在相同级别的洗衣室内进行清洗和整理。

（4）制定有洁净区监测管理规程，定期进洁净区监测环境（包括微生物状况和空气洁净度），监测结果由品质部归档保存。

（5）进入洁净区的物料在气闸室前的物料清洁室进行外包清洁或脱除外包方可进入洁净区。

（6）针对不同区域的要求及设备的特点，制定有操作室清洁规程和设备清洁规程。按规程的要求进行相应的清洁工作。有明显的清洁状态标志。

（7）针对不同区域的要求，制定容器清洁规程。洁净区所用的容器在与生产级别相同的区域内进行清洗和存放，有明显的状态标志。

（8）清洁工具分区专用，使用后及时清洗，于洁具室内存放。

（四）质量管理——分工到部，责任到人

（1）品质部由公司总经理直接领导，具体负责公司的质量管理工作。品质部设有质量监督室和质量检验室，分别负责质量保证和质量检验工作。

（2）品质部的职能分为质量保证（QA）和质量检验（QC）。QA 人数为 19 人，QC 人数为 22 人。

（3）品质部制定了质量保证人员和质量检验人员的岗位说明书，明确各岗位的工作关系和职责。

（4）品质部负责制订和修订物料、中间产品和成品的内控质量标准和检验操作方法。

（5）公司实施全面质量管理，品质部执行公司的政策和管理制度，在总经理领导下，对生产活动的全过程进行质量管理，从供应商的质量审计、物料的购进验收及储存发放、生产过程的控制、产品的放行和退回、售后服务到客户投诉均处于受控状态。

（6）公司实行三级质量管理，即厂级、车间、班组的质量管理。班组兼职质管员负责生产前的现场检查及生产过程的现场监督，车间专职质管员负责各质控点的定期检测及清洁清场的检查发证工作。检验人员对物料、中间产品和成品按规程进行抽样检查，根据检验结果出具检验报告，检验合格的物料方可投料；检验合格同时批生产记录的审核合格的中间产品方可流入下一工序；每一批产品，不仅要求产品质量完全符合公司的内控标准，而且批档案评价也要符合要求，经授权人审查合格后，发出成品发放单，产品方能出厂销售。

（7）公司制定有不合格品处理规程。经品质部检验审核确认的不合格的物料、中间产品或成品，由品质部提出处理意见，由有关部门按处理意见进行处理。

（8）品质部中心检验室设有足够的场地并配备有与生产规模相适应的检验设备和仪器。品质部有专人负责留样观察，根据留样管理规程定期对物料、中间产品和成品进行稳定性考察，为物料贮存期和产品有效期的确定提供依据。

（9）用户投诉和不良反应报告有专人负责，并有记录，对问题能认真研究、及时处理，使用户满意。制定有不良反应的监视报告规程，以备有不良反应报告时能及时按程序处理。

（10）在品质部设有生产产品的质量档案。

（11）制定有自检管理规程，每年进行 GMP 自检，自检有记录，并要求写出自检报告。自检范围包括厂内可能影响产品质量和安全的一切方面，每一区域和活动至少每年检查一次。由品质部制定自检方案，检查标准为《药品生产质量管理规范》（1998 修订）及其附录。自检小组根据现场检查中发现的问题，对照检查标准，提出整改意见，落实整改责任人和完成时间。每次自检工作均形成自检汇总，及时掌握存在的问题及整改的情况，督促受检部门在限期内完成整改工作。

二、GMP 见证质量管理飞跃

1988 年 3 月 27 日，卫生部发布了《药品生产质量管理规范》（GMP），1992 年修订，1998 年再次修订（现执行版本）。2001 年 3 月，由中国中药协会根据 1998 版的精神，出版了《中药 GMP 实施手册》，用以指导中药行业实施 GMP。

从 1988 年起，企业均积极派出专业性人士参加国家中医药管理局，省中医药管理局组织的实施 GMP 培训学习。预早做好了组织上的准备。按照国家中医药管理局在 1998 年提出的计划进度要求，固体制剂生产企业最迟在 2005 年底前必须通过认证。冯了性药业从 1998 年起步，准备新建固体制剂楼。由于企业转制的影响，到2001年，又重新提出全面实施GMP管理的五年计划。

到2004年1月，企业首次通过整厂认证，在GMP管理上形成了配套的管理文件。GMP对质量管理有详细的规定，包括质量技术标准（成品质量、中间产品质量、药材质量、辅料质量、各品种包材质量、水质量）、质量监督管理标准、质量检验管理标准、质量监督标准操作规程、质量检验方法操作标准、验证方案操作标准、质量监督管理记录、质量检验管理记录、质量检验操作标准记录（成品检验原始记录、中间产品检验原始记录、药材检验原始记录、辅料检验原始记录、包材检验原始记录）等方方面面的要求。为了通过认证，冯了性药业改进了企业生产和管理的很多环节，在质量管理上有了很大的飞跃。由于公司员工的努力，这套制度时至今天，仍在严格执行中，可以讲，这是企业质量管理的新的里程碑。

第五节　机制灵活之经营管理

一、销售机制：多种方式促销售，灵活经营出效益

（一）花样繁多的销售历史

新中国成立前的销售方式基本上是自产自销，个别大户有批发，推销手段甚多。这些手段对当前的企业销售来说，仍然是值得借鉴参考的模式，部分也广泛运用在现代的销售体系中。

1. 赊销

民国初年，南北、西土业批发给拆家赊销的生药，一般限1个月清账，如到期确不能全数清账，也得先交全款的30%～50%，其余半年内还清。到了民国二十年（1931年）后改为季度清账，即清明、端午、中秋、冬节和年关时清账，一般都不超过4个月；参茸业大致相同，后改为60天；南北拆家为半个月；而生药店赊给熟药店为期较短，仅1个月，因生药本钱不多，而且熟药店可卖现金；丸散代理商亦1个月，对信用较差者仅几天或半个月。如逾期屡催不交，即将欠账户号标贴在店中茶柜处，使全行业的人都知道，迫使欠户清账。全行业亦会暂停与其交易，以示抵制赖账，称为“坐茶柜”。民国二十七年至民国三十八年（1938—1949年）这段时期，由于货币不断贬值，一般银期是7～10天，但实际往往超过15天，双方常因此发生争执，直至新中国成立前夕，赊销方式才宣告结束。

2. 联络宴饮

民国二十七年（1938年）前绝少请春茗，平日仅是老板或高级职员和一些客帮、熟客饮食征逐、打麻将、叫艇游河、饮茶，甚至吹鸦片烟等，联号之间也是利用茶楼酒馆作洽谈业务场所。民国三十五年（1946年）后，盛行摆春茗，并且讲排场斗阔气，借此以增强客帮们的信心，以及在行业中的信誉。

3. 宣传

明清时期，佛山商品经济繁荣兴旺，中医中药店号大大小小过百家，各店铺为打出自己的牌子产品，都各自使用不同的宣传手法。有的在招牌上出新意，有的在包装上出花样。内容有医生证明、病愈介绍、名人推举。做法上有街招广告、推销演讲、摆摊设档、赠送赠饮，更别出心裁的则编成故事传奇，夸大宣传，标奇立异。其宣传手法大体有如下几种：

（1）贴街招。民国初年至20世纪30年代大行其道，广告写上或印上朗朗上口的词句，到处张贴派发。冯了性药铺的“识就冯了性，唔识就误了命”就是典型的例子。又如梁谦益药丸店，设店豆豉巷（升平路），专营调治妇科病的乾坤丸，其宣传方式是在红纸上写“识得梁谦益，唔忧冇仔缴”十个大字，贴于门板上，放在店前。“两仪轩”总店设在广州，主营蛇胆制品药。民国时设分店于佛山升平街牛栏口左侧（升平路），其宣传方法是刊印《真栏》，报道粤剧组班情况，以四开纸刊印，分期详列新班名称，各个行当艺员姓名，并将各班的“拿手好戏”的一些场面绘图石印，当中插入该店各种产品名称以广泛宣传。《真栏》售于小贩沿街叫卖，街头巷尾叫卖“真栏栏，新埋班，人寿年，第一班，两仪轩，石印板”之声此起彼落。店号名声因而远传，国内外皆知两仪轩。梁家园印售广三铁路行车时刻表，表中印有少林跌打止痛膏大幅宣传广告。冯了性药铺的“识就冯了性，唔识就误了命”，在广大农村的墙上到处可见，并且很容易令人进一步深思（详见第一章）。陈善性则派人在大街小巷占用整幅墙壁，先刷上“陈善性”三个大字，过了一段时间，又再刷上“发冷”两字，见者无不哗然，再过一段时间，再刷上一个“九”字，最后如画龙点睛，在“九”字上加上一点，成一个“丸”字，颇具吸引力，交口议论，就成人气。

（2）派推销员到处宣讲。这些推销员，当时称为“讲生”，又称为“马仔”。省港船，梧州渡，广九、广三、粤汉铁路沿线，都有他们的足迹。他们凭着三寸不烂之舌，自卖自夸。有名气的丸散成药在未成名前惯用此法，成名后就少用这个方法了。

（3）大赠送，大减价。常用买一送一讨顾客欢心。赠送物常为纸扇、挂画、日历、手提袋、验方小册子，在赠物上印丸散名称、适应证等；或者送帷幕、台围、椅垫等，上绣店名产品，在戏院中大事宣传。黄祥华如意油、李众胜保济丸就是通过赠用而打开销路的。

（4）赶考。在科举试场外摆摊设档卖药，采用半卖半送的形式。仕子们为了应付考试动脑费神，必买成药进补，考试完毕，亦顺便带些常用成药回家。每年仕子赶考时均会销出不少成药。

（5）使铜银。在清末民初，货币有银元、双毫等硬币，一些算得周详的店铺老板，对成色低劣甚至假银也照收。在黄奕南执掌黄祥华药铺时，官绅兵匪互相勾结，制造假银元欺诈人们。黄奕南暗地里吩咐广州浆栏街部店司理，卖药油可“诈盲”收取假银元，但不设“找赎”，一个“银元”买一瓶大号如意油（当时售价是一两白银一两油），这样，手上误持有假银元的人们，便纷纷到黄祥华药铺买如意油，这样，黄祥华药铺名声大振。

（6）编成传奇故事。佛山成药店号的经营传统，特别注意信誉，铺号招牌及成药名称往往与其创始人的名字联系起来，他们根据顾客心理，多赋予创始人神奇色彩，通过出人意表的故事传奇，吸引顾客注目。这样的宣传手法恰恰迎合了当时封建迷信意识浓厚的佛山人们的口味，成为老百姓茶余饭后、闲谈议论的话题，从而达到了店家的宣传目的（传奇故事详见附录《佛药春秋》）。

（二）推陈出新的进一步演绎

1949—1950 年，私营企业还是自产自销的营销模式。1951—1953 年由“土产贸易公司”统购统销。1954—1955 年由“粤中分公司”统购统销。从 1951 年起，佛山每年都组织一次“南三花”物资交流会，一些个体店如梁仲弘等出席参加会议推销产品。公私合营后，佛山中成药的生产与销售开始分离，药厂只管生产，产品由医药商业部门收购包销。当时的佛山市联合药厂、人民制药厂，以至后来分家后的佛山市制药一厂基本上都是由佛山药品公司安排生产计划、收购产品，原材料按计划供应，产品采取包销的模式。

此时，每年年底由市药品公司牵头，到企业洽谈下一年的收购总值、计划供应的数量与品种以及完成计划后的增长奖罚细则等，各个月的具体收购计划则提前一个月与企业衔接落实。药品公司的销售对象以二、三批发站为主。为进一步打开销路，药品公司从 1980 年开始，一年一度召开成药展销交流会，邀请全国各地医药系统代表参加。那时，广东得改革开放之风，外地的代表参会都十分积极，作为生产企业，都会抓住这个机会，广交朋友，宣传产品，为日后的自销创造很好的客户基础。当时，各个企业在会场上造势宣传，长条广告挂满华侨大厦正面的大楼，蔚为壮观。后来改用氢气球挂大标语，更是琳琅满目，为佛山增添了好像节日的喜庆。所以，当时各个生产单位和销售单位都十分重视展销会，主要领导都提早布置和研究宣传新招。记得 1985 年，冯了性药业第一次用氢气球做宣传，成为整个佛山城区百姓谈论的佳话。

随着国家经济体制改革的深入、企业自销的增加和市场经济的发展，各个企业为了发展业务，扩大客户资源，从 20

世纪90年代初起，均各自召开客户联谊活动。以开会的形式，谈谈来年的计划和各自的想法，这种形式一直延续到现在。当然，对于给批发企业的各种政策也会因应市场环境作出相应调整。如大户让利政策、现金提货优惠、上门提货优惠等等，都相继运用。

1. 企业自销

1983年起，企业自身发展的欲望、自筹技术改造资金和建职工宿舍需要的大量资金逼迫企业走扩大销售的路子。于是除了每年与市药品公司协商一次下年度的销售计划和配套的原材料计划外，企业开始寻找自己的销区和自主采购部分原料。以后自销比重逐年递增。到1986年，收购与自销比例各占50%，至1988年，自销已占73%，佛山市药品公司已不再承担包销的任务，改为按合同销售，按销售品种和数量供应相应的药材。计划经济中的包销包供体制正式完成其历史使命。

自销的压力，迫使冯了性的业务人员走出去，那时，年年去参加国家药材公司召开的交流会，特别是河北安国、河南百泉、江西樟树的每年例会，必像“赶集”一样，认真对待，认真参与，还往往要领导带队。

2. 内部销售承包的方式

1985年起，内部实行“三科联营”。由销售科牵头，加上生产科、财务科。指标比较简单，核定年销售总额和完成利润总额，完成以后，在超额部分按核定的比例计提业务费和奖金。这是最初始的供销承包责任经营，到1989年结束。1990年开始，将“三科”改为“一科”，指标和考核办法相应作了调整。

1993年起，实行供销科销售承包责任制，厂部只对供销部门考核，供销部门再把任务落实到业务员。差旅费和业务费用计到承包费用中，按一定比例（当时均经市经委、市财政局、市税务局批准）从销售额中计提费用。利润也作为一项考核指标，在途资金作为一项重要指标从1995年起进行考核，1995年以期末余额作为考核指标，1996年在途资金余额以季末平均余额考核，1997年起按月末平均余额考核，从而保证了资金的平衡使用和防止在途资金占用过多的情况，大大改善了经营状况。以后，通过一年一调整，逐年建立起一套指标考核系统，并逐渐趋于完善。

2000年企业转制后，销售部门的承包继续进行，但指标体系更趋严格，实行一年一调整，如：承包指标直接到业务员，非销售业务员不再共享部门承包的成果，销售经理部负责人待遇与完成总额、超额情况和利润完成情况挂钩；对在途平均占用资金、在途货款期限、期末余额、呆账数量等的指标体系的考核更趋严格，奖惩力度加大。之后，逐年根据实际情况，修改基本任务与基本奖金的层级挂钩办法以及新一年任务界定的基本办法等等，使方案越来越完善。

在“一包就灵”的影响下，在20世纪90年代还搞过科研项目进度承包、门市部经营承包、化验人员计件奖等，但效果并不理想，考核也不尽完善，都是试行几年就停止了。

3. 走有自己特色的销售承包之路

企业内部的销售承包政策都各有一套，可借鉴的模式也有不少现成的，但要行之有效，往往受内部环境和外部环境所制约。难的是始终结合自己的实际来不断完善。冯了性药业（及前身的佛山市制药一厂）从80年代后期的“三科联营承包”开始起步，经历过被肯定又被否定的过程。90年代中后期，市场经济机制的开始形成，市场竞争激烈，厂里重新在供销部门进行承包和奖励，虽然总体还是发挥作用的，但由于方案不够完备，考核指标考虑不周，导致出现不少问题，突出反映是呆账不断增加。

企业转制后，在原来的基础上又作了较大的调整，主要是奖惩集中在部长和销售业务人员身上，在基本工资保底的前提下，下达任务到人，考核到人，并以回笼货款作为计算依据；对相关的月平均占用货款，期末占用货款进行考核；按不同情况规定在途货款期限，超期或收不回货款者直接扣罚；等等。在每年的修订方案中，企业最难解决的是地区销售额差异太大的问题。为了体现社会主义共同富裕，而又体现按劳分配、公平合理的方针，经几年的实践和比对，参考公司内的分配状况，公司采用了基本任务与任务量的层级标准挂钩，再重奖超额部分的办法，最后，用相对稳定的计算办法明确下一年的任务。这样，销售承包的考核方案得以逐年完善，趋于稳定并可预测，使销售环节一直起到火车头的作用，保证了企业的稳定和发展。当然，市场竞争千变万化，以变应变永远是应有之义。

到2007年，仍然采用地区代理制，即在一个地区物色一至两个经销商，再由经销商批发给零售商店。这种方法古老一些，但由于有一些忠诚的经销商，在大家的努力下，在奖惩合同的规范下，精诚合作，各有所得。虽然增长速度不算高，但比较平稳，没有大起大落，真正实现了持续增长。

4. 注重拳头产品的培养

90年代后期起，经内部反复争论，还是以“老”和“特色”为主导产品，最后选定重点培养的拳头产品是“冯了性风湿跌打药酒”和“保济丸”。前者有380年生产历史，能够销售至今，还受到大家欢迎，证明其有独特的疗效。后者也有100多年历史，是地道的佛山始创。它们都是佛山的制药前辈们创造的，宣传起来也更理直气壮。经过近几年的努力，这两种产品的销售一直保持增长的态势（见下图）。

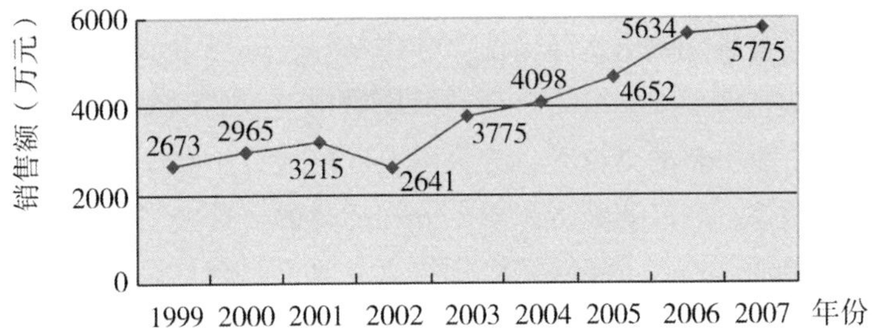

冯了性风湿跌打药酒近几年销售额曲线

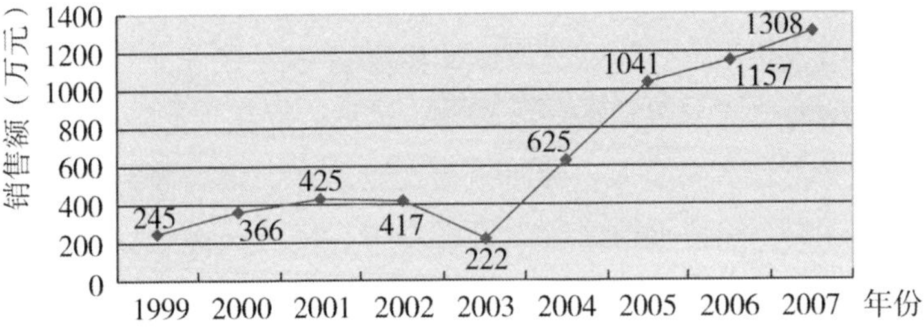

保济丸近几年销售额曲线

二、财务机制：灵活体制保利润，制度管理有明细

（一）财务管理沿革

新中国成立前，对于财务账目，所有药业都用旧式簿记，自右而左直行书写，设有流水簿、进支账簿、进支分类、成交登记、发货簿、送货给簿、借贷借物、客货登记、客户往

来、结单簿、出入仓簿、字码簿、代办簿、存货订货、成本簿、暂记簿等。科目有货款进支、银行客户往来、营业数目、铺租水电、杂项开支、交际应酬、利息税项、工资福利等等，亦能做到日清月结，年终总结。但由于旧式账册不健全，所以往往很难反映出实际情况。年终结算，外股东不容易觉察盈亏数，司理人会根据自己的处境做出盈亏的假象。常见手法是占股不多的当权者，为巩固自己的地位，会设法做少盈利的假象，以便达到多积累少分红的目的。这些当权者多为股东独资创办人，年终结算货物盘点时，因药材规格多而复杂，货价可高可低，存量及损耗也可报多报少，赊出账项有易收难收之别，任凭司理人旨意办事，外股东是很难查悉其内幕的，只有一些经办人知情。

在分配方面，独资和合股不相同。独资“荷包即兜肚”，无所谓分与不分，但封建家庭式经营者亦存在分配问题，如梁财信的分配方式是按房氏平分，长房、次房平均各得一份。不管房内有多少子孙，参加劳动人数多寡，太公分给每一房只是一份，然后再根据房内男丁多少，将这一份平均分给每个男丁，次房因为有几十人之多，在房内要分成几十份，每人分的比长房少很多。同是梁氏子孙，收入相差却很悬殊，这种不合理的分配制度最终导致了梁氏家族的瓦解。而合股生意者，当权人股份不多，但可多分一些，按工资比例分也可以多占一点；倘若当权者占股份多，则尽量多积累，少分红，以“历年盈余滚存”入账。亦有一些字号，将盈余投资于其他方面，或购置物业，或通过搞私帮生意，以便到时机成熟时吞掉小股。外股东只能按当权人制定的分配办法分配收益。

新中国成立后的财务管理是从公私合营后开始的，公私合营到1958年，企业所需的经营资金基本上是以财政为主体的单口供应方式，其中企业所需的固定资金由国家财政拨款，超定额占用才由人民银行通过贷款供应。凡属国家财政拨款的，均实行无偿使用。1958年，对企业定额内流动资金，改为双口供应方式，即30%由人民银行计息贷款，70%由财政无偿拨款。次年，企业的全部流动资金改为由人民银行以贷款方式单口供应，实行全部“有偿使用”的新体制。后来对企业流动资金的供应，又恢复到1958年前的办法执行。1979年开始，为加强企业使用资金的经济责任制，促使企业提高资金的利用效果，试行资金有偿使用的新制度：①凡国家财政拨款的固定资金和定额内的流动资金，分别按规定标准向财政部门交纳资金占用费。②凡定额外流动资金和以后固定资产的基本建设资金，应分别向人民银行、工商银行、建设银行贷款，交付利息。1983年起，国营企业实行利改税，不再交纳资金占用费。

为了加强流动资金的管理，从1983年7月1日起，国营企业的流动资金，改由人民银行统一管理：①国家财政拨款式的流动资金仍留归企业使用。②改进核定企业流动资金定额的办法，以企业市场平均销售收入资金率作为计算和核定流动资金需要量的依据。③对超定额（或超计划）贷款实行加息或浮动利率。④对不同行业、企业和产品实行差别利率。⑤建立企业补充自有流动资金制度。

（二）财务管理体制演变中愈加灵活

1949—1955年，工业企业均是个体小手工，在财务管理上，还没有一套健全的制度。1956年以后，财务管理也逐步健全起来，冯了性作为工业企业，财务管理经历了以下几种体制。

1. 企业奖励基金制

1956年，贯彻省政府《广东省地方国营企业提用企业奖励基金办法》，凡实行经济核算的国营工业企业，在完成下达的生产总值、销售利润及上缴利润计划的情况下，可以从计划利润中提取2%奖励基金，并可以从超计划利润中增提12%企业奖励基金。但提取的企业奖励基金总额，不得超过企业全年工资总额的10%。其实，当时的工资定额很低，但还是坚持不下来，1959—1961年，取消了上述制度，致使企业和员工的积极性受挫，企业效益下降。

1962—1966年，恢复企业奖励基金制。企业奖励金按照《广东省1962年国营企业提取企业奖励基金的临时办法》提取，对全面完成国家批准的主要产品品种、产量、质量计划，新产品试制计划，工资总额计划，产品成本降低计划，流动资金周转计划，利润和利润上交计划等6个指标的企业，按职工工资的3%提企业奖励基金；没有全面完成计划的企业，每少完成一项指标，扣提取企业奖励基金的1/6；6个指标都没有完成的企业，不得提取奖励基金。

对超额完成年度利润计划的企业，给予提取超计划奖金奖励，提取比率为从超计划利润中提取10%。按照规定，企业奖励基金用于奖励先进集体（车间、班组）、先进生产（工作）者、职工和劳动模范。任何单位不得以奖励“先进”为名滥发年终奖、季度奖，平分奖金或把企业奖金与综合性奖金（附加工资）混合使用（1967年7月取消了这一规定）。

1966年3月17日，根据省人委《关于改进国营工业、交通企业财务管理的几项具体规定（草案）》，取消了企业从超计划利润中提取超计划奖金的办法，提高了企业奖励基金的提取比例，即按工资总额的5%计提。从1969年起，按工资总额3%提取的企业奖励基金同按工资总额8%提取的福利费和医药补助费合并，以“企业职工福利基金”科目按工资总额的11%提取，直接记入成本。

2. 企业利润留成制

佛山市政府制定的《佛山市企业利润留成暂行办法》从1959年1月1日起执行，利润留成比例为8%，企业执行留成办法后，财政部门不再给企业四项费用投资，企业也不用提成企业奖励基金。实行利润留成制度，使企业用于发展生产和职工集体福利的奖金随着利润的增长而增加。但这一阶段的财务工作因受到“大跃进”中的高指标、浮夸风、“一平二调”的冲击，出现了利润不实、资金的虚假额大、企业利润留成被挪用搞计划外基本建设等现象。强调群众核算、群众管理，却放松了专业核算与监督。利润留成体制仅实行了三年，又宣布结束。

3. 企业基金制

1978—1980年，工业企业实行这一体制。凡全面完成国家下达的产量，质量，品种，原材料、燃料、动力消耗，劳动生产率，成本，利润和流动资金占用共8项年度计划指标，以及供货合同的工业企业，可按工资总额的5%提取企业基金；没有全面完成计划，但完成产量、品种、质量、利润4项指标和供货合同的企业，可按工资总额的3%提取企业基金；在完成产量、品种、质量、利润等4项指标和供货合同的前提下，其他指标多完成1项，按工资总额增提0.5%的企业基金。没有完成产量、品种、质量、利润四项指标和供货合同的，不能提取企业基金。除按上述规定提取企业基金外，又超利润指标部分，可以从超利润中提取10%作企业基金。企业所提取的企业基金主要用于举办职工集体福利设施。

4. 利润包干，超收分成制

1980年，佛山市制药一厂实行盈亏包干，超收分成制度，并试行奖励与利润挂钩办法。

5. 盈利包干，定额上缴，超收分成，逐年递增制

为进一步调动企业和主管部门积极性，给企业自主权，从1983年起，对医药工业企业包干办法作出变动，试行盈亏包干，定额上缴，超收分成，逐年递增，三年不变的办法。明确了国家对企业的分配后，企业根据包干的指标，把部分指标分解到科室，其中最著名是“三科联营”的做法，进一步搞活内部分配，加快企业向市场化转变。1984年时，由于技术改造和建职工宿舍需要大量的资金，而如果形成利润再进行分成，企业将得到甚少，但不形成利润工资又会减少，令职工不好过，所以为了“开前门”、“堵后门”，让企业正正当当经营，企业积极向政府申请“优惠政策”，争取到了由主管公司核定本企业，以每百元销售额含工资单价的“计件”形式计提工资，企业内部则继续采取联销计酬的做法，并向劳动局、财政备案。这个办法真正体现了“三兼顾”。企业在确保上缴任务的前提下，扶持好销售这个龙头，腾出资金来进行技改和改善职工生活，实现了真正的良性循环。可惜这个办法只实施了三年，到1987年，企业以独立法人的资格实行了承包经营责任制。

6. 利改税

1983年全国实行第一步利改税时，当时上缴税款仍按原来利润包干办法结算，同时按照利改税的文件规定进行换算。在具体实施第二步利改税测算方案时，佛山市国营工业企业经常性生产奖金和超过标准工资的计件工资、浮动工资、提成工资仍从生产成本中列支。故此，对原来第二步利改税测定方案作了调整。在1985年实际执行第二步利改税时，佛山市制药一厂则免交调节税。

7. 实行企业折旧留成制度

1967年以前，国营工业企业固定资产折旧全部上缴。固定资产更新及技术改造资金采用国家拨款的办法。由于各项资金条块控制过死，企业机动较少，不能充分调动企业生产积极性。1967年3月1日，广东省政府以〔1967〕粤财企字第21号文对固定资产更新改造资金的管理进行改革。按广东省政府的规定，佛山市从1967年起对国营基本折旧基金留成办法进行了明确，企业留成的比例是：1967—1974年是30%，1975年增至60%。1978年1月1日起，国家财政又集中一部分企业基本折旧基金列入预算管理。到1987年，基本折旧基金国家集中50%，市集中20%，企业留30%。

1979年起，佛山市又作了具体规定：工交企业固定资产基本折旧基金，国家集中50%，市财政集中10%，企业留40%。那时，企业上交国家的基本折旧基金和利润一样，属于国家预算收入，任何单位均不得拖欠、挪用和侵占，每月应于15日前把当月提取应缴的折旧基金，分别通过两种缴款书上缴中央金库。企业留下的部分由企业充分利用，搞好技术改造。企业的对策是，以这小小的折旧基金进行技改立项，作为“自筹”的钱，再以项目申请拨款和借贷，或者在成本中直接消化部分。

8. “拨改贷”有偿使用国家资金

为了提高国家财政资金使用效益，从1985年起，国家预算内基本建设投资全部由拨款改为贷款。佛山市结合实际贯彻执行。①从1985年起，凡是由国家预算内安排的基本建设投资，包括省财政安排的基本建设投资，全部由财政拨款改为银行贷款（简称“拨改贷”）。市财政机动财力安排的基建投资，委托建设银行办理贷款。②“拨改贷”基本投资计划实行分级管理。实行“拨改贷”后，原来的“国家预算直接安排的投资”渠道相应取消。“拨改贷”投资与利用银行存款和地方财政专项资金安排的基本建设贷款，在资金渠道上应分别管理，不能混同。③“拨改贷”实行差别利率管理，医药行业年利率为3.6%。

这个政策出台时，刚好是冯了性药业实施搬厂计划的起步时期。新厂区的几座大楼相继开工，“拨改贷”一下子堵死了向上级申请拨款的路子，此时最优惠的融资渠道，也就是申请技改贷款了。在此情势中，才有了上述的“三科联营”去赚钱，利润包干后还钱的机制。内部积极性的调动与外部机制的配合，才能在“拨改贷”的环境下，实现企业的发展和国家资产的增值。

9. 经营承包责任制、工效挂钩和税前还贷

从1987年起，企业开始实行经营承包责任制。主要指标是承包上缴利润指标，逐年递增，同时实行企业的工资总额与经济效益挂钩，即核定一个工资总额基数，与一个上缴税利（包各种税）基数进行挂钩，上缴税利增加，工资总额也增加，但不同步，一般是1∶0.7。企业在保证完成上缴利润后，超额的利润可以用于归还技改贷款，但归还技改贷款的数量只能折半视同上缴利润来计提挂钩的工资总额。由于当时已实行“利改税”，所以在上缴利润时，还是先以实现利润的应税额来纳税，比承包数缴多了，用退税计算返还给企业。由于上缴利润承包数是确定的，实现利润超过这个数就可用于归还技改贷款，因为这是在计税前进行，所以称之为

"税前还贷"。这样的办法第一轮实施是在1987—1990年，第二轮实施是在1991—1995年。办法基本一样，只是指标有所修订。由于本企业的技改贷款都发生在1991年以前，利用"税前还贷"的政策，在1993年已全部还清所借的"技改贷款"。这样的政策在佛山实行比在全国范围要早。对鼓励企业搞技术改造有促进作用，冯了性药业正是通过这样的政策，解决了大量的技改资金问题，其中新厂区在国家完全没有拨款投入的情况下，能够几个项目一起开工，主要是"税前还贷"的政策支持。时至1996年，在大环境上，承包制备受争议，最后实行的是工资总额与经济效益挂钩，经济效益的含义变成"实现税利"。即核定第一年的工资总额基数，与核定的实现税利基数挂钩，经济效益基数每年按10%递增（递比法），工资总额基数也按1∶0.7比例逐年递增。当年实现税利超过基数的其工效挂钩的浮动比率也是1∶0.7。当然，考核指标中还有国有资产保值增值率等指标。此轮工效挂钩分两期进行，每两年签一次。同时，企业要按18%缴纳所得税。实际操作是企业先按33%缴纳企业所得税，之后，税局退回15%，企业实缴18%，避开了"承包"的尴尬。这个政策一直实行至1999年并部分延续到2001年2月。

10. 厂长（经理）任期目标承包

1988年《全民所有制工业企业法》颁布，实行厂长负责制，为了考核经营者的业绩，从1991年开始，全市各主管部门纷纷设立经营者任期目标责任制，制订一系列指标，与经营者的收入挂钩考核。全部完成或超额完成计划指标的按高于职工平均工资的3倍计算其年总收入。完不成计划，则扣减其工资。所以经营者的收入每年都要按考核指标填报计算，经职代会主席团审查后上报主管部门审批。

佛山市为了激励企业经营者的积极性，在 1991—1995 年间，还实行“利润超历史奖”。凡利润超过历史水平，超出部分可按一定比例奖给正厂长以及经营班子。本厂曾于 1991、1992 年度获奖，但由于增幅不大，奖励数额较少。

11. 新会计制度的实施和增值税的推行

新会计制度从 1993 年 3 月 1 日起执行。新制度针对旧制度中对企业统得过多过死，严重束缚和压抑企业积极性、主动性、创造性的状况，取消了专款专用的规定，企业可自主筹措和使用资金，增加了灵活性。新制度还体现了谨慎原则，如提倡后进先出法、提取坏账准备金、加速折旧等。为适应新制度的施行，改革了会计报表体系，取消了完全成本法，实行制造成本法，在产品中不再分摊管理费用和财务费用。这样，企业流动资金与企业技改贷款可以串通使用，国家的技改贷款政策改为贴息贷款，自借自还。税后利润全部留给企业分配。技改立项仍接受国家宏观调控政策指导，经批准立项后才能开工。

增值税从 1994 年 1 月 1 日起执行。对于医药生产企业来讲，税负则是明显增加。在未实行增值税之前，企业的营业税是按销售额的 5% 来计征。实行增值税后，税负逐年上升。一般都占销售额的 8%～10%，造成了利润减少，税金增加的状况。如自 1996 年起，工资总额是与“实现税利”挂钩的，对职工的收入没造成大的影响，但企业留利水平明显下降了。

12. 中外合资后，按中华人民共和国外商投资企业会计制度执行

企业中财务的重大问题均通过合资经营合同和合资经营章程来规范。企业员工工资总额由董事会确定，经营班子实行年薪制加与效益挂钩的费用和奖励，销售承包费用沿袭原来的办法在成本中列支。职工工资分配按照内部的方案进行。企业不再按国有企业那一套去制订繁杂的指标和考核办法。

由于是中外合资经营企业，财税政策有相应的优惠，即企业所得税实行“免二减三”的政策。至2007年底，企业因为获得“高新技术企业”的认定，再获得两年的半税期。即2000—2001年全免所得税，2002—2007年所得税减半。

（三）制度化管理确保财务明确

1. 编审财务计划，汇总决算报表

1953年以前，佛山的医药工业仍属私营，企业财务仍处于无人管的状态。1954年开始，佛山市财政科按照上级编制企业财务收支计划的有关规定，组织所属地方国营和公私合营工业的财会人员编制财务收支计划，经市计委和财政部门核定各项指标，由市正式下文执行。财政部门按此财务收支计划，考核企业各项经济指标完成情况，作为企业缴交利润及拨补亏损和提取企业奖励基金（或利润留成）的依据。1954—1966年，均要求企业编报，送财政审批。1966年以后因“文化大革命”停编，1973年以后，又逐渐加强。考核企业经济指标完成与否，主要以市革命委员会下达的生产、利润等计划为依据。为此，财务人员必须学会和不断提高编报财务决算表的业务水平。

2. 建立和健全财务管理制度

公私合营后，在主管部门的指导下，根据企业的实际情况，逐步建立起各项财务管理制度，并且不断完善提高，其中有：原材料管理制度，包括材料采购、材料收入、材料发出、材料保管等具体制度；产品管理制度，包括产品入库记账、产品销售记录、销账、开票交货、收回货款、产品销售退回、报销处理、销售发票的保管等制度；固定资产管理制度，包括固定资产分类管理、固定资产标准的确定和变更、固定资产的增加和减少、固定资产的折旧计提以及固定资产的清查和报废等制度；财务收支管理制度，包括资金的收支、资金的分管、资金的计划以及资金的周转等制度。这些制度的执行，在当时的条件下，基本上已经能够防止舞弊的发生。加上当时的政治运动，特别是“四清”运动在企业的进行，使财务管理制度更趋于严谨，干部、职工执行的自觉性比较高。1984 年，企业按国家主管部门的要求，进行全面整顿，根据国有工业企业会计制度的最新规定，结合之前的经验教训，重新编写了《佛山市制药一厂财务管理制度》，内容分为：总则和基本任务，月度财务收支计划平衡管理，固定资产管理制度，低值易耗品管理制度，财务收支管理，资金分管制度，成本管理及核算制度，价格管理制度，财务报表管理制度，财产清查管理制度，财务开支审批制度，二级经济核算，财经纪律，财务安全防范制度，材料产品管理，管钱、管粮人员必须遵守的七项制度。

3. 企业转制后，财务制度的调整

2000 年，随着企业的转制，由原来的国有企业转制成为中外合资企业，根据外商投资企业会计制度，结合本公司的实际情况，修订了原有的财务管理制度，对应保留的制度在内容上也作了一些补充和修改。同时减少了一些制度，又增加了几项制度。其中增加了银行账号管理制度、支票领用管理制度、开支计划及审批管理规定、发票管理制度，减少了二级经济核算、管钱管粮人员必须遵守的七大制度、财务开支审批手续。时至 2005 年，由于首次整厂 GMP 认证的完成，企业内部制定并执行了大量的生产管理的 GMP 文件，管理上更趋合理，其中由于仓储部已编写了存货管理GMP文件、原材料、包装物、辅助材料、产成品、在制品等的收入、发出、保管已有明确规定，所以在财务管理中原来的“存货管理”就不用再重复了。因此，为适应新时期的需要，在2005年，冯了性药业重新编写了财务管理制度，把以前的制度加以重新组合，编制成8大制度：内部会计控制制度，货币资金开支审批管理办法，预付款（定金）、备用金管理办法，办理银行汇款、领用支票、现金报销等的管理办法，固定资产管理办法，成本费用核算及管理办法，发票管理办法，财务安全防范制度。

新编写的财务管理制度，涵盖了从现金流入到现金流出的整个管理过程，强调内部会计控制，在办理各种经济事项中不相容的岗位相互分离，各职能部门的分工明确，并带有互相制约性，从制度上保证了财产物资的安全、费用开支的合理，对违规违纪的行为起到了预警作用。在货币资金开支审批过程中，从制度上明确办理各项经济事项的归口管理部门或相关岗位，明确授权办理各项经济事项内容，明确货币资金开支审批人的权限。对于办理用款计划的申请、审批、报销等，在制度上细分到每一个经济事项，该怎样办理都给予明确的指引。从制度上明确对于大宗的采购业务应实行集体决策，总经理审批。对重要的技术性较强的采购业务，应组织有关技术人员或专家进行论证，实行集体决策，总经理审批，防止因出现决策失误而造成经济损失。在预付款（定金）的审批过程中，从制度上详细规定预付款的项目、金额审批权限，大额的预付款必须由总经理、董事长等三人同时签名审批，以保证公司财产的安全完整。

三、价格机制：国家政策来限制，自主定价要灵活

（一）药品价格的管理机构和权限

1950—1956年，各药店出售的药品，大部分由生产单位自行计价出售，小部分由贸易公司收购，采取核定加工缴费的办法核定价格。

1956年10月后，生产经营单位一律不再掌握商品价格，而药品的物价管理工作实行条块结合，国家、省、市三级管理，主管部门和企业相应设置专人或兼职人员负责。由于当时是市药品公司包销，企业出厂价按市药品公司的定价交货、结算。1982年，由于企业有自销，产品价格开始敏感起来，但按当时的规定，仍须经一定程序进行审批。1980年以前，先由工厂编制价格成本核算表，拟出价格意见，与地、市药品公司协商，报佛山市物价局和广东省药材公司审批，由广东省药材公司发价格通知执行。1981年后，工厂拟出价格意见后与地、市药品公司协商报佛山市物价局审批，由佛山市药品公司发通知执行。1983年以后，凡属国家、省、市三级管理以外的品种，均由工商部门协商定价，报市物价局备案后即可执行。

中成药品种的价格，由省、市两级分管，其中市级只管几个品种。1958年，由市级规定出厂价的中成药品种有：佛山跌打丸、人参再造丸、三蛇胆陈皮末、支装冯了性风湿跌打药酒等。后来从1969年12月起，对中成药实行全国统一价格（即同品名、同配方、同规格的产品，实行出厂价、批发价、零售价全国统一）。1983年10月以后，取消了全国统一定价，定价权限下放给市物价部门。到1990年止，我厂属计划管理的品种是藿香正气丸、胃和丸、佛山人参再造丸、

抗骨增生丸等4个。计划外品种，采取工商协商，市物价局备案的办法定价。1991年，省重新对16个中成药品种（全省）的价格进行管理。其中涉及本厂的有银翘解毒丸、六味地黄丸、保济丸、乌鸡白凤丸、安宫牛黄丸等6个。生产企业要将出厂价、销售价上报市物价局、市医药管理局，待提出意见后再报广东省医药管理局审核，最后由广东省物价局进行统一审批，下达销售价格。对没有列入国家定价的产品实行工商协商定价。所以，我厂在开始试行自销以后，产品的价格调整，除了省控品种外，都要与佛山市药品公司协商，征得同意后才报市物价局备案。并且，由于时值计划经济时期，价格调整的信息仍要由市药品公司发布才算有效。

1996年，国家计委正式发布了《药品价格管理暂行办法的通知》（简称《暂行办法》），并于1997年再发补充通知，对如何管理药品价格和管理权限作了明确的规定。其中把药品价格分为国家定价（即国家和省列品种）、放开价格管理以及企业自主定价三类。并规定生产企业属自主定价的药品价格调整必须向所在市物价局登记，并在省级价格报上公布。1997年，广东物价局以85号文发出通知，对省物价局管理定价的目录作了调整。我公司属此范围的品种由6个增至12个，即牛黄解毒丸、藿香正气丸、六味地黄丸、维C银翘片、保济丸、三蛇胆川贝末、三蛇胆陈皮末、乌鸡白凤丸、复方丹参片、保和丸、石斛夜光丸、银翘解毒丸。如需调整价格，必须按照《暂行办法》的规定，按程序办好审批手续，逐级审批上报。

2000年，国家发展计划委员会以〔2000〕2141号文，印发《国家计委定价药品目录》的通知，重新明确列入国家计委定价的药品目录。主要是把列入《国家基本医疗保险药品目录》的药品分为甲类和乙类，乙类由省物价局定价。对政府定价范围以外的药品实行市场调节价，并取消药品价格登记制度，企业自主制定了最高零售价格后，报省物价局备案即可。对甲类药品申请调价时，要经省级物价主管部门初审后才能转报国家经委。对乙类药品申请调价可直报省物价局，同时要附最少包装样品并报一份申报资料到市物价局备案。公司的产品列入甲类目录的有18个，列入乙类目录的有19个。甲类有：防风通圣丸、保济丸、香砂养胃丸、通宣理肺丸、紫雪、橘红丸、礞石滚痰丸、缩泉丸、补中益气丸、香砂六君丸、归脾丸 、六味地黄丸、杞菊地黄丸、金匮肾气丸、天王补心丸、保和丸、乌鸡白凤丸、石斛夜光丸。乙类有：银翘解毒丸、牛黄解毒丸、上清丸、桂附理中丸、理中丸、蛇胆川贝散、安宫牛黄丸、万氏牛黄清心丸、金锁固精丸、当归补血丸、当归丸、人参养荣丸、知柏地黄丸、桂附地黄丸、复方丹参片、大活络丸、小活络丸、生化丸、抗骨增生片。

2005年，国家发展和改革委员会以〔2005〕1205号文印发《国家发展改革委定价药品目录》的通知，调整了国家定价的品种，规定：列入2004年出版的《国家基本医疗保险药品目录》的中成药按所标药品名称和剂型划分品种，属于处方药的剂型纳入国家发展改革委定价的药品范围。而该医保目录中的非处方药加上调剂进入我省医保目录的中成药品种，则成了《广东省政府定价药品目录》中的品种（粤价〔2006〕94号）。列入两级定价目录的药品，都是公布最高零售价格，药品零售单位可以向下浮动价格销售，幅度不限，上浮幅度为零。未列入国家和广东省政府定价范围的药品，由经营者自主制定价格。这次变动，公司列入国家定价范围的品种有11个：牛黄解毒丸、万氏牛黄清心丸、西黄丸、紫雪、安宫牛黄丸、礞石滚痰丸、金锁固精丸、天王补心丸、复方丹参片、大活络丸、生化丸。而列入广东省定价范围的品种有28个：银翘解毒丸、羚翘解毒丸、防风通圣丸、上清丸、保济丸、加味藿香正气丸、桂附理中丸、理中丸、香砂养胃丸、通宣理肺丸、蛇胆陈皮散、蛇胆川贝散、橘红丸、缩泉丸、补中益气丸、香砂六君丸、归脾丸、当归补血丸、六味地黄丸、知柏地黄丸、杞菊地黄丸、桂附地黄丸、人参养荣丸、逍遥丸、保和丸、乌鸡白凤丸、石斛夜光丸、藿胆丸。

（二）价格管理政策的变化和自主定价的实行

从1969年12月1日起，中成药实行全国统一批发、零售价格。出厂价在正常合理成本基础上加3%～4%利润，1978年调整为5%。本省产中成药的批发价按出厂价加进销差率16%制订，由广东省药材公司通知全省、全国各地执行。当时佛山市制药一厂产品出厂定价由佛山市物价局管理。但由于销价实行全国、全省统一，计价权在广东省药材公司。故此，厂家要先与药品公司协商一致，经佛山市物价局核准后，才报广东省药材公司审批，再由广东省药材公司和佛山市药品公司通知全国执行。

1983年10月起，全国全省统价取消，定价权限又下放给市物价管理部门，适当扩大了各种计价差率，工业利润扩大为10%左右，批发进销差率扩大为19%；批零差率扩大为16%。实行产地省一个价，销地省一个价，各厂产品可有不同价格。1991年后，国家管理的中成药品种的定价原则是：中成药出厂价按不超过成本利润率的10%制定。小药品成本的利润率最高不超过15%，销售价格的批发价按出厂价顺加进销差率最高不超过22%制定，零售价格按与批发价的差率为16%执行，工商协商定价品种也基本按这个原则定价。1997年，广东省物价局粤价〔1997〕85号文将零售价格的批零差率由原来的16%改为15%；到2005年，国家发改委在《国家发展改革委定价药品目录》的通知中，明确定价的形式为最高零售价，也就是凡纳入该目录的中成药品种，都被规定了最高零售价格，经营者可以向下浮动价格，幅度不限，但上浮幅度为零，而未列入国家和省政府定价范围的药品，由经营者自主制定价格。

2006年，国家发改委等8部门联合发文《关于进一步整顿药品和医疗服务价格秩序的意见》（粤价〔2006〕183号）规定：自2006年10月1日起，取消现行招标药品差别作价办法，所有医疗机构销售药品以最少零售包装的实际采购（购进）价为基础，一律按15%加价率顺加作价，中药饮片的实际加价率不超过25%。这个政策表面上与生产企业没有关系，但实际上影响到企业的定价策略。

在计划经济时代，产品定价与成本直接相关，所以一直以来，本厂的价格管理都由财务部门主管成本的干部负责。有了自主定价的品种以后，就涉及一个定价的策略。当然，就算是国家定价的品种，在销售产品时上下浮动多少，也有个策略问题。随着市场竞争的加剧，价格政策成为经营管理中的一个重要环节。为此，企业制定了相关的管理制度，产品调整价格必须要经总经理审批，扣率的浮动则由销售部门提出，主管总经理同意才能执行。定价策略涉及各种因素，也有商业秘密，不再评述。但冯了性药业一贯遵守国家政策的决定，以诚信经营、薄利多销、造福人群为指导方针，从而赢得了货真价实、物美价廉的口碑。

第六节　建维双行之品牌管理

企业改制后，恢复了“冯了性”商号，使用“冯了性”商标，实现了企业名、产品名、商标三位一体。由于有“冯了性风湿跌打药酒”在国内的知名度，品牌的效应也很快形成。企业一方面加大力度建设品牌形象，选用新的商标和广告语，赞助各种活动和赛事，宣传企业文化，突出企业“老字号”的形象；另一方面机智应对社会上出现的负面信息，坚决打假，澄清谣言，消除不利因素，维护了冯了性药业的品牌形象。这“一建一维”，互相促进，互为补充，共同构成冯了性的品牌管理。

一、古韵商标，增强品牌识别

冯了性商标的选择颇费了一番周折，经过几家广告公司的竞投，多次的修改和反复，最终采纳了广州联邦广告有限公司设计的商标图案（印章+文字）。

冯了性产品商标

传统的篆刻构图，古朴典雅的印章设计，匀圆遒劲的笔画，字与字之间的关系，字体的选择等突出了产品“古方名药”的鲜明形象，强调了产品的悠久历史及民族特色。尤其是印章体现了中华文化的传统和汉字的特色，是中华传统文化的象征。冯了性药业是佛山传统中成药文化的传承者，两者结合既文雅又古朴。商标鲜明独特、易于识别、韵味幽深，既传递了企业产品的名称，也传递了企业的文化和历史。

此后，为了自我保护，冯了性还分别在香港、印尼、新加坡、马来西亚注册了外观相同，但加了英文“冯了性”的图案加文字商标。还在国内注册了“冯了性”等几个字容易被人抢注或相似、相近的商标。

冯了性采用登报征集的办法，分别在《南方日报》、《羊城晚报》、《佛山日报》、《南方农村报》等公开征集广告词。在征集广告词的同时，也加大了转制后企业改名的宣传力度，可谓是一举两得。虽然并没有直接的中标结果，但是最后取应征作品中的两条，综合形成了现在的“古今印证，佛药冯了性”的广告语。“古今”横穿时间，体现了企业悠久而知名的历史；“印”字与商标的石刻印相吻合，与“古方正药，我们的祖祖辈辈用生命验证”相吻合；“佛药”在明指“佛山成药”的同时，暗含“佛教之药”之意，与之前80年代末，中国佛教协会主席赵朴初先生为佛山市制药一厂所题的“古老佛药庆中兴”的题词相呼应。广告语也很好地突出了“冯了性”这个品牌和商号。

“冯了性”被认定为
“广东省著名商标”

之后，在一些户外大型广告牌上，为了强调一个“老”字，冯了性的总经理还提出了一条“冯了性伴我们走过二十代”的广告语，以一位中药世家老者与正字传承谱系的构图，传达了冯了性的“老”。能够传承二十代的冯了性药业，自然是药品有效，经营诚信。传承有理，会给消费者以信心。

2002 年在建设综合大楼时，特别设计在进入大堂前的梯级中间用一整块花岗岩雕刻这个商标和广告语，以激励全公司员工珍惜这个商标，为这个品牌添彩增色，告诉来访之客户：我们的品牌坚如磐石，足可信任。

时至 2004 年，新商标注册获批刚满两年，就被认定为“广东省著名商标”。

商标（花岗岩、俯视）

二、以“老”作文，宣传品牌文化

企业转制并恢复老字号“冯了性”之后，在经营策略上马上作了重大调整。主要是因为产权的变动，使得经营班子在思考问题和采取行动时均从长远发展出发，大大地减少了短期行为；另外由于恢复了老字号，在宣传口径和扬长避短上，注意围绕“老”字做文章，务求在挖掘佛山药业传统优势的同时，提高企业的知名度。于是企业开始挖掘“老”的价值，在“老字号”上做好文章。

（一）“老形象”贯彻

不仅商标、广告词的确定体现了这个原则，冯了性的整个产品包装系列，广告、画册、报刊形象的版面设计都呈现出古朴传统的特色。甚至厂区、办公区的装修风格等等，都体现着一个“老”字。

（二）“老字号”认定

冯了性积极参与国家商业联合会老字号委员会的活动，罗仲利总经理获邀参加“中华老字号”标准认定的起草工作，于2006年获商务部颁发的第一批“中华老字号”称号。

老字号牌匾

（三）“老产品”开发

在培养产品上，明确打造好冯了性风湿跌打药酒、保济丸两个传统老产品。挖掘“老”的价值，宣传“老”的内涵。在产品开发上，侧重在传统知名品种上进行二次开发。

（四）“老文化”宣传

冯了性在文化建设、文化活动上，亦围绕宣传老字号做文章。通过合办、赞助等方式，借媒体之力，大力宣传企业的品牌。

（五）与南方农村报合办“医药”专版

报刊上突出了读家谱的老者，用“冯了性伴我们走过二十代”的标语配上“珠三角人杰地灵，有传统‘佛药’的一份功劳，古方正药，我们的祖祖辈辈用生命验证”的说辞，彰显老字号、老药品对人类健康的贡献。

（六）赞助媒体节目

近年来冯了性药业以宣传佛山历史名城重要组成部分的中医中药为己任，为佛山著名作家任流的新著《佛山药王》的出版首发大造声势，赞助由香港著名演播家叶振邦改编在省内各电台连播的小说连播节目《佛山药王》，此举持续时间达3年。最近该节目的普通话版又在省电台播出，不久将在主销区的省份播出。

（七）赞助传统文化活动

冯了性药业通过佛山粤剧艺术节赞助与佛山成药共荣共生的、体现广东传统文化的粤剧。此举将企业与历史、传统和文化良性结合，深刻体现了冯了性“老”的特色。

（八）赞助体育赛事

2004年，冯了性赞助了全国拳击锦标赛。拳击与拥有345年跌打伤科药品牌的佛山冯了性药业是完美的结合，宣传了企业的产品特色，扩大了品牌的知名度。

这一系列活动，有效地宣传了冯了性的品牌文化，大大提升了企业的知名度。曾有公司的一名业务人员说：“现在到客户处走走，一提起冯了性，那种受人尊敬的感觉比以前强多了。”简单朴实的语言，却深刻反映了冯了性企业品牌管理工作的进步成果。

三、"毒酒"打假，维护品牌信誉

（一）爆炸性新闻，此"冯了性"非彼"冯了性"

2001 年 5 月 12 日，《羊城晚报》A5 版登出一条新闻，题目是："冯了性"跌打酒有毒，报道广东省药监局紧急通知停售停用河南赊店（集团）药业有限公司生产、批号均为 20010102 的"冯了性风湿跌打药酒"的事。由于题目过于"概括"，社会上很多人误认为凡是冯了性跌打药酒都有毒，于是，不少客户纷纷来电询问，社会传言也越来越走样，佛山电台记者秦莹第二天即约见冯了性药业总经理罗仲利，要求他在电台说清事件真相。此事罗总已有所知晓并一再表明与冯了性药业无关。5 月 13 日中午，时任公司董事长何浩昌来电询问此事，并建议高姿态出击，把坏事变好事，借机扩大冯了性品牌的影响。

（二）处变不惊，新闻原是主动打假

原来，正是因为真正的冯了性发现了假冒产品并主动打假，才有了这起新闻。2000 年底至 2001 年初，冯了性药业负责湖南省线销售冯了性风湿跌打药酒的业务代表出于职业的敏感，发现在广东珠三角地区的乡镇墟市，有一帮人在那里推销河南赊店药业生产的"冯了性风湿跌打药酒"，而且仿照洋酒外观，精心包装，每瓶要价高达 150 ～ 190 元。在推销过程中，采用江湖卖艺的办法，设摊赠饮叫卖，叫卖时无限拔高宣传，同时赠饮。由于该药在生产时已做了手脚，就是加入用于镇痛的西药——双氯芬酸钠，而这种西药有短时间内止痛的作用，所以患者晚上饮了"赠品"后，马上就不痛了。老人家就会叫儿女去买，做儿女的尽管感觉贵得离谱也都照买了。不少知道佛山冯了性的人问，你们这个药酒

与佛山产的有几百年历史的冯了性风湿跌打酒有什么不同。回答是：我们是新产品，他们是老产品，老产品不行了。冯了性的同事觉得蹊跷，很快向公司领导反映了这个情况，公司内部分析，纯中药的冯了性风湿跌打药酒是一种医治慢性病的药，不可能即食即止痛，觉得肯定有“猫腻”。

公司为了寻找证据，广布线人。2001 年 3 月 22 日，得知这班人又要在南海小塘镇开档。公司领导派了几个人，到现场观察，并把“试饮”的样本和整瓶药酒都购回，送到广东药学院进行化验。化验结果证明，样品中含有“双氯芬酸钠”，且浓度还不低。第二天，即 4 月 6 日，公司领导拿着这份化验单直奔广东省药品监督管理局，直接向府凡林副局长汇报，府副局长还请来正在开会的陆惠兴局长商量。此后，广东省药品监督管理局经过缜密调查取证，并指示佛山市局到现场打假。从打假现场缴获的样本再进行检验。事情很快就弄清了，于是广东省药品监督管理局以粤药管稽〔2001〕164 号文下发了“关于查处标示河南省赊店（集团）药业有限公司生产的假‘冯了性风湿跌打药酒’的紧急通知”（见附件一）。

该案是一宗严重违反《药品管理法》的重大案件。在中药中未经批准加入西药成分，本身是一种造假药的行为，况且，其加入的是非甾体类抗炎药“双氯芬酸钠”。这种药在没有医生指导下服用，会引起肾衰竭等严重疾病，对人体健康有严重危害。

（三）高调回应，消除不良影响

该案的处理，如果能够穷追不放，省局能够在发文前秘密向国家药监局汇报并尽快到生产厂家现场取证封存，便可以真正完成打假，但不知何故，事情就此了结，使制假者逃过一劫，赊店药业有限公司把责任推给推销当批药品的销售商。陈念荪科长证实，2001 年 5 月 21 日，赊店药业已直接到佛山药监局解释：假药酒不是其公司生产的。

作为生产冯了性风湿跌打药酒有 380 年历史的佛山冯了性药业有限公司因此蒙受了不白之冤。由于羊城晚报报道的题目——“冯了性”跌打药酒有毒不够准确，引来不少误解。公司的对策是：高调回应，消除不良影响，把坏事变好事。于是，5 月 16 日，在佛山电台记者秦莹的帮助下，在佛山宾馆隆重召开新闻发布会，广东的各大报刊、电视台、电台绝大部分派人参加。会上，冯了性药业代表说明了“毒酒”事件的由来，以及引发的为什么别的厂家也可生产冯了性风湿跌打药酒等引起混淆的问题；解释了当时药政管理中有关中药保护品种以及“专利”等政策性法规，最终说明赊店生产的“冯了性风湿跌打药酒”不同于佛山生产的“冯了性风湿跌打药酒”。赊店药业生产“冯了性风湿跌打药酒”是合法的，但不合法的是在纯中药的药酒中，私自加入西药成分，令使用者风险大增，是一种造假行为。

记者们弄明真相后，很快作了说明性澄清性的报道。特别是《羊城晚报》，在 5 月 18 日以大版篇幅发表了《此“冯了性”害苦了彼“冯了性”》的报道，以补充说明该报 5 月 12 日发表的报道。同时，各大电视台、报纸、电台均以不同的标题报道了这起事件，并仗义执言，为真正的“冯了性”伸张正义，电视台还相继组织采访报道，一时间此事成了社会上人们茶余饭后热议的事情。为了对广大消费者负责，公司又发表“特别敬告”，用广告的形式在几十家媒体广为刊登（见附件二）。终于，应了那句“邪不胜正”的成语，经这一波历练，真正的冯了性风湿跌打药酒扩大了市场。“佛山冯了性药业”也广为人知，这对于一个刚刚改号的企业，实在也算是难得的“机遇”。

（四）宣传与打假一起做，效果奇佳

“毒酒”事件后，“冯了性”知名度不降反升，引发了新一轮的造假潮，不过，这次造假却是更直接、更明目张胆。在湖南、江西部分地区，造假者利用小作坊和租借来的包装线，通过收购冯了性药酒的旧瓶，灌入有点药味和颜色但毫无药效可言的酒，制成假的冯了性风湿跌打药酒，而包装标签、封口盖等印刷品则是直接仿效冯了性公司的样式。鱼目混珠，企图蒙骗消费者。对付这种现象，开始的办法就是“打”。冯了性药业积极与当地工商、公安、技术监督、药品监督等部门联系，并多次获得他们的支持，除了在市场上打击外，还端掉了不少制假窝点。而且，与北京同仁堂生产“国公酒”的厂家合作发起的联合行动也取得了一时的效果。但据事后调查，问题远没有解决。假货在大中城市不再露脸了，但在广大农村特别是有集市的墟镇，仍然十分猖獗。仔细分析一下，由于正宗的产品在市场售价并不高，所以造假者出于成本考虑，手法也是十分粗糙的，起码瓶子上的生产日期不统一，甚至喷写的生产批号也是由印刷厂代劳，而且不规范，稍有些常识，并注意一下就可以识别出来。针对造假者的弱点，冯了性设计了一个识别口号，叫：三个一致，同一水平。

三个一致：瓶盖喷的生产批号所表示的年份、瓶签说明书所打上去的生产日期的年份、瓶身上制作时间的年份是一致的。（因为造假者在市面收购回的旧瓶，不可能都是一个年份生产的，且参与造假的瓶盖商在预喷生产年份时，不可能配合得那么好。）

同一水平：瓶盖上喷的数字（批号或隐含生产年份）是成水平状态的。（因为真品在生产时是旋盖后喷字，字带成水平状。而造假者的瓶盖是由供应商代为预喷上的，先喷字，后旋盖，因此在包装旋紧盖子时，会发生明显变形。）

为此，公司广为印制单张宣传说明书，并附小样样本，广为发送，更为有效的是，在经销商的帮助下，组织宣传队下乡，在广大墟镇直接把识别办法教给来赶集的群众，由于简单易学，拙劣的假货很快没有了市场。当然，这是一个结合当时实际的有效措施。随着造假者手段的不断改良，冯了性在打假上和防假上将面临更难应对的课题。

四、搬迁传言，反塑品牌形象

2008 年 2 月，佛山市政府着手治理汾河，一些媒体发布的新闻显示，市属企业关迁组已经初步把冯了性药业在内的四家企业列入了工作范围，对其实行关闭或改造。一时间，“冯了性因为污染要搬迁”的消息开始四处流传。

同年 3 月 31 日，冯了性药业就开始通过媒体回应要搬迁的传言，总经理邬威尧在接受记者采访时肯定地表示，冯了性不会搬迁。他表示，佛山传统中医药历史悠久，文化底蕴深厚，冯了性不可能离开这样的氛围而另辟新址。同时，要搬迁所牵涉的用地和资金也不是企业能够解决的。

此后“冯了性治理污染保护汾河”等类似的新闻不断在媒体上发出，冯了性保护环境的良好企业形象也借此机会得到传播。下面是一篇媒体的新闻报道：

《万众齐心治汾江》专题报道：之四

佛山电台　2009－05－26　22：55：08

汾江河的污染源之一就是沿岸高污染、高耗能的企业。近年来，佛山铁腕治污，强制这些“双高”企业或关停或搬迁，而像冯了性药业等继续留在汾江河沿岸发展的企业，都不约而同加大环保投入，确保不再向汾江河排放污水。

去年3月开始，冯了性就与中科院合作，投入160多万，改造提升公司原有废水处理站，处理能力从每天120吨提高到400吨，水质也大大提高。记者看到，经过处理后的废水池中，有十几条不同品种的鱼欢快地畅游着，而且也闻不到臭味。公司总经理邬威尧介绍，要保证废水处理站的正常运转，未来三到五年内，还要投入300万左右。

据介绍，现在冯了性药业每天产生约160吨废水，经过处理后，COD值在每升40毫克左右，远低于环保部门要求的每升110毫克左右，完全达到了排放指标，还可以用来浇树等，但现在绝大部分还是排进汾江河。邬威尧说，公司还打算将这些废水免费提供给市政，用于绿化灌溉、道路清洗等，以减少向汾江河的排放。

邬威尧还介绍，公司还将对厂区进行扩建改造，规划设立中药博物馆等，配合汾江河两岸景观的建设，建成一个可供游客参观休闲的景点。

在2009年5月31日《佛山日报》的《汾江河水颜色偏黄基本不黑不臭》中也有这样一段文字：

冯了性摘掉排污大户帽子

处于汾江河沿岸的佛山冯了性药业有限公司生产线所产生的污水，主要来自对药材的洗涤，这导致水中含有大量富营养物质。“就在今年初，我们和中国科学院生物研究中心合作，投入160万元购进膜生物反应器设备。”冯了性药业总经理邬威尧说道，过去传统的污水处理能力只有100吨，启用膜生物反应器后，每天的处理能力达到400吨，且每天160吨的生产用水被处理后，COD指标能降到每升40毫克以下。

佛山汾江综治办技术总监杨冬风表示，冯了性药业目前一年排放的工业废水已经降至200吨，成功摘掉了排污大户帽子。而且，现在冯了性药业的各项排污指标已经符合环保要求，经过处理的污水，可用于园林的绿化、环卫。“公司作为汾江河沿岸保留下来的企业，必须经得起环保的检验。我们还将持续对环保进行追加投入，树立公司良好的健康环保形象。”邬威尧说道。

这起因污染要搬迁的传言事件，冯了性药业抓住时机，迅速作出反应和回复，正面否定了要搬迁的传闻，制止了传言的进一步散播。此后通过间接的含蓄的方式，将本公司一直在做的处理污染的工作公之于世，显示了公司保护汾河的决心和能力，树立了一个负责任的企业形象。所以这次“搬迁传言”，虽然是负面的不利信息，但是反而将大家的视线聚焦于冯了性，使得冯了性借此宣传了自己的环保行动，进一步增强了冯了性在世人心中“救人济世”的中药企业形象，品牌形象得到更好的传播。

附件一：

广东省药品监督管理局文件

粤药管稽〔2001〕164号

关于查处标示河南省赊店（集团）药业有限公司生产的假“冯了性风湿跌打药酒”的紧急通知

各市药品监督管理局，顺德市医药总公司、卫生局：

最近，在我省佛山、新会、河源、湛江等地，陆续发现有一伙自称受河南省赊店（集团）药业有限公司委托，负责该公司生产的“冯了性风湿跌打药酒”赠饮和销售的人员，通过张贴虚假广告、派出宣传车等形式大肆宣传河南省赊店（集团）药业有限公司生产的“冯了性风湿跌打药酒”。这伙销售人员持有河南省赊店（集团）药业有限公司的介绍信，负责人是谭进强、梁应全等，均是我省茂名高州市人。

根据对佛山、新会等市查封的样品进行检验，证实这伙人员推销的标示为河南省赊店（集团）药业有限公司生产的批号为20010102的“冯了性风湿跌打药酒”是假药，内含非甾体类抗炎药“双氯芬酸钠”，服用后对人体健康有危害。

请各地市药品监督管理局一经发现以上情况，就地查封，及时与公安机关联系，对销售假药的人员进行收审，追查假药来源，并把情况及时上报我局稽查处。

2001年5月14日

主题词：查处　　假药　　通知

抄送：国家药品监督管理局，河南省药品监督管理局
广东省药品监督管理局办公室　　　2001年5月14日印发

附件二：

佛山冯了性药业有限公司特别敬告

近期，广东多个地区以及外省一些地区有多帮人在各类集市和部分药店上赠饮推销标示“河南××药业有限公司”生产的“冯了性风湿跌打药酒”，每瓶（500毫升装）售价高达150～190多元。经有关部门调查证实：这些“河南××药业有限公司”生产的“冯了性风湿跌打药酒”中含有西药成分——双氯芬酸钠（见《羊城晚报》2001年5月12日A5版），该药在不知情的情况下服用，对人体健康有危害。在法定标准规定的纯中药制剂中擅自加入西药成分是一种严重违反《药品管理法》的行为，通过让消费者服用一次即觉效果好而误导消费者承受高价买入，达到赚取高额利润的目的，是欺骗消费者的行为。广东省药品监督管理局已发出紧急通知，查处标示河南××药业有限公司生产的“冯了性风湿跌打药酒”。

为防止混淆和误解，本公司特别敬告广大消费者：本公司生产的“冯了性风湿跌打药酒”是严格按《中国药典》生产的纯中药制剂，保留和发扬了有380多年历史的制作经验和工艺，质优价廉，每瓶（500毫升装）零售价不超过14元！

“冯了性风湿跌打药酒”是明朝万历年间由佛山老字号“冯了性药行”始创的，距今已有380多年历史。一直以来，该产品以其疗效确切、价格低廉而深受广大患者的欢迎。本公司作为正宗的继承者和生产者，一直坚持“质量第一，造福人类”的宗旨和薄利多销的经营方针，赢得了广大消费者的信任和支持。借此机会，感谢社会各界的鼎力支持和信赖，并特别敬告广大消费者：请认准本公司出品的“冯了性风湿跌打药酒”。

佛山冯了性药业有限公司（原佛山市制药一厂）

2001年5月28日

羊城晚报

2001年5月12日

星期六

“冯了性”跌打酒有毒

省药监局紧急通知停售停用

本报讯 广东省药监局稽查处昨晚发出紧急通知：最近在佛山、新会、河源、湛江等地陆续发现有人推销“冯了性风湿跌打药酒”，经检查，该药酒含有双氯酚酸钠的毒性成分，对人体有伤害，现通报全省停止销售使用。

据介绍，这些在广东数地均有发现的“冯了性风湿跌打药酒”，系河南省赊店（集团）药业有限公司生产，批号均为20010102。此药酒本为纯中药制剂，质量标准收载于中国药典2000年版。但广东省药品检验所检查发现，其生产者擅改处方，加入了西药制剂双氯酚酸钠成分。该成分虽具有消炎、镇痛、解热作用，但不良反应是可引起头痛、腹痛、恶心、消化不良和胃肠反应等副作用，长期服用可导致肾衰竭。

（汪令来 叶水才）

冯了性：四百年打造“金招牌”

此“冯了性”害苦了彼“冯了性”

一些厂家生产出对人体有害的药酒，使佛山有近400年历史的老字号蒙冤受屈

各大报纸就河南赊店假酒事件作出的报道

附件三：

“毒酒”事件时间一览表

2001 年 1 月 2 日，公司专管员反映在一些农村墟镇有卖高价的冯了性药酒。

2001 年 3 月 12 日，到广东省药品监督管理局反映情况（与稽查处直接反映过）。

2001 年 3 月 20 日上午，到小塘新城市场（收到线报后），但到后假酒摊贩已收摊。带队领导有佛山市医管局的张国强同志，罗仲利、邬威尧、张万等。

2001 年 3 月 22 日，在小塘镇，取假“冯了性”小样、大样，当天下午与市医管局陈念荪科长一起谈打假措施。

2001 年 3 月 27 日，将赊店的药酒样本送出化验。

2001 年 4 月 5 日，邬总陪同陈念荪科长到新会了解赊店在此推销假酒被新会医管局查扣之事。当天，广东药学院得出化验结果——赊店所销冯了性药酒加入了双氯芬酸钠。

2001 年 4 月 6 日，罗总、邬总到广东省药品监督管理局单独找府凡林副局长汇报。

2001 年 4 月 11 日，出动队伍到石肯墟，由陈念荪科长带队，查扣了正在叫卖的假药酒。

2001 年 4 月 12 日，罗总、邬总到广东省药品监督管理局再次向府副局长汇报，送上药学院的化验报告和冯了性反映问题的报告。

2001 年 4 月 17 日，罗总、邬总与佛山市药品监督管理局陈念荪科长到省局送上买来的和在新会市查扣的样本。稽查处李挺接管此案。

2001 年 5 月 10 日，罗总与陈科长再去广东省药品监督管理局，知道广东省药品监督管理局已准备下文打假。

2001年5月12日，《羊城晚报》A5版首先报道此事，可惜在题目措词上反而对真冯了性不利。

2001年5月16日，佛山冯了性药业有限公司在佛山宾馆召开新闻发布会，将此事的由来及可能发生的误解作了详细解释，当晚，广州电视台即在新闻中播出。

2001年5月18日，《羊城晚报》以大版篇幅刊登《此"冯了性"害苦了彼"冯了性"》，之后，各报以不同题目作了报道。

附件四：

打假照片

打假现场查获的假"冯了性"药酒（1）

打假现场查获的假"冯了性"药酒（2）

附件五：

“三个一致、同一水平”宣传单张

正品外观特征敬请注意识别

敬告：

“冯了性风湿跌打药酒”是明朝万历年间由佛山老字号“冯了性药行”始创的，距今已有380多年历史。一直以来，该产品以其疗效确切，质优价廉深受广大消费者的喜爱。本公司作为正宗的继承者和生产者，一直坚持“质量第一，造福人类”的宗旨和薄利多销的经营方针，赢得了广大消费者的信赖和支持。近期，本公司发现一伙不法分子打着授权生产或冯了性药业有限公司（原佛山市制药一厂）分厂的幌子，生产和销售假冒“冯了性风湿跌打药酒”，严重扰乱了市场秩序和危害了广大消费者的身体健康，为此，本公司特别敬告广大消费者：本公司从未在佛山市以外的地区设立分厂或授权生产，请广大消费者注意识别本公司生产的正宗“冯了性风湿跌打药酒”，谨防假冒！

（一）三个一致

1.

铝合金防盗盖侧面为电脑喷墨机喷成的“冯了性”及由七位数字组成的“03xxxxx产品批号字样。该瓶盖上生产年号按每年年份更换。

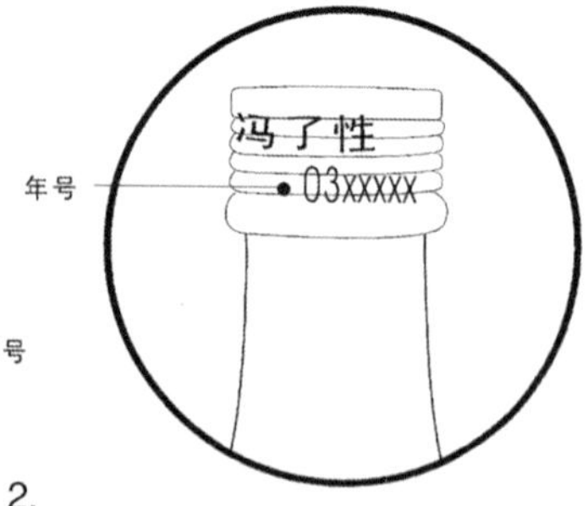

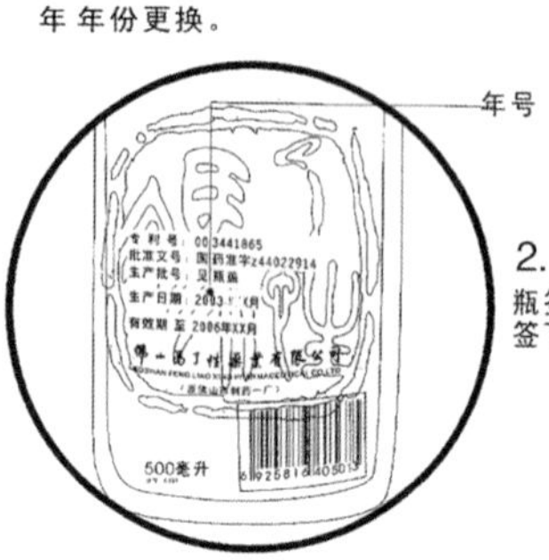

2.

瓶签上打印生产日期为“2003年xx月”，瓶签下方印有标准条形码。

3.
玻璃瓶瓶身下方有“佛山冯了性药业'03”凸字字样，表示为佛山冯了性药业有限公司2003年生产专用瓶，该瓶上生产年号按每年年份更换。（精装品除外）

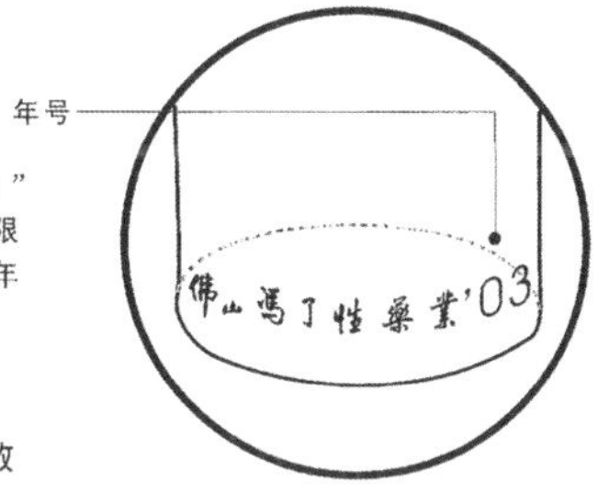

瓶盖上产品批号年号“03”
瓶签上生产日期年号“03”
瓶底上生产年号“03”
（以上三项）必须一致

以上“03”是指2003年生产，以后将依年份更换而更替。

（二）同一水平

上述最简单的识别方法，但由于制假者也在适应这个“三个一致”来制假，如需进一步辨认，可从以下两个方面来辨别：

1. 瓶盖的紧密程度：正品的封口旋盖紧密，螺纹清晰；假货的瓶盖较松，螺纹模糊。

2. 瓶盖的批号喷码：本公司是先旋盖后喷字，字体清晰，并在同一水平线上；造假者往往是先购入已喷有数码的瓶盖，造假时才旋上，往往数字或“冯了性”三个字变形，不在同一条水平线上。

举报有奖，凡举报制造和销售假冒本公司的“冯了性风湿跌打药酒”有功者，本公司将给予奖励。

举报电话：0757－2836202　2836203　2836215

中 华 老 字 号

第四章

企业文化

400多年的历史没有尘埋住佛山冯了性的名号，一波三折的企业之路没有改变佛山冯了性的内敛，屡创全国之先的创新也没有抹去佛山冯了性的稳重。“识就冯了性，唔识就误了命”的口号让我们知道了冯了性，药典32载让我们了解了冯了性，《冯了性通讯》让我们走近了冯了性。本章从企业文化传承、企业文化现代理念、企业文化制度、企业管理文化、企业文化窗口等方面，全面展示了佛山冯了性企业文化的内涵和影响。

- 企业文化积淀：佛药底蕴，正宗传承。
- 企业文化理念：独到的现代药企理念。
- 企业管理文化：演绎完善民主共治。
- 企业文化互动：和谐谱出企业“家”文化。

第一节　佛药底蕴　正宗传承

一、医药处方，一脉相传

中国传统文化讲究一家之言，中药文化作为中国传统文化的一个重要的组成部分，具有同样的特性，讲究传承。中药处方由于它的特殊性质，传承上严格谨慎，一个药方往往一个家族代代相传，密不外泄。因此，形成了各家老字号和金字招牌。

2000 年佛山市制药一厂转制，资产重组，佛山冯了性药业有限公司正式成立。公司不仅恢复了“冯了性”这个有着几百年历史的中药老字号招牌，更实实在在地继承和恢复了佛山中成药文化传统。正宗佛药制药理念、传统配方、传统工艺、传统老产品，一个不放，各个都抓。

从历史看，“冯了性”这个老字号是从 1659 年开始的。1659 年冯了性游学归来，继承父业，将父亲开办的药铺更名为“冯了性药铺”。冯了性药铺在佛山家喻户晓，是佛山中成药业里的名铺。

1957 年公私合营时，冯了性药铺与其他的 56 家成药老店号一起，并入后来的佛山联合制药厂。其中有比冯了性药铺更早成名的、始创于 1573 年的梁仲弘蜡丸馆（成名产品：梁仲弘抱龙丸、抱龙膏）。佛山市联合制药厂于 1966 年更名为佛山市人民制药厂，1971 年分成两家，分别取名为佛山市制药一厂和佛山市制药二厂。佛山市制药一厂传承了除茶剂、膏剂以外的所有佛山中成药老号的产品，其中包括梁仲弘抱龙丸和冯了性风湿跌打药酒。

从产品看，目前“冯了性”除了延续历史上的“冯了性药铺”及其主要产品——冯了性风湿跌打药酒之外，由于历史原因，还涵盖了很丰富的内容。当时并入的佛山所有的50多家的老字号，涵盖了历史上佛山镇所生产的所有的中成药品种。除了茶剂、膏剂等品种，其余的中成药产品佛山冯了性药业有限公司全部传承了下来。

佛山冯了性药业有限公司是纯中成药的生产企业。公司产品坚持以佛山制药先辈发明的传统老产品为主，主要有冯了性风湿跌打药酒、保济丸、蛇胆川贝散、蛇胆陈皮散、儿科七厘散、佛山人参再造丸、梁财信跌打丸等。无论是剂型还是品种，均体现了具有悠久历史的岭南中成药传统特色文化。

从处方和工艺看，现时的佛山冯了性药业有限公司不但传承了“冯了性”老号的产品及经营理念，而且基本全部继承了佛山药业前辈所发明的知名产品和传统工艺。如竭红跌打酊是根据祖国医学理论：“瘀，积血也，跌打外伤，或物相撞则气血凝结，血不行而痛，积滞而肿……故而行血化瘀，镇静止痛，抑菌消炎之药治之……以消除症状，恢复功能，愈其创伤。”竭红跌打酊正是按照上述治疗原则进行组方。而有名的佛山人参再造丸，处方也正是源于中国医学大辞典。事实上，保济丸一直在佛山，从佛山市联合制药厂到现在的冯了性药业，都保留其传统生产工艺，并遵循其经典处方进行生产，可谓佛山始创，正宗经典。

在原材料加工炮制上，更加注意运用中医中药的传统理论，严格按照工艺制作。

佛山冯了性药业有限公司涵盖了整个佛山镇历史上生产的中成药品种，它所传承和反映的中成药文化，也不只是

“冯了性药铺”一家，而是整个佛山的中成药历史文化，因此也可以说，冯了性药业确实是佛山中成药文化的正宗传承者。

二、传奇迭拓，文化积累

佛山冯了性药业有限公司是一间具有传奇色彩的公司，深厚的历史文化底蕴使它显得与众不同。与佛结缘，不仅使它具有了一些佛家的典故文化，也使它独具一种独特的魅力。

也许是佛缘早注定，冯了性药铺的创始人——冯了性成长在一个有浓厚佛教意识的家庭，父母历来虔诚礼佛，冯了性深受影响。佛家的宗旨是渡世导人，医家的目的在悬壶救人，二者相通的精神让冯了性从小向往佛学。青年时，抱着慈怀济世的愿望，为进一步提高“万应药酒”的功效，他游历了不少名山古刹，遍访名医高僧，一度削发修行，既练武功又潜心求学。在修行期间，方丈赐名“了性”。

佛教有“缘起性空，性空缘起”之说，所谓“缘起”是说世间的一切事物都是由众缘和合而生起的，所谓“性空”是说众缘合成的诸法，其性本空，没有真实的自体。因此佛教子弟应该“一切法无我”。所谓“法无我”，指诸法有实体，有实用，曰法我，今了诸法因缘生之义，达实无自性，曰法无我，是为大乘菩萨之观道，以断所知障，而得菩萨者也。“了性”即了却诸法、众缘，以达“无我”之境。

“了性”最初作为一个法号就这样出现了。

后来为了感谢佛门高僧的赐教，冯了性即把“万应药酒”改名为“冯了性风湿跌打药酒”，将店名正式定为“冯了性药铺”。

如果说“了性”这个名字具有佛教文化智慧，那么公司的一些产品同样也与佛有缘，有着美丽的传说。

在佛山古镇，僧尼寺庵很多，老百姓虔诚礼佛，对佛教高僧十分崇拜，斋僧斋尼成为风尚。历史辗转下，与佛药也就有了交集，从而产生了许多典故和传说。其中流传最广并在《佛山药业志》上有记载的就有如下几个。

1. 少林跌打止痛膏

创始人梁奕纲，祖籍广东新会，精研中医之道，于清光绪十二年（1886 年）创立梁家园商号。当时只制售止咳丸、疳积散、癣药等。后福建少林寺西谷禅师挂锡来禅（佛山），由于有戚谊关系，禅师有一段时间住在梁家，彼此相处亲切友好，因此亲传少林跌打止痛膏的制法，因其效验显著，梁家由此业务大增。至民国十六年（1927 年）由其子梁津乘掌理，只制售少林跌打止痛膏一个品种，由于经营得法，业务突飞猛进，产品一直经营到公私合营时。

2. 保济丸

创始人李兆基，原籍广东新会，以创制保济丸最负盛名。保济丸始创于清光绪二十二年（1896 年）。传说当时李兆基在祖庙大街卖凉茶，常给路过此地的一位石湾丰宁寺和尚免费喝茶，和尚见李兆基有济世善心，便送给他一纸药方。李根据此方煎制成药茶，并取名普济茶，在街内出售。由于对常见病如感冒、食滞、腹痛、肠胃不适等颇有疗效，赢得众口称誉，相互传闻，饮服者日渐增多。为求向外发展，李兆基将药茶改制成药丸，并取名“保济丸”，成了佛山人发明的经典名药。

3. 李广海跌打丸

创始人李才干，广东佛山栅下茶基人。传说他早年得金山寺僧人智明所传佛寺跌打医术，于清咸丰年间创“平恕堂”跌打医馆，兼营跌打药丸、药膏。其子李广海更是继承和发扬了父亲的医术，成为一代名医，并创制了“李广海跌打丸”，在国内外广为销售，是佛山传统名药之一。近几年，按管理部门的要求，改名为“伤科跌打丸”，现仍由冯了性药业生产经营。

悠久的佛山中成药，古老的“冯了性”，带着这些动人的美丽传说走来，周身闪烁着智慧的光芒，在佛山这块热土上熠熠夺目。走入近代，佛缘更是弥笃。在弥漫着浓浓的中药文化的佛山冯了性药业有限公司厂区，矗立着一块特别的石头。每天清晨，它享受着冯了性药业所有员工的注目礼和致敬；每个夜晚，它就在这安静的花园式的厂房里回忆着“冯了性”的风风雨雨。这是一块坚固而又沉静的红色大岩石，周身没有其他饰物，上面只有手书的八个大字，那就是：“质量第一，造福人群”。字体刚劲有力，同时又流转回环，仿佛要给人以力量。这就是由曾长期担任中国佛教协会主席的赵朴初老先生所题的字。冯了性药业鉴于与佛教的历史渊源，邀请他为“冯了性”题词，赵朴初老先生熟悉佛山传统成药的历史地位，欣然为当时的“佛山市制药一厂”题词。当场就手书“质量第一，造福人群”、“古老佛药庆中兴”，以勉励佛药的传人继续努力，秉承“慈悲为怀”的佛学理念，造福最广大的人民群众。

“质量第一，造福人群”不仅是冯了性药业的宗旨，也是冯了性药业的文化和精神。

三、药典* 32 载，扬我盛名

佛山的中成药文化深厚，很早就建立了医药行会，豆豉

---

* 注：药典是指《中华人民共和国药典》。

巷聚纳百家，药王庙香火鼎盛，它的美丽传说也广为传颂（《药王庙传说》）。

对于佛山成名的中成药，也有许多典籍记载。

清乾隆年间李调元《粤东笔记》记载：“南方草木入药者甚夥，市人制丸裹蜡，俗称广丸，远方携用颇验。”梁仲弘的抱龙丸，是其中的佼佼者。清康熙初年屈大均的《广东新语》中推崇曰：“广中抱龙丸为天下所贵。”

佛山市博物馆文博馆员陈志杰专门撰文研究梁仲弘祖铺与佛山成药的历史，佛山著名民俗作家任流著《佛山药王》以流传佛山中成药文化。

而冯了性风湿跌打药酒，不论古今，都是佛山中成药中的佼佼者。冯了性风湿跌打药酒在古籍《验方新编》上有过很生动的记载：“有人风瘫，一身四体不能转动，百药不效，后服冯了性药酒一钱，浑身出汗，上吐下泻，半日后行动如常，用药调理，霍然全愈，神效非常……”

冯了性风湿跌打药酒的药效不容否定，它的配方的科学性同样得到国家的认可。从 1977 年《中华人民共和国药典》第一版开始，就以佛山生产的冯了性风湿跌打药酒为标准，将该品种收载其中。1997 年药典改版，依然将该品种收入其中，是国家药典中少有的几个以人名命名的中成药保护品种之一。

第二节　精神文化先行

一、企业宗旨：质量第一，造福人群

不管是在转制前还是转制后，不管是在旧厂区还是如今

这个美丽的新厂区，佛山冯了性药业有限公司始终坚持“质量第一，造福人群”。

庆宁路旧厂区题词牌匾 1

庆宁路旧厂区题词牌匾 2

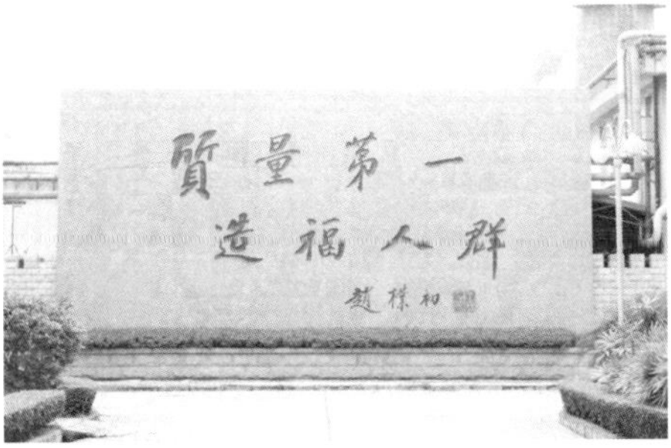

佛罗公路新厂区题词牌匾

“质量第一”，即是以质量为制药和办厂的根本，并贯彻在采购、生产、包装、服务的各个环节。

作为一家制药企业，坚持“质量第一”是企业生存的前提。药品，不管是中药还是西药，都直接关系着人的病痛生死，它需要对人的生命负责，因此，质量是药品所必需的。在药品市场，有质量才有市场，有市场才有企业的生存和发展，因此，质量也是企业必需的。制好药，这不仅是对消费者负责，也是对企业自己负责，因此，有质量是企业必需的。对佛山冯了性药业来说，“质量第一”就是购买合格、优质的药材，遵循药品处方，细致严谨地确认药材比例，严格按照生产工序，保持生产安全、卫生，完整、如期地完成药品生产，及时提供给市场，妥善完美地解决消费者的需求。这是一个动态的过程，也是一个持续的过程。在冯了性药业，员工们有一个口号，那就是“质量第一，上下一心”。

“造福人群”，即是以药有所用、有药能用为宗旨，以解决人们的病痛为目的，以给人们健康、和谐的生活为目标。“药有所用、有药能用”包含两个方面的意义：第一是冯了性的药能医，能对消费者的病痛治疗有帮助；第二是冯了性的药大家能用，用得起、用得放心，知道怎么用，喜欢用。

“造福人群”这一点，从冯了性风湿跌打药酒的那两句有名的广告语上就可以看出：“识就冯了性，唔识就误了命。”另外，古今的冯了性都坚持了一个原则，那就是：平价卖药。冯了性是人们够得着、买得到、用得起的。如今，佛山冯了性药业有限公司的冯了性风湿跌打药酒在我国的药酒销售市场销售量排名第一。用在冯了性药业任职20多年的前总经理罗仲利的一句话来总结的话，那就是：“冯了性是实实在在的，是真正地服务了多数人的、百姓的冯了性。”

为了让这个宗旨深入人心，深入每个冯了性人，冯了性药业将它作为厂刊的“社论”发表（《坚持“质量第一，造福人群”的办厂宗旨》)，并开会讨论，务必使每一个冯了性人都理解、记住。之后，将它收录到“职工须知”中，让新进厂的职工先学习和铭记这个宗旨后再上岗。

围绕这个办厂宗旨的确立，结合当时要大搞的“企业整顿”，冯了性药业通过制度建设，加大了与质量有关的奖惩力度，从上到下加大对各个环节的质量问题关注，建立质量否决制，使“质量第一”深入人心。20多年来，公司从未出现重大的质量事故。由于有这个共同理念，为2002—2003年的GMP改造的顺利进行打下了极为重要的价值取向基础。

二、经营理念：制药以诚，精益求精

“制药以诚，以诚制药”，这与冯了性药业的企业宗旨是一致的。“质量第一”是标准，“制药以诚”是态度。要做到“质量第一”，要做到企业长远的可持续发展，必须“以诚制药，以诚经营”。

冯了性药业是一家纯中成药的生产企业，产品的效果在一定程度上不能像西药那样，用一些工具、指标进行点对点的检测、衡量。作为传统中药企业，“制药以诚”不仅是对中国传统文化的尊重，对中国中药文化的尊重，更是对中药产品和企业的尊重。冯了性药业以真诚的心态来定位自己，这将是企业发展的源源后续动力。

“制药以诚”突出反映在冯了性药业的蜡壳封装机的研发上。中国岭南中成药的一个突出的特色就是蜡丸密封，如《粤东笔记》中的记载。蜡丸密封不仅可以保证药丸在运输和存放时的安全卫生，同时也适应岭南地区高温湿热的特殊地理气候，让药丸能够保存很长时间而不挥发变质，同时也方便携带。但传统的蜡丸制造，由于工艺水平的落后，只能靠人工进行手动操作。人工制造蜡丸不仅安全卫生难以保证，同时效率也低下。鉴于这些问题，以及对消费者负责的想法，冯了性药业决定自己研发蜡壳自动封装机，进行专门立项，独立研发。整整7年多，冯了性人以诚动天，终于研发出我国第一台全自动蜡壳封装机，这在当时是史无前例的事情。蜡壳封装机的研制成功，直接让蜡壳可能含带的细菌指标由18万降到10以下，也让丸类药剂的制作更加安全、高效。用冯了性人的话来说，那就是："我们乐意为大家做点什么。"

"精益求精"，对冯了性药业来说，就是干劲加创新。不仅要有"求精"的充足干劲，还要有"更精更专"的新观点、新想头。作为一家纯中成药的生产企业，"精益求精"是企业所有人的共识。中国传统的中成药文化古老而又博大精深，怎样能够让它更好地跟上时代潮流，更高效、更明确地服务更多人，一直是冯了性人思考的一个重点。这也是传统中药的现代化问题。对于"精益求精"，冯了性药业向来不含糊。企业特别设立了"技术进步奖"，每年都要评出一批勇于探索和创新的技术干将。就冯了性药业的独创蜡壳封装机来说，从第一台自动封装机被研发出来开始，每年冯了性药业都在对它进行改进，没有止步，更不停步，到现在，已经有第五代蜡壳封装机了。

作为一家制药的企业，冯了性药业坚信："制药以诚"才能发展，"精益求精"才能进步。

三、企业精神：勇于创新，勤于奉献

胡锦涛说："创新决定发展，创新造就未来。"企业的未来，企业的发展，需要创新。在佛山冯了性药业有限公司，不管是上级还是基层，不管是管理岗位还是生产岗位，所有人的精神面貌都是积极乐观的，都是勤勉奋进的。这就是冯了性药业的企业精神：勇于创新，勤于奉献。

跟企业的经营理念相呼应，“制药以诚，精益求精”体现在个人就是“勇于创新，勤于奉献”。

在冯了性药业，有一个人当之无愧地被大家称为企业精神的典范，那就是蜡壳封装机的研发者，曾经的老药工陈浩森。在研发封装机的那几年里，他几年如一日地孜孜以求，反复试验。他的书房兼工作室是一个用废弃木板搭建起来的小阁楼，冬寒夏炎，他一待就是 7 年。他自己却不觉得苦，他说：“工作起来就什么都管不了了，那里很安静，挺好。”

谈及创新，这位老药工谦虚地说：“我的所有成就都是群众的智慧，是从实际中得来的，也是为了群众服务的。”他说：“回顾我近 30 年来走过的路，之所以做到成功多于失败，是因为自觉遵循拜群众为师、从实际出发这一思想方法和工作方法。前几年，经国家批准的药酒提取车间搬迁扩产改造项目要开始动工时，厂领导把主体设计的任务交给了我，并明确除车间土建委托建筑设计院外，其余的总体布置、工艺路线、设备选型、非标设备设计均由我统筹负责。我首先想到的是肩负的光荣而艰巨的责任。”当时冯了性药业的旧药酒车间的生产条件实在是太差了，土浸渍的方法是用铁锅把蒸好的药材放到水泥池去，然后加进白酒进行冷浸，待浸渍时间一到，把酒抽出来之后，需要工人跳进池里用竹箕一筐筐地把浸完的药渣挖出来。每当这个时候，工人不但大汗淋漓、脸如红枣，而且经常会被白酒“醉”倒。但是工人没有怨言，就这样一干几十年。陈浩森说：“我们再不能容忍这种恶劣的生产环境延续下去了。如何既能把这有 300 多年历史的冯了性风湿跌打药酒的传统工艺保持不变，又能采用最好的生产流程和生产设备，以达到高效、低劳动强度、安全卫生等一系列设计要求呢？环顾各兄弟厂家，可借鉴推广应用的实在不多，可供选用的定型设备也不易找。而要根据年产 1 500 吨药酒的要求，设计一条先进的浸渍、回收提取、自动灌装生产线，从设计布局、设备选型设计到施工安装等都具有很大的难度。对此，我还是按老办法，到群众中去，认真倾听他们的意见。我把各种设想都告诉了生产一线的工人，然后请他们提意见。反反复复讨论了 30 多次。正是群众的智慧使我的设计思路开阔，方案更趋于完善和具有特色。同时，工人们要求实现机械化生产的愿望，促使我要不断创新，力求把车间建成在国内同行业中水平较高，而且具有南方特色的车间。”为了群众的人总是能得到群众的支持，专注于创新的人也总是能收获他的成果。陈浩森用他的汗水和智慧换来了成果。他说：“由于在技术改造中坚持走群众路线，药酒车间的改造及非标设备的设计和使用都取得了比较满意的效果，不但布局合理、工艺路线流畅，而且药酒的产量和质量能满足市场的要求，生产能力翻了一番多。冯了性风湿跌打药酒优质品合格率达 100%，取得了很好的经济效益。这个车间投产两年多来，由于布局合理，没有改动过一块砖头。更可贵的是大大改善了生产环境。”

不止是这个永远精神抖擞的老药工，其他冯了性人也都如此，在自己的岗位上默默奉献。是冯了性这个温暖的大集体孕育了这种精神，是企业所有人的上下一心带起了这种风貌。也因为如此，在冯了性药业研发出中国第一台蜡壳封装机后，也是冯了性药业第一个研发出了不破裂的蜡壳，同样属全国首创。

冯了性药业的精神就是永不止步，就是稳踏实步。不需要什么过多的溢美和包装，佛山冯了性，仍是那个沉稳而智慧的冯了性。

四、企业道德：经营要诚信，制药凭良心

做人讲究诚信，做企业同样讲究诚信，作为一家药企，更需要讲究诚信。佛山冯了性药业有限公司就是这么做的。你可以喜欢中国古老的传统中药文化，你可以信任佛山冯了性，因为它永远奉行“诚信”——“诚信制药，诚信为民”。

冯了性药业的企业诚信体现在以下几方面。

（1）在企业上，冯了性是有着几百年历史的古老佛药经典，是佛山的名店名铺，是中国的老字号，它的经营是以诚信为本的。

（2）在药品上，冯了性所生产的产品都是有着辉煌历史的中国传统中成药。药方经过百十年的历史检验，确保可靠有效；生产工艺是在百十年的传统工艺的基础上，结合现代科技进行创新改造而成，安全稳定。

（3）在经营上，冯了性一直本着为消费者负责的人性化经营，不仅广告，而且药效、包装上等都一直以照顾消费者为优先。

“经营要诚信，制药凭良心”，用冯了性药业现任总经理邬威尧的话来说，就是：制作好药，功德无量。邬总解读这句话说：“常言道：三十六行，行行出状元。制药为其中一行，既普通又特殊。所谓普通，是指制药与其他行业一样，生产商品出售，满足消费者的需要，实现商品的价值；所谓特殊，是指制药行业生产的是药品——一种赋有特殊使命的商品。它提供给广大民众用于预防、治疗各种疾病，消除疾

病给人民带来的痛苦，从而提高人们的生活质量。人民健康关乎社会的繁荣，国家的兴盛。各行各业都要靠人去做，人的健康对其他各行各业的发展都至关重要。所以鄙人认为各行业之中应推制药行业为首。”

“作为制药人，从一入行就肩负着捍卫大众健康的神圣使命。要有对得住天地的良心，勤修好药为百姓的一片诚心和功夫未达誓不休的一份精心，做出能为大众治好病的好药，实现群体以及自我价值之余，亦算是积了阴德，行了善事。试想我们员工，每人平均每年为社会提供几万盒药品。好药可以为成千上万人防病治病，功德无量；劣药可以使成千上万人延误治病甚至致病，天理难容！”

冯了性药业作为佛山的知名企业，自改制以来，连续多年被评为诚信、信得过的企业。

五、厂风：团结、民主、创新、进取

一家良好的企业，一定有着良好的企业风气。风气虽然看不见摸不到，但是对企业的所有工作者来说，却是能实实在在感受到，并进而影响工作进度和工作状态的一种氛围和价值取向。俗话说得好：众人拾柴火焰高。一个好的企业风气，能让企业生机勃勃，蒸蒸日上。

冯了性药业从实践中摸爬滚打出属于冯了性人的厂风、企风。那就是：团结、民主、创新、进取。

团结，即同事间互相尊重，互相学习，互相配合，取长补短，宽宏忍让，求同存异，严于律己，宽以待人，和衷共济。运用“团结—批评和自我批评—团结”的方法来解决内部的矛盾。做到不利于团结的事不做，不利于团结的话不讲，一切妨害团结的现象都在必须克服和抵制之列。通过大家的共同努力，创造一种安定团结、祥和温暖的环境。

民主，即尊重职工的民主权利，使职工敢于和善于行使民主权利，提高参政意识，通过职工代表大会制度参与企业经营决策，审议重大经营管理规章制度，评议各级干部，监督选举企业的领导干部等。为了实现企业的奋斗目标，企业职工要积极出主意，想办法，群策群力，共同参与。企业和职工休戚相关，荣辱与共。“民主”就是一种宽松和畅所欲言的良好环境。

创新，即产品创新、剂型创新、设备创新、管理创新、操作技术创新、思想工作创新。创新是善于接受新技术、新观念、新思想，是勇于与被实践证明是落后的传统习惯决裂。

进取，即要丢掉“步子不大年年走，贡献不大年年有”的安于现状、甘居中游的思想，树立怀大志、办大事、创大业、勇于负责、奋发向上的观念，做到年年有新套套，年年有新进步。要勇于为自己压担子，不甘落后，要争上游，要培养健康的集体英雄主义精神。班组要争先进，车间要争先进，工厂也要争先进，产品质量更要争先进，有了国家银质产品要创国家金质的，工厂上了省级先进企业要争创国家先进企业……总之，要有敢于争天下雄的气概。对于冯了性药业来讲，“进取”就是努力把冯了性办成在祖国南方独树一帜，技术水平最高、规模最大、机械化程度最好的中成药厂。

这个八字厂风的提出，当时有着特定的背景，对冯了性意义重大。

（1）关于团结。1983 年，实行改革开放的政策刚刚几年，而佛山市制药一厂及其前身“佛山市联合制药厂”在历届政治运动都是试点单位，特别是经历了“四清”运动和“文化大革命”，内部的积怨、无形的山头，使内部人与人之间的关系很复杂，加上那时实行职工退休、子女顶替的用工办法，父母辈的积怨还深深地影响到下一代。表面上没什么，一遇事就会捕风捉影、明争暗斗，外面派来的干部不知其中玄机，很容易把事情办糟，所以，促成团结，搞好团结，以团结为一个基本原则是很重要的，只有这样，改革开放才有可能顺利开展，所以把它放在第一位。

（2）关于民主。当时班子内对这个提法有些争议，但由于大家都经历过“文化大革命”，都感到民主的缺失对社会影响的巨大。加上改革开放的思潮令我们对资本主义的民主的内涵也有了新的认识。民主，才能使老百姓当家作主。经过 20 多年实践证明，企业内推行民主管理及灌输这个理念，实现了内部团结，加强了内部监督，使企业没有出现大的决策失误和腐败，产生了十分重要的作用。联想到 1994 年的转制卖厂风波，就是因为有广大职工的参与意识，积极而明确的表态，才有领导班子的坚定态度。这种民主风气，为目前实行的职工持股会（公司）的正常运作奠定了思想准备。才有了上边所述的真正的社会主义民主。

（3）关于创新。中成药这个特殊的行业有着极其悠久的历史，佛山的成药史也有 400 多年，历史长，有其独特的长处和优点，但又会有思想保守、不求改进的毛病，所以根据这个实际情况，企业需要有创新的意识，才能不断进步。当时还没有“市场竞争”这个概念，提出创新为的是让企业在创新中得到更快发展。为了鼓励创新，工厂于 1984 年 1 月配套出台了《技术进步奖励条例方案》，通过企业“立法”的方式，推动技术进步，推动创新。这个条例虽然粗糙了一些，但其倡导的精神和理念是十分清楚的。比国家在 1985 年正式出台的技术进步奖励条例还要早。可见，我们推进这个理念还是比较超前的，也是正确的。

同时，为了保证佛山中成药传统炮制技艺能后继有人，鼓励工人在炮制认药上能刻苦用功，在制定《技术进步奖励条例方案》的同时，制定了《评审“荣誉药工”条例》，明确这个厂内确认的职称，在技术职称上，相当于“助理工程师”，并享受相应的待遇。

为了加快新产品开发步伐，借力社会上的精英人才，早在1983年，企业制定了《聘请技术顾问条例》，使新产品的开发走上了快车道。首次聘请的技术顾问有时任佛山市中医院院长李家达、副院长陈渭良和药剂师黄理康。

企业正是通过制度化方法，使创新活动更有章可循，创新成为一种风气也就顺理成章了。

（4）关于进取。当时厂里想确立一个共同为之奋斗的目标，很难用量化去说明这个目标，但隐隐已经确立了“南有佛山一”的标杆，也就是在中药行业形成“北有同仁堂，南有佛山一”的格局，力争成为中成药厂的佼佼者，树立敢为天下先、敢争天下雄的气概。“一”指的是佛山冯了性药业有限公司的前身——佛山市制药一厂。这个长远目标的确定，对于冯了性药业制订规划，包括搬厂规划、新建车间的标准等，均有直接的指导意义，也使它很快摆脱了长期形成的小打小闹、小作坊生产的思维定式。

为了让厂风深入各个岗位、各个角落，冯了性药业同样将它作为厂刊的社论发表，并且收录在“职工须知”中，研读后再上岗。

培养风气是企业文化建设的最重要的一个方面，为此，冯了性药业于1985年确定了《佛山市制药一厂厂歌》，如下：

佛山市制药一厂厂歌

1=C 2/4　　　　　　　　　　　　　　　集体曲词

自豪轻快地

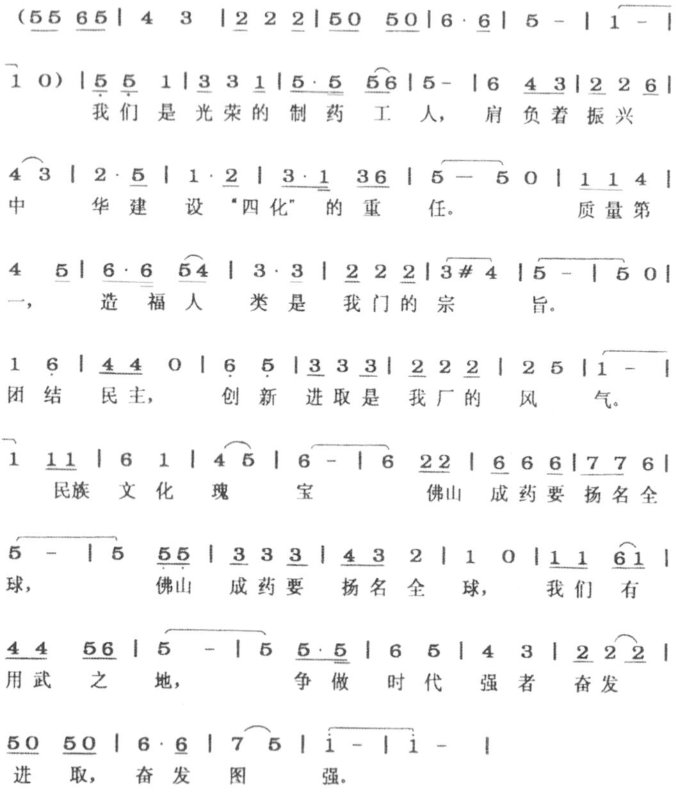

每逢举行庆祝活动，都指定厂歌为歌咏比赛的必选“歌目”。通过歌词，反复传递冯了性药业的企业宗旨和企业风气。在制度建设体系上，都着意去加以引导，凡在制度上有褒贬、奖惩等环节的，都向好的方向引导。奖惩办法、技术进步奖励办法、福利分配办法、房子分配办法、岗位技能工资评定、劳动合同再签订等制度，让扬此风气者得到褒奖，败坏此风气者受到批评。如为了创造内部团结的氛围，冯了性药业每年组织员工集体疗养（每三年享受一次），春节前以车间、科室支部为单位，组织“团和会”活动等等。这个“团和会”就是以“团结、和谐”为主旨，在组织活动的同时，加强企业员工之间的了解和联系，让员工之间消除一些隔阂、积怨和误解。这一个具体措施在冯了性药业坚持了十多年，就是这样十多年的潜移默化、持之以恒，加上管理者有意识的引导、带头，成就了现在冯了性药业的今天。

第三节　以文化人　以药救人

一、重现经典与传奇

1．“仙女送药”与“仙憩亭”

冯了性药业一直以来致力于打造良好的企业文化，企业厂区的文化建设也是这之中的重要一块。漫步冯了性药业的厂区内，绿荫森森，沉静和谐。冯了性药业因厂区的绿化和创意设计，在2006年被佛山市授予“园林式工厂”称号。

有一个典故对冯了性药业的员工来说，分外有感情，这就是“仙女送药”的典故了。原来，不管是转制前还是转制后，不管是老厂区还是新厂区，在冯了性药业的厂区内，都有“仙女送药”的形象。

在冯了性药业还是佛山市联合制药一厂的时候，就已经在厂门雪白的墙壁上绘有生动的仙女送药图。

而在这花园式的新厂区内，则更加形象化，“仙女送药”被雕塑成一尊高3.5米的栩栩如生的雕像。走近，你可以看见，在碧波渺渺的湖心水面上，袅娜地呈现出一个风姿绰约的仙女。她洁白的脸上闪现着圣洁的微笑，一手轻抬，托着仙药，另一手微垂，逗弄着身旁的一头活泼的梅花鹿。被微风吹起的衣摆，惹得湖边的柳枝也依恋起来，为她舞动。

相传很久以前，佛山是一个洲岛渔村，百姓耕田捕鱼，丰衣足食。鱼米之乡吸引了印度僧人，克什米尔的三藏法师相继前来传经讲义，人们在村中给他们建起了“塔坡佛寺”。

在那塔坡寺下住着一位老人，祖辈以行医为业，因医术高明，深受人们敬重，号为“神医”。神医年过花甲，老伴早逝，膝下只有一个独生儿子，名叫锦哥，生得聪敏过人。锦哥自幼跟父习医，十四五岁便能独当一面。父子相依为命，日子过得倒也快乐。

常言道：天有不测之风云。某年，忽然大雨滂沱。连续的暴雨使河涌泛滥，水退之后，疫病又猖獗流行，百姓苦不堪言。由于患者太多，神医父子应接不暇，不久神医本人也病倒了，病情日重。一天，他把锦哥叫到床前，嘱咐道：“这里流行的病症，乃是地方潮湿所致，我是不行了，现在把药书交给你，你要认真研读，为百姓解除疾患。”说完就离开了人世。锦哥无限悲伤，他暗下决心：一定要想方设法，尽快把疫病扑灭。

为了研制出一种治疗疫病的有效处方和药物，锦哥白天上山采药，晚上细读祖传药书，一连七天七夜，眼睛也熬红了。到了第七天晚上，因疲劳过度，翻了几页药书就睡着了。忽然，看到两个如花似玉的仙女，手托丹炉，飘然而入。她们对锦哥说：“你竭心尽力为百姓治病，太上老君为之感动，特叫我俩把药丸送你，好让你解救百姓，药丸处方，你家中祖传药书已有。”说完又飘然而去。锦哥醒来又嗅到一股香气，细看台上有药丸数颗，更觉惊异。他把药丸放入口中品尝，再对照自己睡前所看的两页药书，顿时心领神会，第二天，他按照药方炮制了一种新药，送给患者试用，果然药到病除。后来，人们把锦哥炮制的药丸称为“仙丹”。由于有了这种“仙丹”，佛山一带以后就很少有这种疫病流行了。从此，佛山人丁繁衍、百业兴旺。

后来，人们为了纪念神医父子治病和仙女送药之恩，在塔坡古寺附近建起了“药王庙”和“仙憩亭”。

如今，在佛山冯了性药业有限公司的“醴丹庭”小公园内，就有着这样的一座仙女送药汉白玉石立体雕塑，寓喻着冯了性药业秉承佛山中成药传统，诚心为民。

在仙女送药雕塑不远，就是“仙憩亭”。仙憩亭是六柱仿古亭，亭身为红色，亭正面上书两个行书：仙憩。字体舒张恣意，给人亲切舒适之感。挺拔的柱身上，不时爬上几株翠绿的藤蔓，更显得亭内生机盎然。

“仙女送药”和“仙憩亭”也是冯了性药业内大家最爱来的地方之一，瞻仰瞻仰仙人，回味回味美丽的传说，甚是惬意。

厂区园林绿化，均为中式传统园林风格。厂区空地、路旁放置有不少盆景，盆景也体现了中国传统文化。而盆景的主人都是企业职工，这是他们自发的行动，活泼的盆景给幽静的厂区园林增添了不少生气，自然也成了工厂一景。

2. 百米壁画浮雕——《佛药春秋》

在佛山冯了性药业有限公司综合楼内，隐有一处至境瑰宝，这就是中国中医药界史无前例的巨作，百米壁画浮雕——《佛药春秋》。

《佛药春秋》全长 100 米、高 1.38 米，用玻璃钢镀铜制成雕塑。创作历时一年多，于 2004 年 11 月在佛山冯了性药业有限公司办公楼中庭安装落成。《佛药春秋》浮雕长卷，是由佛山冯了性药业有限公司原副董事长、原总经理罗仲利组织策划，由中国陶瓷艺术大师、佛山市禅城区美术家协会主席钟汝荣及夫人冼艳芬精雕细作而成。

作品分成两层，上层以传说轶事为主，顺序为："仙女送药"、"送医赠药"、"五鬼运财"、"了性研药"、"双龙报雨"、"禅师真传"、"番鬼求医"、"古渡口药王树"、"寿星赠典，神童增华"、"韩康遗业"、"黄飞鸿与宝芝林"、"药师佛指引"。下层以写实为主，顺序为"古镇五朵金花"、"豆豉巷传奇"、"独特的传统工艺"、"公私合营"、"企业转制"、"注册商标"、"厂区新貌"、"设备先进"、"整厂认证"。

佛山冯了性药业有限公司制作这个雕塑长卷，是为配合佛山市打造中医中药特色旅游的一个具体动作。同时，希望在公司内创造一个弘扬中成药文化的氛围，让员工们了解佛山中成药的辉煌历史，热爱佛山自己的传统文化，从而热爱自己的工作，热爱自己的企业，增强历史责任感。

《佛药春秋》上的传说轶事，每个都有来历，每个都有典故。就拿"五鬼运财"来说，这是发生在"梁仲弘蜡丸馆"内的真实故事。

相传在明代万历年间，佛山早市（现今福贤路178号）一蜡丸馆正准备新张开业，忽然有四人抬着一具棺材进馆，一人托着板凳随后进来。当时馆内伙计始则惘然，继则不知所措。为何蜡丸馆开张吉日，竟会出现这种场面？细问之下，才知仵工错将近邻办丧事买下之棺材送来。尴尬之际，店东梁仲弘灵机一动，命将棺材抬进偏厅当中放好，除奖赏仵工外，还将棺材簪花挂红，燃放鞭炮，以示祝贺，引来围观者甚多，成为当日佛山一大新闻。当时，伙计还不解其意，梁仲弘解释道：他们送来了“官”与“财”，是吉利之兆，故将错就错，取加官进财之意。故后称“五鬼运财”。

此后蜡丸馆生意兴隆，生产的“抱龙丸”远近驰名，400多年盛销不衰，后来摆放在偏厅的棺材，因日久霉烂，梁的后代将棺材头尾板雕成两个木头公仔来供奉，以谢财神。据说现尚存在梁的后人手中。此事在佛山药业内流传颇广，可以说是梁仲弘的宣传手法之一，不管其宣传得如何神乎其神，如何有夸大的成分，但至少可以显示出梁仲弘对抱龙丸的经营是充满信心的，而这种自信，当然是建立在抱龙丸的质量和疗效基础上，使其历久不衰，在药业内享誉400多年。

“梁仲弘祖铺”是佛山中成药史有鉴可查的最老商号，难得的是，其当家产品“抱龙丸”一直保留至今，是卓有疗效的儿科用药，可以讲，生活在珠江三角洲地区的民众能代代健康繁衍，“抱龙丸”有其独特的历史贡献。早在清康熙初年屈大均的《广东新语》中，已备受推崇：“广中抱龙丸为天下所贵。”

不仅抱龙丸，佛山冯了性药业有限公司的当家产品——冯了性风湿跌打药酒也一样有来头。

相传，冯了性接受了父亲的药铺生意后，为了提高“万应药酒”的功效，他多方试验。一天，冯了性在一堆装有不同配方的酒缸边睡着了，一条毒蛇爬过一个缸面浮满木头的酒缸，木头受压移动，毒蛇掉了进去淹死了。后来发现这缸酒的酒色和疗效特别好。开始认为是毒蛇的因素，但经反复比较和筛选，发现真正有效的是那些木头状的药材——丁公藤。逐以丁公藤为主药，辅以26味其他药材制成药酒，在治疗风湿骨痛、手足麻木、四肢酸软、腰痛、跌打撞伤及积瘀肿痛有很好疗效，而且内服与外用结合，效果更佳。成就了流芳百世的经典名药——冯了性风湿跌打药酒。

与冯了性相关的传说还有不少，其中古渡口药王树的传说又最让人津津乐道。

故事是这样的。

古镇佛山的上沙在汾江河主航道南边，极为繁闹。这是古镇西、北方向的船只运载人客与货物来佛山的第一大码头和货物集散地，千船百艇卸货装货，泊岸离岸；商客游人，登船上岸，往来熙攘，日夜兴旺，四季拥挤。为了方便北岸乡民往来，设了几个渡口，尤以上沙西菜市的渡口最繁忙。

古渡口的北岸有一棵大榕树，苍劲挺拔，根深叶茂，翠绿婆娑，路人在此纳凉候船，无不心旷神怡。此树得众人专崇，众人敬重，还因为有一段美丽的传说。

相传，冯了性年青时医术卓越，医德高尚，经常一边遍访名师，一边长年到四乡行医济世。一日，冯了性在渡口凉亭小憩，见一汉子背着一名老妇正急步走向渡船，老妇脸色如土，骨瘦如柴，痛苦呻吟，危在旦夕。冯了性随即与旁人打听，得知那汉子是那老妇的儿子，由于母亲痼疾多年，久医不愈，此日病情转危，只好背起母亲坐船到镇内的医馆找名医急诊。冯了性上前问候，稍看老妇这脸唇和神态，对病者的疾患已心中有数，于是对那汉子说："兄台若是信任小弟，就让小弟为令堂医治吧。"那汉子弄清来人是冯了性时，甚为欣喜，马上背起母亲返回家中，请冯了性医治。

冯了性为老妇细检和按脉，施以针灸，劝服药丸，并写下药方，嘱汉子尽快按方买药，煎好后给母亲服食。辞别前汉子给冯了性诊金，冯了性婉拒，母子两人感激不尽。

冯了性走后，汉子按药方买了药回来煎给母亲服食，到晚饭时，病况已大有改善，精神奕奕，可以同儿子共桌吃饭了。晚上，儿子捧着药煲出门，把药渣倒到凉亭附近的一处碎瓦堆里。说来也奇，第二天，在药渣堆里长出一棵榕树，而且长速甚快，几年工夫，可以挡风遮阴了。自此，过渡的人都会在此歇脚候船，更为奇怪的是，在此大树下坐过之后，大家都会心绪欢畅，身体健康。此传说众说纷纭，传遍千家万户，镇内、镇外乡民无人不知，人们都将这大榕树称作仙树，也有人称作药王树。

时至20世纪四五十年代，上沙街的农产、竹木、杂货市场仍然十分兴盛。市场河边北侧的渡口仍然存在，只是由于几百年河沙的冲积，河道变窄，在古渡口与当时渡口之间形成一个水凼，再经人为改造成为一个鱼塘（现固体制剂大楼所在位置）。其实，古渡口就在现今冯了性药业的正门南边50米左右的地方。药王树也一直延绵至今。据老人回忆，古渡口的大榕树在民国初年的一次大洪水过后，因浸泡时间过长而枯死了。洪水过后，渡口位置开始南移，但在原大榕树树头的地方又长出新的树芽，一样是茁壮成长，婆娑掩映，一样是人们候船歇脚的地方。到了50年代，因“大炼钢铁”被锯掉，树头也被挖走。之后几年，原来的根系又长出很多小榕树，几经人为淘汰，只剩下现存的一棵大树，即现在冯了性药业有限公司办公楼正门对面的那颗大榕树。这颗几度翻生的药王树见证了佛山汾江河及古渡口的变迁，见证了古镇佛山上沙当年的繁荣，也见证了冯了性药业的发展历史。

3. 古色古香的钟楼和综合楼

冯了性药业厂区内有一座特色建筑，那就是冯了性药业的大钟楼。红色的“冯了性”招牌字下面就是大钟面。其钟面有现代气息，与“同仁堂挂路灯”不同的是，冯了性药业采取了挂钟的设计，但是二者的理念和出发点都是一样的，那就是造福大众。“挂大钟”，一则造福大众，看时间方便，二则宣传商承祚教授为我厂所题写的用其特有的篆体字写成的“佛山市制药一厂”的牌匾。因为厂区的位置处于三横一纵主交通线的中间（三横：广湛铁路，佛罗公路，汾江河水道；一纵：佛山过境大道），其造福人群的效应得到很好的发挥。

钟楼是为着造福大众，综合楼的设计则尽显“中味”和“药味”。由于设计和基建的时间都因 GMP 改造要提前的缘故而要大大缩短，在设计上没有足够时间思考，未能在大范围内体现这种风格。但在主立面中轴线上还是比较注意反映这种“中药味”的；顶部一个形似葫壶的图案，寓意悬壶济世；中间用公司名“冯了性”的繁体字商号，并用古铜色板铜制成，其四个角用陶瓷花板装饰；下部一幅是 2.5 米 ×2.5 米的少年冯了性画像；再到石级部分，是精心用长 4 米、宽 2.5 米、厚 0.60 米的一整块花岗岩雕成的商标，配上最简洁的叙事记录和公司广告词。整座建筑的剖面（俯视）和四楼中庭的剖面均呈钻石状。寓意中药的历久不衰和冯了性药业的长盛永固。

在综合楼设计时，特意留有中庭，以采光通风、改善环境，还打算在中庭的周边贴上陶瓷公仔（佛山典型特色文化），但具体如何做，由于 GMP 进展的要求，一时没有落实。到 2004 年，请来陶艺大师钟汝荣、大楼设计者黄绍权、《佛山药王》作者任流等大师一齐研究方案。考虑到经济上及处于室内的具体环境，否定了用陶瓷大制作的想法，改用玻璃钢镀铜。由钟汝荣大师创作，其文字稿由公司提供，公司已退休总经理罗仲利题写了“佛药春秋”的篇名。这样全面反映佛山成药史的大型雕塑，恐怕在同行业中都很少有。这是传递企业文化与文化设施的绝佳结合。

其他这样的特色建筑还有很多，在很多细节上都体现了中药味和中药文化。如佛山市庆宁路厂区门口路边的厂房，建造和改造的时候都尽量突出中国传统特色，包括顶部用琉璃瓦、飞檐，下部用敦煌飞天风格的汉白玉浮雕，右边橱窗上方镶着正楷大字“岭南始祖，古方正药”。楼顶会议室前的天台花园，以佛山最传统的灰雕壁画来布置，并建有隐喻民间传说“仙女送药”的“仙憩亭”。

又如新厂的传达室区，紧靠小公园，其建筑错落有致，风格为琉璃瓦平房，有点皇家园林的味道。其门口的围墙用琉璃瓦压顶，并准备延伸到马路边，体现“中华文化”的传承。

在办公室装修风格上，亦要求反映“中味”和“药味”。不但让全厂人员天天感受，也用此感染客户。如供销经理部在当眼处布置有一副对联，上联是：了然于胸勤修合，下联是：性灵在握抱龙归。不配横批，但中间配以实物玉雕帆船，寓意横批：一帆风顺。对联含有“了性”、“抱龙”两药名，让人浮想联翩。又如总经理办公室，也挂了一幅画配上对联。画是青年冯了性研药，对联是：佛地千年祖承国药，山间百草研制称王。一头一尾拼成“佛山药王”四字，寓意深刻。

再如会议室、会客室的布置，都具有主题反映，且均围绕冯了性药业的历史。会客室分成中式会客室、西式会客室。在中式会客室的正通道，用酸枝木做了一道雕花门洞，两边刻有原“冯了性大宅”门楼上的对联：“卜居凤地，启宅龙田”，用此保留对“冯了性大宅”的回忆，演绎传承的心意。西式会议室则郑重其事地请著名画师欧锦生创作了一幅“冯了性研药图”。用于激励大家继承前辈的精神，且纪念冯了性对中药事业的贡献。

4．雕塑牌楼

在佛山冯了性药业有限公司的正门前，有一座十几米高的大雕塑，这个雕塑让每个路过的人一再驻足，也让每个冯了性人自豪。

该牌楼经公司原总经理罗仲利统筹策划，由陶瓷艺术大师钟汝荣及其夫人冼艳芬设计，石雕工程由福建惠安鼎立公司承造，于2007年1月完工。石雕牌楼高12.5米、宽8米，呈屏风折叠状，整个用花岗石雕塑而成（里边当然有钢筋水泥砼），其轮廓用佛山特有的民居——“镬耳屋”造型。顶部另一边似向上的山峰，象征不断发展，配有几幅有内容的雕塑。一是“冯了性大头像”（老年）（右上角）；二是“拜师学艺”，讲的是冯了性年轻时外出游学的经历（右下角）；三是“悬壶济世”，表达的是冯了性药铺的经营理念（中间下部）；四是“走向华夏”，讲的是冯了性的后人为了扩大冯了性风湿跌打药酒的销售，一边向外销售，一边在各地开设分号（左侧面）。雕塑正面突出了“冯了性”的金字招牌。而背面，对“冯了性”作了简介。整座牌楼雕塑恢宏美观，是一件宣扬中成药历史文化的艺术品，它的建成使进厂门前的通道景观大大改善，为开放旅游创造了很好的条件。当然，要想这条为佛山增色的文化旅游线路真正体现佛山的水平，还要在厂前区建设一座“中医药博物馆”，让客人来旅游参观时更有内容，更有文化氛围，也更能加深对佛山传统中成药的认识。

5．筹建历史展览室

佛山市级的“中药博物馆”没建成，当然是件憾事，但冯了性药业为了将手头上的文物资料，将公司走过的光荣历史更好、更直接地向员工传达，同时也为了让员工更加明确公司的价值观，增加传承的责任感，一直以来积极筹建历史展览室。

在筹建综合大楼时，冯了性药业已为此留足了地方，并已经将目前收集到的好些实物资料存储进去。同时，一方面收集文物，另一方面物色“总编导”的人选。但因为种种原因，时至 2007 年底，事情还未办好，当然也做了一部分，时机成熟，即可实施。

二、品牌佳酿尽显文化底蕴

1. 商标与广告词

冯了性药业作为一家有着几百年历史的老字号企业，不管在商标确立还是品牌策划上无不带有深厚的文化积淀。

企业转制后，在确立企业的商标和广告词方面也下足了工夫，因为冯了性药业的历史积淀在那儿，因此既要凸显历史特色、文化魅力，还需要体现新风尚、新精神。

最后，冯了性药业通过招标和反复讨论，多方征求意见，最终确定了冯了性药业的商标和广告词。

冯了性药业的商标采用的是“印章 + 文字”的印章设计。朱红的色彩上，流转着三个劲道的篆书，笔画含蕴有力，仿佛要力透纸背，红底白字的设计让“冯了性”三个字鲜明突出。采用篆体是因为这种字体从秦朝统一中国就开始使用了，这是中华文化的象征，也是中华文化历史的见证。这种字体暗示着冯了性药业深厚的历史文化底蕴。同时，篆体遒劲有力，冯了性药业当家产品“冯了性风湿跌打药酒”久经历史考验，口味地道、口感劲道，用了之后，也能让患处恢复力道，正是暗含这种文化。

冯了性药业还是佛山传统中成药文化的传承者，它不仅有古，还有今。篆体字下面，又用现代楷书再次标明，正是取义“古今传承，古今印证”。

在建设企业文化的过程中，冯了性药业为了让企业上下更加明确企业的文化传承，特意在综合楼门口，用一整块花岗岩雕刻了一个四方的、4 平方米左右的大商标。在商标右边，用小楷细细述说冯了性商标的文化内涵和底蕴；在左边，是冯了性药业如今的广告词“古今印证　佛药冯了性”。正与冯了性商标文化相呼应。

2．品牌文化

品牌管理、品牌宣传是每个成功的企业所必需的，冯了性药业同样也不例外。或许对于许多企业来说，品牌管理、品牌宣传的手法都可以标准化，都可以用一整套的流程规划来进行，但相似的管理、不同的文化，冯了性药业的品牌文化是与众不同的。它主要体现在以下三点。

（1）不老。老药不老，老药泛新香；品牌不老，老字号值得信赖。

几百年的历史了，“冯了性”不仅没有被历史的尘埃淹没，反而受到越来越多人的欢迎。这一点，完全可以通过冯了性药业每年的销售量来说明。同时，即使科技再发展，这些老字号的产品在新的科学标准面前也一点不示弱，甚至还可以吸收新科技的一些优势，化为己用。

但引人注目的是，在品牌宣传上，冯了性药业的策略是“老”。为了强调一个“文化底蕴”，公司提出过“冯了性伴我们走过二十代”的广告语，也策划出一个“老者读谱”的形象，以传达“冯了性”的“老”。但是这个“老”的文化核心是“不老”。“老”的形象，“不老”的心。“老”道的医药技术，“不老”的责任心。

（2）传奇如歌。是的，冯了性药业的品牌文化是一个传奇，不管是古还是今。

冯了性药业的各个产品都有故事，代代人都有传奇，从公司名字的确立，到企业的风雨历程，到产品广告，到每一个领航人。冯了性药业的品牌文化就是要人知道这份传奇如歌，就是要人了解企业的每一个进步。

不管未来的航程如何，冯了性药业的品牌文化就是用文化歌唱，用传奇诉说，因而，冯了性药业深厚的就是文化——中成药的文化。

（3）百姓是冯了性药业永远的眷恋。药为大众，造福人群，不仅是冯了性药业的宗旨，也是企业品牌文化永远的色调。

从冯了性风湿跌打药酒的创始人冯了性到处寻医访药以改进处方开始，从冯了性药业前身的众多商铺永不停止的赠药施药开始，这一条就已经深深的烙进冯了性人的骨髓。生产百姓需要的药品，让百姓用得起药，做百姓喜欢的药企，“冯了性”一直努力着。不同于一般企业的“消费者是企业的上帝”，或者“顾客是上帝”的标榜，“冯了性”是真的亲近也眷恋着百姓。从“冯了性伴我们走过二十代”到“老者读谱”，没有一个不是百姓身边的事情和形象，因为，只有在百姓的身边，“冯了性”才感觉充满干劲，才能永远“不老”。

三、企业的社会责任

1. 首发《佛山药王》，打造“老者读谱”形象

冯了性药业积极支持佛山著名地方民俗作家任流的新作《佛山药王》的出版和首发式。《佛山药王》是以清道光年间佛山药业鼎盛的状况为背景，以佛山现存的史料和民间风俗为基础的小说，全册 23 万字。反映以冯了性后人冯伟轩为代表的众药王的创业、守业和拓业的动人传奇。通过冯了性药铺与冯伟轩一家在内忧外患之际，与贪官奸佞展开反复的周旋、斗争，反映了佛山众药王善心济世、屡建奇勋，踵事增华的不朽精神。

该书在冯了性药业举行了首发式。为了扩大影响，后来还请香港著名艺人叶振邦改编、录制为小说连播（粤语）。另外，还请北京播音名家录制成普通话的小说连播。这些文化活动让冯了性药业员工知晓祖宗们的辉煌和传统美德，冯了性药业也借助“特约广播”的形式，将《佛山药王》连续在省内各地级市、县级市不停广播，让听众在心底深处埋下对佛山成药的信任感。2007 年《佛山药王》普通话版已在湖南、江西的电台播出。

2. 粤剧与“佛山粤剧博物馆”

与粤剧结缘，实现对佛山传统药业相得益彰的张扬，是冯了性药业一贯的主张。

粤剧是广东传统文化的一张名片。粤剧发源于佛山，粤剧的发展促进了练武风气，又与跌打类药物结缘。在历史上，佛山的传统中成药店铺又经常借助粤剧的演出来宣传自己生产的药品。到了现代，佛山中成药与粤剧由于都有一个如何传承、如何发扬光大、如何创新的问题，而且，由于都是以

传统文化出现，因此，冯了性药业认为，二者的结缘在效果上肯定是“1+1>2”的，彼此都将会在相得益彰中得到张扬。冯了性药业是这样做的。

（1）积极赞助“粤剧艺术节”。2003年，佛山为了纪念粤剧由佛山首创的历史，决定举办“粤剧艺术节”。内容当然十分丰富，其中一项是将原来已确定筹建成“中药博物馆”的“兆祥黄公祠”改建为“佛山粤剧博物馆”。

（2）组织大型粤剧秋色花车大巡游。冯了性药业赞助了一辆车的费用，并配合电视台的宣传，取得了不错的效果。

（3）专邀《佛山药王》的作者任流先生与广东省粤剧界著名编剧秦太英一齐将《佛山药王》改编成粤剧。2006年底，经三稿定猷。

（4）2007年10月起，与广东电视台合作，把粤剧舞台剧改编为电视戏曲片。

3. 争取祖庙恢复药文化之原貌

作为佛山明清时期“五朵金花”之一的中成药业，当然在修建祖庙的过程中也不会落伍。但经过历次战乱，祖庙长期处于无人专门管理的状态，及至“文化大革命”后，仅存一家商号赠的大铜鼎。据我们的70多岁的老药工回忆，祖庙还有很多反映佛山药业盛况的文物，其中“钟楼”、“鼓楼”下部的砖雕花板（窗）反映的是有关中成药业的传说及以清中叶鼎盛时期为背景的故事。

2005年起，佛山祖庙募集捐款筹备大修，至2006年，由政府牵头，正式公布大修祖庙。冯了性药业积极参与其中，除了正式写报告，要求在大修时恢复反映中成药文化的砖雕花板，并郑重承诺，承担由此发生的费用。之前，冯了性药业还赞助祖庙博物馆举行募捐活动的宣传和三月三的祈福活动。这些文化活动，让更多人认识到佛山成药的悠久历史，也显示出冯了性药业传承药业文化的自豪感和责任心。

4. 推进“佛山中医药特色旅游”

每一家有历史的企业都想保留自己的特色，并能得到发展。佛山中医药如何发展，如何走出国门？冯了性药业认为，以佛山的资源，完全可以通过推广佛山中医药特色旅游来扩大影响，同时增加佛山旅游的实际内容。佛山的中医正骨技术源远流长，名家世代相传。从明朝的冯了性、梁财信、李才干、吴满福、李广海，到现代的李家达、陈渭良，可谓代代相传。吴满福父子医治体坛名将陈镜开一事是世人皆知的。而且经现代技术的改进，现在的佛山中医院骨伤科在全国范围内，从其规模、技术、医生知名度来讲都是第一流的；而佛山的中成药也曾在历史上辉煌一时，有“岭南中成药发祥地”的美誉。很多成名中成药已超百年历史。在国家药典中，能用发明人命名的药品不足10个，而佛山就保留了两个（冯了性风湿跌打药酒、梁财信跌打丸）。这种特色在国内也是不多的，为此，冯了性药业郑重向各方反映意见，希望能在佛山市区建立一条中医中药特色旅游专线，即佛山正骨（中医院）—佛山成药（冯了性药业）。让中国旅游者感受佛山的深厚文化底蕴，让外国人认识中国的独特正骨医术和目前中国的中药生产过程。为推进“佛山中医药特色旅游”建设，冯了性药业积极奔走，近十几年来，冯了性药业除了进行呼吁外，还按照自己的实际情况，结合技术改造、厂区规划、绿化美化，把开放旅游也考虑进去。至2005年，佛山市政府在汾江河河网改造的同时，采纳了冯了性药业的意见，注意了与中医药旅游设施相结合，规划在本公司进入路口上建一座反映中医药文化的牌楼。这个牌楼在2007年1月也正式建成。

5．不忘百姓恩，回馈社会

冯了性药业是一个负责任的企业，它认为，不管企业是处于何种发展阶段，回馈社会一直是自己的责任和义务。因此，就有了以下一系列的事实：

1969年，湛江地区发生流行性脑膜炎，佛山市人民制药厂加班赶制出一批安宫牛黄丸送往灾区。

1975年，湛江地区和哈尔滨市再次发生“流脑”疫情，佛山市制药一厂加班生产了一批紫雪丹和安宫牛黄丸，分别送往两个灾区，支援抢救工作。

1976年，佛山市制药一厂为支援唐山人民抗震救灾，捐送跌打药精10箱。

1996年，送救灾药品“乌鸡白凤口服液”和“乌鸡白凤口服膏”各50箱，作为赈灾药物运往湖南某灾区。

1998年，厂支付4 000元作为扶贫基金，资助贫困地区。

1998年，支援南海丹灶洪水灾区（罗行墟对面的堤围因新修水闸崩塌）。厂组织捐款6 000元。另捐六神丸、藿香正气丸、保济丸等药品，共约3万元。

2003年，积极参与抗“非典”的战斗，获广东省“抗非典先进单位”称号，并获“广东省食品药品放心工程示范基地”称号。

2006年7月31日，罗仲利总经理代表公司将人民币5万元支票交付给佛山市禅城区慈善会，作为本公司为响应省委、省政府发出的有关以实际行动援助因山洪暴发而受灾害的粤北灾区的号召，以表公司全体员工发扬“一方有难、八方支援”的互助精神和关怀之意。

2008年2月，为抗雪灾捐赠药品共计4万多元。

2008 年 5 月，为抗震救灾捐赠现金、药品等共计 37 万多元。

第四节　润物化雨　企业是家

一、经营有道，长盛永固

（一）奖励技术进步

佛山冯了性药业有限公司从成立的那天起，就一直坚持走科技兴企之路。

多年来，企业领导重科技、重人才，招贤纳士，在广招人才、扩展科研队伍的同时，不断地努力做好对他们的培育、选任提拔工作，并建立起长效的激励机制，充分调动科研人员的积极性和创造性。

公司从 1984 年开始自行建立了“技术进步奖”的申报、审评、奖励制度，并设立了鉴证审评工作领导小组，每年都组织开展对上年度的科研成果、技术改进成效显著的项目的申报、审评工作，对经过鉴证、审批的科研成果、技术改进项目的具体负责人及参与人员给予物质奖励和精神鼓励。这项制度和具体工作延续至今已有 24 年。技术进步奖从 2007 年开始，除按新增条例评议给予一定的奖励外，还将参加审评的科研成果、技术改进项目的主要内容及成效，刊登在公司内部刊物——《冯了性通讯》上，以推动全公司的创新科研工作稳步深入地开展。

技术进步奖的标准，核心有一条，即技术性能或经济效益方面有显著效果的。

技术进步奖，公司每年评选一次，自制定政策至今，从不间断，每年少则104项，多则120项，到2006年底统计，申报项目达1 323项，除142项暂时不列入获奖项目外，其余均给予了奖励，共计106.87万元。这对推进和彰显创新的风气起到了极大的促进作用，从技术人员到工人，处处、事事都经常注意创新，从而取得很多在同行中领先的技术创新和经营手法的创新，并形成持续不减的小改小革热潮，更好地保证了将中成药制药机械在借鉴其他行业设备的合理部分的基础上，改革为更符合自己所生产的具体品种的工艺技术要求的设备。2004年，为更方便评奖，对条例作了一些修改。从2006年起，申报项目还必须在公司内部刊物——《冯了性通讯》上公示和介绍才可参与评奖。

从1984年开始评设到今天，在冯了性药业，技术创新已经是一种自觉。正是因为所有人的这种自觉，自觉地去创新、去试验，才有了今天站在这个高度上的冯了性药业。据报道，佛山冯了性药业有限公司在中国药品生产企业中已经为前50强。

（二）评审“荣誉药工”

在佛山冯了性药业有限公司内，有一个特殊的职业岗位，那就是老药工。所谓老药工，就是经手药品、药材有年头了的“活药典”。

作为一个老药工，他必须做到：能较准确地辨认药材的真伪优劣、性能、用途、配伍禁忌；对各种药材加工、炮制的方法明确，能继承和发扬佛山独特的中药炮制工艺，并有较丰富的实践经验；对公司的生产有较全面的了解，并具备独立全面生产1～2个剂型的工作能力，在生产中出现工艺质量问题能及时解决或提出具体解决措施；对公司的生产情况、发展方向能提出建设性的建议。

中成药是我国宝贵的医药遗产，具有悠久的历史，里面的知识博大精深，很多知识没有办法通过书籍等文字材料传承下来，只能通过言传身教，在实践中一点一点地摸索积累。佛山独特的传统炮制方法更是有许多讲究，一些工序，对没有十年八年经验的人是讲不清的。因此，积累丰富经验的老药工是国家和厂的宝贵财富，老药工一代一代传承，将佛山中成药制药知识和宝贵经验很好地继承了下来并使之科学地发扬光大。

冯了性药业为了保证佛山中药传统炮制技艺能后继有人，鼓励工人在炮制认药上能刻苦用功，在制订“技术进步奖条例方案”的同时，制定了评审“荣誉药工”条例，明确这个厂内确认的职称，在技术职称上相当于“助理工程师”，并享受相应的待遇。

评审“荣誉药工”是尊重中国优秀的传统中医药文化的体现，也是鼓励中医药知识传承的一个重要的措施。

（三）优待技术顾问

正如上面所说，佛山中成药虽然有着很悠久和辉煌的历史，但却不是一枝独秀，著名的豆豉巷就曾经海纳百家，毛泽东提倡“百花齐放，百家争鸣”。正是百家的芬芳成就了佛山中成药的传奇，百家的争鸣促成了佛山中成药的进步。因此，从这方面来说，佛山中成药不仅需要也应该与其他地区的中医药文化接轨，只有这样，才能在保存自己特色的同时有所进步。冯了性药业正是很好地做到了这一点。

为了加快新产品的开发步伐，冯了性药业多方借助社会上的精英，早在1983年，企业就制定了聘请技术顾问条例，使新产品的开发走上了快车道。首次被聘为顾问的有时任佛山中医院院长李家达、副院长陈渭良和药剂师黄理康。

作为技术顾问，需要做到：为企业提出经营方针、发展方向、科研方向等方面的建设性意见；为科研工作提供秘方、验方，根据不同时期需要提出新药品配方，提出新工艺、新剂型的设计方案；协助厂方解决剂型改革、产品改造、原材料代免用等方面的技术工作；解决、提高、改革厂里现有生产形式、工艺上存在的问题。

这种合作共研形成的是双方共赢的局面。

二、民主共治，共同富裕

（一）十六个大字

在冯了性药业待过几年的人都可以总结出，冯了性的企业管理文化核心在于十六个字：实事求是、自力更生、全面动员、当家作主。实事求是是所有冯了性人的行事风格，自力更生、全面动员是所有冯了性人的行事方式，而当家作主是所有冯了性人一直坚持的目标和管理、做事的动力。为什么是这十六个字，这是有来头，也是有源可溯的。

1．实事求是、当家作主

党的十一届三中全会指出：实事求是……实践是检验真理的唯一标准。这个方法论，正是当时的国企最需要的。十二届三中全会后，在社会主义市场经济的脚步中，在改革的春风中，国企面临着改制的挑战，冯了性药业也因此踏上了一波三折的改制之路。俗话说，风雨之后才有彩虹。道路的崎岖并没有改变前进的方向，相反它还孕育出了彩虹的美丽。也是这份挑战让冯了性药业上下一心，运用集体的智慧，以解决实际问题为目标，以协调最佳最优方案为任务，共同努力，从而最终走出了冯了性药业的企业管理之路，也明确了企业管理的方向，那就是“实事求是、当家作主”。这正如唐僧西天取经并没有因为一路的磨难而使得智慧的火花熄灭一样。

1994年对冯了性药业来说，注定是个不平静的一年。是"一卖了之"还是做"南北朝"，是"整体转让"还是"肢解拆伙"，冯了性药业面临痛苦抉择，企业内群情涌动。这时候有人提出的"跳楼论"让本已经波涛汹涌的矛盾更加激化（所谓"跳楼论"是指在当时的一次职代会上，一位上级领导发言时谈到，企业的资产是国有资产。如同一间房子，房子的主人是政府，员工只是租客，现在主人要卖房子，租客无权干涉，谁想不通，就从开会的六楼会议室跳下去吧）。

国企和工人的关系难道就只是房子和租客的关系吗？国企要振兴难道这样一卖了之就可以了吗？中成药的文化资产是中国最宝贵的传统文化之一，放到对中成药一点都不懂的外国人手上能成吗？几十年来，企业在职工的手中成长、发展，职工不仅是最了解它的人，也是对它感情最深的人，这样草率决定是否忽视了职工的声音呢？企业也面临发展的抉择。到底中成药企业应该怎样走，这样迅速的"转制"能否带来企业的发展？社会主义市场经济下的中成药企业的振兴之路应该怎样过渡？当时的企业所有人连夜开会讨论，商量关于企业转制的应对之策。这些问题的答案在当时并没有一个肯定的答复，但有一点是肯定的，那就是根据企业当时的现状，实事求是地看，企业不能就这样一卖了之，这并不是长远的发展之路。

所有的人这时候都想到一个词：保全。对，保全冯了性药业的中成药的特色，保全冯了性药业所有员工付出的心血，保全未来中成药的发展潜力。

因此，佛山制药一厂的领导班子经过反复讨论，送出了一份坚持自己观点的报告，而这个观点就是：我们由工会出面召开各类人员座谈会，反应甚为强烈，基本不同意合资。而最让罗仲利重视也是希望领导重视的理由是：我们不能因为搞合资企业而让为企业发展艰苦奋斗的职工作出牺牲，不能让他们在精神上有失落感，背着寄人篱下、“无主孤魂”的心理压力。为什么贡献最多的，却会失落最大呢？这是很难解释过去的，也是不稳定的因素。我们不希望看到为工厂发展作出贡献的职工因为搞中外合资企业而整天诚惶诚恐，甚至成了牺牲品。这样对国家、对公司、对工厂都是不利的。我们更不愿看到为数不少的职工，因为搞中外合资企业而导致生活水平下降，怨声载道。

之后，在应对外方的“部分收购”上，所有的一厂员工经过反复和慎重讨论，认为：这样收购之后的制药一厂将没有发展余地，产品结构也只剩下大丸、小丸和散剂，将形成被肢解的局面，一厂的发展将没有未来，这是所有的员工都不愿意看到的。因此，在当时有关部门敦促制药一厂自愿写出申请资产评估的报告时，受到制药一厂员工们的强烈反对和抵制（见第二章附件三：《关于对企业资产评估问题的请示》）。在回应这件事时，领导班子在报告中明确表态：“我们的本意是不愿意的。”

再之后，在1998年的资产评估中，对于退休人员的生活安排问题，企业上下一心，都认为：企业转制，不能以牺牲员工和退休人员的利益为代价！经过种种权衡，企业和政府从实际出发，以实事求是的思想路线来处理这件事，很快就有了结果。在资产评估有效期终止的前三天，即1999年12月28日以佛企〔1999〕020号文对市制药一厂转制方案作了批复。

是实事求是的精神最终解决了“共享繁荣”的问题，也是实事求是的精神让员工们能真正当家作主有了物质保障——员工集体持股。这样一来，企业不再是少数的一些人说了算，所有员工都可以参与进来。

2. 自力更生

企业员工是企业的基石，是职工任劳任怨地挑起了企业的生产，也是企业的职工让企业有了发展，职工为企业付出了汗水和心血。有鉴于此，冯了性药业认为：在企业经济效益好一点的时候，也该企业为职工做点事了。而在当时，冯了性职工最关心的就是职工宿舍问题了。当时职工的住房条件十分差。记得第一次职工分房时（1980 年），很多家庭都是居住在人均 4 米^2 以下的房子里。虽然在 1978 年的时候，企业就已经开始筹建职工宿舍，但是企业没有资金，建好的宿舍也只能满足很少的一些人的需求。在企业资金紧张情况有一些缓解后，即到 1989 年时，企业在解决了需要大量资金进行技术改造的问题后，开始大建职工宿舍。

据统计，到 1999 年止，企业通过自建、购买商品房、购买解困房、购买使用权调剂房、支持拆迁补偿房、合建非产权房等方式，自置了 271 套职工住房（平均每套 75 米^2），还通过旧房加建改造、支持配偶方分房、鼓励私人购房等等方法，让 253 人不用在本单位分房而解决了住房问题。两项加起来共有 524 户职工有了房子。考虑到有不少家庭是双职工，有些配偶分房不用本单位支持合建款，还有少数人本身居住条件已经比较好等因素，对一家在职员工保持在 500 人上下的企业，可以讲，已基本解决职工的住房问题，这些房子绝大部分在日后的房改中变成了职工的私房。职工普遍反映，对一个普通的员工来讲，这是改革开放最大的实惠。另外，除工资外，奖金也发得不少。员工们可以用奖金买到彩电、冰箱等当时显得昂贵的耐用消费品，真正感到生活的改善和改革开放带来的喜悦。

一厂当时总建房各方面的数据合计如下：自置房 271 套，面积 20 287. 27 米^2。另外，通过支持职工住房加层改建、支持配偶方分房、支持私人购房等共解决 253 人的住房问题，这方面开支共 995 459. 50 元。

这些钱，没有一分是向国家要的，都是企业靠自身独立完成的。

这就是冯了性药业的自力更生精神。

3. 全面动员，不打没有准备的仗

冯了性药业几十年来，一路航行，虽然经历了风风雨雨，但是基本稳健。然而 2001 年 10 月，国家药品监督管理局的一个通知，让冯了性药业在之后的两年中陷入了水深火热的“战争”状态，这就是企业的“GMP 改造之战”。GMP 改造的任务成了紧急、首要任务，它打乱了企业原来的计划，也让公司在准备不足的情况下开始了紧急备战，只能调整原来的生产计划，立马着手此项任务。任务计划和报告很快制定出来，剩下的就是完成。但原先定于四年内完成的任务要生生压缩到两年内完成，完不成企业就要关门，形势之严峻可想而知。

也就是在这一年，冯了性人发挥出顽强的潜能。有一个经典场景，在 GMP 改造之后一直印在所有员工的心里。在那年 GMP 改造紧急动员大会上，当时的总经理罗仲利沉稳地走进大会会场，在会上，他没有大家以为的忧虑、烦恼，而依然是激情十足，就在会议要结束的时候，罗仲利站了起来，依然深情地说：“我知道我们冯了性人是好样的，但是现在的冯了性药业‘到了最危险的时候’，因此我宣布冯了性药业从现在开始进入紧急状态，我们要开始打一场硬仗了。公司所有的人都需要像完成战斗任务一样准时完成分配的任务，公司所有的资源也会按照战时状况准备就绪，进行配置，我们将集中最优势的财力、物力、人力，同时全力打好三个战役，我相信我们冯了性人一定会漂漂亮亮地完成这场硬仗，因为我们与冯了性是生死共存亡。”所有的与会人员都站了起来，之后，为激励大家的士气，会议厅奏起了庄严、雄壮的国歌。

自此，冯了性人开始了向 GMP 改造的冲刺。

为了克服种种困难，那时候的冯了性药业，讨论会一个接一个，往往为很多问题争论不休，很多问题有多个解决办法，对付这样的局面，在接近成熟的时候，大家的“口头禅”是“不搞掂不散会”。往往开晚饭时还边吃边争论，经常到深夜才结束，非要议出个结果来。

即使在 2003 年“非典”的非常时期，冯了性药业也没有放下奋斗的热情。当时，冯了性药业一边投入抗“非典”的斗争，响应政府号召，积极捐赠药品，在相关药材价格狂升的情况，坚决完成上级布置的特定药品（银翘解毒丸）的生产任务，并且没有提价销售，同时赞助卫生部门印制抗“非典”的宣传材料等，另一边坚持、持续地进行全企的 GMP 改造。

2004 年 1 月，冯了性药业如期整厂通过 GMP 认证。至此，GMP 认证和整厂搬迁全部完成。当年，更有一喜是按照 2003 年的利润计算的可分红额，加上前几年的分红额，已可全部还清职工转制时认股的股本金。所以 2003 年，是冯了性人值得记住的一年，不仅同时完成了三件大事，而且经历了抗“非典”的洗礼。

（二）奏出和谐，走出富裕

转制、GMP战争、筹建宿舍等都是为了一个目的，那就是企业的稳健、和谐发展。不管经历过怎样的挑战，冯了性药业没有忘记，是大家的共同拼搏才有了今天的冯了性。十六个大字为冯了性药业的和谐发展定下结实的基础，当家作主的目标也不是虚无的口号，它体现在物质上就是企业员工共同富裕，实行在制度上就是群众自治制度。在冯了性药业，这已经切切实实地在实行。

转制之后，由于是员工集体控股49%，因此，在管理文化上，既要体现效率，也要体现公平、民主。冯了性药业是这样来操作的。

（1）实行双向选择的全员劳动合同制，让职工能进能出，职工不再有干部和工人之分，管理人员能上能下，竞争上岗。

（2）分配制度彻底打破大锅饭，彻底解决那种“自在当发财”的现象（工作舒服视作发小财），实行岗位技能工资、工龄工资、基本工资、奖励工资的综合考评制度，保证按技能、贡献、岗位劳动强度来分配，真正调动每个员工的内在积极性、创造性，增强其就业竞争意识，同时对收入差距不是不加控制，如总经理年收入控制在职工平均收入的10倍以下，最多与最少股份比例控制在8∶1，保持职工的平均工资高于当地政府公布的平均工资的水平。

（3）在财务管理、采购招标、工程项目招标、销售及奖罚办法上，均按市场经济的规划进行大的调整。

（4）实行董事会领导下的总经理负责制，总经理的年薪及奖励由董事会（特别是外方董事长）根据企业效益来决定。

（5）职工除了工资收入外，持股者按公司盈利分红。

（6）按政策为员工购买养老、医疗、工伤等社会保险，还购买医疗附加险、住房公积金等，尽量减少其后顾之忧。

（7）保证职工的福利，坚持执行按工龄计算的带薪假制度。

（8）注意劳动安全卫生，严格按劳动法的要求，不鼓励加班，工作时间不会无端延长，加班发加班费。

（9）建立退休人员大病救助基金。

（10）总经理由职工持股方推荐产生，公司的董事会和董事长由股东代表直选产生，每届任期4年，职工拥有弹劾、罢免董事长的权力，如得2/3以上职工代表通过，即可罢免董事长，也就是同时罢免其在冯了性公司总经理的职务。

（11）股东代表大会制定完整的选举、弹劾、咨询答辩条例，还设立了咨询答辩的制度，即董事会成员必须在股东代表大会上接受股东代表提问，并当众作出解释。

（12）发挥党组织的政治核心作用。

三、大家都是一家人

冯了性药业是一家优秀的企业，但对于每一个冯了性人来说，公司更是一个温暖的集体，是一个可以让员工遮风避雨的地方。尊重同事，关心同事，有事情大家一起商量，倾听大家的意见，尽量提供各种帮助，是每一个冯了性人都在做的事。各方面的关怀也让大家把企业当作家庭一样来珍惜爱护，因为有家的地方就有温暖，因为大家都是一家人。

（一）温暖每一个人，关爱就在身边

冯了性药业是一个温情的集体，在这里，有的是和谐互

动，有的是相视一笑，有的是默默地搭一把手，有的是坦诚相告，有的是……

冯了性员工之间平等互助、气氛和谐。在这里，老员工不吝于指点新员工；在这里，本地人不会忘了在传统佳节给外地同事送上温暖的祝福或者一起吃个团圆饭。

在冯了性药业，你的成长不会孤单，因为每个员工都会发现，当自己在需要帮助的时候，总会有支持的笑脸出现。

节日里的冯了性药业是活泼飞扬的。在节日里，公司组织全厂员工旅游，对每个人都一视同仁。

平日里的冯了性药业是温情脉脉的，有时候走在食堂，员工们悄悄地给误了吃饭时间的领导加一杯水。

（二）体育竞技展风采

参加体育运动，不仅能锻炼身体，还能培养精神，体育精神是团结、拼搏的精神。冯了性是沉稳的冯了性，冯了性也是年轻飞扬的冯了性。

倡导体育活动，建设体育文化设施，培养健康的文化生活情趣，冯了性药业向来重视。在佛山市的范围内，冯了性药业的篮球队、足球队都是曾经盛名的领军队伍，且战绩不错。工厂的粤剧团也十分活跃，水平也不错，在市内很有知名度。

冯了性药业倡导群众性的体育活动，如乒乓球比赛、篮球比赛、足球比赛、羽毛球比赛、拔河比赛等等，花样百出。大家踊跃参与，大家乐于参与，对冯了性人来说，这不是比赛，而是集体生活的盛宴，是欢笑、快乐的海洋。

在新厂区的规划中留有篮球场，综合办公楼内专留了一层作文化体育活动区，包括乒乓球室、健身器材区、图书馆、展览室以及跳舞练习区。早上、中午、日班后，到处都可以看到参加体育活动的人群。

（三）精神窗口《冯了性通讯》

2006 年，是冯了性药业又一个值得记住的一年。虽然在企业的大事记上只是寥寥数语：5 月 25 日，在邬威尧常务副总经理亲自领导和关怀指导下，由公司办公室具体负责编印的《冯了性通讯》创刊号正式出版，并发至全体员工人手一份，推动了企业文化建设工作的开展。

就像许多意义深远的大事在当时也只是寥寥数语一样，《冯了性通讯》虽然只有寥寥数语的记载，但是它却给企业带来了重大的变化。作为一家有着悠久历史的文化企业，深厚的历史积淀是它的特点，然而无形的文化熏陶还需要有形的物质载体来延续它，这就是《冯了性通讯》。虽然只是企业内刊，但是它在员工中、在公司上下迅速活跃起来，它迅速成为传递公司动态、宣扬公司文化、沟通员工心声的好阵地、好桥梁，是冯了性人的精神花园。

《冯了性通讯》主要分为公司动态、生产管理、企业文化、市场营销四个版面：公司动态版主要介绍公司的最新动态、领导层的最新决定、行业法律法规以及关键时事；生产管理版主要介绍一些部门、车间、班级的工作情况和故事，介绍各类专业知识及其最新发展；企业文化版和市场营销版主要介绍企业文化、营销等方面消息和知识，这两个版面还有一个重要的作用，那就是成为传递员工心声的重要舞台。它会刊登一些娱乐哲理性文章，也会反映员工在工作和生活中的点点滴滴、所思所想，是员工心灵上的亲密伙伴。经过用心的经营，《冯了性通讯》在继续成为公司向员工宣传工作的窗口的同时，还成为普及知识、让员工及时了解外部环境变化的一个园地，成为冯了性人展示工作、生活和才能的一个舞台。这样，《冯了性通讯》就可以从一个侧面促使大家在专注于各自的工作岗位、专业领域的同时，还随着外部环境的变化，不断提高充实自己。

为了让《冯了性通讯》有充足的稿源，公司充分调动广大员工的积极性，每月向广大员工征稿，而大家的热情也是很高。

附件一：

药王庙传说

在佛山祖庙正门内双龙壁两侧，竖立着一对高5米多，用花岗岩石雕成的龙柱。但见那柱顶雄狮盘踞，底部鲤鱼戏水，柱身上双龙戏珠的浮雕鬼斧神工、出神入化，令游人叹为观止。但都没有多少人知道这双龙柱的来历。它们原非祖庙所有，而是新中国成立后从佛山“药王庙”搬移过来的，是佛山成药业历史悠久的见证。佛山在明清时代中成药就十分发达，和石湾陶瓷、丝织、冶炼铸造等行业一样，成为一个较大的行业。出于迷信等原因，当时很多行业都建有神庙，如石湾陶瓷业建有“陶师庙”，中成药业建有“药王庙”（“药王”即唐代医家孙思邈，由于他在药物学方面有卓越贡献，故被后人尊为“药王”，并立庙纪念）。

药王庙旧址在过去叫“竹栏”的地方，即现在的旧南海县大会场附近，市东路旁边，规模比石湾宋代的陶师庙还大。在庙的正门有两条龙柱牌坊。每逢农历四月廿八药王诞，到药王庙上香拜神的人络绎不绝，其中，不少是制药行业的人。药王庙建于何时，暂无据可考，但在龙柱上有“道光廿九年重修”字样，说明药王庙在130多年前重修过一次，这庙起码有150～200年历史了。

在日本侵华期间，因为修建马路，药王庙拆过一次，剩下里边一间主庙。1957年由于“竹栏”一带搞基建，药王庙就拆掉了，那门口的两条花岗岩龙柱，就迁到佛山博物馆（祖庙内）保存，即现在的“双龙柱”。关于“双龙柱”，有这样一段典故。

传说双龙能报雨。过去药王庙前是一块晒地，晒莨工人每天都看着这两条柱，以它的干湿来决定当天是晒还是收。因为每逢阴雨天气之前，这两条柱都有呈现出湿润的现象；暴风雨来临之际，两条石龙就像哭泣一样，整条石柱水滴滴，周身湿透。双龙为什么报雨，佛山人一直传诵着这样一个故事。

清朝，佛山有一条长长的凿石大街，内分中街、上街和大街，里面有许多小作坊。文昌沙有个石堂会馆，内分三行：石磨行、石碑行、建筑打石行。小作坊的石匠有3 000多人，都有参加了这个会馆。会馆和行会里都有封建把头，往往是资本家和地主富豪为老板，订出了很多苛刻的制度，石匠拿到工钱后，被七折八扣，已所剩无几。因为要到交货时才能拿到工钱，再加上建筑打石不是几天就可以完成的，少则几个月，多则要几年，所以这一行的人都是借债度日，等到发工钱时已债务成山了。

当时在建筑行中有两师徒，在胜和堂作坊中工作，师傅虽50开外，又有一身好手艺，但挣的钱仍讨不上老婆，还是个单身汉；徒弟是一个20多岁的孤儿，自小跟随师傅，他们两人相依为命。一天老板临门，告诉他师徒俩：“如今要建药王庙，庙前要做两条高5米的双龙柱，老爷愿出高价，但时间要在一年半内完成，工钱可先支付1/4。”他俩暗忖，要做这样的龙柱，一般要3年，现在削了一半时间，那就非拼命不可，但想到能获得比平常劳动高出两倍的工钱，为了糊口，他俩承担下来，签订了合约。

过了两天，老板把两条坚硬的又粗又长的花岗岩石运到工地，师徒两人当即议好一个施工方案，便分工一人打一条，师傅笑着说："如果你能打得像我一样，那么，你就可以满师去带徒弟了。"徒弟充满信心地微笑点头。

时间过得很快，一晃10个月过去了，他们的手磨出血泡，眼睛深陷、布满红丝，粗壮的身躯也逐渐瘦小了，身上和脸上都布满被碎石飞打成的伤痕。周围的碎石已可堆成小山，两条龙柱的雏形呈现眼前，柱顶上是一只石狮子，中间是两条小龙嬉戏在云海之中，云朵里站着一只凤，口含丝带，中挂一书，凤下面有一蝙蝠，口含一佩环，下面是花草石垫。师傅看见徒弟的手艺不凡，有些地方甚至胜于自己，欣喜之情油然而生。这一夜，月白风清，银白色的月光照射着两张微笑的脸，两人在工地草棚里甜蜜地进入梦乡。鸡啼了一遍又一遍，还没有把他们吵醒，天朦朦亮的时候，老板凶狠的声音却把他们惊醒了："喂！起来！起来！建庙时间要提前3个月，这两条龙柱也要提前完成！"师徒俩惊慌得睁大了眼睛，忙说："更改合约的时间，无法完成！"老板蛮横无理地说："你们嫌命长了，如无法完成就要倒赔两倍钱！"说完就怒气冲冲地走了。师徒俩满腔怒火，但在那个吃人的社会又能怎样呢？从那天起，师徒俩更是不分日夜地干，炎热的天气使人汗流浃背，豆大的汗珠像断线的珠子一样滴下来，如是者又过了3个月，双龙柱虽已基本完成了，但老师傅由于劳动过度，口吐鲜血，剩下的工作只能由徒弟一个人包干了。

一天上午，阳光已照到工棚睡铺，师傅醒来已久，感到四周寂静得出奇，为何听不见徒弟的凿石声，他艰难地爬起来，看见徒弟躺在石龙柱的旁边，手上还紧握铁锤，眼睛睁得大大的，脸色似黄蜡，原来已是一具僵硬的尸体。他怎么知道，在自己病倒的3个月里，这个年轻的徒弟把一切好吃的都让给了自己，而且又染上了病呢？师傅顿时感到天旋地转，口里的鲜血像喷泉水，跌倒在徒弟的身旁，永远闭上了眼睛。

第二天，期限已到，老板大摇大摆来到了工地，见状大喜，因为他可以把他们的劳动工钱夺为己有，于是匆匆命人把两具尸体丢到荒郊，将两条石龙柱抬走了。这一天，天色阴暗，双龙像罩上一层露水，湿润得很。

药王庙开庙那天，鼓乐喧天，烟雾弥漫，参拜的人成千上万，老板夹在人群中威风凛凛。突然，电光在龙柱中闪过，两条石龙飞腾上天，翻动在云海之中，随着狂风大作，雷电交加，下起倾盆大雨，老板被烧成焦炭，被暴风雨冲去了。以后，凡是天色转暗或是乌云翻滚的时候，双龙柱都出现同样的现象。人们都说，这是双龙满腔悲愤，在哀悼两个辛勤劳动而有艺术造诣的师徒呢！

现在，凡到祖庙游览的人，都会在这两条石柱面前流连忘返，每当看见石龙泪花闪闪的时候就会明白，它们是在怀念那两位用自己短暂的生命换来永恒艺术光辉的石匠艺人！

附件二：

坚持“质量第一，造福人群”的办厂宗旨

作为相对独立的、自负盈亏的商品生产者和经营者的工

厂，在坚持四项基本原则、坚持社会主义方向的大前提下，主要就是搞好企业的经营管理，提高经济效益和社会效益。企业的经营管理是一项复杂的系统工程，制约经济效益的因素和环节很多。我们讲“质量第一”，就是把质量放在诸多因素、各种管理的首位。

我们厂早就确定了“质量第一，造福人群”的办厂宗旨。为什么把质量放在第一的位置上呢？首先，质量第一的方针是工业的社会主义性质所决定的，社会主义生产的最终目的是为了满足全体社会成员日益增长的物质和文化需要。所以我们的责任必须使产品物美价廉，药品必须有效。第二，质量是效益的前提。办企业是要赚钱的，所以企业必须讲求经济效益，但制约经济效益的因素和环节很多。在诸多因素中，质量是各项因素中的主要矛盾。质量是数量有效性的前提，是效益的前提。零乘以任何数都等于零。质量不合格，产品不能出厂、不能使用，就没有价值，包括所作的劳动也是无用的，相反，还造成了人力、物力和一切消耗的极大浪费。所以讲，没有质量就没有数量，就没有效益。在商品经济中，没有效益的企业何以立足?! 企业职工的生活如何改善?! 所以讲，质量关系企业生死存亡的大事。第三，药品质量关系人的生命。药品是特殊商品。医药产品是治病救人、保护人民健康和与疾病作斗争的武器，不同于一般产品。产品质量好坏直接关系到人民用药的安全有效和身体健康，只有质量有保证的药品，才能保证用药人的生命安全。特别是我们的产品有不少出口，外国人也在使用，影响所及更深远、重大。俗语讲：人的生命是第一可宝贵的，它关系到社会主义的安定团结和国家、政府的威望。从这个意义上讲，药品质量问题不仅是经济问题，而且是政治问题。邓小平同志指出："质量第一是我国在经济建设方面一个长期战略方针。"在建设有中国特色的社会主义的关键时期，无论怎样强调"质量"的重要性，提高它的地位和身价都是不过分的。我们讲"造福人群"实质是一个社会效益问题。因为我们的服务对象是人，不但要为"人"服务，而且要让"人"幸福地生活，为"人"解除疾病带来的痛苦。人们经常讲："祝愿您健康。"我们这个行业，不但送出"祝愿"，还用我们的劳动让别人有健康的身体，造福于人类。能够为别人的幸福而劳动，这是值得骄傲和自豪的事。

当然，"质量第一，造福人群"是一个辩证的统一体。一方面，只有我们生产出优质的产品，才能达到为别人创造幸福的目的，同时才能不断改善自己的物质文化生活条件；另一方面，要确立在工作中时时、处处遵循"质量第一"的指导思想，必须有"造福人群"的善良而高尚的情操、良好的职业道德和对人民有高度负责的精神。"质量第一，造福人群"的办厂宗旨，我们要坚定不移、始终不渝地实行下去，要成为我们厂每个职工的自觉行动和行为准则。为此，我们要发扬工人阶级的主人翁精神，提高质量意识，树立质量第一的思想；要加强学习，提高自身文化和道德的素质，养成对人民高度负责、精益求精、一丝不苟的敬业精神；要提高管理水平，开展全面质量管理活动，积极参与管理和群众性的质量评比活动，认真贯彻执行《中华人民共和国药品管理法》和《药品生产质量管理规范》；要大力促进技术进步，运用先进的技术和科学的管理，开发更多高质量的产品；要加强精神文明建设，在改造客观世界的同时，改造自己的主观世界。"质量第一，造福人群"的办厂宗旨，为我厂在总体经营上确立了明确的指导思想，保证了我厂在过去的年代中得到稳步而健康的发展，在社会上也树立了良好的形象，这也是我们厂的一笔巨大的物质和精神财富，让我们继续发扬光大，为我们厂的不断壮大发展，为人类的健康事业作出更大的贡献。

附件三：

培养“团结、民主、创新、进取”的厂风

风气似乎是一种无形的东西，但其内涵的力量是不可估量的。厂内风气祥和、健康、上进，对提高工厂效益是十分重要的，也是提高产品质量、促进技术进步、促进企业发展的重要保证。厂风，是企业精神的一个重要方面。厂风的培养，是思想政治工作和总体经营的有机结合，是两个文明建设的一项重要工作。

厂党总支和厂部在1983年根据我厂的具体情况，明确提出了我厂要培养的厂风就是“团结、民主、创新、进取”。

1. 团结

团结是企业现代生产经营活动所需要的，具有时代特征的群体意识。团结就是力量，团结就是生命，团结就是胜利的保证。邓小平同志讲：“……安定团结政治局面的彻底破坏……中国就将重新陷于混乱、分裂、倒退和黑暗，中国人民就将失去一切希望。”一间工厂，要想在商品经济的激烈竞争中克服困难，立于不败之地并有所发展，离不开全体职工的团结，离不开领导和群众的团结，离不开党内外的团结，离不开各级领导核心的团结。反之，力量就不能集中，人心就会涣散，许多困难就不能解决，既定的目标就不能达到。

所以，我们要像爱护自己的眼睛一样爱护同志间的团结。提倡同事间互相尊重，互相学习，互相配合，取长补短，宽宏忍让，求同存异，严于律己，宽以待人，和衷共济。运用“团结—批评和自我批评—团结”的方法来解决我们内部的矛盾。做到不利于团结的事不做，不利于团结的话不讲，一切妨害团结的现象都在必须克服和抵制之列。通过大家的共同努力，创造一种安定团结、祥和温暖的环境。

2. 民主

社会主义民主的实质是人民当家作主，是主人翁精神的参与意识。工人阶级是我国的领导阶级，在企业中是主体。企业和职工是休戚相关、荣辱与共的。“厂兴我荣，厂衰我耻”应当成为广大职工的共同信念。提倡民主，就是要形成一种宽松和畅所欲言的良好环境。作为各级领导，一定要充分发扬民主，扩大民主，尊重职工的民主权利，善于听取采纳广大职工的意见和建议。作为职工，要敢于和善于行使民主权利，提高参政意识，通过职工代表大会制度参与企业经营决策，审议重大经营管理规章制度，评议各级干部，监督选举企业的领导干部等。为了实现企业的奋斗目标，企业职工要积极出主意、想办法，群策群力，共同参与。当然，也不能忘记，我们要发扬民主，尤其要在民主的基础上集中，这也是民主本身的要求。如果离开集中谈民主，就会违背民主原则，导致极端民主化和无政府状态，那我们就什么也办不成。所以，我们要共同努力，逐渐在工厂内造成一个既有集中又有民主，既有纪律又有自由，既有统一意志又有个人心情舒畅、生动活泼的一种政治局面。

3. 创新

怎样理解创新精神，引用毛泽东同志的一段论述是最能说明的："在生产斗争和科学实验范围内，人类总是不断发展的，自然界也总是不断发展的，永远不会停止在一个水平上。人类总得不断总结经验，有所发现，有所发明，有所创造，有所前进。停止的论点，悲观的论点，无所作为和骄傲自满的论点都是错误的。"

在改革热潮如火如荼、科学技术日新月异的今天，在有几千年历史传统的古老的中医药行业中倡导和发扬创新精神，更显得有特殊的重大的意义。我们的产品要创新，剂型要创新，设备要创新，管理要创新，操作技术要创新，思想工作也要创新。要善于接受新技术、新观念、新思想，要勇于与被实践证明是落后的传统习惯决裂。可以讲，如果没有创新，我们工厂就没有生命力，就会被淘汰。只有不断创新，才能朝气蓬勃、生机盎然。当然创新和继承是辩证统一的，我们要继承先辈和现存的优秀的东西。没有继承，创新便会是无源之水；没有创新，优良的传统也得不到发展。

创新精神来源于勤奋学习，来源于大胆的实践，来源于对党的事业的忠诚和对祖国的热爱。我们必须善于学习，解放思想，不辞艰辛苦楚，不怕流言蜚语，实事求是，大胆探索，勇于创造，不断攀登新的高峰。

4．进取

进取观念就是要丢掉"步子不大年年走，贡献不大年年有"的安于现状、甘居中游的思想，树立怀大志、办大事、创大业、勇于负责、奋发向上的观念。做到年年有新套套、年年有新进步。要勇于为自己压担子，不甘落后，要争上游，要培养健康的集体英雄主义精神。班组要争先进，车间要争先进，工厂也要争先进，产品质量也要争先进，有了国家银质产品，要创金质的，工厂上了省级先进企业要争创国家级先进企业……总之，要有敢于争天下雄的气概，把我厂办成一间第一流的企业，我们厂很早就确定了一个长远的奋斗目标，叫“南有佛山一”，其意思就是要努力把工厂办成在祖国南方独树一帜，技术水平最高、规模最大、机械化程度最好的中成药厂，让行家公认：“南方要数佛山一厂了。”当然，这是一个极高的奋斗目标，需要长期不懈的努力，但这也不是高不可攀的，让我们瞄准这个目标，从我做起，从现在做起，扎扎实实，一步一个脚印，不断努力，不断进取，披荆斩棘，百折不挠地去攀登这个高峰。

附件四：

1984年经职代会通过的“技术进步奖励条例方案”

第一节　总　　则

为了鼓励干部、职工改进技术的积极性，促进我厂生产发展，特制定本条例。

凡促进我厂生产设备、技术改造、产品质量、生产工艺、企业管理、新产品试制、新操作方法等技术进步，使企业增加经济效益或提高产品质量、提高劳动生产率、节约能源、减轻体力劳动、促进技术进步，或对环境保护和文明生产方面有显著成绩的项目，并符合本方案要求的，给予精神奖励和物质奖励。

第二节　奖励范围

2.1　凡为本厂设计制造设备硬件，包括机组及其零部件、仪器、仪表、电路、器械达到以下三项条件的，除向国家科委申报发明奖外，视其对企业的技术进步贡献大小给予技术进步奖。

2.1.1 国内所没有的或保密的；

2.1.2 技术上先进的；

2.1.3 经实践证明可以应用的。

2.2 为本厂技术进步而设计、制造的设备硬件，在技术经济指标方面比国内已有的同类设备有所进步，实践证明可以应用的，可得技术进步奖。

2.3 为本厂生产设备配套而仿制设备硬件，其技术经济指标达到原硬件的水平，而在经济上比外购较为节约的；或因供应困难而自行仿制，其技术经济指标接近外购的，可得技术进步奖。

2.4 对外购的定型设备硬件实施改进，使其技术性能、经济指标比原来有显著进步的，可得技术进步奖。

2.5 对本厂自制已成的或较先进的设备硬件实施改进，使其技术性能或经济指标有较大提高的，可得技术进步奖。

2.6 对制造部门设备硬件的设计图纸提出改进意见，经实践证明，在技术性能或经济效益方面有显著效果的，可得技术进步奖。

2.7 从外引进或开发新设备，使原来手工操作改成机械操作，或使原工序的劳动生产率有较大提高，或对减轻体力劳动及文明生产有显著作用的，可得技术进步奖。

2.8 生产班组试用或试用新设备，使新设备能顺利投产，发挥设备应有的性能和经济效益的，可得技术进步奖。

2.9 生产班组发掘设备潜力，扩大设备用途，使设备在不超载的前提下，提高设备利用率和占空比，从而获得经济效益的，可得技术进步奖。

2.10 生产班组或设备维修人员对设备维护、保养技术有精心的研究，能总结出先进经验，使设备长期处于优良状况及对延长使用寿命有显著成绩的，可得技术进步奖。

2.11　对本厂原有机械设备进行小改小革，经过生产实施，能提高经济效益，成绩显著的，可得技术进步奖。

2.12　对一贯重视产品质量，提出具体措施，经过实施能提高产品质量或防止产品事故，有显著成绩的集体和个人，应根据贡献大小给予奖励。

2.13　积极开展QC活动，推动本厂产品创优，工作有显著成绩的，根据创优的级别高低给予奖励。

2.14　对本企业的工艺改革有较大贡献的，可得技术进步奖。

2.15　对本企业的生产工艺和操作规程提出合理化建议，经过实施取得一定效益者，可得技术进步奖。

2.16　对本厂的包装装潢改革提出合理化建议，经实施有较大效益者，按装潢设计获省级、部级评比名次给予奖励。

2.17　对研制一个或多个新产品者，视产品销售情况、先进水平情况以及试制工作量给予奖励。

2.18　对于不断完善企业管理各项制度，为改造企业内部各项管理作出贡献者，视效益及创新精神给予奖励。

2.19　对其他凡促进工厂技术进步的和获市级以上各类奖项的个人和单位，视具体情况给予特别奖。

第三节　组织领导

3.1　技术进步评定委员会的组成和任务。

3.1.1　委员会由主任1人、副主任2人、秘书长1人、委员若干人组成，主任由正厂长担任，副主任由主管技术的副厂长担任，委员由技术科负责人、厂长办公室负责人、中研所负责人、工会负责人、设备工程技术人员和各车间主任选出，秘书长由厂长办公室负责人担任。

3.1.2　委员会负责审查申报奖励项目，审查内容包括：技术上的可行性、真实性、经济性，确定成果的获奖者名单并提出奖励等级。

3.2　技术进步成果由设计者或实施者提出申报，填写成果申报书交委员会备案，申报书内容共包括各项技术数据、设计图纸、经济分析资料、实施情况等。

3.3　委员会接到申报后，应先对成果进行核实，并协助申请者整理全部技术资料，做好评定会议准备工作。

3.4　评定会议由评定委员会主持，由成果申报者介绍其内容，有关人员共同审查核实，向厂部提出奖励等级。

3.5　技术进步奖审查工作一年举行一次，但考虑到个别项目当年开展不可能反应效益，只要符合条件均可追认，但不可重复。

第四节　奖 励 办 法

4.1　技术进步奖的技术复杂程度和技术水平高低以百分制评定。技术难度越大的评分越高。

4.2　技术进步奖项目的经济效益计算，以百分制评定。经济效益越大的评分越高。

4.3　计算方法。将评得的技术分和经济效益分相加，乘以每分的金额，积为奖金数（每分的金额按当年实际商议而定）。

例：某项成果，技术评为 30 分，经济效益评为 50 分，每分为 6 元整，其奖金金额为：

（30 分 +50 分） ×6 元 =480 元。

4.4　获奖单位的奖金分配问题，可自行解决或定出分配方案，由评审委员会决定后执行。

4.5　根据国务院技术改进奖励条例的规定，技术改进奖金支付计入生产成本费用中。

4.6　国家、省、市规定奖励标准的，以上级文件规定为主，结合工厂实际情况进行奖励。

附件五：

评审“荣誉药工”条例

1　前言

中成药是我国宝贵的医药遗产，具有悠久的历史，佛山又是我国中成药发祥地之一，素有“中成药之乡”的美誉，历来独树一帜。佛山独特的传统中药炮制方法和现代科学技术结合，使我厂产品的疗效、质量、声誉国内驰名。亦得到港澳海外同胞的好评。我厂是国家医药管理局确认的全国重点中药厂之一，因此有必要将佛山的传统中成药制作技术发扬传承。而积累丰富经验的老药工是国家和厂的宝贵财富，将我们宝贵的经验很好地继承和科学地发扬，是各级组织和年轻一辈应该十分重视的工作。老药工均年龄较大，或接近退休，或已经退休。所以，更要特别重视中药技术的传与带，组织年轻职工接受与继承，使佛山传统中成药生产后继有人。为此，制定《评审“荣誉药工”条例》，规定“荣誉药工”应负有的光荣职责和应得到的待遇。

2　“荣誉药工”的确认与人数

2.1　由正、副厂长，生产、技术、供销科长，工程师组成评审小组，提名交职代会主席团批准。

2.2　此职称由国家医药管理局确认，并发给“荣誉药工”证书。

3 条件

在我厂从事中成药生产25年以上的具有下列某方面专长的可确认为“荣誉药工”。

3.1 能较准确辨认药材的真、伪、优、劣、性能、用途、配伍、禁忌。

3.2 对各种药材加工、炮制的方法明确，能继承和发扬佛山独特的中药炮制工艺，并有较丰富的实践经验。

3.3 对我厂的生产有较全面的了解，并具备独立全面生产1~2个剂型的工作能力，在生产中出现工艺质量问题能及时解决或提出具体解决措施。

3.4 对我厂的生产情况、发展方向能提出建设性的建议。

4 “荣誉药工”的任务

4.1 每个“荣誉药工”要以师带徒的形式带2~3名徒弟，将自己的知识、经验传授给徒弟，使徒弟在学习期满后能掌握必要的技术专长。

4.2 完成厂部指示或解决生产中所遇到的药材鉴别、加工炮制等疑难问题以及生产工艺或质量问题。

4.3 提出新产品配方或参与新产品配方、工艺的拟定。

4.4 对我厂生产、科研方向或发展方向，提出建设性建议。

5 “荣誉药工”的待遇

5.1 “荣誉药工”在技术职称上，相当于助理工程师。

5.2 “荣誉药工”原则上可以自己选定徒弟，徒弟的对象可在自己子弟、孙、其他亲属或在厂的青年职工中挑选，其徒弟年龄必须是30岁以下，要热心于中药事业，名额由厂部确定（涉及非厂方力所能及的政策问题，需经上级有关部门同意）。

本条例根据本厂实际情况制订，如与上级有关条例冲突，则按上级指示精神办理。

注：本条例分别经厂职代会主席团、厂党总支讨论通过。

附件六：

聘请技术顾问条例

1　前言

佛山是我国中成药发源地之一，我厂又是国家医药管理局确认的国家重点中药厂之一，厂的规模、声誉、技术力量、产品数量、药品的疗效与质量均饮誉国内外。为了实现开创改革开放新局面的宏伟目标，为了加强我厂技术队伍力量，考虑聘请医学界知名人士、有识之士为我厂技术顾问，以促进我厂生产、科研工作进一步加强和更迅速发展，尤其在科研上促进老产品、传统药品进一步提高，研制更多新剂型、新药品。为此，特制订《聘请技术顾问条例》。

2　受聘条件

2.1　在职、离休、退休的富有经验的中医师、药师。

2.2　我厂认定之受聘人须与其单位联系，取得单位同意后方可受聘。

2.3　工厂每年认定一次受聘人选，由厂方每年正式发出聘请书。

2.4　受聘人选，原则上以佛山市为主，广州等外地为辅。

3　技术顾问形式与待遇

3.1　专职技术顾问：离休或退休的老中医、老药师，专职为我厂技术工作服务，指导或参与我厂制药技术工作，待遇每月给予300元补贴。

3.2　兼职技术顾问：为在职中医师、药师，在其原单位工作的基础上用业余时间来指导或参与我厂技术、科研工作，待遇每月给予200元补贴。

3.3　单项科研工作的技术顾问：受聘指导或参与我厂某一单项技术攻关或科研工作，每月给予100元补贴。

3.4　受聘期间对工厂的技术进步、经营管理有成果的，将视创造效益情况作一次性奖励。重要科研成果，将由厂负责报上级部门寻求承认。

4　技术顾问的任务

指导或参与下列各项工作。

4.1　提出有关我厂经营方针、发展方向、科研方向等方面的建设性意见。

4.2　为我厂科研工作提供秘方、验方，根据不同时期需要提出新药品配方，提出新工艺、新剂型的设计方案。

4.3　协助我厂解决剂型改革、产品改造、原材料代免用等方面技术问题。

4.4　解决、提高、改革我厂现有生产形式及工艺上存在的问题。

5　“聘请技术顾问”委员会的组成

由正、副厂长，技术科长，中研所所长组成，负责确定受聘人选。

6　活动方法

每季由厂长办公室负责召集一次活动，平时由有关人员个别与顾问商讨问题。

7　说明

7.1　本条例为本厂自行制订实施。

7.2　本条例亦适用于设备等方面的技术顾问的聘请工作。

7.3　本条例分别经厂职代会主席团、厂党总支讨论通过。

附件七：

历年技术进步奖汇总

年份	总项数	其中			金额（元）	备注
		进步奖	特别奖	不列入		
1983	26	25	1	/	1 770	720 封装机成功
1984	20	18	2	/	1 550	发电机选型、安装
1985	64	31	8	25	2 540	大蜜丸车间竣工
1986	54	33	7	14	5 170	“白灵片”免税、仓库验收
1987	88	51	13	24	7 150	蜡方改革
1988	57	45	12	/	8 118	新厂区变压器投产
1989	60	47	8	5	16 740	药酒车间投产
1990	75	50	20	5	14 205	“补气升提片”投产
1991	54	31	18	5	13 283	自制洗瓶机投产

（续表）

年份	总项数	其中			金额（元）	备注
		进步奖	特别奖	不列入		
1992	53	23	18	12	15 222	冯了性药酒工艺改革
1993	53	24	26	3	22 780	水提车间技术改造
1994	30	13	14	3	13 340	酒提系统投产
1995	40	32	5	3	14 490	计划生育先进
1996	32	23	8	1	21 040	加强资金管理
1997	37	21	12	4	29 000	冯了性药酒纸箱改革
1998	52	37	8	7	44 200	250 毫升、500 毫升洗瓶兼容
1999	36	26	6	4	38 500	资产评估
2000	42	26	10	6	55 175	生产许可证验收
2001	38	28	7	3	99 520	药酒超滤投产
2002	67	53	8	6	114 940	固体制剂车间投产
2003	104	60	41	3	170 645	GMP 软件系统工程
2004	80	65	11	4	80 490	被评为"先进技术企业"
2005	76	66	5	5	172 080	封装机转杯改造
2006	85	75	10	/	106 800	散剂内包装机械化
合计	1323	903	278	142	1 068 748	/

注：备注栏的说明是该年度较突出的项目。

附件八：

当年技术进步奖中既具创新性又带来经济效益的突出项目简介

1. 1983 年：720 型自动制壳封装机试制成功，为全国首创。这是大蜜丸机械化的一次突破性革命。

2. 1984 年：新厂区酒库完工，该工程虽然得到当时的合成材料厂技术人员的支持，但在规划工艺、布置和使用材料上体现了创新和长远发展，至今仍在使用。

3. 1985 年：

（1）新产品白灵（白灵片、外搽白灵酊）试制成功，并获批准文号，当年 12 月 23 日正式投放市场。

（2）新产品通络活血丸试制成功，并获批准文号。

（3）新产品安络痛片 1982 年试产，本年取得转正，获批准文号。

（4）新产品“红药软膏”（现更名为外伤如意膏）试制成功，并获批准文号。

（5）大蜜丸车间正式竣工验收，该车间机械化程度和工艺特色为当时国内最好的，是本企业唯一一个获国家（部级）投资（120 万元）支持的技改项目。

4. 1986 年：大钟楼竣工验收。此楼集药材仓、办公楼景观、4 米正方大钟塔于一体。虽然土建是委托外单位设计，但创意却是我们的。为佛山市第一座大钟楼。

5. 1987 年：

（1）封装机用抗寒蜡壳材料研制成功。这种配方，适合在封装机上使用，低温抗冲击性能力是旧材料的 29 倍。这为本企业的大蜡丸走过长江创造了前提条件，而且解决了之前几年公开招标时应标的中国科学院化工研究所未能解决的问题。发明者是邬威尧同志。厂内有“陈氏封装机，邬氏蜡方”的美誉。从此自动制壳封装机走上了更正常生产的坦途。

(2) 跌打药精工艺改革。梁瑞沧老师傅等在长期实践的基础上，改革浸渍工艺，使其时间可以缩短半个月至一个月，质量比原来还好。为跌打药精的大批量生产创造了条件。

(3) 封装机冷水循环改造成功。二车间机修工对泵冷却系统进行改造，将开放式改为循环式。稳定了冷水温度，为封装机的稳定生产作了一大改进。

(4) 保济丸重获生产批文。之前，受计划经济的影响，佛山李众胜堂始创的保济丸只准广州羊城药厂生产。为体现佛山中成药文化的传承，经多方交涉、论证，终把在本厂生产的、配方完全一致的“胃和丸”正名为“保济丸”。1987年12月获批文，1988年正式生产。

(5) 开发电脑管理取得实质性的进步。1986年开始开发，1987年起使用的电脑管理系统已有：生药材管理系统、熟药材管理系统、在制药材管理系统、工艺处方管理系统、生产计划预测预报系统、报表输出系统。在当时的制药行业内，我厂在应用电脑上首先达到广东省的要求。

6. 1988年：

(1) 小丸包衣工艺改革。从原来的原朱砂和甘草炭的传统包衣改为红氧化铁和黑氧化铁包衣。不但成本降低，更重要的是提高了产品质量的稳定性。

(2) 成功编写《中药炮制规范》。继承和汲取了佛山300多年来药材传统炮制的精华，删去了部分药材传统炮制办法中的不合理之处，体现了佛山传统特色的中药材炮制上的大法。共收编了常用的314种药材。

（3）完成前处理厂区新变压器及厂区供电线路的设计和施工。一则解决了电靠借的困境，二则从长远规划着眼，敷设了供电系统。

（4）新产品“补气升提片”从1983年起开始研制到1988年8月完成，获卫生部批准生产（1990年6月正式生产）。

（5）在磨房推行消耗定额管理。下达69个品种的收得率指标，并实行考核奖励。对节约成本、实行按劳分配有重大意义。

（6）企业计量首次升二级。相关部门为此做了大量提升工作。

7. 1989年：

（1）自主设计18米^{3}浸酒罐及浸酒系统设备，该系统在国内同行中未曾见过，其先进性表现在“简”、“精”、“廉”、“便”上。(陈浩森主创)

（2）自主设计药精浸渍罐、渗漉罐及系统，该系统是根据本公司独有200年历史的“跌打药精”的生产工艺特点，特别设计的，带搅拌而又不漏气，并采用充氮防护、防爆装置，在国内同行中绝无仅有，具有先进性和实用性。(陈浩森主创)

（3）前处理车间于1989年3月28日正式搬迁投产，标志着该技改工程从1983年立项开工，至此全部完成。整个车间的工艺、设备布置由本厂工程技术人员完成，在当时同行业中具先进水平。(主设计者陈铭伦)

（4）完成在新车间条件下的焙炉、水提组的生产定额制定。

(5) 本企业首次引进的设备——药酒灌装机于1989年8月正式连线投入使用(注:至2007年底仍在使用)。从主机设备选型到前后洗瓶、运输带、贴签机、消化吸收、编写操作规程等,都达到了既实用又节约的目的,堪称“引进”的典范。

(6) 1989年10月,首次借用“硫化罐”用于药材湿热灭菌。

(7) 药酒车间技改工程于1989年7月完工。除土建设计委托设计院外,其余工艺流程、土建方案、设备布局、公用工程、非标设备设计以及购进设备选型、加工、安装、连线、调试、操作培训等均由本企业技术人员完成。实践证明,效果十分理想。(主设计者陈浩森)

8. 1990年:

(1) 完成165个品种的《工艺规程》的编写。

(2) 取消“硝化棉胶圈封口”,此工艺沿用几十年,因有粘胶带可替代,“硝化棉”自此成为历史。

(3) “七保”计件奖奖励方案制订完成,并在此后不断完善。

(4) “固体汤剂技术开发”项目从1988年开始收集资料,至1990年10月获国家中医药管理局立项。

9. 1991年:

(1) 1991年7月,“中药固体汤剂改造”正式立项,总投资2 950万元。

(2) 因地制宜,自行设计洗瓶机。由送瓶、洗瓶、卸瓶、提升、出瓶等机构组成,既实用又节约了外购设备的费用,同时保持二楼入酒的工作环境并实现自动连线生产。该项目于1991年11月完成。

10. 1992年:

(1) 片剂实行混浆包衣新工艺。减少了滑石粉飞扬,节约了糖浆。

(2) 抗骨增生丸(大丸)由本厂起草标准,上1995年版《中国药典》。

(3) 1992年10月,新6吨油炉投入使用。除主机外购外,包括回收冷凝水循环使用、电器配套、设备吊装等均自己解决。

11. 1993年:

(1) 三车间对DF-310粉碎机的改进,使工效提高了3~4倍。

(2) 三车间对洗瓶机的改进,大大减少了"故障率"。

(3) "香砂养胃丸"由本厂起草标准,上1995年版《中国药典》。

(4)《企业管理制度》在1984年版、1988年版基础上进行了增改和补充,形成了1992年版。

(5) 进行水提车间技术改造。该项目从1987年开始至1993年基本完成(酒提、酒沉部分因生产任务大减推迟到1994年才完成),除土建设计由专业设计室负责外,其余设备选型、布置、工艺路线等均由本企业技术人员负责。在"喷雾干燥"、"自动卸渣"等方面有独创性。(主设计者陈浩森)

12. 1994年:

(1) 对燃油锅炉燃烧控制器的剖析和修复,增强了我厂对燃油炉的维护和保养能力。

(2) 1994年5月,完成20吨汽车地中衡的安装并投入使用。

（3）清污分流废水处理站竣工并通过验收（1995年1月），废水处理站是由佛山市环境工程装备公司设计承造的。但大部分数据和管线布置则是我厂技术人员根据企业实际情况而定的。

13．1995年：

（1）白灵片水提液在喷雾干燥机中首先取得突破。闲置了几年的喷雾干燥机得以正常运行。以往焙白灵渗膏出现的过火现象得以很好解决。

（2）封装机使用陈伟康新研发成功的微控器，可有效避免机器重复加油和加蜡，使封装机运行更趋稳定，实际效果甚好。

14．1996年：

（1）小丸干燥从焙炉改在沸腾干燥机。从设备选型到因地制宜安装、工艺摸索，经设备部门与车间的协作很快获得成功。产量和质量都上了一个台阶。

（2）调试进口设备日本产干式造粒机和西班牙产颗粒包装机。因没有大品种进行生产，调试后设备一直闲着。

（3）1996年版“七保”计件奖及1996年版生产定额方案在1990年版基础上进行了修改调整，使奖励方案更趋完善和切合实际。

（4）珍珠磨改进。增大石磨直径后，改革配套设备，使操作更加方便，减少了体力劳动，保证了产品质量。

（5）入酒灌装机改进。已运行8年多的进口设备，不少部件已到更换的时候，而进口部件很难买到，机修工人对传动过载装置和电机输出端无级调速进行了彻底改革。不用再进口部件，也能保证满足生产要求。

15. 1997年：

（1）“白灵片”水提浓缩液通过“喷雾干燥”最后获得成功，彻底解决了以往渗膏通过焙炉干燥引发的一系列问题。从本质上提高了产品质量。其攻关的QC小组同时获省局优秀QC小组称号。

（2）炒药机由烧木柴改为烧柴油，既卫生又容易控制火候。加工质量得到保证。

（3）药酒扩产。在原车间挖潜，新增10只18米^{3}浸酒罐，生产能力增加1/3。

（4）冯了性风湿跌打药酒首次获“中药保护品种”证书：97卫药中保证第018号。其间解决了大量的历史遗留问题。

（5）冯了性风湿跌打药酒外包装箱得到改进。改进后外包装箱紧凑、体积小，易于装卸。由于用料减少，每个箱可节约3.9元，一年下来，可节约55万元。

16. 1998年：

（1）封装机冷水系统改造，把一层过滤改为三层过滤，保证了冷水在循环使用中不会堵塞。

（2）成功改进洗瓶机，实现500毫升瓶与250毫升瓶兼容。

（3）封装机的超声波发生器是将外购的超声波洁牙机改进为应用脉冲电子技术的超声波发生器，实现了一大进步。

（4）“保济丸”被动保护申报成功。1998年4月取得证书。

（5）“抗骨增生片”按新处方（因中药整顿）后完成整个工艺调整的摸索。

17. 1999年：

(1) 购置 WFJ－15B 粉碎机，专用于珍珠粉加工。涉及大量需改进和调试的过程，最终获得成功。从此，磨珍珠粉告别石磨时代，变成全机械化生产，为扩大生产创造了前提条件。

(2) 自己设计包装瓶密封检验，既保证了产品质量，又减少了与供应商之间的扯皮。

(3) 自创新产品“补气升提片”的质量标准并获得转正。

(4) “竭红跌打酊”（原跌打药精）获中药保护证书（1999 年 8 月）。

18. 2000 年：

(1) 六神曲发酵工艺得到改进。不单效果显著，而且质量保证，是对习惯工艺的一次有益改革。

(2) 自行设计螺旋绞药机，专用于熟地黄绞碎。效率比原来使用的鱼绞机提高 5～6 倍，而且不用事前浸泡，保证药效不致流失。

(3) 独创产品“外伤如意膏”大批量生产的工艺、设备探索获得成功。

(4) “补气升提片”申报“中药保护”成功，获批件及证书（2000 年 1 月）。

19. 2001 年：

(1) 购入药酒超滤机并投产。至此，可以有把握地解决困扰了几十年的沉淀问题。

(2) 首次制定夹竹桃省级标准（夹竹桃为产品“白灵酊”原料之一）。

(3) 外搽白灵酊、白灵片，申请中药保护续保获批，继续获得 7 年保护期。

（4）自行设计完成塑胶瓶旋盖机，与购进的片剂分装机配套成线，实现片剂的自动包装连线生产。

（5）在购进片剂包装机的同时，进行大胆改进，并自行制造了一台，效果显著。

（6）操作工人摸索出适合自己设备的全混凝浆包衣生产工艺。

20．2002年：

（1）固体制剂车间全面完成投产。从1997年3月确定项目上马，至2002年10月全部按GMP标准投入使用，使本公司的制剂水平和生产条件实实在在向前迈了一大步。在改造过程中，各个系统都有不同程度的新提高。

（2）完成小丸生产由人工到机制的过渡，并摸索出一套适合GMP要求的生产工艺。从此本公司小丸全部为机制丸。

（3）自行设计完成为机制小丸机配套的旋转式凉丸机。有效解决了机制成丸的冷却成型和连续生产问题，使机制小丸连线生产得以实现。

（4）车间机修组因地制宜配套车间的清洗用具和存放设施。

（5）自行制作720型封装机油料回收器，大大减少了油料雾化后的飞扬，从而大大减少了空气中的含油量，对生产环境、操作人员健康、空气净化系统的养护都有长期的良性效应。同时节约生油50%。长年累月，效益十分明显。

（6）熟地黄由混料焙干改为单味焙干，减少了熟地黄因反复烘焙带来的药效损失。

（7）"抗骨增生片"水提工艺得到改进。通过增大每批加工量，使浓缩锅能充分发挥作用，浓缩液能达足够浓度而与其他药料混合。无须再像以前因浓缩液未达浓度而要经敞开锅再浓缩这一过程，一举多得。

21. 2003年：

（1）完成GMP软件系统工程。结合企业自身实际，贯彻GMP核心要求，在原来电脑网络的支持下，终告成功。

（2）固体制剂车间在车间主任的领导下，通过发动群众对包装工具、防护设施、清洁工具、生产工具、箱架工具等开展配套工程，按因地制宜的原则进行，保证了整个改造工程的顺利完成。

（3）积极参与抗“非典”的工作，获广东省“抗非典先进单位”称号，并获“广东省食品药品放心工程示范基地”称号。

（4）保济丸再获续批中药保护品种，2003年8月取得批件。

（5）前处理提取车间进行GMP改造，其中药材湿式微波干燥灭菌工艺在国内处领先位置。

（6）将粉碎机组的筛粉机重新设计，克服了原来圆筒容易变型、漏粉多、出粉慢的毛病，提高了效率和收得率。

（7）对封装机电气控制进行了比较大的改造，使操作更易于控制，整机性能更趋于合理。

（8）小丸采用袋式包装（铝合金薄膜材料），并首选了适用设备。实践证明：设备好用，改革对头。不但降低了包装材料成本，而且打印各种数据同时完成。更重要的是保证了生产任务的按时完成。

（9）药酒车间和仓库的GMP改造完成。

22. 2004年：

（1）冯了性风湿跌打药酒申请办理续保中药保护品种获批准。在申报中，需对该品种的很多指标重新制订和提高。

由此使产品质量水平、技术水平达到新的高度。

(2) 蛇胆川贝含片（四类新药剂改）至是年9月取得生产批文。该项目于1997年立项，1999年已完成各项工作，上报国家有关单位后出现波折，经努力和改进，才获成功。

(3) 增加对部分大蜜丸品种药粉含量标准的制定。为生产计划安排的时效性提供技术支持。

(4) 机制蜡壳配方用增韧密封料取代A型添加剂，使蜡壳在冬天和夏天的软硬度得到调整，克服了冬天过硬、夏天过软的毛病。

(5) 自行设计完成洗盆机，减轻了工人在清洗过程中的工作量。

(6) 前处理车间维修组按GMP规范，因地制宜配套自制完成各种用具、工具、运货小车、防护设施、缓冲平台、操作梯级、专用容器、专用工作台等。

(7) 科研开发部中试车间建成。

23. 2005年：

(1) 大蜜丸机械化泡罩成型包装生产线建设成功，从根本上解决了大蜜丸机械化外包装的问题。生产线流程为塑料泡罩成型→装丸→封面成排→输送→入纸盒→在纸盒完成打印→封口→输出→装箱。至此，大蜜丸生产的内外包装均实现全机械化生产，这在全国同类剂型的生产中处于最先进的水平。

(2) 封装机空壳剔除系统完成。利用电子控制线和电脑程序，有效鉴别空壳，并通过指令剔除。这又为封装机的进一步完善，提供了先进的电子技术支持。

(3) 大蜜丸泡罩机整机提速成功。泡罩机成功投产不到一年，操作工人已找到窍门，并通过改造提高其额定速度，从原机速 17～18 板/分钟，提高到 21～22 板/分钟。每台机每天可多产 240 板，创造了明显的经济效益。

（4）将封装机 6 克、9 克转杯改短，圆柱形蜡壳变成圆形。配合了泡罩机的装蜡壳要求，使泡罩成型生产线能顺利实现。难得的是，所有转杯的改短加工及调试均在不影响正常生产的情况下，由车间自行组织完成。这项改动的初衷是配合机械化外包装生产线，实际效果一箭双雕，同时降低了蜡壳成本，节约了资源。

（5）准时完成“药品生产企业许可证”换证申报工作。

24. 2006 年：

（1）散剂内包装机械化改造完成。中药散剂内包装一直以手工为主，外包装材料也各具特色，但随着质量标准的提高，特别是重量差异因人工操作的差异而常有超标现象，2003 年底开始寻找适合机械设备并结合自己品种特征进行改进，至 2006 年 10 月，经过不断探索和改进，最终获得成功。自此，散剂的内包装将逐个品种进行摸索工艺和设备数据，逐个品种进行改革。

（2）药酒再次扩产改造。仍然在原来车间挖潜新增 4 只浸渍罐、11 只浸渍液贮存罐，综合生产能力增加 1/3。10 月份全部完成并投产。

（3）大活络丸塑壳包装改用蜡壳包装。2005 年 6 月前，因大活络丸的主销区在北方，蜡壳在冬天破壳严重，故只能选用塑料壳再加蜡封。这样只用手工操作，不仅效率低，而且工人劳动强度大。车间组织攻关，通过调整蜡方，在铁盒内上下加放 5 毫米厚海绵垫，并通过运输部门做破坏性试验。最后，终于获得成功。一年销售数据显示，因破碎导致退货的极少。从此，本公司的大蜜丸品种全部使用蜡壳机制生产，确保了机械化生产的实现。在效率上、质量上取得竞争上的优势。

（4）在原自行设计的洗药机基础上，总结经验，扬长避短，设计制作出第二代（自制）洗药机。容量更大，效率更高。

第五章

人 物 传 记

有历史就有传奇，佛山冯了性药业是个有历史的企业，自然也少不了冯了性几代人的传奇。冯了性是怎样创始的？又是怎样的人赋予了冯了性这别样的魅力？冯了性里的他们又是怎样做到带着企业默默前进的？他们对于今天的冯了性来说是怎样的一种存在？本章从冯了性开山药师、现代企业领头人、默默的老药工等着手，来揭秘冯了性。

- 闲话药师：悬壶济世传奇药师。
- 风云企业人：改革创新领头人。
- 企业群英：镇厂之宝“陈机邬丸”。

第一节 闲 话 药 师

一、悬壶济世——梁仲弘篇

中药铺以老出名，商号产品也以古为贵。广东省中成药商号中，最老的就是梁仲弘蜡丸馆了。就产品名气而言，梁仲弘的抱龙丸闻名已久，清初康熙年间，已有“广中抱龙丸为天下所贵”的赞誉（屈大均《广东新语》）。这一切，都与一个人有关，那就是广东中成药的传奇人物——梁仲弘。

梁仲弘约出生于明嘉靖二十二年（1543 年），是明代佛山望族梁氏长房后裔。据《梁氏六世纲祖家谱》记载，梁仲弘之祖辈六世正纲公于南宋末年由番禺北亭迁居佛山朝市街。

梁仲弘从小就立志学医，做名医。虽不随父愿，但是家里最后还是将他送到当时的一个名医那里去学习医术。

因为师傅是名医，加之自己勤奋，梁仲弘很快就将中国的中医药古典名篇，像《黄帝内经》、《神农本草经》、《伤寒杂病论》、《千金方》等烂熟于心。他紧跟师傅，或者到药堂，亲自去观察临床应用。

师傅作为名医不仅传授医术，而且其做人的胸襟和气度也直接影响了梁仲弘，为他以后的成功打下了深厚的基础。

出师后不久，梁仲弘自立门户，店铺就设在佛山镇朝市街。据资料记载：“（梁仲弘）学有所成后开始自立门户，于佛山镇朝市街以蓬牖茅椽，绳床瓦灶，悬壶济世。”当时的朝市街是佛山镇东边陲荒郊，居民疏落。本以为开始的一两个月生意冷清是免不了的，但实际上却是开张不久后生意就很好。原来医馆虽不在繁荣闹市，但梁仲弘医者有术，颇具名气，求医买药者与日俱增，络绎不绝。

在日常的看诊治病之外，梁仲弘不断研习医术，总结病症，研制新药。“抱龙膏”、“抱龙丸”，就是他将历年来的临床验方总结整理，制成的专治小儿腹痛、吐奶的特效药。

他的另一个功绩，就是发明了成药的蜡丸技术，这一发明意义非凡，甚至让岭南中成药的名气迅速传到北方，让海外的人也闻名而至。针对中成药在南方不易保存、不便运输的缺点，梁仲弘反复思考试验，结合古代的一些典籍技术，最终提炼出成药蜡丸技术。成药蜡丸技术不仅解决了中成药保存、运输的问题，也提高了中成药的安全、卫生。梁仲弘发明的这项技术，后被其他各大中成药药铺采用，进而成为岭南中成药的特色。

梁仲弘的抱龙丸早期包装有两种规格：一是以蚬壳装药膏，外封以蜡，为蚬壳膏；二是外裹以蜡的大蜜丸。人们把它作为“看门”的药物，凡婴幼儿患上疴呕或急慢性惊风病症者，一经服用，立即药到病除。由于药效显著，携带使用方便，因而享誉四方。不但行销城镇，就连穷乡僻壤，尤其是缺医少药的地区，家有婴幼儿者无不贮备，以应急需。梁仲弘的医德和医名由此闻名遐迩。

闻名遐迩的梁仲弘还有一个宏愿，那就是想要他的医馆开遍佛山，然后开遍广东，以造福更多的人。于是，他选定了闹市早市街（现今佛山市福贤路 178 号），在那里定下新的铺址，兴建新医馆，定名为“梁仲弘蜡丸馆”，以制作销售抱龙丸为主。梁仲弘蜡丸馆就这样走进了佛山中成药的历史，成为其中浓墨重彩的一笔；也就这样走进了佛山人的记忆，成为深受佛山人信任的一家药铺。梁仲弘蜡丸馆成为佛山镇内最早以本人名字命名的成药店号之一，经历 400 多年时间岁月，蜡丸馆生意兴隆，生产的“抱龙丸”远近驰名，盛销不衰。

“梁仲弘祖铺”是佛山中成药史有鉴可查的最老商号，难得的是，其当家产品“抱龙丸”，一直保留至今，是卓有疗效的儿科用药，可以说，生活在珠江三角洲地区的民众能代代健康繁衍，“抱龙丸”有其独特的历史贡献。

二、开山辟路——冯了性篇

佛山冯了性药业有限公司，有着很深的历史渊源，这段历史渊源除了梁仲弘之外，另外重要的一支就是冯了性。佛山冯了性药业有限公司（前身佛山市制药一厂）转制之后所用的名字、字号也是源于这一支，现在的当家产品，也是冯了性药铺当年的成名产品——冯了性风湿跌打药酒，因此可以说，冯了性是冯了性药业的正宗传号祖师。从冯了性将继承的父业“万应药铺”改为“冯了性药铺”并在之后作为冯了性药业的历史源头这方面来讲，冯了性也可以说是冯了性药业的开山祖师。冯了性不同于梁仲弘，但他同样是一个具有传奇历史的药师，一个佛山中成药历史上的闪光点。

冯了性字嘉会，号了性，生于明崇祯三年（1630 年），祖籍是广东省江门市新会区荷塘乡龙田村。冯了性的父亲冯国琳，字炳阳，生于明万历十七年（1589 年），娶继室张氏生冯了性，终于清康熙十四年（1675 年），享年 87 岁。这段历史在其家族保存的《始平族谱》中有所记载：协吾祖十一世，讳奇辅，国琳之子，字嘉会，号了性，生于明崇祯三年（1630 年）庚午九月十五日，冯了性是该族协吾祖十世之继室张氏所生。

少年冯了性成长在一个具有浓厚医药氛围的家庭。父亲冯炳阳精通医道，行医有术。冯炳阳喜欢钻研验方，多年的行医实践加上几经研究试验，使他成功创制了一种用于医治风湿跌打等疾病的药酒，取名“万应药酒”。开始这种药酒仅供自家使用，后见疗效不错，就常赠送给周围的街坊乡民。之后因疗效确切，前来购药者渐多，药酒渐渐也传出了名声。明朝万历年间，冯炳阳将药铺迁到佛山镇正埠渡头，后由冯了性继承打理。

冯了性自幼天资聪颖，且生性好学。父亲对医药的执著和喜爱感染了冯了性，让他也喜爱上医药。因为家庭生活并不富裕，在父母的教导下，他一边读书延学，一边协助父亲经营店务。俗话说：医药一家，医佛是亲家。医者志在济世救人，佛家志在慈悲渡人，二者都以世人之苦为苦，以世人所患为患。因为父母历来虔诚礼佛，冯了性也深受影响，他立下了宏愿：要进一步提高“万应药酒”的功效，以更好地治病救人。

为了实现这个愿望，冯了性开始出门游学。怀着对佛教的亲近，他游历了不少名山古刹，也遍访了许多名医高僧，一度削发修行，以期既练武功又潜心求学。在剃发修行期间，方丈赐名“了性”。他总结一路游学所学，另外在修行期间，方丈对于改进药酒也给予了一些指点，之后他又结合本草典籍和在佛山的临床实践经验，完善药酒的配方和制作工艺，药力明显提高，疗效更为确切，最终改进了“万应药酒”，让药酒的功效更显著，同时他一改以往药酒只外用的方法，让药酒既可以内服又可以外用，让普通人也可以通过饮用药酒而强身健体。

清顺治十六年（1659 年），冯了性继承了父业，为感谢佛门高僧的赐教，他把“万应药酒”改名为“冯了性风湿跌打药酒”，将店名正式定为“冯了性药铺”。这段历史在佛山史料中有记载：冯了性廿九岁继承父业（其父其时 70 岁，仍在生），正式将父亲开的药铺改名为“冯了性药铺”。因为药效更甚于“万应药酒”，购买的人络绎而来，冯了性风湿跌打药酒的销售也日渐成熟，冯了性即拆棚盖瓦，不断发展壮大“冯了性药铺”。当时还流传着一篇《冯了性三字经》：

冯了性，药业精。老字号，耀光荣。妙良方，聚精英。酒丸散，乃救星。艺高超，显神圣。壮老少，健童婴。除疾病，赐安宁。人长寿，家欢乐。行善举，为百姓。常开拓，好前程。万载功，千秋咏。铸奇勋，永扬名。

冯了性的广告语是“识就冯了性，唔识就误了命”，不仅有广而告之之意，又有医者的人文关怀，这与冯了性本人的佛教信仰有关，也与他医者的身份有关。这则广告语开佛山中成药广告宣传的先河，后来其他的商铺纷纷仿效。

随着冯了性药铺经营的不断扩大，家族人口也日渐增多，主要聚居于隔塘大街（现门牌为隔塘大街 9 ~ 17 号，已改建为楼房）。门楼上有一对联：上联是“卜居凤地”，下联是“启宅龙田”，后人传是冯了性所题。康熙三十四年（1695年）乙亥十一月十一日，冯了性病故于佛山，享年 65 岁。去世后，棺木运回故乡安葬，公氏合葬于大岭山（注：大岭山即其家乡后背的山岗），坟墓至今尚存。

冯了性作为佛山中成药历史上的一个闪光点，关于他的传说不少，这不仅寄托了人们对他的美好情感，也代表了佛山的中成药文化。其中最著名的要属“古渡口药王树”和“寿星赠典，神童增华”的传说。现今，冯了性的名号在佛山冯了性药业有限公司的经营下传得更远了。更多的人知道了他，也记住了他。

第二节　数风流　还看今朝

一、改革开放领头羊——罗仲利

（一）20 年风雨同舟

冯了性的企业历史很长，如果说佛山成药历史上浓墨重彩的一笔中不能少掉“梁仲弘”和“冯了性”的话，那么冯了性的现在，冯了性药业的今天，就应该给罗仲利记上厚重的一笔。可以这么说，罗仲利是现在冯了性药业有限公司的“开国元勋”，也是冯了性药业的“领头羊”。

仔细观察动物中的规则就知道，领头羊总是将侦探、探路、觅食、警卫、团结等职责集于一身。冯了性药业并不是羊群，这是一个团结、进取、创新、勃勃生机的群体，而罗仲利就是这个群体的领军人物。说他是领头羊，是因为他在冯了性药业的二十多年如一日，任劳任怨；说他是领头羊，是因为他总是激情满怀、浑身是劲；说他是领头羊，还因为他的敢闯敢干，勇往直前。如果翻开改革开放后的企业发展史，就可以看到罗仲利一步一个脚印，带领冯了性药业，从昨天走到今天。

罗仲利 1945 年 4 月出生于现佛山市南海区一个平凡的家庭。新中国成立前，社会环境混乱，罗仲利家里经常穷得揭不开锅。俗话说“穷人的孩子早当家”，作为家里的男丁，罗仲利从小就比别人懂事。因为当时的条件，罗仲利上到初中就没有再上了。1965 年，罗仲利参军。能够当兵这让罗仲利感到分外自豪和高兴，这对他来说，是一种荣耀。即使到了现在，罗仲利仍然不时缅怀着那段青春的岁月。用罗仲利自己的话来说，就是：“我是共产党养大的，我也想给国家干点事，好报答国家。”

到部队不久，罗仲利因为黑板报写得出色，不久就被调入部队的宣传科。罗仲利到宣传科干得如鱼得水，这是一个知识的氛围，对他来说，既是工作，又是学习，材料报告也越写越出色，这期间，罗仲利写过的一期宣传材料曾被拿出去当做佛山的宣传报。

1978 年 4 月，佛山市化工局向市制药一厂派驻“工业学大庆”工作组。罗仲利被任命为组长。罗仲利也就是在 1978 年到了冯了性药业的前身佛山市制药一厂，从此风雨 30 年，不离不弃，风雨同舟，书写了冯了性药业的罗仲利篇。

跟以前在宣传科接触材料不同，在企业接触的都是实事。为了更快地适应和了解这个企业，罗仲利做的第一件事情就是把企业里的文件资料都整理出来，因此很快上手了。也是从这个时候起，罗仲利开始思考：中国的企业应该如何发展？社会主义国家是人民当家作主、共同富裕的，但是现在企业职工的工资都很低，怎样才能实现人民当家作主、共同富裕？如何让这个企业在生存下来的同时发展壮大？可以说，这几个问题是罗仲利在冯了性药业的 20 多年一直在想，也一直在努力探索解决的问题，它们贯穿了罗仲利篇的核心。

（二）当时明月彩虹

1983 年，罗仲利任佛山市制药一厂厂长兼党总支书记，正式接触到了企业的核心。1986—1989 年任厂长，1990—1995 年任总支书记，1996—1999 年任厂长，2000—2006 年任佛山冯了性药业有限公司副董事长兼总经理、党委书记，2007—2008 年任副董事长，2008 年 4 月在本公司退休。纵观罗仲利的简历可以发现，他基本上处于领导的核心，20 多年来基本保持稳定。因此可以说，罗仲利的奋斗史基本上就是冯了性药业这 20 多年来的历史。

用罗仲利自己的话来说，自己在冯了性的这 20 多年，主要就是做了 3 件事情，大致摸索解决了 4 个方面的问题：①解决了领导干部的监督问题；②解决了民主管理问题；③解决了共同富裕问题；④解决了市场化问题。

尽管是轻描淡写地说，但是解决了这 4 个问题，在国有企业里应该算做是了不得的丰功伟绩。因为一直以来，国有企业的管理模式里都存在着同样的通病，这通病也体现在四个方面：①企业大锅饭，没有竞争机制；②管理上，只对领导负责，没有监督；③人员能进不能出，没有动力；④没有解决共同富裕，也没有市场化运作，完全靠国家计划安排。当时还是佛山制药一厂的冯了性药业也具有这些弊端。20 多年来，为解决这些弊端，也为了企业更好地发展，罗仲利主要是做了 3 件事情：

第一，自产自销，突破市场经济缺口。

那时候的佛山市制药一厂，在计划经济政策下，所有的生产、销售都是由国家安排和做主的，企业就只负责生产，由国家按照一定的比例给工人发固定工资。每个月不管干多干少都一样。这样一年一年地干，虽然企业创造了大量的财富，但是企业却很穷，按照罗仲利当时的估计，转制之前的佛山市制药一厂进行资产评估，总资产只有二三十万，但是它每年的产值有几百万甚至上千万。企业穷，工人自然也穷；企业日益破旧，工人的干劲日益低落。这种情景让刚来不久的罗仲利很困惑：为什么社会主义制度下工人却没有干劲？为什么说要共同富裕工人们却这么穷？为什么明明企业产值很多但是企业却日益破旧、没有活力？罗仲利还是从数据中找答案。他认为企业和工人的目前这种现状的主要原因是因为企业没有自主权。既然是没有自主权导致的这种弊端，那么就争取一些自主权好了。

于是，1982 年这一年，罗仲利把制药一厂这几年计划、包销的数据和材料，还有制药一厂这几年的产值、产量的数据一并整理好，一起送到上级领导面前，让领导了解制药一厂真实的现状并加以说明，请求领导给予制药一厂一些自主权。经过反复上访和讨论，上级终于同意给予制药一厂在完成计划配额之后可以有一些自产自销的权利。上级同意从1983年至1985年，企业可以“行业包干，三年不变，超额留用，企司分成”。也就是说，企业在完成定额上缴后，增加的利润可以用于归还技改贷款，也即可以兼顾企业发展这一头了。

就是这样，企业打开了自销的缺口，开始自己组织人马自销。就跟多米诺骨牌一样，这一点点的缺口带来了一系列的连锁反应，不仅在销售，而且在原材料价格、利润、生产安排和分配等方面，企业也开始掌握了一些主动权。

但罗仲利并不以此为满足，这个办法虽然已经是很大的让步，但未能解决在利润增加的同时让职工增收的问题。当时的思想解放程度还未敢名正言顺地把工资总额与利润挂钩。为了兼顾职工这一头，在佛山市医药公司的支持下，实行每万元销售额含工资单价的计件工资办法提取工资总额，企业内部再按各项指标进行分配。这样一来，扩大销售、促进销售成了企业的龙头大事。

在当时，全国还未实行“社会主义商品经济”和“社会主义市场经济”，但是企业和企业人自发地以企业的发展为目标，开始了市场经济的萌芽。于是销售额增加了，利润也增加了，职工工资也增加了，也可增加企业的技改资金了。

这个动作，除解决当时的实际问题外，意义是十分深远的；由于提早进入市场，为日后市场经济运行，参与市场竞争，打下了极好的思想准备和组织准备。

第二，兼顾职工利益，筹建职工宿舍。

罗仲利一直认为，企业职工任劳任怨地挑起了企业的生产，也是企业职工让企业有了发展，职工为企业付出了汗水和心血，那么，在企业经济效益好一点的时候，也该企业为职工做点事了。而在当时职工最关心也是最突出的问题就是职工宿舍问题了。当时职工的住房条件十分差。虽然在1978年的时候，企业就已经开始筹建职工宿舍，但是企业没有资金，建好的宿舍也只能满足很少人的需求。在企业资金紧张已经有一些缓解后，罗仲利与厂其他有关人员一合议，决定建职工宿舍，要给职工一些真正的实惠。1989年前，企业在解决需要大量资金进行技术改造的问题的同时，持续大建职工宿舍。

据统计，到1999年止，企业通过自建、购买商品房、购买解困房、购买使用权调剂房、支持拆迁补偿房、合建非产权房等方式，自置271套职工住房（平均每套75米^2），还通过旧房加建改造、支持配偶方分房、鼓励私人购房等等方法，让253人不用在本单位分房而解决了住房问题。两项加起来共有524户职工有了房子。考虑到有不少是双职工，有些配偶分房不用本单位支持合建款，还有少数人本身居住条件已经比较好等因素，对一个在职员工保持在500人上下的企业来讲，已基本解决职工的住房问题了。这些房子绝大部分在日后的房改中变成了职工的私房。这些钱没有一分是向国家要的，都是企业靠自身独立完成的。按罗仲利当时的话来说：我们要改善职工的生活，但是也不能给国家增加负担，所以我们自己解决，一分钱也不要国家的。

第三，企业改制，员工持股，民主管理，严格监督。

1994年，佛山市制药一厂面临被收购的危机。收购方是澳洲一家公司，对中药业毫不熟悉，而作为制药一厂的员工，对通过自己的力量建立起来的产业和商誉不愿拱手让给别人，虽然是国有资产，但这是员工赖以生存的土地；还因为有

"跳楼论"而使矛盾更加激化。出于对员工情绪的理解和对中成药业发展的热爱，以罗仲利为首的一厂领导班子经过反复讨论，送出了一份坚持自己观点的报告，而这个观点就是：我们由工会出面召开各类人员座谈会，反应甚为强烈，基本不同意合资。而最让罗仲利重视也是希望领导重视的理由是：我们不能因为搞合资企业而让为企业发展艰苦奋斗的职工作出牺牲，不能让他们在精神上有失落感，背着寄人篱下、"无主孤魂"的心理压力。为什么贡献最多的，却会失落最大呢？这是很难解释过去的，也是不稳定的因素。我们不希望看到为工厂发展作出贡献的职工因为搞中外合资企业而整天诚惶诚恐，甚至成了牺牲品。这样对国家、对公司、对工厂都是不利的。我们更不愿看到为数不少的职工，因为搞中外合资企业而导致生活水平下降，怨声载道（详见第二章第二节附件一、附件二）。

外资方全面收购不成，退而求其次，要在佛山市制药一厂的产品中划出"冯了性风湿跌打药酒"等 36 个品种，并要求把当时第三车间（现在新厂区）中生产药酒的车间及设备卖给他们，形成以东西走向的中央马路为界的"南北朝"。这样，佛山市制药一厂将没有发展余地，产品结构也只剩下大丸、小丸和散剂，形成被肢解的局面。当时有关部门还敦促制药一厂自愿写出申请资产评估的报告，这个要求和设想，当然是受到制药一厂员工们的强烈反对和抵制的（详见第二章附件三《关于对企业资产评估问题的请示》）。在回应这件事时，罗仲利等领导班子在报告中明确表态："我们的本意是不愿意的。"

1998 年，佛山市政府计划将制药一厂、制药二厂分别与香港一家公司（中资控股）合资经营。这次的设想与上次有很大的不同，即让企业员工集体持股49%。制药一厂则因产权确权办证，资产评估复杂而稍有推迟，但谈判难度最大的还是对退休人员的生活安排问题。按照佛山市当时特有的环境，已退休人员在企业仍享有“共享繁荣”的待遇，也就是为了保证退休人员的生活水平，除了按养老保险在社保局领取养老金外，还在原退休企业领取“规定”的补助。而当时制药一厂已退休人员达332人，一年开支200多万元左右。罗仲利认为，企业转制总不能以牺牲员工和退休人员的利益为代价啊！面对两难境地，谈判一度陷入僵局，一拖又是一年半载，之后经协商，决定：将转让的折扣降到70%，要求转制后的企业通过使用转制风险金的灵活费率来解决用于“共享繁荣”的资金，以保证退休人员在企业转制后不至于降低生活水平。这样，问题得到暂时解决，扫除了转制中的障碍。

罗仲利反复强调说：我为什么一定要坚持员工持股呢？因为员工持股才是工人当家作主的保障，也是民主管理和严格监督的物质前提。转制后，企业完全按市场经济的规则来运行，但更为重要的是消除了工人和干部之分，没有阶级差别，只有职能、岗位的不同，也就是只有管理人员和操作人员之分，这才是真的民主。同时每个岗位不再是固定不变的，员工也要竞争上岗，不同岗位也会体现岗位差别，最后体现在工资差别上。这就跟国家的改革开放步调一致了：多劳多得，共同富裕。

冯了性药业改制成功后，实行双向选择的全员劳动合同制，职工能进能出，职工不再有干部和工人之分，管理人员能上能下，竞争上岗；分配制度彻底打破大锅饭，彻底解决了那种“自在当发财”的现象（工作舒服视作发小财），实行岗位技能工资、工龄工资、基本工资、奖励工资的综合考评制度，保证按技能、按贡献、按岗位劳动强度来分配，真正调动每个员工的内在积极性、创造性和增强其就业竞争意识。管理上，实行董事会领导下的总经理负责制，总经理的年薪及奖励由董事会（特别是外方董事长）根据企业效益来决定；职工除了工资收入外，持股者还有分红，这样职工的收入还有赖于企业总体经营效益，实行真正意义上的贴身经营；企业还借这个机会，在财务管理、采购招标、工程项目招标、销售及奖罚办法等方面，均按市场经济的规划作了大的调整，彻底打破了国企管理中那种需要兼顾关关系系的枷锁。管理人员做事以维护企业利益，实现效益最大化为指导方针；岗位的设置和定额的核定均以提高效率，保证质量为前提……总之，处理各项事务和改革都以市场经济的运行规律为指导。

（三）扯企业文化大旗，促企业文明团结

任何一个有作为的领导者，一定不会忽略企业的文化管理。因为一家企业的未来发展潜力、企业的风气和干劲，都在这企业文化里。对于企业文化建设，罗仲利向来是不遗余力，冯了性的企业文化几乎是他一手搞起来的。罗仲利说："企业文化很重要。冯了性作为一家药企，文化是它的底蕴和生命力。"他又说："企业文化关键的一点就是要持之以恒。"

1983 年，罗仲利商议制定了冯了性的企业文化宗旨："质量第一，造福人群"。1984 年，"制药一厂厂歌"诞生。1985 年，经职代会通过确立要培养的厂风是："团结、民主、创新、进取"。1986 年，邀请赵朴初老先生为本厂题词："质量第一，造福人群"，"古老佛药庆中兴"。1991 年，"仙女送药”石雕全部完工。该工程是委托广州美术学院设计施工，创意由罗仲利、郑炯超、黄元沛、何应耀等提供。2000年，由云浮市高雅石材有限公司、佛山市工艺美术铸造有限公司先后将公司总部门口装贴上花岗岩石，并将“佛山冯了性药业有限公司”的石制商标图案和铸铜大字贴装于花岗岩墙壁上，美化了公司大门口正面，强化了企业的宣传。2003年，支持和赞助由佛山市文联主席、名作家任流先生编著的以清代佛山中成药业为背景的小说——《佛山药王》在公司化验综合楼一楼大堂举行首发及签名仪式。2004年，组织策划《佛药春秋》百米壁画，历时一年多终告完成。2005年，罗仲利代表公司与佛山市博物馆签订了有关捐资赞助及参与“2005佛山祖庙三月三祈福民俗文化活动”的“认捐书”，并从4月11日起参与了祈福及宣传企业形象等活动。这一年，也是公司门口石牌雕塑工程的正式开工日期。

从这样一份简单的介绍可以看出，每年，罗仲利都把企业文化作为自己的一项功课来做；每年，他都给企业制定文化的目标。对罗仲利来说，所有的这些企业文化成就里面，最重要的就是企业宗旨、厂风和民主的管理作风。这在当时是有着独特的历史背景的。罗仲利刚任厂长时，企业内部矛盾很多，人与人之间的矛盾很深。而罗仲利除了在实际的物质上为大家谋福利、消减大家的矛盾之外，还有很重要的一点就是通过企业文化的宣传，使每个企业职工都视企业为自己的集体。并通过建立制度的形式来鼓励进步，让企业文化深入人心。如设立“技术进步奖”等。

对于企业文化，罗仲利深有体会，他认为：企业文化一定要适合自己。像冯了性药业这样有着深厚历史的企业，就一定要突出自己的文化底蕴，以这种文化去发展企业，以这种文化去感染人。

（四）三上三下，笑看风云

或许任何企业的发展都没有一帆风顺的，冯了性药业有限公司也是如此，几度波折。而冯了性药业的领头羊——罗仲利的经历也是如此。

罗仲利在冯了性药业有20多年，敢闯敢干的他也并不是一帆风顺，他常调侃自己说："20多年，三上三下，一重烟云一朝天。"

被问及这"三上三下"的经历，罗仲利云淡风轻地说："男人嘛，总要经过一些事情才会成熟，也才有味道。其实也没什么，过了就好。那也是对自己的一个考验。不是有句话说'松柏经风雪，年年还犹青'吗？人生啊，总是会有一些考验的。"

罗仲利在冯了性药业有限公司被员工认为是一个"诗人型的领导者"，因为他总是充满激情，不管是工作还是休闲，他仿佛都有使不完的劲。三上三下，还能保持如此的激情和干劲，罗仲利说是因为小时候吃过苦，心理承受能力强。只要还能让他做点事，只要还能保证生存，其他的一些东西，罗仲利都没有很在意。他在冯了性药业做的那些实实在在的事情，大家都看在眼里，大家也真诚地把他看作冯了性药业的大家长。他说："看钱没有看得很重，还是想干点事情。"他又说："为大多数人谋利益才是根本。"这些大家都记在心里。

看着现在勃勃生机的冯了性药业，罗仲利总是既带满足又带感慨地说："冯了性常青了，我也就常青了。"

二、丸之父——邬威尧

在佛山冯了性药业有限公司，有一个说法广为流传，说的是他们的特色，也是他们的光荣，这个说法只有四个字，那就是“陈机邬丸”。这里面的“邬”，指的就是我们的主人翁“创新旗手——邬威尧”。

邬威尧1960年8月出生于广东佛山，祖籍广东兴宁，是个典型的客家汉子，温柔细心、稳重踏实，这在他很小的时候就反映出来了。邬威尧从小就很懂事，这养成了他独立的性格。

1967年9月至1972年7月，他在佛山读小学，1972年9月至1975年7月读初中，1975年9月至1976年1月读高中。然而在1976年，爱学习的邬威尧却做出了一个大胆的决定，那就是退学。因为当时学校教育体制衰败和家庭条件所限，这一年，仅读了一个学期高中的邬威尧退学了。但是退学并不是他学习过程的终止，而只是他的学习方式的改变。退学后的他一边做工谋生，一边继续自学。为了减轻家庭负担，邬威尧先后做过搬运工、维修工、制冷工、液化气体灌装工等等。

俗话说，机遇总是给有准备的人。1977年底，传来了振奋人心的消息：政府决定全面恢复高考制度。这对于中国的知识分子来说，不啻一个巨大的好消息。邬威尧于是更加勤奋地边工作边自学、复习、备考。1979年，邬威尧参加了高考，多年的学习功底在考试中显现了出来，考试成绩高出重点分数线8%。然而人生之路总是一波三折，由于当时“文革”遗留的政治氛围仍然笼罩，出身于“黑七类”家庭的原因致使邬威尧录取受阻，未能如愿上大学。1980年7月邬威尧再次参加高考，他以重点分数线的成绩考入了广东药学院药学系学习。这个经历直接改变了他未来的命运，也为他的未来发展方向打下了基础。1987 年 7 月，邬威尧毕业后被分配到佛山市制药一厂工作。也就是在 1987 年这一年，他正式开始了和冯了性药业之间的缘分。

虽然佛山市制药一厂对一个药学专业的学生来说也算是专业对口了，但是事实上对邬威尧来说，新的挑战正在等着他。原来，邬威尧在学校学的主要是西药知识，而一厂的产品却是纯正的中药产品。中西药根本就是两个完全不同的体系。于是，对邬威尧来说，一切都要从头学起。因此邬威尧奉行“三多两少”——多看、多做、多问，不懂少说、不会少做主。这种状态整整持续了两年，这也直接影响和形成了邬威尧以后的做事风格。也正是在这两年的适应和两种体系的矛盾对比中，邬威尧开始思考一个问题：“为什么现在中国的中药会比西药落后呢?”中药理论博大精深，经过中国几千年的沉淀和积累，没有道理会落后于西药。

但自己在厂里的这两年所看到的又不由得让他为中药的发展揪心。原来，虽然有着几百年的历史，但佛山市制药一厂在那时候的工艺比之西药来说确实落后。这种落后表现在：①整个生产过程手工化；②质量的控制难以把握；③量的把握不能定。当时的佛山制药一厂所有的药剂制作都是纯手工，而技艺上，则完全是靠经验。不像西医，有一套完整的理论和严密的操作规范。因为是靠经验，因此要把这套技艺完全传下来，几乎不可能，即使是带了 10 多年的徒弟，只要他自己的摸索没有到年头，都没有可能超越。

这时候的邬威尧有了一个想法，即用自己的努力去改变中药的这种落后状态。同时也确定了一个他至今都为之努力的目标：通过现代技术把传统工艺做出来，使之操作简单、安全、卫生，易于交接和上手。正巧，这一年车间里发生的一件事，让邬威尧从思考阶段正式转到了实干、操作阶段。

（一）“滴水成珠”事件

事情是这样的。在中药厂，药丸是一个主要的产品，而要做药丸，炼蜜是必不可少的一个步骤。但炼蜜又有讲究，要求要既不稀也不稠。问题就在于：这到底是一个怎样的标准？既不稀也不稠是怎样的一个浓度？每次炼制，因为这个浓稠度的难以把握，都让炼蜜工头疼，不仅需要一个经验熟练的老药工全程跟踪和掌握，而且还要根据老药工的判断随时停火或者加火。因为没有明确的数据标准和检测程序，只能让有几十年经验的老药工依据经验判断到底可不可以，那么他是如何判断的？按老药工的说法是：滴水成珠。就是把炼制的蜜糖滴入水中，看它能不能成水珠型，同时看它的透明度和凝结快慢。这对于一个新手来说是没有办法上手的，蜜糖滴到水里都成珠，到底什么程度是好了还是没有办法说明。

看到这种现象，邬威尧第一个感觉是不对路。一个企业，如果没有一定的检测标准，完全凭经验来，如何能保证它的产品质量？又如何能提高效率增加产值？那么这个问题能不能解决呢？

在“二氧化碳研究所”工作的那几个月的经验帮助了邬威尧，他终于想出了一个可行又易掌握的方法，那就是通过检测炼制的蜜糖里面的水分含量来判断炼制的程度和蜜糖的黏稠度。为了检测蜜糖里面的水分，邬威尧制作了一个简易的工具进行反复试验，结果是可行的。为了更保险，邬威尧请来厂里的老药工跟他同时进行检测，结果发现，这种方法的检测标准比老药工的经验更精确。

这一举措鼓舞了很多人，也减轻了很多人的工作负担和压力，再也不需要老药工全程跟踪，有了一定的检测标准，炼制的蜜糖的浓度更容易掌握了。邬威尧的方法带动了很多技术人员开始思考，其他的一些工艺能不能同样把它标准化和简单化呢？邬威尧也从这件事情上得出结论：传统工艺和现代的技术结合是可行的。

（二）不碎的蜡壳

冯了性药业有一项全国领先的技术，那就是大蜜丸自动制壳封装机。这是冯了性药业自己研发的全国第一台中药大蜜丸封装机。它解决了入丸的自动化，也让手工制作蜡丸成了历史。蜡丸是岭南中成药的一个显著的特色，它适应了岭南地区高温湿热的地区气候，十分方便。但是在冯了性药业扩大销售的过程中，却产生了一个问题：蜡丸在岭南地区的销售完全没有问题，但是只要一运到东北等气候寒冷的地区，蜡壳就易碎。这种情况，让冯了性药业基本上在东北等地区不敢销售，因为只要一装车，下车就全部碎裂了，这样又怎么能打开市场呢？

1986 年，邬威尧通过反复试验，攻下了这个难题。企业的大事记上是这样记载的：1986 年 12 月，市制药一厂以技术科邬威尧为主，攻下封装机蜡壳破碎的技术难题，从此，封装机的生产走上了正常的轨道。

邬威尧从碎丸成因上入手，反复检验，一改以往思路，大胆调整蜡壳的配方。邬威尧为此模拟东北寒冷的气候，反复试验，经过近半年的奋战，终于，他成功了。

继陈浩森发明了封装机后，邬威尧又进一步攻克了蜡壳的难题，而这些都是企业独立完成的，是企业人的自主创新精神让冯了性药业能够克服一个又一个拦路虎，勇往直前。

1987 年，邬威尧被评为广东省医药行业先进工作者，1990 年又被评为广东省医药科技进步先进个人。

（三）攻克“2950”

1988 年 10 月 23 日，佛山市制药一厂以异军突起的“固体汤剂”立项，报市、省、国家中医药管理局申请技术改造。1990 年 11 月 13 日，“固体汤剂”项目正式列入国家、省、市《一九九一年技术改造、技术引进新开项目》。1992 年 5 月 16 日，中药固体汤剂技改项目下的引进设备等项目，正式由国务院机电审查办批复下文。1994 年 2 月 19 日，国家对批立的“2950”（固体汤剂国家投资金额）技改项目的调整意向作最后拍板。5 月 4 日，经贸部下达 1994 年技改项目贷款，该项目总投资从原来 2 950 万元改增至 3 220 万元。1997 年 3 月 19 日起，因资金问题而暂搁一段时间的国家中医药管理局批立的“佛山市制药一厂中药固体汤剂技术改造技术引进项目”办理结转，并直接到省经委说明情况。“汤剂”改“制剂”，土建由 5 200 米^2 增至 10 000 米^2，投资 3 220万元不变。由广东省医药工业设计院承接设计，该项目重新启动运行。

邬威尧被任命为“2950”项目的组长，参与了“柴石退热颗粒”的研发，并同时组织参与了“蛇胆川贝含片”的研发。所谓固体汤剂，就是无糖的药剂。以往的中成药药剂，为了保证它的黏合度，往往需要加入糖分，冲剂的含糖量是 9/10，药量较低只占 1/10。对于患者来说，这种搭配不仅限制了一些不能吃糖的患者的使用，也影响了治疗疗程和药效的发挥。固体汤剂正是要解决这个问题，让不能吃糖的患者一样可以使用冯了性的药剂。同时减少药剂中的糖分，对于一般的患者来说，也是一样好事。

明白了固体汤剂对中医药改革的意义，邬威尧以120%的精力投入了进去。以“柴石退热颗粒”为例，整整9年，邬威尧没有一丝放松。这9年里又经历了三个阶段。第一个阶段是跟踪确认医疗效果阶段。这需要负责人一遍一遍地确认：完成了多少病例，药效怎么样，还需要研发和解决遇到的问题，等等。这一阶段让邬威尧觉得最辛苦的是：医院的配合度不高，同时和医生的沟通不够，需要一遍一遍地沟通，按照完成的进度及时跟进。第二个阶段是总结阶段，第三个阶段是整合效果阶段。让邬威尧比较满意的是，最后得出的结论证实了这次项目的意义：新药对于急症和发烧效果比较好。

汗水换来的是收获，与创新、研发同步而来的是邬威尧事业的高峰，同时也是他的职能和岗位的一次次转变。1996年1月至2000年2月，邬威尧任佛山市制药一厂副厂长；2000年3月至2006年12月，他升任佛山冯了性药业有限公司副总经理，2004年7月起任党委副书记；2007年1月至今任佛山冯了性药业有限公司总经理。

（四）管理岗位，将创新进行到底

2007年1月，邬威尧正式继任为佛山冯了性药业有限公司的总经理。不同的岗位有不同的要求，站在管理岗位上，不再只是面对一个项目、一个岗位或者一个厂，而是要面对整个社会环境。虽然在20世纪90年代末，中国中成药企业排名中，冯了性药业两次列入前50强，甚至能够排在中层。但是，在2000年后，中国中成药企业发展迅速，各种竞争异常激烈，冯了性药业要想在现在和以后站稳脚跟，就一定要力争上游，积极奋进，那么创新就是一个企业发展的重中之重。

新官上任三把火，一上任，邬威尧便制定了一个目标：二结合一再造。

所谓“二结合一再造”，就是现代和传统相结合，文化和产业相结合，再造佛药辉煌。现代和传统相结合就是指药企在发展过程中，不仅要发扬光大传统产品，也要不断开发新产品，适应不断产生的新病症，解决人们的病痛。文化和产业相结合就是指传统企业要与现代管理相结合，将文化融入产品，将企业文化做大，增加产品的附加文化价值。再造佛药辉煌是指不仅要保留好佛山的中成药文化，同时也要积极研发，使得佛山中成药再度辉煌。

为了实现这一目标，邬威尧整合传统市场和现代技术，通过多方合作，寻求共赢。首先，与北大合作研发巴布剂，让中药制剂不仅可以外用，还可以内服，既保留现代剂型，又能达到传统疗效。其次，与广东药学院合作，开发跌打药精。最后，与生物研究所合作，研发微粉中药，用以往药量的 1/10 即达到同样的疗效。

对于冯了性药业的现代定位，邬威尧认为主要在四个字：专、精、特、新。专，就是专业，有专长，有自己的品牌产品；精，就是做药要求精，生产技术也要求精，只有精才能有新；特，就是有特色，比如佛山中成药一直有岭南中成药的特色；新，就是技术、工艺、产品有创新。

在管理机制上，邬威尧同样注重创新，主要体现在几个体系：文化体系、组织框架和制度体系。

1．文化体系

使企业文化更加的清晰、更加的明确，邀请相应的专家进行系统的规划，实行品牌的文化战略。大手笔地去做，不断地补充和发展。

2．组织框架和制度体系

用现代企业的营销框架、营销模式以及人力资源组织模式来管理和安排。邬威尧认为这肯定会有一个较长的磨合期，所以如何融合得更加可行就是问题的所在。

对于并购的传言，邬威尧认为现在抱团的战略部署，是可以抵御外力的。因此从策略上来说，邬威尧并不反对并购，因为从市场竞争的角度来看这是为了达到共赢，而冯了性也可以并购别的企业。

（五）天道酬勤，诚不我忘

从 1984 年进入冯了性药业到现在，邬威尧笑着称：我和冯了性的情分已经有 20 多年了。做过很多事，也得到了很多肯定，但我认为我做得最好的就是一个字——勤。天道酬勤嘛。

冯了性药业的所有人也相信，这个勤奋、踏实的新总经理、老朋友一定会带着他们走得更稳。

三、屡创奇迹的老药工陈浩森

说到冯了性的镇厂之宝“陈机邬丸”，就不能不提“老臣”陈浩森。老陈是 1936 年出生的土生土长的广东新会人，是一位勤于钻研、自学成“师”的重量级人物。自 1957 年开始，从佛山联合制药厂到后来的佛山人民制药厂，再到佛山市制药一厂（冯了性前身），先后做过工人、统计员、设备管理员，直到佛山市制药一厂的设备科科长，成为厂里颇有造诣的机械设计技师（取得工程师职称）。

（一）大蜜丸封装机，亚洲数第一

中成药是我国独有的文化遗产，中成药的加工机械有其独特的要求，所以，无法引进、模仿外国的制药设备，只能靠中国人自己的努力。过去的中药制药设备全是手工操作，为了改变这种落后面貌，制造出适合中成药生产的机械设备，老陈作为主创人员，与同事一起成功研制了国内第一台蜜丸蜡壳封装机，建成了全国第一个大蜜丸机械化生产车间。

大蜜丸封装工艺已有400多年的历史，其主要封装工序世代相传都是手工操作，从制蜡壳到成品就需要九道工序。整个生产过程操作烦琐，工人劳动强度大，产量不高效益差。

1977年，化学工业部医药处在重庆召开第一次全国中成药机械化会议，将蜡壳封装工序的技术改革工作列为重点研究项目。陈浩森作为攻关主持人，毅然承担起将蜡壳封装的九道工序全部实现机械化、彻底改变手工生产落后状况的任务。

凭着他20多年对制药，特别是对蜜丸蜡壳生产的观察和分析，认定必须抛弃原有的蜡壳成型工艺，闯出新的工艺路线。他另辟蹊径，终于探索出一条便于实现机械化的蜡壳成型新工艺——离心浇铸、温模压封成型法，并设计、研制出480型第一台自动蜡壳封装样机。经过一个月的调试，样机初步试机成功。

样机制成后，市委领导和市科委、市医药公司都非常重视，省制药工业公司率先上北京向化工部医药处汇报，中国药材公司领导对此十分关注，认为这是对中成药机械化的一重大贡献，并且要求工厂把机器进一步完善进行技术鉴定，然后由佛山组织批量生产，及早向行业供货，解决本行业全国性的一大技术难题。此后，陈浩森与机修车间工人一道重新设计研制，经过近一年的努力，研制成功第二代机型——LZ-600型蜡壳封装机，并于1980年3月通过了广东省制药工业组织的省级技术鉴定。此机获广东省1979—1980年科技成果四等奖。当时，国内的《光明日报》、《东方时报》均发了消息和照片，香港《文汇报》在报道此事时，称其为“亚洲第一台”。

为了进一步提高机器的综合性能，陈浩森又重新设计了两台720型蜡壳封装机的样机，并于1982年12月通过中国药材公司组织的由全国中药机械设备专家参加的全国技术鉴定。此机获得1983年广东省包装产品优秀奖和1984年国家经委新产品金龙奖。

由于设备本身的先进性，国家医药管理局和财政部投资120万元，建设以蜡壳封装机为主体的大蜜丸生产流水线车间，要求办成能对外开放、供外国留学生实习的基地，一显中药机械化生产的成果。

经过几年的努力，全国第一座以机械封装大蜜丸的车间在制药一厂落成，并于1985年10月26日由中国药材公司委托广东省制药工业公司对此技术改造项目进行竣工验收。

陈浩森的发明及大蜜丸车间的建成，创造了显著的经济效益和社会效益，节约了成本，缩短了工艺流程，提高了效率，提高了产品质量，改善了工作条件。

陈浩森能取得突破性的成就，并非一日之功，而是长期刻苦学习，不断搞技术改革和承担设计任务所积累起来的经验共同作用的结果。

（二）自学成“师”，贡献卓著

只有初中文化水平的陈浩森，要担负起研制一台传动复杂、结构紧凑、机械动作多、综合性能较广的设备，不论从材料力学、机械设计、绘图计算诸多方面，没有刻苦的攻读和钻研精神谈何容易。陈浩森就是利用业余时间，自学各种机械及化工设备书籍，钻研机械原理、机构元件、材料力学、结构力学、高等物理、高等数学、化工等。他1980年参加市科委举办的业余英语学习班学习一年，1982年获电大英语学科结业证书。经过20多年的不懈努力，从增广见闻到文化水平方面都有了很大的进步。如从零开始的英语，经过刻苦自学，可以与外国友人对话，阅读英语小说，借助字典翻译有关进口机械设备的说明书等。后来他又为厂的现代化企业管理投身到微型计算机应用基础的学习中去。

由于多年的刻苦学习，1986年他被评为佛山市职工读书自学成才积极分子。

在其他中药机械设计方面，陈浩森同志同样作出了卓越的贡献。

在20世纪70年代初期，由于种种原因，作为中国特有的中成药行业的技术改造一直未被重视，中药制药机械还处在萌芽状态，定型或适应工厂生产的设备甚少，再加上资金不足，更难以添置现成的各类设备。为此，陈浩森决心走自力更生道路，自造中药制药机械设备，为厂的技改多作贡献。从1965年起，他先后设计的设备有：16冲旋转压片机、油压装茶机、橡皮羔切片机、全液压万能外圆磨床、载货电梯等专、通用设备20多种，另还有薄膜蒸发器、夹套浓缩锅等一些化工设备，为厂的生产发展和技术进步提供了可贵的工作母机和条件。其中设计图纸如16冲旋转压片机、货梯曳引机等，还提供给了市内多个单位引用，支援了这些单位生产的发展。全厂现有设备338台，有134台是厂自行设计、仿制的，这大部分都凝结了陈浩森同志不少心血。除发明全国第一台大蜜丸封装机之外，在工厂进行整厂搬迁等技术改造中，他又担负了药酒提取车间的工艺设计任务。

进入80年代，社会的进步，医药管理的不断加强，特别是GMP的逐步实施，对全国制药行业带来了极大的动力和考验。当时企业已作整厂搬迁的决策，药材前处理车间部分已在前段时间得以新建和投产，而新增的片剂、颗粒剂、膏剂和大蜜丸的剂型改革——浓缩丸，对原来只是小打小闹的提取车间来说根本无法应对。再一个是获国家质量银质奖的冯了性风湿跌打药酒和跌打药精，原生产工场地处闹市住宅区，厂房原已狭小，再加上受城建开路影响，生产发展受到极大限制。原车间厂房、设备陈旧，环境厂容和通风卫生条件差，故必须改造。这两个项目经多方努力，在国家、省、市上级部门的重视和大力支持下，一个年处理生药量 1 500 吨的提取车间和年产药酒 1 500 吨的生产工场立项得以批准和实施。项目的前期工作、调研、可行性报告编写、论证、设计、指标等等这些繁重的任务，又落到了陈浩森身上。

提取车间的改造，全国众多中成药制药厂各有各的特色。如何根据工厂自身实际情况，并与已建好的前处理车间和仓库相衔接，使工艺、技术、设备等的布局能更趋合理，这又是一个须慎重考虑的课题。

四层厂房的设计有其独到之处，将所有蒸煮、浓缩、过滤等设备布置在厂房各层平面的四周。厂房中间从底层到顶层天花板是中空的，最顶处设有排烟楼，以达到既采光、疏散蒸汽和气流畅顺，又便于楼层间操作工人互相呼应。这一设计模式我们称之为“烟囱”式设计。

对于日产 6 吨的药渣的处理，陈浩森又花尽心思，在多台多功能提取罐的下方放料口，设计了排渣巷道，内装自动牵行的卸渣车，通过自动排渣和集中堆运形式，使以往超强的体力劳动得到很大的改善和减轻。

为达到工艺流程的通畅，对原已在正常运作的仓库大楼，以天桥形式将两处连接起来，使收发药材和生产车间有一简便且实用的通道，大大减少了迂迴运输的费用和时间，这些看似平凡而普通的创新，都恰恰说明陈浩森在设计上坚持从实际出发的思维方法，保证了提取车间总体设计工艺技术的流畅和实用性。

另一个改造项目是药酒车间（分南北两楼）。按照冯了性风湿跌打药酒的工艺，其中一环是主药“丁公藤”的蒸煮，以前旧工艺已沿袭上百年，世世代代都是用隔水蒸或流通蒸汽蒸的方法，缺点是能耗大、物料含水高、加热时间长。经过周密的思索和到车间实地观察，陈浩森采用加压蒸焗、真空抽湿，使蒸藤的前后工序所耗时间大幅度减少，出料含水量低。每次蒸料可达 2 吨，较以前提高 4 ~5 倍。

设计完成独特的浸酒罐。以往药酒浸渍都是用地下水泥池，后来曾改为普通不锈钢罐浸渍。而这次的药酒车间改造，陈浩森在没有可借鉴的条件下，总结同事们在生产操作中积累起来的经验和期望要求，设计了 18 $米^3$ 功能完整的药酒浸渍设备，不但满足了工艺要求，而且从投料到出渣都大大改善了劳动条件和环境卫生条件。其浸渍系统共有 20 台，以 5 台为一组串配物料进出管线及蒸汽加热装置、循环泵。浸酒系统还包括 10 吨地下贮槽 2 只、10 吨高位槽 2 只、13 吨计量槽 1 只、2 吨计量槽 1 只，这些各款贮槽都为自行设计。浸酒系统的先进性表现在“简”、“精”、“廉”、“便”，而不在于“复杂”、“高技术”、“贵重”方面。其先进性在投产后的十多年中得到充分的肯定和验证。后来，因扩大生产已增至 32 台浸渍罐。

浸渍后的药材需进行白酒的回收。以往白酒回收设备容量少、投料出渣劳动强度大、劳动生产率不高。新设计的设备系统配备了装料方便、自动提升、自动卸料的井口提升自卸装置，串联了用多功能提取罐改装的蒸馏设备，回收酒精后药渣自卸，提高了劳动生产率，亦提高了回收率。

药酒车间中还有酊剂工序，药材需进行浸渍和渗漉等。该工艺的特点是：浸渍液是超过体积分数70%的酒精，稠度很高。为实现生产机械化和安全文明生产，陈浩森同志以企业生产的“跌打药精”（后改名为“竭红跌打酊”）的生产工艺为依据，设计了独特的带搅拌的浸渍罐，搅拌装置要随时启动，但又绝对不能出现火花，为确保要求，罐内采用充氮防护。这一系统为本厂独家所有，同行中没有先例。陈浩森的书本知识往往用于实际的工作上，为企业带来了良好的社会效益和经济效益。

对于成品药酒的灌装，经过大量的社会调查、外访，最后拍板采用日本涩谷株式会社生产的药酒灌装线。经过整整20年的应用，证明此组合适用合理、生产效率高、产品质量良好、自动化程度高，不但减轻了工人劳动强度，而且改善了生产环境并达到GMP的要求。

总的来说，药酒车间的工艺设备、土建的技术改造工程，在以陈浩森为主的全体技术、设备人员的共同努力下，得到很好的完成，整个车间生产流畅、层次分明、简洁实用，既提高了效率又解决了文明生产，是一件精品工程。

从以上的工作实绩可以看出，不论是在本职工作上，还是在勤奋学习的钻研上，陈浩森坚韧不拔的精神实在是令人钦佩。20多年来，他在中药制药机械方面可以说是绞尽脑汁、殚精竭虑，做出了优异的成绩，他的忘我精神可以从几件小事反映出来。

为了有一个少受外人干扰的设计环境，他只身蹲在一间低矮的小阁楼整日埋头工作。盛夏，那里是三十七八摄氏度的高温，风扇吹着热风也无济于事，还是汗流浃背；严冬，凛冽的北风从四面八方灌入，玻璃窗也起不了多大的作用，而他还是从不计较工作环境，只是一心脚踏实地地去干。

长期伏案的设计、绘图，使他的肩周炎一再复发和加重，穴位注射后的肩膀重如千斤，痛苦不堪，但一心扑在事业上的陈浩森同志，服点药，稍作休息又干起来。

数以百计甚至上千次的摸索，探讨铸模、脱模新工艺，他又何曾舒服地坐下来吃过一顿细嚼慢咽的午饭！大都是边吃边摆弄着各种模具，待干到有点眉目时，干脆把饭盒一搁，便又干起来。样机试运转、试投产，制作各种专用夹具等，为了掌握第一手材料，中午别人休息，他却还是边吃饭边观察，以此长期积累数据。

自 1979 年直至 1997 年退休，在这 30 年间，陈浩森除日间工作之外，晚上在家里同样地工作，甚至是冥思苦想，对白天所设计、绘制、制作的每一个零部件进行反复琢磨推敲，看是否合理和尽善尽美。正如他自己说的一样，“睡在床上，就像放电影般地将日间的工作一幅一幅地再现，经过大脑的筛选，确定无疑后，第二天便又继续干下去。”

在工作上兢兢业业的他，在业余生活中可算得上是一位多才多艺的百家弟子。其绘画、纸扎、曲艺、弹奏样样精通。就拿那个“狂热”年代的一件事为例。当时要完成一幅巨型毛主席画像，以备几乎每天都要进行的游行之用。他二话没说，与木工一起制作了一个 2 米 ×3 米的木柜并钉装帆布，找来油画颜料和油画笔，不分昼夜地赶呀，画呀。经过几天的努力，一幅颇有专业油画家水平的毛主席像跃然于人们的眼前。

说他多才多艺，还在于他对粤曲的掌板、萨克斯的吹奏，还有小提琴的拉演更是可与专业乐队水平比美。他还是佛山传统“八音”乐队的传人。

一位对制药机械有着深厚感情和兴趣的汉子，居然在文艺、悠悠音韵方面有着如此深厚的底蕴，实在是难能可贵！

陈浩森自从任设备科科长以来，在管理改革、企业整顿中，也同样做了大量的工作，参与了大蜜丸车间、药材前处理车间的改造和小改小革的审议工作；编制了提取车间、药酒车间技术改造的设计方案。对设备管理、设备操作规程、档案等工作都作过积极的提议和整改。可以讲，为实现国家医药管理局提出的把冯了性药业办成一个对外开放、可供外国留学生实习的基地，更大程度地去实现以机械化、半自动化为特征的中成药生产厂，陈浩森是作出了实实在在的贡献的，他为冯了性药业争了光，也为佛山争了光，不愧是一位优秀的科技工作者。

陈浩森的工作成绩得到企业、行家和社会的认同。由于其贡献突出，多次被评为国家、省、市本系统的先进工作者。正如他经常用来鞭策自己和影响周边的同事的一句话说：“人生总得有点精神，总得要交点功课。”这朴实无华而意义深远的话语就是他的座右铭。

附件一：

历任厂长、书记、董事长

因社会变革、各类政治运动和企业的多次变迁，50年来人员频繁调迁，很多厂领导的档案资料在转移、交接以及保管时有所遗失。再加上当时保存历史资料意识薄弱，所以时至今日这方面的资料保留下来的甚少。以下是历任厂长、书记、董事长简介。

1. 罗生：男，汉族，1957 年 1 月至 1958 年 4 月任佛山市联合制药厂党支部书记。

2. 梁仕：男，汉族，1956 年 1 月至 1957 年 1 月任佛山市三联制药厂厂长，1957 年 1 月后担任佛山市联合制药厂首任厂长。现已故。

源汝湘

3. 源汝湘：男，汉族，生于 1929 年 1 月，广东鹤山人。工业经济师。1956 年 2 月至 1957 年 1 月任公私合营后的源吉林制药厂副厂长，1957 年 1 月至 1966 年 5 月任佛山市联合制药厂副厂长。1966 年 6 月至 1973 年 8 月在三水县南边公社务农。1973 年 10 月至 1979 年 4 月在佛山市制药一厂当生产工人。1979 年 6 月至 1982 年 12 月在佛山市制药一厂做供销员。1983 年直至退休任佛山市制药一厂供销科科长（期间享受副厂级待遇）。1982 年在佛山市加入中国民主建国会。1993 年在本厂退休。

4. 梁津乘：男，汉族，1956 年 1 月至 1957 年 1 月任公私合营后的佛山中药厂副厂长，1957 年 1 月起任佛山市联合制药厂副厂长。现已故。

卢宜珍

5. 卢宜珍：女，汉族，生于 1934 年 11 月，广东新会人。1956 年 1 月至 1957 年 1 月任公私合营后的佛山中药厂公方副厂长，1957 年 1 月至 1958 年任佛山市联合制药厂副厂长，1959 年改任工会主席。1961 年 10 月调出。

6. 魏理然：男，汉族，1958 年 1 月至

1964年任佛山市联合制药厂副厂长。1970年调出，现已故。

7. 殷伟：男，汉族，1958年4月至1963年任佛山市联合制药厂党支部书记。1963年调出。

司徒卓

8. 司徒卓：男，汉族，生于1922年1月，广东开平人。1959年任佛山市联合制药厂副厂长，1975年任佛山市制药一厂革委会第一副主任，1978年任佛山市制药一厂厂长，1980年至1981年6月同时兼任党总支书记。1984年在本厂离休。现已故。

9. 曾庆良：男，汉族，1963至1964年任佛山市联合制药厂厂长。1964年调出。现已故。

张振中

10. 张振中：男，汉族，生于1929年5月，河南杞县人。1963至1964年任佛山市联合制药厂党支部书记。1964年调出。

11. 张福如：男，汉族，1963至1964年任佛山市联合制药厂党支部副书记兼工会主席。1965年调出。

邓凯政

12. 邓凯政：女，汉族，生于1933年4月，佛山南海人。1971年4月前任佛山市制药一厂革委会副主任，同年5月任革委会主任、党支部书记。1974年调出。

13. 钟明：女，汉族，1964至1967年任佛山市联合制药厂厂长。1968年初调出，现已故。

卢明

14. 卢明：男，汉族，生于1927年1月，广东东莞人。1964至1965年任佛山市联合制药厂党支部书记。1966年初调出，现已故。

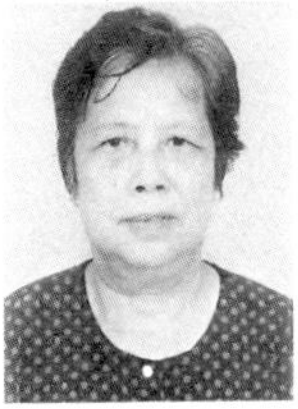
岑九妹

15. 岑九妹：女，汉族，生于1935年4月，佛山顺德人。1965年任佛山市联合制药厂党支部副书记，1971年1月任佛山市制药一厂革委会第一副主任。1976年10月调出。

杨明灿

16. 杨明灿：男，汉族，1968至1971年任佛山市人民制药厂革委会主任、党支部书记。1971年调出。现已故。

邓祥

17. 邓祥：男，汉族，生于1918年7月，广东新会人。1972年3月至1976年4月任佛山市制药一厂革委会主任、党总支书记。1976年4月调出。现已故。

18. 黄玉胜：男，汉族，生于1933年7月，广东斗门人。1976年4月至1980年任佛山市制药一厂党总支书记，革委会主任。1980年调出。

陈雪贞

19. 陈雪贞：女，汉族，生于1949年12月，广东佛山人。1975年任佛山市制药一厂革委会副主任，1978至1998年任佛山市制药一厂副厂长，1999年8月至2000年6月任佛山市制药一厂副厂长兼党总支书记，2000至2004年任佛山冯了性药业有限公司副总经理、党委副书记。2004年底在本公司退休。

20. 袁广洪：男，汉族，1976年4月至1977年任佛山市制药一厂革委会副主任、党

袁广洪

总支副书记。1977年调出。现已故。

21. 谭克信：男，汉族，生于1926年11月，广东佛山人。1977年任佛山市制药一厂革委会副主任，1978年起任副厂长。1987年3月在本厂退休。

温光

22. 温光：男，汉族，生于1921年9月，广东鹤山人。1978年起任佛山市制药一厂副厂长。1980年9月在本厂退休，现已故。

王秉国

23. 王秉国：男，汉族，生于1928年4月，广东丰顺人。1978至1986年任佛山市制药一厂党总支副书记，1986至1989年任党总支书记。1990年在本厂离休。现已故。

24. 郭锦泉：男，汉族。1981年6月至1982年12月以化工局局长的身份兼任佛山市制药一厂党总支书记，1983年1月调回。现已故。

25. 罗仲利：男，汉族，生于1945年4月，佛山南海人。经济师。1983任佛山市制药一厂厂长兼总支书记，1986至1989年任厂长，1990至1995年任总支书记，1996至1999年任厂长，2000至2006年任佛山冯了性药业有限公司副董事长兼总经理、党委书记，2007至2008年任副董事长。2008年4月在本公司退休。

欧展熊

26. 欧展熊：男，汉族，生于1942年6月，佛山市顺德人。1983至1989年任佛山市制药一厂副厂长。1990年调出。

27. 洪升安：男，汉族，生于1938年

洪升安

陈应炜

10月，广东普宁人。1984年3月至1985年9月任佛山市制药一厂副厂长。1985年9月调出。

28. 罗文发：男，汉族，生于1942年7月，广东兴宁人。高级政工师。1985年9月至2000年任佛山市制药一厂党总支副书记、工会主席，2000至2002年任佛山冯了性药业有限公司党委委员、工会主席。2002年在本公司退休。

29. 陈应炜：男，汉族，生于1939年9月，广东佛山人。1989年12月至1995年12月任佛山市制药一厂厂长，1996年1月至1999年8月任佛山市制药一厂党总支书记。1999年8月在本厂退休。

30. 卢美：女，汉族，生于1946年12月，广东广州人。1991年8月至1995年9月任佛山市制药一厂副厂长，在职期间病逝（1995年10月）。

31. 邬威尧：男，汉族，生于1960年8月，广东兴宁人。高级工程师。1996年1月至2000年2月任佛山市制药一厂副厂长，2000年3月至2006年12月任佛山冯了性药业有限公司副总经理，2004年7月起任党委副书记。2007年1月至今任佛山冯了性药业有限公司总经理。

32. 杜日成：男，汉族，生于1949年12月。2000年3月至2001年11月任佛山冯了性药业有限公司董事长，是佛山冯了性药业有限公司首任董事长和法人代表。

33. 吴德海：男，汉族，生于1963年11月，广东顺德人。2000年1月至2004年2月任佛山冯了性药业有限公司总经理助理，2004 年 3 月至今任佛山冯了性药业有限公司副总经理。

34. 何浩昌：男，汉族，生于 1951 年 2 月。2001 年 12 月至 2007 年 3 月任佛山冯了性药业有限公司董事长兼法人代表。

35. 黎颂泉：男，汉族，生于 1976 年 1 月。2007 年 3 月至今任佛山冯了性药业有限公司董事长、法人代表。

附件二：

历任领导班子变动表

一、公私合营后“三厂一店”的领导更迭

机构名称	地址	领导		任职时间
		姓名	职务	
源吉林制药厂	佛山市庆宁路南擎街 1 号	袁景山 源汝湘 源汝铨	厂长 副厂长 副厂长	1956 年 1 月至 1957 年 1 月
佛山中药厂	佛山市升平路 29 号	卢宜珍 梁津乘 杨尧 司徒卓	厂长 副厂长 副厂长 副厂长	1956 年 1 月至 1957 年 1 月
三联药厂	佛山市升平路松桂里	梁仕 冼绍燊	厂长 副厂长	1956 年 1 月至 1957 年 1 月
国药商店加工场	佛山市庆宁路	叶梓青	经理	1956 年 1 月至 1958 年 1 月

此时“三厂”设中共联合党支部，党支部书记罗生。

二、1957年佛山联合制药厂（人民制药厂）的领导变更

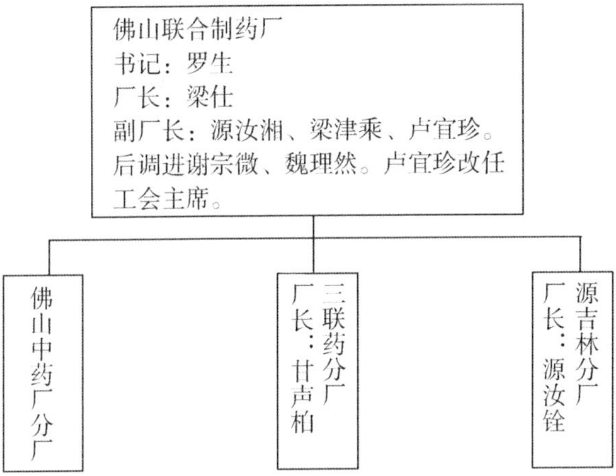

1958年4月，殷伟任党支部书记。1959年，司徒卓任副厂长。1963年，曾庆良任厂长，张振忠任党支部书记，张福如任副书记兼任工会主席。1964年，钟明任厂长，卢明任党支部书记。1965年，岑九妹任副书记。1968年，成立革命委员会领导机构，杨明灿任革命委员会主任、党支部书记。

三、佛山市制药一厂

姓名	职务	时间（年）
岑九妹（女）	革委会第一副主任	1971
邓祥	革委会主任、党支部书记	1972
陈雪贞（女）	革委会副主任／副厂长／副厂长兼党总支书记	1975／1978至1998／1999至2000
黄玉胜	革委会主任、党总支书记／党总支书记	1976／1978至1980

(续表)

姓名	职务	时间(年)
袁广洪	革委会副主任、党总支副书记	1976
谭克信	革委会副主任 / 副厂长	1977 / 1978
温光	副厂长	1978 至 1980
王秉国	党总支副书记 / 党总支书记	1978 至 1985 / 1986 至 1989
郭锦泉	党总支书记	1981
罗仲利	厂长兼党总支书记 / 厂长 / 党总支书记 / 厂长	1983 / 1986 至 1989 / 1990 至 1995 / 1996 至 1999
欧展熊	副厂长	1983 至 1989
洪升安	副厂长	1984 至 1985
罗文发	党总支副书记	1985 至 1999
陈应炜	厂长 / 党总支书记	1990 至 1995 / 1996 至 1999
卢美	副厂长	1991 至 1995
邬威尧	副厂长	1996 至 1999

四、佛山冯了性药业有限公司

时间	董事会		经营班子	党委	佛山仲弘有限公司（职工持股会）	
	其中外方推荐	其中仲弘公司推荐			董事会	监事会
2000年3月16日起	董事长：杜日成 董事：梁维东 司徒民	副董事长：罗仲利 陈雪贞 邬威尧	总经理：罗仲利 副总经理：陈雪贞 邬威尧	2000年6月起 书记：罗仲利 副书记：陈雪贞 委员：邬威尧 吴德海 罗文发	2000年3月起 董事长：罗仲利 董事：陈雪贞 邬威尧	负责人：吴德海 成员：李永瑞 霍浩
2001年1月19日起	董事长：何浩昌 董事：司徒民 黄永忠 2003年3月1日起李健雄代替黄永忠	副董事长：罗仲利 陈雪贞 邬威尧	总经理：罗仲利 副总经理：陈雪贞 邬威尧			
2004年3月16日起	董事长：何浩昌 董事：司徒民 李健雄	副董事长：罗仲利 邬威尧 吴德海	总经理：罗仲利 副总经理：邬威尧 陈雪贞 吴德海			

（续表）

时间	董事会		经营班子	党委	佛山仲弘有限公司（职工持股会）	
	其中外方推荐	其中仲弘公司推荐			董事会	监事会
2005年1月起	董事长：何浩昌 董事：司徒民 李健雄 2006年11月7日起黎颂泉代替李健雄	副董事长：罗仲利 邬威尧 吴德海	总经理：罗仲利 副总经理：邬威尧 吴德海（陈雪贞退休）	2004年6月起 书记：罗仲利 副书记：邬威尧 委员：吴德海 谭珍 张万	2004年3月起 董事长：罗仲利 董事：邬威尧 吴德海	负责人：李永瑞 成员：庞炽流 廖国雄
2007年1月起	董事长：何浩昌 董事：司徒民 黎颂泉	副董事长：罗仲利 邬威尧 吴德海	总经理：邬威尧 副总经理：吴德海（罗仲利辞去总经理一职）			
2007年4月3日起	董事长：黎颂泉 董事：司徒民 黄自强	副董事长：罗仲利 邬威尧 吴德海	同上			

附件三：

佛山市制药一厂 1979—1999 年解决职工住房一览表

一、自建房

地址	套数	结构	总面积（米^2）	落成时间
安宁街 42 号一座	7	混合	321.55	1980 年
安宁街 42 号三座	12	混合	670.60	1980 年
建国路 5 号	24	混合	1 437.36	1982 年
建国路 3 号一座	20	钢混	1 344.95	1984 年
建国路 3 号二座	24	混合	1 607.94	1985 年
福森街 5 号	4	混合	261.26	1984 年
福森街 9 号	6	混合	370.71	1983 年
白燕一街 7 号	3	钢混	280.78	1983 年
白燕一街 8 号	7	钢混	583.80	1983 年
金鱼街 75 号	35	钢混	2 871.68	1988 年
卫国路 31 号	39	钢混	3 791.00	1992 年
皮箱街 26～28 号	2	混合	185.67	1984 年
红路 12 号	2	钢混	164.33	1986 年
合计	185		13 891.63	

二、购买商品房

地址	套数	结构	总面积（米^2）	落成时间
同济路 20 号	8	混合	482	1983 年
同济路 40 号	2	混合	126.38	1983 年
同济路 62 号	10	混合	614.50	1983 年
恩光里 28 号	8	钢混	668.92	1986 年
沙堆巷 46 号	2	钢混	152.29	1986 年
田心里 25、37 号	2	钢混	265.16	1989—1990 年
乐园北街 4B 梯 604	1	钢混	135.78	1988 年
亲仁路 7 号 602	1	钢混	117.63	1987 年
车公巷 1 号 401	1	钢混	108.22	1989 年
南便巷 13 号四楼	1	钢混	120.30	1988 年
体育三街 7 号 604	1	钢混	126.95	1987 年
惺台公 34 号 605	1	钢混	130.23	1992 年
新民街 3 号 601	1	钢混	124.18	1991 年
安怀大街 6 号	5	混合	526.55	1984 年
长虹街 35 号	6	混合	344.92	1984 年
唐园 3 号	1	钢混	150.00	1994 年
惺台公 28 号	1	钢混	118.00	1995 年
合计	52		4 312.01	

三、购买解困房

地址	套数	结构	总面积（米^2）	落成时间
市东下路号之二	2	钢混	207.63	1988年
唐园东	1	钢混		1992年

四、购买50年使用权调剂房

地址	套数	结构	总面积（米^2）	落成时间
好运新村	21	混合	约1 344	1995—1996年

五、拆迁补偿房

地址	套数	结构	总面积（米^2）	落成时间
怡东怡福阁	6	钢混	360	约1999年

六、合建非产权房（鸳鸯楼）

地址	套数	结构	总面积（米^2）	落成时间
和合巷	4	混合	172	1988年

总合计：自置房271套，面积20 287.27米^2。另外，通过支持职工住房加层改建、支持配偶方分房、支持私人购房等共解决253人的住房问题，这方面开支共995 459.50元。

附件四：

勇于创新　乐于奉献

佛山市制药一厂　陈浩森

从公私合营时起我就在药厂工作，我凭着对振兴中成药事业的执着追求和对技术革新的浓厚兴趣，在工厂党组织的支持下，一边自学，一边实践，大搞技术革新和技术改造。几十年来，除搞了连我自己也记不清有多少的小改小革外，我还结合工厂的实际和中成药生产的特点，完成了包括首创的全国第一台大蜜丸自动蜡壳封装机在内的，各具特色的35台（套）设备的设计和制造，主持完成了由国家医药管理局立项的两项较大的技术改造工程。实践的锻炼，使我从一个工人成为一名技师、工程师，并担任了设备科科长，使我从搞小改小革到能担负近3 000万元投资的技术改造项目的总体设计。在改造客观世界的同时，我的思想也得到磨炼和提高，并且光荣地加入了中国共产党。

1. 以振兴中药事业为己任，做技术革新的闯将

古老的中成药是中华民族的一份珍贵的文化遗产，有悠久的历史，但制药手段却十分原始落后，以手工生产为主。尽管新中国成立后实现了工业化生产，但机械化程度很低，工人的劳动强度很大。同时，由于中成药品种繁多，又没有外国设备来借鉴，所以制药设备定型生产发展较慢。到20世纪60年代，仍然是停留在各厂“自由”制造的阶段。看着工人们天天“挥汗如雨”，但劳动生产率却很低的状况，我很感动，也很感慨。我想，这样的生产速度什么时候才能赶上发达的国家，社会主义的优越性又怎能显示出来呢？

从此，我迷上了技术革新，暗下决心，要为中成药生产机械化而奋斗。要振兴中药事业的雄心下定了，但工作的时候又觉得力不从心。只有初中文化的我，虽然对物理化学兴趣甚浓，也常好读点科技书刊，但毕竟根基太薄。要搞技术革新，没有科学知识不成。当时兴上夜校，我参加了系统办的“夜大”化工系学习，学到了星点画法几何与机械制图基础，并结合工作实际，偷空车个小零件，搞个小实验，渐渐地对技术革新入迷了。事有凑巧，工厂正逢关停并转，我被调回老厂。厂领导知道我的底，安排我半脱产搞技革，尔后又安排我到技术股管设备。职责更促进了自己的求学热忱。那时自己是基础学科一点点地啃，专业课程“活学活用，急用先学”，一点点地积累。更重要的是联系实际，在生产实践中，我一边工作，一边学习理论，生产上需要什么，我就去学什么，干什么。

我把学习和技术革新作为生活的主要内容，连吃饭、走路也低着头想问题。这样持之以恒地探索、学习、实践，我从最初的只对机械零件的改进到能对整机进行技术改造和设计制造一系列的大小制药设备。为了提高劳动生产率，我设计制造了16冲旋转压片机、大蜜丸挤出机、分粒机、混和机、筛药机、果仁去皮机、切药机、包装用的液压装茶机、老膏药机械化生产线、橡皮膏生产线涂布机、切片机等设备。为了方便生产，我设计了公用单梁吊机和简易一吨载货电梯。有些成果还转让给我市一个机械厂作为主要产品生产。另外，为了配备机械加工设备，在当时无法购置的情况下，我利用仅有的一台车床，制造出了1 400毫米液压龙门刨床和500毫米全液压传动万能外圆磨床。我身边的同志也不甘示弱，共同协作，先后加工安装了一台液压牛头刨床和一台万能铣床。

初战告捷，往往是继续尝试的诱惑。社会的进步，也为技术革新提出了更高的要求。1978年，针对我厂大蜜丸产量大、工艺路线长、耗用劳动力多，而且均以手工操作为主的情况，我决心在大蜜丸生产机械化上闯一闯。当时，有些人给我泼冷水，说北京一家中药机械厂与航天部一个科研单位合作也没搞成，广州一家药机厂与外地一家军工厂想搞也失败了，你这个初中还未毕业的汉子，能行吗？但是主人翁的责任感激励着我，我想，自己这一代能办的事，为什么要留给下一代呢？我仔细分析了别人失败的经验教训，坚信自己对生产工艺极为熟悉的优势，坚定了改革的信心，决心搞下去。我独辟蹊径，一改传统的和别人正在搞的两边成型合成法，而采用了离心浇铸法。采用这种方法必须解决蜡壳配方、冷却效果、蜡壳成型、蜡壳脱模、热压封口等等一大堆问题。我凭着以前自学的知识和对工艺的透彻了解，不知想过多少个通宵，不知经过了多少次工艺试验，终于解决了一个个技术难题。奋斗了八个月，研制成功了全国第一台蜜丸蜡壳封装机，把原来手工操作的九道工序集中在一部机器内完成，大大减轻了工人的劳动强度，劳动生产率比手工操作提高了3.5倍，每壳含杂菌量减少至10个以下，节约了大量的蜡料和生产费用，获得了显著的社会效益和经济效益。为此，1983年，该机获国家优秀新产品（金龙）奖。为了使这个成果能尽快形成生产能力，我主持了由国家立项的大蜜丸车间改造。1985年，在我厂建成全国第一个拥有47台大蜜丸蜡壳封装机的机群化生产车间。

看着自己的技革成果形成了生产力，并且促进了生产水平的提高，我内心当然是感到欣慰的，因为我尽到了作为工人阶级一员的责任，但同时这也鞭策着我继续努力，继续攀登。

2. 拜群众为师，从实际出发，勇于创新

回顾我近30年来走过的路，之所以做到成功多于失败，是自觉遵循拜群众为师、从实际出发这一思想方法和工作方法的结果。前几年，经国家医药管理局批准的药酒提取车间搬迁扩产改造项目要开始动工了，厂领导把主体设计的任务交给了我，并明确除车间土建委托建筑设计院外，其余的总体布置、工艺路线、设备选型、非标设备设计均由我统筹负责。我首先想到的是肩负的光荣而艰巨的责任。旧药酒车间的生产条件实在是太差了，土浸渍的方法是用铁锅把蒸好的药材放到水泥池去，然后加进白酒进行冷浸，待浸渍时间一到，把酒抽出来，工人跳进池里用竹箕一筐筐地把浸完的药渣挖出来。每当这个时候，工人往往大汗淋漓，脸红如枣，经常有工人被白酒“醉”倒。就这样一干几十年，我们再不能容忍这种恶劣的生产环境延续下去了。如何才能既保持这有300多年历史的冯了性风湿跌打药酒的传统工艺不变，又能采用最好的生产流程和生产设备，以达到高效、低劳动强度、安全卫生等一系列设计要求呢？环顾各兄弟厂家，可借鉴推广应用的实在不多，可供选用的定型设备也不易找。而要根据年产1 500吨药酒的要求，设计一条先进浸渍、回收提取、自动灌装生产线，无论是设计布局、设备选型设计，还是施工安装等都具有很大的难度。对此，我还是按老办法，到群众中去，认真倾听他们的意见。我把各种设想都告诉了生产一线的工人，然后请他们提意见。反反复复讨论了30多次。正是群众的智慧使我的设计思路开阔，方案更趋于完善和具有特色。同时，工人们要求实现机械化生产的愿望，促使我要不断创新，力求把车间建成在国内同行业中水平较高，而且具有南方特色的车间。

这个车间的非标设备的设计，充分体现了我们的创新意识。根据生产规模，我设计了20个直径2 640毫米、高度为4 890毫米、容量为18 米^{3}的不锈钢浸酒罐，为了减轻工人的劳动强度，从蒸药、投料、浸渍、出酒、出渣均采用机械化。由于药酒在夏天和冬天的浸渍期都不同，为了缩短时间的差距，我设计了一个热交换器，把20个酒罐分为四个循环加热系统。这样，即使是冬天，照样能按夏天的浸渍周期出酒，提高了酒罐的利用率，加快了生产的速度。在酊剂生产工序上，我设计了国内同行业从未尝试过的带搅拌装置的浸渍罐，同时在浸渍工艺之前设计了一套白酒分配装置，通过高位池的计量方法分配到浸渍罐和渗辘罐去，大大地减轻了工人的劳动强度。由于有定期搅拌，有效成分容易浸出，使原来生产周期从60天降为30天。充氮防爆系统使得整个生产过程的安全系数大为增高。

按原来可行性研究的设想，这个车间的设备选型准备从日本引进一套从洗瓶到贴标的药酒包装线，但我经过进一步与工人群众商量和考察，决定依靠自己的力量进行配套，我们只引进了关键的灌装和封口部分，仅此就节约外汇17万美元。洗瓶机的国内选型，我们觉得功能繁多，成本费用也高，我咬咬牙，又决定自己干。根据现场的情况和需要的功能，我花了近一年的时间，设计出既适合这条生产线需要，又能满足工艺要求的洗瓶机，加工安装成本只耗4万多元，节约成本80%。有人见我花那么大气力去搞设计，就说："造船不如买船合算，何必那样苦心？"我却是这样想的，不适合生产需要的设备买回来形同虚设，不但浪费资金，而且有损风气。我们的主人翁责任感应体现在从实际出发去解决问题。

由于在技术改造中坚持走群众路线，药酒车间的改造及非标设备的设计和使用都取得了比较满意的效果，不但布局合理、工艺路线流畅，而且药酒的产量和质量能满足市场的要求，生产能力翻了一番多。冯了性风湿跌打药酒优质品合格率达100%，取得了很好的经济效益。这个车间投产两年多来，由于布局合理，没有改动过一块砖头。更由于大大改善了生产环境，工人们很是高兴。他们特意为此向工厂的技术进步评审委员会为我请奖。技术改造的实践，又使我进一步体会到：搞技术革新、技术改造也需要有马克思主义哲学思想作为指导，离开实事求是，离开生产实践，都将一事无成。

3. 搞革新也要有点精神

我说的精神，就是不畏艰难、勇于进取的精神，为企业提高经济效益多作贡献的主人翁精神及前人种树后人乘凉的献身精神。

有人说我是个“怪人”。在厂上班的时候，我中午不吃饭，一早一晚吃饱就行了。以前我并不是这样。那是从试制封装机样机出来以后，进行调试运行，为了争取时间，中午下班后，我拿着饭盒就蹲在样机旁看运行，一有故障或需要改进的，我会马上放下饭盒进行调机，经常是待调好机器后，饭已经凉了，有时甚至不知饭盒放到哪里去了，干脆就不再吃了。久而久之，我干脆不吃中午饭了，把这宝贵的两个小时中休时间用来自学和思考问题，或者到车间去观察设备或改革过的设备的运行情况。

为了更接近技革现场和锻炼自己专注的能力，我曾经有一段很长的时间把办公桌搬到离刨床只有两三米远的地方进行办公。后来，又搬到一个原来放木模的小楼阁上，那里举手可以摸到瓦面。南方的夏天有半年长，小楼阁室内温度常在三十度以上，我常常脱光上衣在那里制图。有时由于试制在紧要关头，或看书到兴趣之处，经常就是光着膀子在小楼阁上过夜，忘了通知家里一声。

还有人说我怪人出“怪招”。那是我厂建造的120吨白酒库需要防爆、防火装置。当时消防队特别指定要使用1211灭火剂，实行罐内灭火。我经过分析考虑，向消防部门提出，因为罐内空气稀薄，罐内着火的可能性不大。提出使用惰性气体防火法，其原理是对容器空间充入氮气，使不能燃烧也不能助燃的氮气有效地控制着火燃点，达到防火的目的。这个办法节约了几万元的投资，平时运行费用也只是每月两瓶氮气，达到了既节约又安全的目的。事后，人们就把这事传成怪人出“怪招”。其实消防手册就有惰性气体防火的介绍，本人只不过是活用了此法而已。

有人说我有点傻，我却觉得傻有傻的乐趣。我坚持自学，目的是为增长自己的知识，好用在技术革新上，却没有想过去拿一张文凭。1988年我市进行技术职称评审工作，厂长为我没有大学文凭而不能高评抱不平，专门到职评办反映情况，回来对我说：“夜大、电大、函大任选一种，工厂推荐你，一则多学些东西，二则拿张文凭。”看他的表情，就知道是反映无效。我没有答应。我觉得，自己是设备科长，正在主持几项技术工程，工作实在太忙，责任也很重，放不下，走不开。现在一晃又是几年，我一直没有因为得不到这张文凭而后悔过。当然，组织上也没有忘记我，1985年，我被市政府授予职工自学成才一等奖。

随着年龄的增大和繁重的设计任务持续进行，我感到兼顾行政工作有些分身不下，加上考虑要培养接班人，锻炼年轻的同志，去年，我就多次向党组织提出辞去设备科长的职务，以便专心致意地搞设计工作。消息一传出，也有人说我傻。但我不这样想，继续向党组织提出这个问题，近来党组织决定减轻我的行政工作，但保留我的职务，为的是方便我能通过行政的手段实施技改成果，这样我才作罢。

还有一件傻事，几十年来我搞了不少技术革新和技术改造，为此我不知加过多少班，熬过多少夜，可我从没有要过什么夜餐费、加班费。有些技术成果，如大蜜丸封装机和充氮防火系统，都被认为颇有独创性，本来可以整理好资料，开个论证会申请专利。尽管厂领导和来厂视察的上级首长常常催着要办，但由于新任务一件接一件，又考虑到繁文缛节和工厂要为此花一笔钱，结果都给耽搁了，放着名利双收的事不干，有些人又认为我傻得不可理解。

还有人在背后说我是“呆子”，而我听了以后总会当面向人家道歉。我常为想一件事，想弄通一个问题，而集中注意力。有时为了解决设计上的难题，或是思考书本上的问题连走路也在思考，有人迎面打招呼，我也毫无反应。因此，有人形容我走火入魔。我干起工作来，可以排除其他杂念，生活的小事往往被遗忘。比如工厂在夏天中午常有清凉饮料免费供应，我却常忘记去享用，甚至工厂发的领取实物的票证也常常因忘记而过期作废。有时别人进我办公室通知什么事，当面答应了，过后就全忘了，弄得通知的人很尴尬。诸如此类的健忘吃亏事，在好些人眼里都觉得是有些呆。

随着科学的进步，新技术革命正蓬勃发展。我们厂正推广电子计算机应用，这给我带来了新的挑战。过去所学的知识，已经不完全适应新技术的发展了。于是，我在参加市科委组织的BASIC语言学习班以后，不管白天还是晚上，或者是休息日，除了干好必要的工作，我都进行电脑知识自学，特别是上机操作，经常下班铃响了也不知道，家里人打电话来催才知道该走了。就是这样，我只用了半年时间就掌握了一般大学毕业生要学上一年半时间才能掌握的BASIC语言、数据库基础知识、AUTOCAD绘图软件应用等电脑专业课程，并应用中文汉字系统和电脑绘图进行工作研究，如今使用上得心应手，工作效率大大提高了。

最近，我厂投资2 950万元的固体汤剂引进开发项目，已经得到国家批准并通过了可行性研究。这个项目的总体设计从可行性研究开始就交给我负责。我感到压力很大，也感到责无旁贷。振兴中药事业、继承和发展祖国的中医药文化，是我们医药工作者义不容辞的责任，自己应该有一分热发一分光。可是，有人问我，你年纪大了，这样的大项目，能有精力吗？我说："正因为年纪大了，所以我好比四冲程发动机，现在运行到第二、第三冲程之间的吸气阶段，准备进入压缩、排气阶段，我要把有限的能量贡献给医药事业。"事实上，我已下定决心，拿出当年的怪劲、傻劲、呆劲，设计一个国内第一流的固体汤剂生产车间。我将不断地创新进取，再次接受新的更大的挑战和考验。

第六章

企业未来

冯了性药业已经走过了400多年的历史，在长久的发展中她的产品与文化同行，用品质与疗效筑建中药文化，用中药文化的精髓促进产品的发展。随着中药现代化的发展，传统工艺与机械化开始碰撞，文化与效益发生冲突，冯了性药业在未来的发展中如何处理两者矛盾？如何坚持特色？又如何不断发展？

● 思想引领：企业与中药文化共同进步。

● 紧握拳头：三大拳头产品打造优势。

● 升级转型：传统与现代有机结合。

作为一家医药企业，冯了性药业在长期的发展中不断对产品更新换代，对产品的制作工艺进行改良，以其领先的地位传承佛药文化，传承中药文化。在今后的发展中，冯了性药业将树立打造现代中药的宏远目标，通过多方面的发展，继承不泥古，创新不离宗。佛山冯了性药业有限公司将继承古老佛药组方独特、选料上乘、工艺精湛的优良传统，并运用现代科学技术和设备，不断地创新，使产品质量稳定提高。

第一节　思想引领未来

企业要得到长久稳定的发展，必须有科学的思想作为指导。冯了性药业在不同的发展阶段依据不同的指导思想制定相应的发展战略。在21世纪的今天，在中药文化与现代科技相结合的时代，冯了性药业深刻理解和认识科学发展观的要义，将之作为中药产业今后长期可持续发展的方针以及决策的指导思想。

在科学发展观的指导下，冯了性药业在企业的发展中坚持中药产业与中药文化共同发展，中药产业与地方文化共同发展，打造科学、创新、和谐的发展之路。博大精深的中医药文化是中药产业发展的基础，是优秀的中国传统文化的重要组成部分。冯了性药业在坚持企业发展的同时，注重大力弘扬中医药文化，努力促使传统中医药文化更加深入人心，并且不断地发扬光大，以最终实现企业与中医药文化的共同发展。同时充分利用佛山作为历史文化名城的有利条件，在发展中医药文化的同时，支持文艺、旅游等文化事业的发展，以达到相得益彰的效果。

在制定指导思想、发展目标、具体战略方针等方面的内容时，冯了性药业始终运用科学的原理和方法，去分析、解决具体的问题；通过观念的创新、体制的创新、管理的创新和技术的创新，为企业的长期可持续发展不断注入强大的动力，并且根据外界环境和自身各种条件等因素的变化，随时调整具体的策略措施，以达到预期的目标。

中药产业与其他产业一样，发展过程必然与外界环境产生相互影响，我们要注重企业发展中各种利益关系的协调，注重环境保护，注重自然资源的可持续利用，注重企业发展与回馈社会、造福社会，实现企业与自然环境、企业与社会的和谐发展。

企业每一步的发展都是在一定的思想指引下进行的，冯了性药业的发展是坚持思想先行，用科学的思想指导具体的发展，指导发展战略的制定，指导企业核心价值的实现。

第二节　三类拳头产品打造优势

企业生存和发展的核心是产品，一个企业要想长久发展必须拥有自己的核心产品，以产品的独特性塑造产业的独特价值，从而在市场上拥有不可替代的位置。佛山冯了性药业有限公司传承了博大精深的古老佛药精华，众多的优良传统中成药在国内市场有较高的知名度，而且独具特色。

冯了性药业的特色产品包括三大类：风湿跌打类产品以冯了性风湿跌打药酒、竭红跌打酊、伤科跌打丸、外伤如意膏等为代表；胃肠道类产品以保济丸、加味藿香正气丸、香砂养胃丸等为代表；痰咳类产品以蛇胆川贝散、蛇胆川贝含片、蛇胆陈皮散等为代表。这三类产品畅销全国各地，而且市场在不断扩大。随着市场的不断扩展，广大消费者对“冯了性”品牌的认知程度也在日益加深。

在今后的发展中，一方面，冯了性药业还将坚持以三大类拳头产品为核心，发挥产品的特色和市场的优势，这是企业今后朝着既定的目标长期健康、稳定地发展的根本保证。另一方面，冯了性药业在继承的同时还将不断创新，传承佛药的先人们“制药以诚、精益求精”的理念，并勇于创新，不断研发新的产品，不断地改选制作工艺，使三大类拳头产品的独特地位更加的突出。

第三节 “专、精、特、新”指引发展

冯了性药业坚持传承与创新的发展理念，在对产品发展方向的把握上也是如此。三大类拳头产品形成了冯了性药业的核心竞争力，但是产品的类别必须不断地扩展，技术必须不断地改良才符合市场的要求，符合发展的要求。在未来的发展中，无论是产品，还是技术，冯了性药业的发展目标定位均是“专、精、特、新”。

冯了性药业制定了近期发展目标，在未来 10 到 15 年内，年产量达到 6 000 吨以上，中成药产值达到 6 亿元以上；一个以上品种销售超亿元，完成 2 ~3 个传统名优中成药的二次开发；产品剂型增加 1 ~2 个；以三大类产品系列为支柱，形成特色系列产品集群；争取获得国家的支持，建设一个符合 GAP 规范的药材种植基地；争取一个以上的中成药产品通过药品注册进入国际药品市场。为了保证目标的实现，冯了性药业将从多方面努力。

1. 科技

逐步加大中药研究开发经费投入，健全中药科技创新研发体系。冯了性药业将继续大力开展重大疑难疾病防治的研究工作，在这方面要有所突破；与时俱进地应用新技术、新

方法，不断地对本公司现有市场销量较大的名优中成药品种进行二次开发，提升这些产品的科技含量，增强产品的竞争力，打造知名品牌，扩大市场规模；同时，冯了性药业还将大力开展中药材、中药制剂质量控制标准提高工作，使中药材、中药制剂的质量控制手段提高到一个新的更高的水平，逐步与国际接轨，这将为中药产品走向国际铺平道路。

2. 管理

引进国内、国际先进的管理经验和模式，不断提高企业管理水平。冯了性药业有着悠久的历史，经历了多个朝代、多种制度的变革，在今后的发展中将逐步完善企业各职能部门组织结构，通过体制创新和制度创新，提高研发、生产、质控、质检、营销等各级人员以及各个管理部门的工作效能和工作质量，使企业管理水平不断提高，企业也将从优良的管理体系中获得蓬勃的生机和充沛的活力。

3. 服务

用创新的服务型营销体系取代传统的单纯渠道营销模式，加强与消费者的沟通。冯了性药业将逐步建立企业与消费者的联络跟踪网络体系以及日常运行机制，从而可以加强企业与流通渠道、消费群体的联系沟通。这一举措不仅会及时了解流通、使用环节对产品结构、产品质量、产品服务等方面的需求，而且还可以促使企业不断地改进、提升产品结构和产品质量，不断完善服务体系，为全社会提供优质、高效的健康服务。

4. 交流合作

通过与专业人士的交流合作，汲取社会的智慧力量，促进产品的发展。冯了性药业还将加强与大专院校、科研机构的技术合作，创造条件与技术力量雄厚的大专院校、科研机构共同建立中药现代化研究中心，作为长期合作的平台进行信息交流。在交流合作的同时还将开展现代中药的新技术、新工艺、新剂型的研究，开展对重大疑难疾病的防治研究，并且筛选组方合理、疗效确切、市场前景广阔的传统名优中药产品进行二次开发。同时企业的发展还会注意社会效益，大力开展绿色环保现代中药的研究，通过应用现代新技术、新工艺、新方法，提高中药材的利用率，降低各种物料的消耗；注重研究中药生产过程的节能减排，对于生产过程中产生的废物、废水，争取处理后循环再用，以达到增效降耗、节能减排的目的。

冯了性药业将通过合作与交流的方式，多方面取经，促进自身向着“专、精、特、新”的方向发展。

第四节　产业升级迎接挑战

社会在不断地发展，只有与社会的步伐同步或者是超越社会前进的速度，才能在市场的激烈竞争中取胜。当今以及今后的一个时期内，环境、科技仍旧是社会发展的主题。在未来 10～15 年时间内，冯了性药业为了适应未来的发展，将对产业进行全面升级，升级的内容主要包括：绿色环保现代中药体系的建立，设备和技术的全面改造，产品的研发和二次开发。

为建立绿色环保的现代中药体系，冯了性药业将从多方面努力。这些具体措施包括：建立环保节能的中药材养护系统，大幅度降低中药材库存养护的损耗；应用绿色环保节能的设施，最大限度地降低中药材养护过程的能源消耗；应用新的中药材提取工艺及设备，对中药材提取工艺及设备进行改造，充分利用中药材资源，减少因提取不充分而造成的中药材资源的浪费；应用新工艺、新方法，对中药材加工及提取过程中产生的废水、药渣等进行充分的处理，实现循环再利用。以上新技术的应用将达到增产减排、产业发展与环境保护并举的目标。

技术设备的升级将带动产品的创新、产业的升级。冯了性药业将改造中药提取浸膏的干燥工艺及设备，利用新型的浸膏干燥技术和设备，提高能源利用的效率，降低能源消耗，减低中药浸膏干燥过程对有效成分的影响，提高产品质量。同时，还将对片剂生产全过程进行技术改造：对片剂生产的制粒、压片、包衣等各个工艺环节进行全面的技术改造，提高片剂产品的质量，适应不同处方组成的片剂品种的生产。为进一步巩固和提高冯了性药业特色的片剂产品在国内乃至国际的市场地位，还将构建一个稳定的技术基础。

对产品升级采取的措施包括两个方面：传统产品的二次开发和新产品的研发。对酒剂、大蜜丸剂等传统剂型的名优产品，冯了性药业将进行二次开发。作为一个具有几百年历史的中成药生产企业，他们传承了一大批的传统优良的产品，这些产品经过长期医疗实践考验，以其组方合理、疗效确切、质量稳定而得到广大消费者的认同，但是由于当时历史条件的局限，这些传统产品普遍存在剂量较大、携带服用不便的问题，有些剂型，如药酒，对部分人群的使用会有一定的局限性。今后冯了性药业将致力于对这些传统优良产品进行二次开发：通过应用现代的提取、分离、纯化、浓集的技术，最大限度地利用好中药材资源；在保持和提高其原有疗效的前提下，通过去除传统制剂中的杂质，大幅度降低剂量，从而方便携带、使用；应用现代制剂技术实现剂型的更新换代。

2009 年初，佛山市传统中药二次开发工程技术研究开发中心已经正式组建。

未来日益加剧的老龄化社会对防病治病的需求将会发生变化，防治的重点是风湿、骨质增生、骨质疏松、心血管等几类疾病。冯了性药业将在中老年人重大疑难疾病方面进行研究开发，力求用 10 年时间在 1 ~ 2 个方面获得突破性的进展，使中医药事业能够更好地造福社会。

第五节　立足佛药文化　做好企业转型

佛山成药业源远流长，早在明代已始创具岭南特色的蜡丸成药生产，素有“岭南成药发祥地”、“广东成药之乡”、“禅城古镇五朵金花”等美称。这些美称无不与其历史悠久、祖铺众多、选料上乘、工艺精湛、古方正药、疗效确切、远销内外、经久不衰等特点有关。历经百年沧桑，佛山沉淀着独特的中药文化，冯了性药业在今后的发展中，要立足深厚的佛药文化，做好由生产型工厂向服务型企业的道路转型。

冯了性药业在百年的发展中始终坚持医药为本、治病救人的理念。正是长期受历史管理观念的影响，自新中国成立前到新中国成立后，乃至 2000 年独立经营以后，企业始终坚持以生产为主。但是在现代企业的发展中，生产只是企业兴旺的一项因素之一，其现代化的管理理念、经营方式都是不可忽略的重要因素。冯了性药业在今后的发展中要用现代化的企业经营理念包装自己，以求长久发展。

文化的传承、产品市场的特色优势，以及冯了性人代代相传的团结协作、勇于创新、不断进取的人文精神，将会是冯了性药业在激烈的市场竞争中得以生存和发展的核心保证。

佛山冯了性药业有限公司在未来的发展中，将一如既往地继承博大精深的传统中医药文化精髓，以及独具特色的古老佛药的精华。同时，还将依靠现代科学技术，对中药的生产工艺、剂型不断地加以创新和发展，与时俱进，不断研究开发适应时代要求的现代中成药。朝着中药现代化的宏远目标，扎扎实实地迈进。为将古老佛药发扬光大，弘扬传统中医药文化作出更大贡献！

第七章

大　事　记

企业大事记见证了冯了性药业悠久的发展历史和不断进步的成长过程，记载着企业的重要转折和光辉业绩，是企业多年累积的一笔重要财富。本章按照冯了性药业发展的历史顺序，划分为药铺时期、药厂时期、药业有限公司时期，记述了企业发展过程中的重大历史事件、重要转折机遇、重要生产成果及获奖情况等等，展现了冯了性药业的成长风貌。

● 药铺时期（1956 年以前）：历史成就未来。

● 药厂时期（1956 至 2000 年）：在变化中不断成长。

● 药业有限公司时期（2000 年至今）：新时期带来新发展。

第一节　药铺时期（1956 年以前）

一、新中国成立之前

东晋

隆安二年（398 年），西域僧人东传佛教到季华乡。

唐

贞观二年（628 年），改季华乡为佛山。

明

万历年间（约 1573 年），梁仲弘抱龙丸、抱龙膏问世。

天启年间（1621 至 1627 年），黄恒庵蜡丸馆生产的“乌金丸”已负盛名。

清

顺治十六年（1659 年），冯了性继承父业，将药铺改为“冯了性药铺”，将父亲始创的“万应药酒”改为“冯了性风湿跌打药酒”。

乾隆三十二年（1767 年），佛山药店纷纷集中在豆豉巷（今升平路）经营，其中的“人和堂”最为出名，出品活络丸、镇惊丸、苏合丸等。

嘉庆五年（1800 年），冯了性在广州归德门内小市街（现解放中路一带）开设分店。自此，冯氏后人各藉先祖牌号，在全国各地开设店号，均生产“冯了性风湿跌打药酒”。

嘉庆十年（1805 年）梁财信在澜石墟设馆行医，留下经典名药——梁财信跌打丸。

道光年间（1845 至 1850 年），马百良创号并出品“百胜散”，后改名为“七厘散”。

光绪十年（1884 年）四月，军机大臣李鸿章赠“韩康遗业”匾额给黄祥华如意油药铺。

光绪二十二年（1896 年），李兆基创建“李众胜堂”，从卖凉茶到出品“保济丸”。

民国

1931 年，冯了性祖铺因开马路重建，新址为汾宁路 11 号。销售“明月牌”冯了性风湿跌打药酒，此为佛山正宗老铺。

同年，冯氏后人另一房把牌号及处方出售给广州人和悦酒庄，以“双月牌”销售冯了性风湿跌打药酒。

1938 年，日本侵略军攻占佛山。时任“冯了性药铺”司理、执掌生产经营大权的冯少刍（冯了性第九代孙）眼见店铺被毁，只身逃难到香港，在“叙春园酒庄”借一席之地继续经营冯了性风湿跌打药酒。

1941 年，太平洋战争爆发，香港被日军占领。冯少刍被迫歇业，至 1944 年在佛山病逝。

二、新中国成立至 1956 年

1950 年

以冯翰为负责人的“冯了性药铺”入列 105 家已登记的国药商号之中。

第二节　药厂时期（1956 — 1999 年）

一、1956—1970 年

1956 年

1 月，105 家私营药厂店实行公私合营，组成了“三厂二店”，其中包括有：源吉林制药厂，佛山中药厂，三联药厂，国药商店，新药商店。由冯翰当家的“冯了性”药铺并入国药商店。

1957 年

1 月，源吉林制药厂、佛山中药厂、三联药厂合并为佛山市公私合营佛山市联合制药厂。

国药商店加工场改组，改名为佛山制药厂（1958 年并入佛山联合制药厂）。

1958 年

佛山市政府为筹集建设资金，由重工业局牵头，抽调佛山市联合制药厂的生产、技术、财务、供销等一批管理干部及一批产品（其中有冯了性风湿跌打药酒），筹建了佛山市中医院制药厂，厂址设在佛山市筷子路 22 号（1962 年 8 月，国家产业政策调整，该厂按剂型属性分别归并回佛山市联合制药厂和佛山市化学制药厂）。

1959 年

1 月 1 日，佛山市联合制药厂将农畜药品划出成立佛山市农药厂，厂址设在佛山市佛罗公路旁。4 月，与化肥厂（位于佛山市高基街）合并。8 月，再次并入佛山市中医院制药厂。

1960 年

1 月，由佛山市联合制药厂的西药车间和佛山市医药公司新药加工场组建独立的佛山市化学制药厂。

1964 年

佛山市联合制药厂的苯酐和有机玻璃研制组与佛山布伞厂合并，新组建佛山市合成材料厂。

5 月，佛山市联合制药厂被佛山市定为“四清”运动重点单位，进驻工作队 100 多人。由团长梁申、副团长梁湘带队，时间延续半年。

1965 年

购置第一台柴田式粉碎机。

1966 年

佛山市联合制药厂改名为市人民制药厂。“文化大革命”期间，企业坚持生产。

1968 年

佛山市人民制药厂改由革命委员会领导，由革委会主任代理厂长业务。佛山市人民制药厂革委会第一任主任是杨明灿。

1969 年

湛江地区发生流行性脑膜炎，佛山市人民制药厂加班赶制出一批安宫牛黄丸送往灾区。

1970 年

清理阶级队伍令不少人被遣送回乡，原资方人员人人恐惧。

二、1971—1999 年

1971 年

7 月 1 日，经佛山市政府批准，人民制药厂按生产剂型分类，分别成立佛山市制药一厂和佛山市制药二厂。佛山市制药一厂厂址设在佛山市庆宁路 43 号，佛山市制药二厂厂址设在佛山市东郊隔沙人民制药厂的晒茶加工场内。

1974 年

陈浩森接受任务，开始采用离心浇铸工艺摸索研究蜡丸自动制壳封装机。

第一座水泥钢筋房子——大蜜丸车间动工。

1975 年

湛江地区和哈尔滨市再次发生“流脑”，佛山市制药一厂加班生产了一批紫雪丹和安宫牛黄丸，分别送往两个灾区，支援抢救工作。

1976 年

新建的片剂楼开始动工。

佛山市制药一厂为支援唐山人民抗震救灾，捐送跌打药精 10 箱。

佛山市有 3 名老药工、技术员，参加全国 9 人组成的考察、支援柬埔寨建设专家组，他们是佛山市制药一厂老药工李森，负责小丸工艺；老药工邝庆负责药材鉴别并兼副组长；佛山市制药二厂技术员卢继忠负责酊剂和水剂工艺。经过 9 个月，指导柬方建成一间主要生产片剂和小丸的中药厂，培训了来自柬埔寨全国各地的数批学员，至 1978 年 4 月回国。

1977 年

陈浩森、钟泳康、麦沛根等人改革大蜜丸生产工艺，从 1974 年 3 月开始，经过近 4 年时间，研制成功 480 型蜜丸蜡壳封装机，填补了我国中药蜜丸包装机械化的空白。

石化部副部长张亮来到佛山市制药一厂，视察 480 型蜡丸制壳封装机，并批示该厂要努力将封装机这项技术搞好，改变落后操作。

秋季，就读于广州中医学院的越南、老挝、柬埔寨等国留学生（中药专业）被分配到佛山市制药一厂、二厂实习，为期约 1 个月。尔后 1978、1979 两年的秋季，两间制药厂担负了接待东南亚留学生工作，为此，广州中医学院于 1978 年拨款 3 万元给制药工厂筹建留学生宿舍。

卫生部副部长郭万视察佛山市制药一厂，赞扬该厂研制成功的480型蜡丸封装机为无缝蜡丸机。

1978年

3月，480型蜜丸蜡壳自动封装机正式投入使用，并向化工局报喜。

4月，佛山市化工局向佛山市制药一厂派驻“工业学大庆”工作组。罗仲利任组长，刘国祥任副组长，至年底撤出。

5月19日，邓颖超在柬埔寨首都金边中国大使馆接见援柬中国专家。佛山市医药系统援柬人员佛山市制药二厂副厂长卢继忠，佛山市制药一厂科长李森、供销科长邝庆受到接见并合影留念。

9月，新建的片剂楼投入使用。其中二层的焙炉的生产条件得到很大改善。

1979年

佛山市制药一厂被国家医药管理局定为全国21家重点中成药厂之一。

药厂开始进行恢复性企业整顿工作，到1982年，完成整顿，并取得了企业整顿合格证。

1980年

4月，第二代蜜丸蜡壳自动封装机（即600型）研制成功，正式投入使用。

10月，经国家经济贸易委员会、财政部批准，佛山市制药一厂大蜜丸车间改造项目（简称“百二万项目”）正式动工。1985年4月投产。

1981年

4月，佛山市制药一厂的600型蜡壳封装机获广东省科技成果奖。

1982年

8月，佛山市化学工业局一分为二，成立医药工业公司，直接管理城区三家制药企业。地址设于佛山市永安路94号，佛山市制药一厂直接受其管理。

11月26日，佛山市市长于飞在市长会议室主持召开解决医药行业发展有关问题的汇报会。佛山市属三间药厂的领导参加了会议。

1983年

1月1日起，时任佛山市医药工业公司副经理罗仲利兼任佛山市制药一厂党总支书记。9月起，通过职代会选举兼任厂长。

1月23日，“冯了性风湿跌打药酒”正式恢复正名。消除了因“文化大革命”而改名为“丁公藤风湿跌打酒”的负面影响。

5月，罗仲利带队，陈浩森、郑炯超、陈铭伦、吴细苏、梁成参加，到位于佛罗公路的制药厂咖啡因项目用地及朝东大队、石头生产队备征土地进行调研，为搬厂改造选址。

6月30日，佛山市制药一厂为扩大发展而新辟厂区，以51万元承购了原佛山市制药厂咖啡因项目的用地约24亩。

7月18日，佛山市制药一厂大蜜丸车间开始使用塑料周转箱，取代了沿用几百年的竹筛、竹蒸笼，使生产有了新的突破。

7月25日，佛山市制药一厂以机械代替手工烧结蛇制品的“玻筒熔封机”调试成功，再经改进后，于11月28日投入使用，时产从手工420支提高为5 000支。

10月15日，国家医药总局机械设备制造处处长郑鹤年来佛山市制药一厂了解 LZ－720 蜜丸蜡壳封装机加工安装情况。

10 月 30 日，国家医药总局赵德均等组成技术人才调查组来佛山市制药一厂调研技术人员需求及开发事宜。

时年，480 型蜜丸蜡壳封装机获国家经委颁发金龙奖和优秀新产品证书。

1984 年

1 月 17 日，佛山市制药一厂新厂区药材前处理车间扩产会审。总投资 169.4 万元，土建面积 3600 平方米，并于 11 月破土动工。

3 月 12 日，“制药一厂厂歌”诞生。

6 月 15 日、16 日，厂职代会通过经企业整顿的经济责任制和各项规章制度。

7 月，地市合并，实行市带县的体制，时任佛山市经委副主任阮家乐带着辅助县域经济发展的任务，到工厂和佛山市医药工业公司商讨，要把药酒车间整体外迁到高明县。我们表示不能接受，幸好得到佛山市医药工业公司的支持。

9 月，“跌打药精”（后更名为竭红跌打酊）获国家银质奖，罗仲利厂长在北京人民大会堂获授奖牌。

1985 年

1 月，佛山地区医药生产供应公司与佛山市医药工业公司合并，组建成佛山市医药工业公司，除直接管理地区 3 家制药企业（包括本厂）外，还担负全市医药工商企业的行业管理职能。

1 月 3 日，佛山市制药一厂庆宁路厂区综合大楼建成启用，科室集中迁进办公。

2 月 1 日，国家医药总局副局长刘永刚在广东省医药联合总公司副经理孙峰等陪同下视察了佛山市制药一厂。

2月7日，经职代会确立了要培养的厂风：团结、民主、创新、进取。确认了“厂歌”。

6月5日，佛山市制药一厂医治白癜风的新药“白灵”组合通过技术鉴定；6日，新产品“红药软膏”通过技术鉴定；8日，新产品“通络活血丸”通过技术鉴定。

9月，“抗骨增生片”被评为广东省优质产品。

10月26日，由中国药材公司委托广东省制药公司对佛山市制药一厂大蜜丸车间技术改造项目进行验收并获通过。确认此车间是全国第一座以机群化封装大蜜丸的车间。

10月27日至29日，中国药材公司在佛山市制药一厂召开全国生产大蜜丸厂家会议，作近年技改阶段性总结。副经理黄肇仪和工业处副处长刘晋儒参加。

12月16日，国务院法规中心总干事、前周恩来总理秘书顾明，国务院法规中心办公室主任王正明，由国家医药总局企业管理司司长矫祖勋陪同访问佛山市制药一厂。

12月，国家医药总局为表彰老药工所作出的贡献，并鼓励他们为振兴中药事业而努力，决定对从事中药专业工作30年以上的老药工颁发“老药工荣誉证书”，市制药一厂和二厂70名老药工领取了证书（后国家医药总局和财政部还行文规定，从1987年1月开始给在职和退休留用的老药工每月发放15元津贴费）。

12月，根据《药品管理法》的规定，企业又进行了一次全面性整顿，并经有关部门验收，领取了“药品生产企业合格证”、“药品生产企业许可证”和“营业执照”。根据《药品管理法》的要求，每3年换证一次。

12月，“冯了性风湿跌打药酒”被评为国家银质奖。“三蛇胆陈皮末”由省优升为部优。

1986 年

1 月 23 日，泰国医药代表团一行 5 人，由国家医药总局外事局杜石砚处长、广东省医药联合总公司郑子弘副经理等陪同来市制药一厂参观。

1 月 29 日，加拿大辉达贸易公司副总裁郑玉衡先生在医药联合总公司姚霖尹科长陪同下来佛山市制药一厂参观。

1 月 30 日，由华南工学院和珠江电影制片厂拍摄组合拍的佛山市制药一厂纪录片《古老佛药逢中兴》正式开镜。

3 月 17 日，由中医学博士渡过边幸雄，哲学、医学博士大西正义为团长的日本留学生一行 30 人，由广州中医学院领导带队来佛山市制药一厂参观访问。

8 月 19 日，印度政府医药科技考察团一行 4 人，在国家医药管理局刘美云副处长等陪同下访问了佛山市制药一厂。

9 月，“伤科跌打丸”获省优质产品奖；“白灵”获广东省科技三等奖。

10 月 8 日，前广东省省长、中顾委委员刘田夫偕夫人，前广东省总工会副主席周敏铃，广东省政协常委田心，广东省制药工业公司经理宁强，佛山市人大主任吕金湖等一行 10 人到佛山市制药一厂视察。之后不久，赵朴初老先生为本厂题词：“质量第一，造福人群”，“古老佛药庆中兴”。

10 月 9、10 日，佛山市制药一厂药材前处理厂区的提取车间、药酒车间，通过扩初会审，总投资 598 万元，土建 7 800 米^2。

11 月 26 日，日本涩谷工业株式会社田甫正兴、江滋贸易株式会社北森茂树等人到佛山市制药一厂参观。

12 月 1 日，波兰政府植物药考察团一行 3 人，由国家医药管理外事局杜石砚处长陪同到佛山市制药一厂访问。

12 月，佛山市制药一厂电脑室投入运行使用。

同月，佛山市制药一厂以技术科邬威尧为主，攻下封装机蜡壳破碎的技术难题，从此，封装机的生产走上正常的轨道。

1987 年

1 月，佛山市制药一厂大钟楼塔钟开始运行，该钟楼位于佛山大桥西侧、第三车间仓库大楼上，是广东省当时最高最大的钟楼。

4 月 14 日，国家医药管理局前副局长、时任国家经委发展研究办公室副主任关舟在广东省医药联合总公司前副局长韩明陪同下到佛山市制药一厂访问。

4 月 25 日，佛山市制药一厂大蜜丸车间技改项目被评为佛山市科学技术进步三等奖。

1987 年版的广东省药品标准，把因“文化大革命”而改名为“佛山跌打丸”的“梁财信跌打丸”恢复正名。

5 月，开始与街边大队谈征用三车间厂区南侧的鱼塘事宜。

6 月 26 日，波兰政府医药科技考察组一行 3 人，在国家医药管理外事局杜石砚处长，省、市医药公司领导陪同下到佛山市制药一厂访问。

6 月 27 日，佛山市制药一厂举行建厂 30 周年暨梁仲弘蜡丸馆建立 415 周年庆祝活动，邀请了历届书记、厂长和省、市医药公司以及有关部门领导参加了庆祝活动。广东省副省长匡吉和全国佛教协会会长、著名书法家赵朴初等题词。佛山市副市长梁兆棠到会讲了话。

8 月 23 日，佛山市制药一厂第十届职代会再次选举罗仲利任正厂长，陈雪贞、欧展熊为副厂长。

9月9日，国家医药管理局副局长金同珍、秘书董兰，在广东省医药联合总公司副总经理张训诚陪同下到厂检查工作。

9月30日至12月30日，佛山市直属3家医药企业分别向市政府签订承包合同，为期3年。实行核定基数、递增上缴、一包3年、计划还贷、超额分成。在合同期内直属各企业均顺利兑现承包公司。1990年，承包顺延1年。1990年底，佛山市医药总公司开始酝酿第二轮承包。

新厂区2吨锅炉安装并升火试车成功。小丸车间完成搬迁扩产，产能扩大一倍。

10月，在“联营”风气的影响，与乐从东风化工厂谈联营问题，拟成立“佛乐保健品厂”，后未谈成。

11月2日，公司正式宣布实行厂长负责制。

12月，罗仲利、欧展熊、陈浩森、陈铭伦、陆永宁一行5人，经香港前往日本东京、大阪等地作为期12天的制药机械工艺的考察（其中在日本7天）。

1988年

2月，“超定额计分奖励方案”在职代会获通过，企业内部分配制度又前进了一步。

4月21日，新加坡义兴贸易私人有限公司营业副经理吴博远先生、七星贸易私人有限公司营业经理吴博正先生等一行6人，在广州市归侨顾问郑曼如、佛山侨联副秘书长冼纪慈陪同下到佛山市制药一厂访问。

5月10日，佛山市制药一厂领取了“佛乐保健滋补品厂”生产执照。

5月12日，新厂区供电大楼土建验收。

是年5月至翌年3月，技术职称改革工作展开，佛山市医药系统评出高级职称人员9名，中级职称人员61名，初级职称人员282名。

6月10日，国家医药管理局质量司司长臧君伟、处长黄德惠等在广东省医药联合总公司副总经理陆惠兴等陪同下到厂检查工作。

7月9日，《江西日报》在我厂召开南方片信息交流会，省、市39个新闻单位参加。

7月21日，佛山市制药一厂新厂区前处理厂区提取车间土建通过验收。

8月6日，台湾万国制药厂股份有限公司董事长蔡赐松先生一行4人到厂进行考察。

8月10日，卫生部药政局副局长栗福民、办公室主任张景保，在广东省卫生厅药政处副处长吕向东等陪同下到佛山市制药一厂检查工作。

9月21日，广东省珠江电视台报道我厂生产的“牛黄解毒丸”有异物伤人的新闻，厂领导十分重视，立即前往处理。事情虽小，但影响不好，厂领导指示日后以此为戒，加强质量管理和现场管理。

10月23日，以“异军突起的固体汤剂”立项，报市、省、国家中医药管理局申请技术改造。

10月25日，新厂区药酒南楼浸渍设备试投产。

11月1日至8日，日本澀谷工业株式会社派员调试药酒灌装机。

11月13日，以兰斯卡斯托洛维特为团长、博格为副团长的美国夏威夷友好访问团一行13人，由省、市外事办人员陪同到佛山市制药一厂访问。

11 月 20 日，国家中医药管理局经济协调司司长阊洪礼、经济协调司企管处处长张淞沪，在广东省医药联合总公司企管处副处长黄帼明等陪同下来佛山市制药一厂视察。

1989 年

3 月 4 日，厂党总支书记王秉国离休。

3 月 24 日，国家医药管理局局长齐谋甲由广东省医药联合总公司经理刘斌陪同到厂参观访问。

3 月 24 日，原一车间的制铡组搬往新厂区药材前处理车间。第二天，磨房班也迁入新车间。

5 月，“三蛇胆陈皮末”被评为广东省第二届儿童生活用品最受儿童喜爱的用品奖。

10 月 24 日，以马温亚为团长的坦桑尼亚科技代表团一行 12 人，在广东省科委合作处处长申一立等陪同下到佛山市制药一厂访问。

11 月 25 日，原厂长罗仲利改任佛山市制药一厂党总支书记，陈应炜从市医药总公司调入任佛山市制药一厂厂长。

12 月，佛山市制药一厂获广东省经委、省质量管理协会颁发的广东省质量管理先进企业称号。“抗骨增生片”获部优产品（国家中医药管理局）。

12 月 15 日至 26 日，厂派员参加在无锡召开的第一届全国中药行业 GMP 学习班。

12 月，当年实现利润 426 万元，创历史最高水平。

1990 年

1 月 8 日，国家中医药管理局经济协调司企业管理处陈珩处长等一行 4 人到佛山市制药一厂参观。同月 10 日，该局质量司副司长房书亭、处长张晶，在广东省经委质量处处长孙鮀、广东省医药联合总公司质量处处长张兴中陪同下到佛山市制药一厂检查工作。

1 月 22 日，国家中医药管理局综合计划司宋文义司长、郑昕副处长、严建文副处长在广东省药材公司副总经理刘俊荣陪同下来访。

2 月 24 日，厂召开第十二届六次职工代表大会，听取前 3 年承包期工作情况，重新实行“七保”计件奖奖励方案及供销科承包方案。

4 月 9 日，佛山市制药一厂封装机组和陈浩坤获国家医药管理局、中华全国总工会石化工会、中国医药企业管理协会授予的首届全国医药企业先进班组和先进个人称号，锅炉班组长陈浩坤赴京参加会议和领奖。

5 月 17 日，以 92.8 分通过厂统计规范化验收。

6 月，日本伊丹市经济交流调查团一行 14 人到佛山市制药一厂交流参观。

6 月 19 日，由广东省医药联合总公司组织市各有关部门考评小组，对佛山市制药一厂升省级先进企业再作验收考评，合格通过。

7 月 22 日，暨南大学台湾学生一行 13 人来访。

8 月，佛山市制药一厂获广东省经委颁发的 1989 年度省级节能企业称号。

8 月 21 日，佛山市卫生局和佛山市医药总公司组织对佛山市制药一厂的“三证验收工作”，初步通过。9 月 9 日，广东省卫生厅、广东省医药联合总公司前来复核并通过。

8 月 23 日，由广东省政协常委、原卫生厅厅长张勤，广东省政协委员陆志博等 8 人组成的广东省协医卫体委员会调查组，在佛山市政协黄理康陪同下，到佛山市制药一厂对梁仲弘蜡丸馆祖铺和佛山中成药历史作调查。

8 月 23 日，佛山市土产进出口公司黄奇凤经理陪同印度尼西亚首都华侨商区出口部主席杨记和先生来访。

10 月 10 日，佛山市经济贸易委员会授予厂 1989 年度工交设备管理先进单位称号。

10 月 24 日，厂第十三届二次职代会选举正厂长，陈应炜当选。

10 月 26 日至 11 月 1 日，厂派员参加在北京召开的首届全国工业企业技术进步成就展览会医药行业中药工业部分的筹备会。

11 月 13 日，“固体汤剂”项目正式列入国家、省、市《一九九一年技术改造、技术引进新开项目》。

11 月 29 日，国家医药管理局副局长王远等一行 85 人，到佛山市制药一厂参观。

1991 年

1 月 15 日，新的 2 吨油炉投入试运转，2 月 8 日正式并网供气。

1 月 28、29 日，厂第十三届职代会暨第五届会员代表大会召开（总结 1990 年工作，做 1991 年及“八五”规划的打算，部署供销承包工作，进行工会委员改选）。

3 月 5 日，澳大利亚汉密史·德拉蒙德联合有限公司执行董事汉密史·德拉蒙德等人，在佛山新基实业公司领导陪同下前来探讨中成药出口问题（3 月 1 日先来一批）。

3 月 22 日，国家中医药管理局质量司陈皎副处长率北京、天津药材公司及有关厂家，前来对厂的药材前处理和仓库管理工作进行调研。

4 月 10 日，卫生部药典编委、新药研讨会在佛山市制药一厂召开会议。

4 月 28 日，国家中医药管理局综合计划司副司长王敬宣等 4 人来访。

5 月 25 日，在已明确可以征用厂区南边小鱼塘（5 亩）的基础上，再启动办理大塘（17 亩）的征地手续。由于得到南海县国土局的大力支持下终于在 12 月底谈好征地协议，征地带人问题也在市政府支持下，在 10 月份得到解决。至 1991 年底，共 23 亩的征地任务，从王秉国书记未退休前都有介入的 1987 年开始，经 4 年努力，终告完成。

5 月 30 日，国家中医药管理局经济协调司副司长杨坤林，综合计划司副司长刘晋儒、副处长郑昕，外事司副处长姜再增来访，商谈“2950”事宜（因固体汤剂项目预算为 2 950 万元）。

6 月 3 日，四川省物价局副局长李先前一行 8 人，在广东省药材公司科长雷志仁陪同下前来佛山市制药一厂对佛山市场、物价、产品成本等问题作调研。

6 月 9 日，厂的第十三届四次职代会召开会议，通过《中药固体汤剂技术改造和技术引进项目可行研究报告》。

6 月 12、13 日，在佛山迎宾馆，由国家中医药管理局委托广东省医药管理局对佛山市制药一厂《中药固体汤剂技术改造和技术引进项目可行性研究报告》进行论证并予以通过。

7 月 7 日，中国药材公司工业处副处长伍津生、龚国范来访，了解重点中药厂“七五”期间的总结和“八五”期间的规划。

9 月 9 日，厂职工之家通过验收。

10 月 13 日至 27 日，厂长陈应炜，副厂长陈雪贞、卢美，设备科科长陈浩森，厂长办主任郑炯超，参加由国家中医药管理局组团的、以经济协调司副司长杨坤林为团长的中药固体汤剂赴日考察团。

10 月 27 日，仙女送药石雕全部完工。该工程是委托广州美术学院设计施工的，主创戴剑峰、米澄质老师，创意由罗仲利、郑炯超、黄元沛、何应耀提供。

11 月 14 日，厂党总支委员改选。罗仲利任总支书记。

12 月 1 日，四川省都江堰市委赴佛山及珠江三角洲学习考察团在佛山市统战部周任部长带领下来厂访问。

12 月 3 日，新疆温泉县经济考察组一行 5 人（团长县党委副书记于胜德）在佛山市经济贸易委员会能源科陈灼儒科长陪同下到访。

12 月 7 日，日本原旅行团 35 人来访。

12 月 18 日，企业内部正式讨论出售公有旧住房的方案，房改开始起步。

1992 年

1 月 14 日，厂第十三届五次职代会召开。

2 月 24 日，陈浩森被确定参加国家医药管理局的先进事迹宣讲团。其先进事迹在国内医药界得到肯定，被人事部、国家医药管理局授予“全国医药系统先进个人”。中共佛山市制药一厂党总支作出“开展向陈浩森同志学习的决定”。

3 月 8 日，国家计划委员会处长费彬（女）在国家中医药管理局综合计划司宋文义司长、广东省中医药管理局李处长以及佛山市卫生局莫少庸科长等陪同下来访。

3 月 31 日，美国国际天然药物公司董事长、教授刘亚光和 Frank Nelzom 总经理来访，洽谈共同开发天然药物以及在东南亚选取销售点事宜。

3 月 30 日至 4 月 4 日，在广州珠岛宾馆召开全国中成药重点中药厂厂长会议，主要议题是谈论行业发展规划。

4 月 3 日，国家中医药管理局综合计划司副司长刘晋儒、经济协调司毛小莹和中国药材公司裘祖宝等人来访。

4 月 24 日，与环保局商谈建设废水处理站建设问题。

5 月 16 日，中药固体汤剂技改项目下引进设备等项目，正式由国务院机电审查办批复下文。

5 月 23 日，香港三角洲发展有限公司副总经理霍彬与中国银行香港分行业务发展二部副经理萧建辉先生、主任吴成谷先生，前来佛山市制药一厂对共同合作中药固体汤剂技改项目进行探讨。

6 月 3 日，三车间新提取车间试运行、试产。

6 月 4 日，由香港亚洲电视台节目主持人刘锡贤先生等一行 7 人组成的电视摄制组，来厂拍摄大型电影剧“大地的变迁”中的制药部分的各组镜头，此组镜头于当年 8 月 24 日在香港亚视放映。

7 月 2 日，日本三国株式会社常务取缔役永井吉澄先生，日本兆华贸易株式会社课长代理柳泽伸树，中技南方公司二部经理冯风、三部工程师韩兆里等来厂商谈技改项目设备引进一事。

8 月 3 日，国家中医药管理局质量处副处长张晶等来访。

8 月 6 日至 18 日，由香港三角洲发展有限公司牵头，佛山市医药总公司副总经理关振浩和厂长陈应炜、党总支书记罗仲利、供销科科长源汝湘、财务科科长曾煊、厂长助理邬威尧一行 6 人，赴越南进行联合办药厂的调查、考察。8 月 12 日，以香港大宽松国际有限公司总经理廖彬先生为代表，与越南河内市医药联合企业签署了“关于合资筹建越南成药生产企业意向书”。

8 月 22 日，法国 ECTI 和 I. C. C. E 两国际人才交流委员会成员到访。

8 月 23 日，厂第十三届六次职代会召开。内容是：上半年工作总结，下半年工作计划；修改“八五”规划指标；中外合作经营企业报告；关于越南办厂问题的报告；学习《企业法》，选举厂企管会。

9 月 14 日，国家工商银行总行技改部项目管理处王一心，在广东省工商银行技改信贷处张雪英科长、陆锦文、朱满芳，佛山市工商行冯伟泉、陈建荣陪同下到厂了解中药固体汤剂技改项目资金投入和进度情况。

9 月 20 日至 10 月 8 日，投资 2 950 万元的中药固体汤剂车间工程用地——17 亩的鱼塘填土工程于当月 13 日完工并通过验收。

9 月 21 日至 10 月 5 日，由佛山市医药总公司组织市内三间药厂的领导赴泰国曼谷参加中国医药对外贸易总公司筹办的“中国医药设备及医疗器械展览会”。制药一厂由陈应炜厂长率团赴泰办展览。展出产品有跌打药精等 22 种。

10 月 18 日，在三车间举行建厂 35 周年志庆，邀请历届书记、厂长做嘉宾；职工以舞狮、投篮球、拔河、猜谜语等形式庆祝。

10 月 30 日，广州电视台来厂开拍《古老佛药庆中兴》电视片。

10 月 24 日至 29 日，厂派员参加在宁波召开的“一九九二年全国中药行业技术改造工作座谈会”，主要是衔接 1993 年技改专项贷款事宜。

11 月 12、13 日，日本中川工程公司中川公一先生，日本日阪制作株式会社大捨一亲、日下部征治先生，日本兆华贸易株式会社大野晓先生，国家中医药管理局经济协调司李彤练，上海医药设计院周淼海、李克成、廖应生、杨军，中技南方二部经理冯风，佛山市翻译（日）卿霞晖小姐和厂长陈应炜及陈浩森、罗仲利、卢美、邬威尧、郑炯超等 20 人，对厂中药提取组线引进设备作技术交流。

12 月 1 日至 24 日，厂总支书记罗仲利同志参加佛山市人才交流中心组织的首批“佛山市企业家赴日研修团”（一行 24 人），到日本伊丹市就企业经营管理进行研修，并取得由伊丹市长签发的结业证书。其间，到大阪制作株式会社及一间汉方药厂的喷雾车间参观。

1993 年

1 月 8 日，香港利嘉阁地产公司、加拿大加城置地公司、香港 APV 远东公司，就去年泰国广大公司与佛山市制药一厂有关地产问题来访。

2 月 11 日，香港亚洲电视台亚洲小姐冯美英、王炜、欧瑾，节目主持人米奇、叶静怡，高级资料、撰稿陈长勤先生，由广东省电视台、佛山市委宣传部陪同，一行 16 人来佛山市制药一厂拍摄《佛山乜都有》之中成药生产片段镜头。

2 月 18 日，中外合作佛山天然制药有限公司营业执照发放，可以正式运作营业。

2 月 24、25 日，厂第十四届一次职代会召开。内容包括：1992 年度工作总结；1993 年度工作计划；医药费管理报销的暂行规定方案；汽车司机奖励方案；中心化验室计件承包方案。

3 月 17 日，菲律宾耀南洋行香港总经理戴克荣、甄健邦先生，由佛山市医药总公司陆永宁副总经理、刘焕文陪同，前来就合作开发中西药生产及市场问题进行洽谈。

4月12日，将厂中药固体汤剂技改项目意向调整，去深圳向路过此处的国家中医药管理局副局长张洪魁、中国药材公司副经理陈文定、国家中医药管理局综合计划司副司长刘晋儒作汇报。

5月5日，国家医药管理局原综合司副司长等7人，在广东省医药管理局基建计划处副处长吴鸿章陪同下，来厂拍摄"七五"期间技术改造跟踪项目之电视片。

5月19日至21日，厂部派员到北京国家中医药管理局专题汇报中药固体汤剂项目调整意向。

6月8日至12日，厂部派员到上海，与上海医药设计院衔接中药固体汤剂项目扩产设计各事宜。

8月12日，越南"二·六"中央药品企业OPC经理黎明点、计划科长阮志灵和贸易部张彩华小姐等4人来访，商议佛山市制药一厂产品在越南市场销售以及联合办厂事宜。

9月20日，中央、广东省、佛山市卫生部门来人了解佛山市制药一厂犀牛角库存情况。

9月27日，在广州中技南方进出口公司与华兴设备公司签订购买西班牙产S－130D双头横式颗粒机两台的合同。

9月28日，在广州中技南方进出口公司与日本友谊产业株式会社签订购买TF－3012干式造粒机一台的合同。

11月15日，菲律宾耀南洋行董事长、总经理金三纯（译音）偕其子和孙，在佛山市医药总公司副总经理陆永宁和佛山市制药一厂厂长黎伟竞等陪同下来访，洽谈开拓市场和合作办厂事宜。

11月17日，香港亚威有限公司唐卓丰、余擎国两位董事和李锦汉先生，在佛山市侨联李如敬，佛山市医药总公司陈池年、冯德康的陪同下，前来洽谈有关地产开发和合作办厂事宜。

11月23日至29日，厂方派员参加国家中医药管理局在哈尔滨召开的“一九九四年全国中药行业技术改造工作座谈会”。厂中药固体汤剂技术改造项目在会上作进展情况和明年的衔接工作汇报。

1994年

2月19日，对国家批立的“2950”技改项目的调整意向作最后拍板。

2月23日，卢美、陈浩森、区永标3人到上海与医药设计院商谈“2950”项目扩充事宜。

3月6日，党政领导班子写报告给医药总公司，提出“就组建合资公司问题的一些意见”，明确表示我们不同意与亚威合资。

3月19日，厂召开中层干部、清产核资成员、车间组长会，动员开展清产合资（拟与香港亚威有限公司合资经营）。

3月22日，加拿大亚威有限公司副总经理培乔基奥维理，加拿大律师事务所律师麦杜高，金利来证券投资公司何惠雯，皇家银行罗明尼证券公司、事业证券公司加拿大丰业银行集团成员、董事长、亚洲企业融资主管史高德以及汇达证券/投资有限公司戴家琭等人在佛山市医药总公司总经理吴广信陪同下，到三车间察看，谈合资事宜。

4月2日，国家中医药管理局原副局长田景福及田银生处长等一行7人，到厂举办“中药复方有效成分提取新工艺”推广座谈会（主讲者是四川省中药研究院人员）。

4月21日，佛山市医药总公司与香港亚威有限公司草签有关合资意向书。

5月4日，经贸部下达1994年技改项目贷款，厂项目总投资从原来 2 950 万元改增至 3 220 万元。

6 月 18 日至 23 日，佛山地区一带因暴雨成灾，厂三车间亦成泽国，停产 5 天。估算损失约 75 万元。后经协商，由保险公司赔偿。

7 月 10 日，张坤芳、钟泳康、曾煊等 3 人前往日本东京友谊株式会社，针对我厂购进的 TF－3012 干式造粒机接受技术培训。

7 月 26 日，刘耿文副市长作出将佛山市医药总公司属下的佛山制药厂、中外合作通灵制药有限公司和佛山市制药一厂冯了性风湿跌打药酒等 36 个品种与香港亚威有限公司合资经营的决定。

7 月 31 日，香港亚威有限公司来佛山签订合同。

9 月 15 日，越南“二・六”中央药品企业 OPC 经理黎明点等 10 人来访，洽谈产品销售事宜。

9 月 23 日，广东省医药总公司来厂拍摄《腾飞广东》之部分制药镜头。

10 月 30 日至 11 月 6 日，陈应炜、罗仲利、郑炯超 3 人参加佛山市政府组织的“一九九四年佛山高新技术项目介绍会”（香港），以期引进外资共同开发项目。

11 月 21 日，国家中医药管理局石副局长、广东省医药总公司府凡林副总经理等 7 人来访。

11 月 22 日，国家中医药管理局质量司副司长丛众等 7 人来访，了解执行中央 53 号文的情况。

进口设备因办理技改减免税和以合作公司名义办免税而推迟较长时间，需要向海关缴纳 23.05 万元的滞报金。

1995 年

1 月 7 日至 24 日，国家中医药管理局综合计划司李彤练，佛山市制药一厂陈浩森、陈伟康等3人，经香港前往西班牙巴塞罗那参加为期一周的双头横式颗粒包装机技术培训。

1月7日至24日，厂长陈应炜参加国家中医药管理局组织的美国中药市场行情考察。

1月17日，调整装修后的丹散小丸组复产。

1月20日，广东省医药管理局组团来厂对厂作换发“三证”的验收。

1月，经佛山市外经委批准，同意中外合作佛山天然制药有限公司提前终止合作合同。

4月4日，佛山市卫生局来厂对药品生产许可证作检查。

4月13日，日本澀谷工业（株）田甫正兴与广州新东邦马作夫先生来访（商谈药酒灌装机之售后服务事宜）。

4月18日，香港京都念慈庵董事长谢兆邦先生等来访。

4月19日，澳大利亚金贸易行何乐怡小姐来访。

4月25日，包括冯了性风湿跌打药酒在内的36个品种，经厂方多次与康宝顺药业有限公司洽谈，获准返回我厂生产，期限5年，俗称“反许可”。

7月25日，马来西亚海行公司杨丽敏小姐等4人来访。

8月21日，新加坡康泰公司郭启顺董事经理等4人来访。

8月28日，香港溢丰行陈瑞棠先生来访。

8月，厂党总支书记罗仲利被佛山市市委组织部任命为佛山市医药总公司副总经理。

9月26日，美国富旺保健推广公司王国松先生前来洽谈加工中药剂型事宜。

10月18日，广东省卫生厅来厂作药品生产许可证验收。

11月2日，佛山市市委宣传部部长黄永尧、市经委办公室主任庞志峰等20多人，在审定烈士黄为航塑像后到厂座谈。

11月2日，日本涩谷工业（株）白浜良介先生来访。

11月27日，国家中医药管理局综合计划司副司长王敬宣等2人来厂和佛山市中医院着手办理拍摄《中华杏林》电视片一事。

12月25日，由佛山市医药总公司总经理何兆琇、副总经理陈特好宣读任命书和批复中共佛山市制药一厂党总支委员的分工。罗仲利任佛山市医药总公司副总经理兼佛山市制药一厂厂长。党总支委员的分工为：陈应炜任党总支书记，罗文发任党总支副书记，罗仲利任宣传委员，陈雪贞任纪检监察委员，邬威尧任青年委员。

12月29日，全厂在丽晶酒店聚餐，由厂长罗仲利任命邬威尧为一厂副厂长，分管技术线。

另10月至12月，陆续在湛江发现假冒的佛山市制药一厂纯正珍珠末，在湖南郴州发现假冒的冯了性风湿跌打药酒，在电白县发现假猴枣散约12 000支，价值4万多元。

1996年

1月24日至28日，由书记陈应炜率队，与佛山市技术监督局人员一起，前往湖南郴州，配合当地工商局，对假冒佛山市制药一厂名牌产品——冯了性风湿跌打药酒的摊档作打假行动。

5月7日至11日，日本友谊（株）产业派技术人员张原峰弘先生前来协助佛山市制药一厂调试该公司之设备——TF－3012干式造粒机。一次调试成功，可供生产使用。

5月22日，澳大利亚宏鑫有限公司董事总经理何乐怡（女）等，在市医药保健品公司人员陪同下前来佛山市制药一厂了解中药提取加工工艺和共同开拓市场事宜。

5月30日起，对进口的西班牙S－130D双横头卧式颗粒包装机作多次的调试。经改动颗粒漏斗容量后，已可供生产使用。

6月3日，会同佛山市技术监督局前往广西南宁，与当地工商局一起，捣毁了假冒佛山市制药一厂纯正珍珠末的加工场，维护了厂的产品声誉。

7月15日至19日，罗仲利、陈应炜、郑炯超等3人前往北京国家中医药管理局，就要求保留佛山市制药一厂为重点中药厂五十强作汇报工作。

7月25日，属佛山市立项节能技改项目中的LFG500－I小丸沸腾干燥器经多次改动和调试后投产。

10月9日，厂部送药品“乌鸡白凤口服液”和“乌鸡白凤口服膏”各50箱作赈灾药物运往湖南灾区。

11月14日至12月2日，厂长罗仲利参加由广东省科委、省卫生厅、省医药管理局组织的赴美考察团，考察内容主要是美国联邦政府食品和药品管理机构（简称FDA）的运作及中国药品进入美国市场的渠道和法律程序。通过参观办事机构、上课、参观现场等形式进行，同时参观了两家大的制药公司和两家医院。

11月25日，国家中医药管理局计划财务司副司长李大宁和张建华处长，就国家中医药管理局国有企业五十强的排名问题到厂作实地考察。

12月16日，佛山市卫生局、市医药总公司组队到厂作更换药品生产许可证验收检查。

1997年

1月2日，为便于指挥生产和调度，厂部二车间和四车间合并，统称二车间（含大蜜丸、片剂、小丸、丹散各剂型所生产的工序）。

1 月 7 日起，为提高产品质量，改善药品崩解度和缩短生产周期，厂部增设选用小丸立式沸腾干燥床和片剂颗粒卧式沸腾干燥床。

1 月 16 日，为一改以往硝化棉和蘸蜡封瓶口的旧工艺，片剂圆瓶封口采用顺德产热感应封口膜新工艺。

1 月 31 日，厂第十五届二次职工代表大会召开。小结“八五”规划和计划“九五”规划。

2 月 19 日，拆除已使用 20 多年的旧式列管焙炉，小丸干燥用沸腾干燥取而代之。

3 月 2 日至 4 月 2 日，技术副厂长邬威尧，参加佛山市委、佛山市经济贸易委员会组织的赴新加坡国立大学企业管理学院研修课程学习。另参观该国几家有代表性的企业。

3 月 3 日至 7 日，厂部派员参加国家中医药管理局和澳大利亚药物局家庭服务部合作举办的药品 GMP 认证研讨会（地点是广州珠江宾馆）。

3 月 13 日，完成编制钉装 1996 年版《企业管理制度》；3 月 19 日起，因资金问题而暂搁一段时间的国家中医药管理局批立的“佛山市制药一厂中药固体汤剂技术改造技术引进项目”办理结转，并直接到广东省经济贸易委员会说明情况。“汤剂”改“制剂”，土建由 5 200 米^2 增至 10 000 米^2。投资 3 220 万元不变。由广东省医工设计院承接设计，重新启动运行。

4 月 2 日，为扩大冯了性药酒的生产，扩建 18 米^3 的浸渍罐 10 个。经消防等部门验收后投产。

5 月 19 日，许可给康宝顺使用的 36 个品种在总公司支持下，全部返回佛山市制药一厂。

5月25日至6月13日，生产副厂长陈雪贞参加由广东省医药管理局外经处组织的对美国药品市场销售和药品生产情况的考察。

6月21日，厂举行建厂40周年暨梁仲弘蜡丸馆建馆425周年庆典和厂再次评上全国中成药工业重点厂（五十强）庆祝大会。

10月22日，由国家中医药管理局部署，中央电视台派员来厂拍摄有关中成药工业企业五十强的电视片。

10月28日至11月6日，厂长罗仲利、副厂长邬威尧、供销科副科长张万和吴杰光4人，到湖南各销售冯了性药酒的销售点作“打假”调查。联合北京同仁堂药厂及当地技术监督局、工商局、卫生局、公安局一齐在祁东县市场进行打假，即时现场搜出大量的假货。

11月13日，佛山市卫生局、市药检所、市医药总公司等联合到佛山市制药一厂对《药品生产许可证》、《药品合格证》进行年审验收。

11月21日，佛山市委书记林浩坤、市经济贸易委员会主任陈广宁等在佛山市医药总公司和厂领导陪同下到三车间视察。

12月21日至23日，厂长罗仲利赴京参加由国家中医药管理局举办的全国中成药工业企业重点厂（五十强）计划会议。

1998年

1月15日，副厂长陈雪贞当选佛山城区人大代表。

2月16日，由广东省医药管理局在广州的广东邮电大厦，组织有关专家对佛山市制药一厂“中药固体制剂车间技术改造项目”作审评。

2月18日，佛山市制药一厂获广东省医药行业先进集体称号（由广东省人事厅、广东省医药管理局颁发）。

2月23日，产品珍珠末防伪改为使用天津梅柯科工贸公司生产的FG－2装罐机生产。

2月26日，在佛山市华侨大厦召开佛山市制药一厂新产品“热必宁颗粒”Ⅱ期临床审定会。与会的有广东省卫生厅及成都、武汉、南京、广州等地中医药院校的18位教授学者。

3月3日，厂第十五届三次职代会召开。总结1997年工作，布置1998年工作计划。

3月10日，由广东省卫生厅组织有关专家，在广州王府井大厦对佛山市制药一厂“中药固体制剂技术改造项目”进行审评。

3月23日，编写佛山市制药一厂GMP软件，请广东省培训中心高级工程师前来辅导；厂GMP 3人专责小组商讨始编SOP。

4月28日，国家药典委员会通知：在省标转部标时，要更改“梁财信跌打丸”的名称，理由是不能用人名命名。

5月21日，厂长罗仲利带着一份经佛山市文化局证明的报告，由魏献春陪同，直接到卫生部中药处（当时杨拾玲任处长）反映保留“梁财信跌打丸”药名的事，据理力争。由于有200多年历史，终被采纳。12月，“梁财信跌打丸”被载入《中华人民共和国卫生部药品标准中成药方剂第十册》。同时，佛山人发明的人参再造丸，也被定名为佛山人参再造丸，与其他的人参再造丸有所区别。保留了佛山传统中成药文化的特色。

6月17日至7月5日，厂副书记罗文发参加了由广东省医药管理局组织的赴美考察团，对制药和药品市场进行考察。

6月23日，厂支付4 000元资助贫困地区。

7月8日，支援南海丹灶洪水灾区（罗行墟对面的堤围因新修水闸而崩塌），厂组织捐款6 000元。另捐赠六神丸、藿香正气丸、保济丸等药品，价值约30 000元。

10月15日，国务院发展研究中心、中国企业家调查系统办公室相东主任和王建平副主任来访。

11月2日，厂新产品“热必宁颗粒剂”审批会在北京召开。

12月2日，因佛山市制药二厂于1998年10月转制成功，佛山市制药一厂转制模式因佛山市政府直接介入，要与二厂一样，厂中层干部分别召开座谈会，商讨厂转制事宜。

12月3日至7日，厂方派员参加由中国医药工业公司组织的第二批参观GMP达标企业活动（地点为北京）。

1999年

3月13日，厂中层干部会。传达佛山市直工作会议，讨论企业转制及纪检工作。

3月28日，厂技改项目中药固体制剂车间土建工程经市招标办摇珠招标，由城区建筑工程公司投得。土建项目正式开始于5月21日，同月启用第二套小丸干燥床。

5月25日，国务院发展研究中心来访，了解国企情况。

7月16日，在顺德碧桂园供电局招待所召开中层干部会。小结上半年工作，布置下半年工作。党总支书记陈应炜退休话别。

8月9日，中层干部会，宣布副厂长陈雪贞任党总支书记兼副厂长，吴德海任厂长助理、党总支委员。

8月13日，佛山市禅山资产评估公司完成对佛山市制药一厂的资产评估报告。基准日为1998年12月31日。

8 月 19 日和 8 月 27 日，香港毕马威会计师事务所和香港法国巴黎百富勤融资有限公司，在（香港）佛山发展有限公司许健小姐等陪同下来厂了解情况，留下问卷供分门别类作答。

8 月 23 日，职代会主席团及中层干部扩大会议确定转制事宜：①购买原制药一厂 49% 的股份；②以 7 倍市盈率作条件提出；③认股比率是厂领导购 8 股、中层干部购 3 ~ 5 股、骨干购 1.5 股、员工购 1 股。

9 月 3 日，立项有 8 年之久的“中药固体汤剂技术引进、技术改造项目”于上午 10 点正式响桩。项目改为中药固体制剂大楼。

10 月 7 日，佛山市制药一厂转制方案经职代会同意报出。由于佛山市制药一厂与佛山市制药二厂的实际情况不同，所以与政府谈判仍然继续。罗仲利获职代会授权，为谈判全权代表。

12 月 28 日，佛山市企业改革领导小组正式发文（佛企改〔1999〕020 号）《关于制药一厂转制方案的批复》，批复同意将原制药一厂的 49% 的产权转让给原企业内部职工组成的“佛山仲弘有限公司”；51% 的产权出让给“香港快喜力有限公司”。产权双方组成中外合资经营的“佛山冯了性药业有限公司”。

第三节　药业有限公司时期（2000 年至今）

一、2000—2003 年

2000 年

3 月 7 日，佛山市对外经济贸易委员会下发文件（佛经贸引字〔2000〕20 号）《关于中外合资经营佛山冯了性药业有限公司〈合同〉、〈章程〉的批复》，同意组成中外合资经营企业——佛山冯了性药业有限公司。

3 月 16 日，经佛山市工商行政管理局核查批准成立中外合作经营企业——佛山冯了性药业有限公司。并核发了营业执照，经营期限为 50 年，至 2050 年 3 月 15 日止。

公司第一届董事会人员组成情况：董事长：杜日成；副董事长兼总经理：罗仲利；董事兼副总经理：邬威尧、陈雪贞。

3 月 31 日下午 3 时，由董事长杜日成和副董事长兼总经理罗仲利等领导班子成员带领、全体科室管理人员参加在庆宁路 43 号公司总部门前举行的佛山冯了性药业有限公司正式挂牌揭幕仪式。当天班后全体员工参加在佛山金城大酒店举行的庆祝佛山冯了性药业有限公司成立挂牌餐话会。

4 月 4 日下午，公司全体科室管理人员集中，由罗仲利总经理和陈雪贞副总经理分别代表公司经营领导班子宣读有关公司管理机构的设置以及各职能部门的定员编制、工作职责范围等方面事项的决定。

5 月、6 月间，由云浮市高雅石材有限公司将公司总部门口装贴花岗岩石，佛山市工艺美术铸造有限公司将“佛山冯了性药业有限公司”的石制商标图案和铸铜大字装贴于花岗岩墙壁上，美观了公司大门口正面，强化了企业的宣传。

6月2日，经民主投票选举，中共佛山冯了性药业有限公司第一届委员会组建成立。

6月28日，公司召开了各管理职能部门和各车间负责人参加的会议，宣读及学习公司制定的《员工手册》的具体条文和有关规定，并将《员工手册》发至每位员工，同时组织全体员工停产学习以熟知并落实执行。

10月间，会同市外经委有关部门领导将有关冯了性药业的组建成立情况和合资经营的合同、章程等资料向省经委、省外经贸厅呈报，办理确认审批手续，为向佛山海关申报注册登记做好前期工作。

12月29日，经广东省外经贸厅核准审查批复并下发了《有关佛山冯了性药业有限公司组成的批复函件》，于是开始办理向佛山海关注册登记的呈报审批工作。

12月底，佛山市药品监督管理局药品生产企业许可证验收换证预审组受广东省药品监督管理局委托授权到公司进行检查，经过详细的汇报、检查、验收，确认本公司为验收合格，并审批同意领取新的药品生产企业许可证。

转制后的第一年完成工业总产值（不变价）8 811.6万元，销售额（含税）1.304亿元，利税2 455.35万元。

2001年

1月19日，接到合资公司发文通知，何浩昌接替杜日成出任佛山冯了性药业有限公司董事长。

3月6日，办理了有关注册登记手续，佛山市工商行政管理局审查并重新核发了佛山冯了性药业有限公司营业执照。

3月15日，经广东省药品监督管理局核准同意，向公司核发了新药品生产企业许可证，可与新的营业执照同时使用。

3 月 15 日，合资公司之一的佛山仲弘有限公司召开了第一届第二次股东代表（扩大）会议，并就修改公司章程有关条文作出了决议。

4 月 11 日，公司董事长何浩昌、总经理罗仲利等接待香港有关银行考察团，并参观考察了部分主要车间、班组。

5 月 16 日下午，因前期在广东很多地区有人以河南省（赊店）药业集团的名义哄抬高价推销假“冯了性风湿跌打药酒”，公司假座佛山宾馆举行信息发布会，在会上，罗仲利总经理发表了谈话，并代表公司向报纸、杂志、电台、电视台等新闻界发表了《特别敬告》。维护了本公司生产的冯了性风湿跌打药酒为正宗产品的合法权益。

6 月 15 日，将原存放于佛山市医药总公司的“梁仲弘祖铺”牌匾取回冯了性药业存放。

8 月 30 日，为适应整厂搬迁和 GMP 改造而建造的固体制剂大楼，经佛山市公安消防局进行有关土建及消火栓系统工程验收，鉴定为合格。

10 月 10 日，固体制剂大楼经市建委、质监站、设计院等单位联合验收，经鉴定质量为合格并投入使用。

10 月 11 日，罗仲利总经理就 GMP 改造，向全体管理人员进行了总动员。

10 月 29 日，固体制剂大楼通过验收后，由承建单位——佛山市城区建筑工程公司正式移交给冯了性药业进行 GMP 装修后使用。

11 月 21 日，接到通知：国家商标局已于 7 月 28 日核查批准将原佛山市制药一厂注册登记的“汾江”、“冯了性”牌商标的所有权转让给佛山冯了性药业有限公司拥有及使用。

11 月 22 日，接到外资公司通知：香港快喜力有限公司于当年 9 月 18 日与兴兆贸易投资有限公司（英属）签订《权益买卖合同》，将其在佛山冯了性药业有限公司所拥有的 51% 权益作价转让给兴兆贸易投资有限公司。自此，佛山仲弘有限公司与兴兆贸易有限公司合资经营佛山冯了性药业有限公司，何浩昌先生仍担任公司董事长。

12 月 19 日，公司设备工程部大部分人员为适应开展 GMP 技术改造工作的需要，均正式转迁到佛罗公路新厂区内办公。

当年，完成工业总产值（不变价）8 098.30 万元，销售额（含税）1.320 4 亿元，利税 3 575.89 万元。

2002 年

2 月 22 日，湖南省雅康装修工程公司开始进场对固体制剂等车间进行 GMP 改造装修工程。

3 月 14 日，公司从佛山市外经贸局领回了经广东省外经贸厅签发的有关外资方所占 51% 股权买卖转让的批复确认函件和新换发的批准证书。

3 月 19 日上午 9 时，公司化验综合楼、仓库大楼正式响桩，开始土建工程。

6 月 25 日，接获佛山海关通知：公司向海关申报的有关注册登记备案申请均获审批同意。领取了“自理报关注册登记证书”，标志着公司可享受自理进出口报关登记等方面的待遇。

7 月 16 日，公司委托广东省商标事务所申报办理“冯了性”商标在香港注册登记，后经香港同意注册登记，并获发注册证书。

7 月 31 日，固体制剂车间大楼的配电房工程通过佛山市供电、公安消防等部门验收，由市供电部门顺利供电，投入使用。

8 月 15 日，原属二车间的片剂生产工序均搬迁到佛罗公路新厂区内生产。

8 月 28 日，化验综合楼、新仓库楼土建工程封顶，开始进入外墙及内部装修工程施工阶段。

9 月 13 日，固体制剂车间大楼内净化装修工程通过佛山市公安消防局的验收，投入使用。

9 月 23 日，原二车间小丸生产工序搬迁到佛罗公路新厂区内生产。

10 月 1 日至 7 日，原二车间大蜜丸生产工序开始搬迁到佛罗公路新厂区内生产。

10 月 15 日，委托云浮市高雅石材有限公司开始施工安装“质量第一，造福人群”的石牌匾。10 月 31 日竣工。

11 月 27 日，公司被佛山市质量技术监督局、佛山市经济贸易局审评授予“佛山市质量优胜企业”光荣称号，并获发了牌匾、证书。

当年，完成工业总产值（现行价）1.299 亿元，销售额（含税）1.32 亿元，利税 3 399 万元。

2003 年

1 月 3 日，公司经广东省医药行业协会审评被授予“广东省医药行业创新质量、诚信经营企业”称号，并获发牌匾、证书。

1 月 6 日，佛山市公安消防局防火监督处对公司的化验综合楼、仓库楼的土建和消火栓系列工程进行了验收，确认为合格，符合消防规范标准要求，同意投入使用。

2 月 12 日，公司总经理室、公司办公室转迁到佛罗公路新厂区化验综合楼内办公。

春节前后，广东佛山、广州发现“非典”流行。企业响应国家号召，一方面多生产药品，另一方面内部注意防范。

2月21日，公司供销经理部、财务部均转迁到佛罗公路新厂区化验综合楼内办公。到当天为止，各职能管理部门均全部转迁完毕，统一到佛罗公路新厂区内生产、经营。

3月23日，由佛山市文联主席、名作家任流先生编著，介绍以清代佛山中成药业为背景的小说——《佛山药王》在公司化验综合楼一楼大堂举行首发及签名仪式，参加仪式的嘉宾有佛山市政府副秘书长麦炎祥、中国工艺美术大师庄稼夫妇等及有关市电视台、电台、报刊的新闻媒体记者等。

4月10日，公司新领回经广东省食品药品监督管理局核发的《药品生产许可证》。

7月初，经广东省医药行业名牌审评委审评，冯了性风湿跌打药酒、竭红跌打酊、佛山人参再造丸、蛇胆陈皮散、蛇胆川贝散、保济丸等产品均被审评认定为“广东省医药行业名牌产品”，并获颁证书。

7月18日，经广东省经贸委、广东省医药行业协会审评认定，公司被评为“广东省医药行业抗‘非典’模范单位”，并获发奖牌和证书。

7月21日，经佛山市工商行政管理局审评，公司被认定为“2001—2002年度守合同重信用企业”，并获颁牌匾和证书。

10月24日至25日，公司总经理罗仲利带队，偕同办公室人员和冯了性后人等前往冯了性故乡龙田村开展寻根溯源活动，经考察寻访，将该村保留了近600年历史至今的物证资料《始平族谱》中记载“冯了性家族”的资料复印回公司存档收藏。

11 月 5 日，公司合资方之一的佛山仲弘有限公司召开了第一届第五次股东代表大会，为做好董事会换届选举的前期工作，审议通过了《选举实施条例》和《保密守则》等文件，并部署布置了有关开展选举公司第二届董事会、监事会的工作。中旬，第三届董事会经股东大会选举产生。董事长：罗仲利，董事：邬威尧、吴德海；监事会负责人：李永瑞，成员：庞炽流，廖国雄。

11 月，经佛山市工商行政管理局审评认定，公司的“冯了性”商标成为首批“佛山市知名商标”之一。

12 月 11 日，公司由罗仲利总经理带队前往冯了性的故乡——广东新会荷塘镇龙田村，向全体村民赠送了公司的龙头产品——冯了性风湿跌打药酒，并举行了赠送移交仪式。

12 月，公司经广东省医药行业协会审评认定为“广东省医药行业统计先进单位”，并获颁证书。

当年完成工业总产值（现行价）1.56 亿元，销售额（含税）1.491 9 亿元，利税 3 973.20 万元。全年均集中精力搞 GMP 硬件改造和软件的制订、培训。全体员工均高度重视。

二、2004 年至今

2004 年

1 月 1 日起，邬威尧任常务副总经理。

1 月 9 日至 11 日，广东省药品监督管理局受国家药品监督管理局委托，派出 GMP 检查组对公司有关落实《GMP 规范标准》的实施情况进行检查审评。

到 1 月 11 日下午 4 时，广东省 GMP 专家审评组集中宣读检查总结及审评结论，宣布公司整厂通过 GMP 审评认证，向国家药品监督管理局申报审批后发证确认。

2月4日，国家食品药品监督管理局经过上网发布公示后，委托广东省食品药品监督管理局向公司颁发了“中华人民共和国药品GMP证书”。

3月16日，公司为庆祝“冯了性药铺”定名345周年暨整厂通过GMP认证，假座佛山宾馆万豪殿筵开83席举行庆祝餐酒会，出席人员有全公司员工、离退休人员，并诚邀公司转制前的企业历届领导、市药监局领导以及电台、电视台、报刊等新闻界记者代表等；在会上同时宣布了佛山冯了性药业有限公司第二届董事会成员的组成名单，其中吴德海从即日起首次担任公司副总经理。

在庆典当天，公司向全公司员工颁发了“全家福”照片、纪念品，同时向全体离退休人员、历届领导以及参加餐酒会的嘉宾颁发了纪念品，以表示公司的致谢之意！

4月15日，由罗仲利总经理带队组织公司团支部的团员、青年前往冯了性故乡——广东新会荷塘镇龙田村拜祭冯了性等故人，同时组织义诊送药，缅怀先辈，拓展新业。

5月20日，公司与佛山市体育局联合举行“2004年‘冯了性’全国拳击锦标赛”的合作合同签字仪式，在会上由公司向参加发布会的30多位新闻界记者派发了有关的宣传资料。

5月21日，罗仲利总经理等人参加了佛山市政府在市府小礼堂召开的有关“2003年度广东省著名商标、佛山市知名商标企业表彰大会”，其中公司的“冯了性”商标被审评认定为“佛山市知名商标”，并获颁证书、牌匾。

6月3日，公司向佛山市外经贸局、广东省外经贸厅呈报了有关公司申报“先进技术企业”的资料，以待审批确认。

6月4日，公司向佛山市质量技术监督局、广东省质量技术监督局呈报有关冯了性风湿跌打药酒申报确认为“广东省名牌产品”的资料，以待审批确认。

6月7日，参加“2004年‘冯了性’全国拳击锦标赛”活动的国家体育总局的领导，由市体育局领导陪同莅临公司参观指导。

6月12日，由公司独家赞助举行的“2004年‘冯了性’全国拳击锦标赛”所有赛事圆满结束，降下帷幕。

6月16日，佛山市外经贸局外商企业管理科李科长等人就公司申报“先进技术企业”的确认问题，到公司进行实地视察考评，罗仲利总经理作了专题汇报。

6月24日，公司将经佛山市外经贸局审评“同意上报”的有关“先进技术企业”申报资料呈报到广东省外经贸厅加工贸易处，以待审批确认。

6月25日，中共佛山冯了性药业有限公司第二届委员会经党员选举产生，并于2004年7月6日获中共佛山市公盈公司党委批准。其中，书记：罗仲利，副书记：邬威尧，委员有：吴德海、张万、谭珍。

7月1日，公司接获广东省外经贸厅通知，有关申报“先进技术企业”的报告已获审批同意，并领回“外商投资先进技术企业确认证书”，标志着公司继续可以顺延3年享受国家对外商投资企业给予优惠的政策。

8月17日至19日，公司邀请广东电视台企管中心摄制组到企业内、祖庙、冯了性故乡——龙田村等地拍摄制作介绍佛山传统中成药历史文化以及本公司的发展史的《古老冯了性，佛药放光华》专题片。

8月25日，新药“蛇胆川贝含片”获正式生产批文。

8月28日至9月23日，公司为了弘扬佛山传统的中成药文化，参与并赞助了由佛山市人民政府主办的“2004年琼花粤剧艺术节”活动，认捐一部花车，在花车、电视、电台广播、《佛山日报》上宣传佛山传统中成药文化及公司形象。

11月16日，由中国工艺美术大师钟汝荣、冼艳芬夫妇设计制造的《佛药春秋》百米壁画开始进场在公司综合楼中堂五六楼走廊墙壁外施工安装，历时1年多的工程终告完成。

11月29日，北京《中国医药》摄制组开始进入公司等地，拍摄制作以介绍公司历史以及跌打系列产品为主题内容的电视特辑专题片。

12月21日，佛山电视台《佛山全接触》专题摄制组到公司采访拍摄企业发展等专题片，专题采访了罗仲利总经理以及部分老药工，在佛山电视台作专题播放。

全年销售额突破1.5亿元大关，为1.518亿元（含税），创历史最高水平。其中，冯了性风湿跌打药酒为4 100多万元（斤装401.35万支，半斤装79.76万支），均创历史最高水平。

2005年

1月10日，接到佛山市立邦商标事务所通知：公司于2004年间向广东省工商局商标审评委员会申报的有关“冯了性”商标经审评确认为“广东省著名商标”，并向社会公示。同年8月25日，禅城区工商局代为颁发证书和牌匾。

2月2日上午，原佛山市医药总公司离退休领导干部林平、吴广信、关振浩、陈特好等同志到公司考察，了解公司的发展情况，由罗仲利总经理负责接待。

2月21日，广东省食品药品行业协会召开了“广东省食品、药品科技质量先进表彰大会”，佛山冯了性药业有限公司及常务副总经理邬威尧被授予“先进单位”和“先进个人”荣誉称号，并获颁奖牌、奖状和证书。

3月22日，公司为了弘扬优良的佛山古老民俗文化活动，罗仲利总经理代表公司与佛山市博物馆签订了有关捐资赞助及参与“2005佛山祖庙三月三祈福民俗文化活动”的“认捐书”，并从4月11日起参与了祈福及宣传企业形象等活动。

4月12日下午，由佛山市有关形象策略机构以“关注佛山老字号活动临时联络员”的名义组织的“2005年佛山老字号协会及高峰论坛筹备会议讲座”于公司会议室召开，佛山老字号企业代表60多人参加了会议，罗仲利总经理在会上发表了专题讲话。

6月23日，公司为了更好地实施未来五年发展规划的战略，向佛山市禅城区人民政府呈报了关于请求规划发展用地的请示报告。

7月19日，佛山市规划局禅城分局在办公地点召开老城区重点企业规划用地征询会。罗仲利总经理参加会议，并提出冯了性药业发展规划用地的意见——厂区以东、过境路以西、佛罗公路以南约40亩地留给冯了性药业作为日后发展用地。规划部门没有提出反对意见，认为可行。

8月，冯了性药业和德众药业联合赞助在佛山市举行的“广东省2005年青少年拳击锦标赛”。

9月12日至15日，公司组织参加“第二届中国中小企业博览会暨中法中小企业博览会”的展示活动，进一步提升了企业形象、产品的宣传。

9月16日上午，由广东省委政策研究室副主任曹茂芹带领的广东省委政研室调研组就“加快广东省中医药现代化的对策建议”等专题到公司进行调研考察，罗仲利总经理接待并详细介绍了公司发展的具体情况。

10月7日，佛山电视台新闻综合频道《佛山全接触》栏目“百年老字号”专题节目中播放了在公司内进行采访拍摄的系列专题报道。

10月10日，接获广东省商标事务所通知：公司的“冯了性+图+英文”的商标经审核获准在新加坡登记注册。

11月12日，因水利工程施工，正门临时封闭，改用北侧门出入。这是厂区建成后首次启用北侧门出入，也是门口雕塑工程的正式开工日期。

11月16日，公司将有关在公司出入通道口上建造公司形象雕塑工程的施工设计图纸（光盘）呈报佛山市规划局禅城分局审批。11月25日该局审批同意施工建造。

12月1日，接到广东省行业协会通知：经申报、审议评定，佛山冯了性药业有限公司和罗仲利总经理分别被评选为2005年度广东省医药行业先进单位及优秀企业家，并决定于2005年12月30日在广州市召开大会进行表彰、授予荣誉称号，同时颁发证书和牌匾。

12月6日，佛山市工商局向公司颁发了“连续四年守合同重信用企业”的证书、牌匾。

12月12日下午，罗仲利总经理在生产分析平衡例会上提出：为适应冯了性风湿跌打药酒销售需求，2006年初设备工程部必须要提出在原生产场地扩产改造的具体方案交公司领导班子审议确定，该项工程务必于2006年间药酒销售旺季（即国庆节）前完工且投入使用。

12月13日，佛山市物价局价格协会、佛山市工商局消委会联合向公司颁发了“价格诚信加盟单位”荣誉证书和牌匾。

小丸扩产完成（由年产200吨增至500吨）。首次使用微波干燥，大蜜丸塑罩包装及入盒生产线于5月正式投产。

散剂由瓶装改铝塑机包正式投产。6月对大活络的塑壳蘸蜡工艺进行改革，经远程运输实验后，从10月起改用全蜡壳包装。

截至12月31日，2005年度全年完成工业总产值17 398万元，销售总额（含税）1.622亿元，上缴税金总共1 909.09万元，实现利润1 998.69万元。

2006年

3月18、19日，公司参加了由佛山市消委会组织的“2006年国际消费日”活动，被评审为“2005年度消费者满意单位”，并获颁证书、牌匾。

4月3日，佛山市政协委员会黄振辉副主席一行数人莅临公司考察、调研指导，由罗仲利总经理、邬威尧常务副总经理等负责接待，并详细介绍了公司该年的发展情况及未来五年内的发展战略目标。

5月16日，佛山市政府副秘书长黄海宁、佛山市国资委主任卢建华、佛山发展公司何浩昌董事长，在佛山市政府召集冯了性药业总经理罗仲利、德众药业总经理何兆琇开会，拉开了“二次转制”的序幕。

5月25日，在邬威尧常务副总经理亲自领导和关怀指导下，由公司办公室具体负责编印的《冯了性通讯》创刊号正式出版，并发至全体员工人手一份，推动并提高了企业文化建设工作的开展。

6月13日，公司接获有关信息反馈及政府有关部门通知，将由商务部组织开展首批审评“中华老字号”企业所需的所有申报材料整理汇总成册，报送到禅城区和佛山市经贸局、广东省经贸厅，再呈报到商务部参加审评。

7月31日，公司罗仲利总经理代表公司将人民币伍万元支票交付给佛山市禅城区慈善会，以表公司为响应广东省委、省政府发出的有关以实际行动援助因山洪暴发而受灾害的粤北灾区的号召，发扬“一方有难、八方支援”的互助精神和关怀之意。

8月1日，受公司委托，由中国陶瓷工艺美术大师钟汝荣夫妇具体负责设计制作的牌楼雕塑（第二稿）模型送至本公司审议确定。

8月3日，公司召开了由班长以上管理人员参加的会议，由罗仲利总经理主持并详细传达和介绍了有关佛山冯了性药业有限公司要实行二次转制及与市有关部门商议、谈判等方面的具体情况。

8月8日，经佛山冯了性药业有限公司职工代表大会（61名代表）决议，一致通过《佛山冯了性药业有限公司二次转制员工安置方案》，佛山市劳动和社会保障局于2006年10月23日正式批准公司与职工解除劳动合同关系及经济补偿的意见，核定月人平均工资为2 042.97元。总补偿金额为20 624 364.97元，其中国有方承担17 751 861.45元，仲弘公司负责2 872 503.52元。

8月30日，佛山市第十二届省运会筹委会、佛山市第十二届省运会禅星体育发展有限公司向冯了性药业颁发了“热心支持省运会”荣誉证书，以表彰冯了性药业热心公益、支持省运会的实际行动。

9月29日，中华人民共和国商务部发布公示，佛山冯了性药业有限公司经审评被认定为第一批“中华老字号”企业，《佛山日报》9月30日在A2版发表了《冯了性、海天跻身“中华老字号”》的新闻报道。

10月23日，公司全体员工因企业进行了二次转制，原与企业签订的劳动合同按有关政策精神规定予以终止，原各员工在原企业的工龄则以9月30日为基准日，计算工龄补偿金；另再与企业签订新的劳动合同。二次转制至此，除未兑现补偿金（按方案规定在2007年6月30日前）外，全部完成。

11月8日，公司为了响应佛山市政府的要求，配合市为迎接广东第十二届体育运动会举行，实施有关佛山大道、岭南大道、季华路主要高大建筑物上亮化工程，在本公司内的大钟楼外墙上安装的发光灯管亮化工程竣工并投入使用。

11月20日，佛山市香港发展有限公司何浩昌董事长偕同佛山市公共事业控股有限公司杜日成董事长及其所属行政管理部门负责人莅临公司，就本公司已实行了二次转制，根据佛山市委、市政府的决定意见宣布：有关本公司的党务、工会、行政等方面工作的上级主管部门由以前的佛山市公盈公司转变成佛山市公控公司。

12月18日，罗仲利总经理代表公司专程前往北京，参加19日由商务部举办的有关“中华老字号”保护和创新论题的研讨会暨向首批荣获“中华老字号”称号的企业授牌仪式，喜捧牌匾和荣誉证书。

12月18日，罗仲利总经理签发了《关于邬威尧等任职的通知》（佛冯药〔2006〕006号文件），宣布：根据公司董事会决议，邬威尧从2007年1月1日起任佛山冯了性药业有限公司总经理、司徒民任佛山冯了性药业有限公司财务总监，罗仲利仍保留原来任副董事长职务至本届任期满。

截至12月31日统计，公司2006年度实现销售额1.82亿元（含税），利税4 462.60万元，利润2 397.54万元。创下了组建中外合资公司以来的新高。

2007年

1月1日，罗仲利辞去公司总经理一职，由邬威尧任总经理。

1月22日，公司委托福建省惠安县鼎立石业雕刻有限公司雕刻、安装的“冯了性”石雕牌楼石件运送到公司安装现场，1月23日开始安装，2月14日全部安装完毕。

3月16日，公司为庆祝企业门口的“冯了性”石雕牌楼投入使用暨“冯了性药铺”348周年纪念以及企业转制、重新恢复“冯了性”老字号7周年，举行了剪彩揭幕仪式及庆典活动。

3月，公司经广东省医药行业协会审评，被认定为“广东省医药生产经营诚信示范单位”。

4月3日，合资经营其中一方——兴兆贸易投资有限公司发来函件通知：委派黎颂泉出任佛山冯了性药业有限公司董事长，并办理了相关证照的变更手续。

4月18日，公司经佛山市禅城区工商行政管理局审评，被认定为“2006年守合同重信用企业”和“连续六年守合同重信用企业”。

6月21日，二次转制的经济补偿金全部发放到每个人的账户。至此，二次转制工作，包括之前已做的修改《合资合同》、《合资章程》、《股权转让合同》相关条款与重新签订劳动合同等，全部完成。

7月2日，公司经佛山市科学技术局审批推荐上报、广东省科学技术厅审评，被认定为“广东省高新技术企业”，并领取了认定证书、牌匾。

8月5日，公司接到兴兆（香港）贸易投资有限公司的通知：从2007年8月6日起，由其公司购买了原合资经营佛山冯了性药业有限公司的其中之一的投资方——英属维京岛兴兆贸易投资有限公司所拥有的51%股权。由此开始，佛山冯了性药业有限公司改由佛山仲弘有限公司与兴兆（香港）贸易投资有限公司合资经营，同时对合资经营的合同、章程作出相应的修订，并呈报佛山市对外贸易经济局审评确认登记备案。

9月10日，佛山市对外贸易经济局发出文件（佛外经贸禅字〔2007〕12号），审批同意公司申报的有关“合资经营佛山冯了性药业有限公司股权转让事宜”，并重新核发了批准证书。

9月27日，佛山市工商行政管理局根据佛山市对外贸易经济局发出的文件及本公司呈报的变更登记、申报登记资料，审批核准变更登记备案，并核发了全国统一印制颁发的营业执照，“企业类型”由“中外合资经营”变更登记为“合资经营（港资）”，注册号为“440600400001842号”。

10月9日，公司根据广东省食品药品监督管理局的通知文件要求，为更好落实省委、省政府关于编写《岭南中医药文库广东中药产业系列》（简称“《文库》丛书”）的指示，为撰写好《文库》丛书有关介绍佛山冯了性药业有限公司历史、变革、发展与现状等方面内容，以写志形式进行编撰工作，相应成立了罗仲利副董事长任组长，黄元沛、郑炯超、李晓庆等为组员的编撰工作小组。

10月17日，广东省食品药品监督管理局、佛山市食品药品监督管理局联合到公司检查“产品质量和食品安全专项整治行动”的落实情况。

11 月 8 日，广东省产品质量和食品安全专项整治行动小组在广东省卫生厅厅长姚志斌、佛山市副市长李子甫的带领下，莅临公司进行专项督导检查。

11 月 8 日，广东省企业联合会召开颁奖大会，公司的药酒生产过程采用的“中药酒剂膜分离技术”经审评被认定为“国内首创”及“2007 年广东企业创新记录”而被编录入《广东企业创新记录年鉴》第二辑。

11 月 30 日，佛山仲弘有限公司在佛山冯了性药业有限公司综合楼召开了第三届第一次股东代表大会，选举产生了该公司新一届（第三届）的董事会、监事会。邬威尧任董事长，吴德海、张万任董事；监事会负责人：张坤芳，监事：李永瑞、庞炽流。

12 月 2 日，“中医中药中国行”佛山站启动仪式在佛山岭南明珠广场举行。公司在此设档宣传，麦洁华副市长到档位视察。